식도락여행

89-90429-41-2

식도락여행

세계사의 주요 장면들과 함께 읽는
150가지 요리 이야기

초판 1쇄 인쇄일 • 2005년 10월 26일
초판 1쇄 발행일 • 2005년 10월 31일
지은이 • 한스 페터 폰 페슈케 · 베르너 펠트만
옮긴이 • 이기숙
펴낸이 • 김미숙
편집 • 여문주, 권효정
디자인 • 엄애리
마케팅 • 김남권
관리 • 박민자
펴낸곳 • 이마고
121-838 서울시 마포구 서교동 368-12 2층
전화 (02)337-5660 | 팩스 (02)337-5501
E-mail : imagopub@chol.com
출판등록 2001년 8월 31일 제10-2206호
ISBN 89-90429-41-2 03900

● 값은 뒤표지에 있습니다.
● 잘못된 책은 바꿔드립니다.

Zu Gast bei Kleopatra und Robin Hood
by Hans-Peter von Peschke & Werner Feldmann

Zu Gast bei Kleopatra und Robin Hood

식도락여행

세계사의 주요 장면들과 함께 읽는
150가지 요리 이야기

한스 페터 폰 페슈케 · 베르너 펠트만 지음 | 이기숙 옮김

이마고

음식으로 만나보는 역사 속의 인물들

"당신이 먹은 것이 무엇인지 말해달라. 그러면 당신이 어떤 사람인지 말해주겠다." 지금으로부터 250년 전에 태어난 프랑스의 미식가 브리야 사바랭이 한 이 말은 음식이 각 개인의 존재를 규정하고 정의내릴 수 있는 강력한 기호라는 뜻으로 이해할 수 있을 것이다.

우리 개개인이 처해 있는 사회적 위치와 우리가 영위하는 문화적 삶을 드러내는 기호는 수없이 많이 있다. 집과 옷은 인간의 필수품인 동시에 나 자신을 표현하는 기호로도 사용할 수 있다. 마찬가지로 음식 역시 우리의 생존에 없어서는 안 될 양식이지만, 집이나 옷과는 달리 음식은 인간을 표현한다기보다는 인간의 일부라고 보는 것이 더 적절할 듯싶다. 주생활과 의생활의 각종 요소들은 우리가 사는 동안 사회적, 문화적 변화를 겪고 그와 더불어 우리의 취향도 바뀌면서 우리 자신을 표현하는 방향도 달라지는 게 일반적인 현상이다. 반면에 식생활에서 우리는 어린 시절에 몸에 익힌 식습관과 입맛을 평생에 걸쳐 그대로 간직하는 경우가 대부분이다. 말하자면 음식과 음식문화는 "초기화"를 고수하는, 문화적 저항력이 가장 강한 분야라고 할 수 있다.

음식이 이렇게 인간의 본질과 존재를 알려주고 그 인간의 일부로까지 체화된 것이라면, 역사 속의 인물들이 먹었던 음식을 함께 맛보는 것만큼 그 해당 인물을 제대로 이해할 수 있는 방법도 없지 않을까 생각한다.

이 책은 우리를 바로 그러한 음식의 시간 여행으로 데리고 가는 흥미진진한 저술이다. 저자 한스-페터 폰 페슈케와 베르너 펠트만은 솔로몬 왕이 살았던 기원전 900년대부터 2005년 현재까지 이르는 요리의 역사를 총 30장으로 나누어 각 장마다 역사 속의 인물과 그가 즐겼던 대표적인 메뉴를 파노라마처럼 우리 앞에 펼쳐보여 준다. 이미 고대 로마와 르네상스기의 요리책을 선보이고 많은 독자의 호응을 얻었던 두 저자는 이번에는 집필 방식을 달리하여 어느 한 시대의 음식문화나 어느 유명인의 요리모음을 쓰지 않고 각 시대의 전형적인 메뉴를 소개하는 쪽으로 방향을 잡았다.

그런데 이 책의 두드러진 특성이자 독창적인 매력이라고 할 수 있는 것은, 각 메뉴의 요리법을 설명하기에 앞서 그 메뉴가 등장하는 시대를 대표하는 역사적인 인물 혹은 신화 속의 인물을 중심으로 저자들이 창작한 이야기를 배치했다는 점이다. 당연히 요리를 주축으로 펼쳐지는 이야기 자체는 저자들의 창작이지만, 그 안에 담긴 세부적인 사항들은 모두 역사적인 사실에 근거하고 있다.

비록 짧은 내용의 픽션이지만 여느 역사책 이상으로 각 시대의 정신과 사회와 문화에 관해 다양하고 유익한 정보를 주는 이야기들로 구성되어 있다. 또 각각의 이야기들은 다음 장에 이어지는 이야기와도 유기적으로 연결되어 있기 때문에 흡사 세계사의 주요 장면들을 연속물로 보는 느낌마저 든다.

각 시대의 음식문화에 대한 이 같은 "감각적인" 접근 외에 저자들은 해당 요리의 탄생 배경이나 발전 과정을 좀더 구체적으로 알 수 있게 하기 위하여 각 요리법에 이어 "실질적인" 정보도 실었다. 대개 조리와 식량과 환경의 측면에서 해당 시기에 발생한 중요한 역사적 사건들을 기술해 놓은 것인데, 이 정보들 역시 저자들의 픽션만큼이나 다채롭고 흥미롭다.

이렇게 구성된 내용을 읽다 보면 마치 짤막한 영화 한 편을 보고 영화 속 주인공들과 마주 앉아 정찬을 든 뒤 "후식"으로 감독의 촬영 후일담을 듣는 듯한, 매우 진귀한 체험을 할 수 있으리라고 생각된다.

번역자의 입장에서 가장 흥미로웠던 부분은 역시 각 장의 앞머리에 배치된 허구의 이야기였다. 우리가 익히 알고 있던 인물들을 새로운 각도에서 바라보고, 긴 세월 풍문으로 떠돌던 어느 인물에 관한 낭설이 저자들에 의해 "사실"로 "확인"되고, 내가 가지고 있던 어느 시대에 관한 선입견이 저자들에 의해 "사실"로 "추인"되거나 "오류"로 "타파"되는 즐거움도 이 책을 읽는 또다른 묘미였다.

이어 각 장의 두 번째 부분인 요리법에서는 난생 처음 듣는 요리를 글자로 먼저 만나는 낯설음도 있었으나, 곧 역사 속의 유명인들이 즐겨 먹었던 최고의 메뉴와 그 시대를 대표하는 전형적인 요리를 가장 먼저 눈으로 맛보았다는 즐거움이 뒤따랐다. 비록 요리법대로 따라할 수 있는 시간적 여건이 허락하지 않아 혀에서 누리는 호사는 맛보지 못했으나, 시대별로 제공된 독특하고 풍성한 메뉴는 먹거리가 넘쳐나는 현 시대의 그 어느 음식보다 장시간 동안 기억 속에 각인되어 있을 것이다.

음식은 삶에서 필요 불가결한 기능을 하기 때문에 각 시대의 음식문화를 읽으면 그 시대와 사회의 다른 분야에서 일어나는 문화 과정까지도 생생하게 알아낼 수 있다. 음식문화는 식습관뿐만 아니라 사회정치적인 가치와 질서까지 비춰주는 일종의 거울이기 때문이다. 반대로 기후이든 정치 권력이든 아니면 사회적 변동이든, 한 시대에 일어나는 여러 가지 변화들은 그 시대의 음식문화에서 제일 먼저 직접적으로 표출된다. 이런 상호 관련적인 측면을 이 책의 저자들은 독창적이고 유기적인 기술 방식을 동원하여 대단히 효과적으로 보여주었다.

이 책을 읽는 독자도 저자들의 바람대로 타임 머신을 타고 먼 옛날로 날아가 클레오파트라와의 만찬에 참석하고, 로빈 후드와 숲속에서 식사를 하고, 태양왕 루이 14세의 연회에 참석하여 그 시대의 분위기에 젖어들기를 바라며, 지난 시대를 눈앞에서만 느끼지 말고 혀에서도 만끽하기를 바란다.

2005년 가을

이기숙

클레오파트라와 로빈후드의 식탁으로 초대합니다

"새로운 음식의 발견은 새로운 천체의 발견보다 인류에게 더 값진 일이다."

— 앙텔므 브리야 사바랭

이 책을 쓰게 된 동기는 바깥에서 왔다. 우리는 친구와 지인들에게서 언제 다시 '시험 요리'를 만들 것이냐는 전화를 계속해서 받았다. 우리가 고대 로마와 르네상스 요리법으로 만든 음식을 미리 맛본 50명 이상의 '시식가'들은 그 긴 메뉴 시리즈와 요리를 먹어야 했던 저녁을 '견뎌냈을' 뿐만 아니라 즐긴 것이 분명했다. 어쨌든 그들은 '속편'을 써달라고 아우성이었다.

그래서 우리 두 명의 저자는 함께 만나 앞서 나온 두 책의 성공을 되풀이할 수 있을지, 만일 그렇다면 그 성공을 어떻게 이어갈 수 있을지를 논의했다. 로코코나 비더마이어 시대의 요리책처럼 또다시 한 시대의 요리를 기술할 것인가? 아니면 유명인들과 관련 있는 요리의 모음을 집필할 것인가? 그것도 아니면 훨씬 더 먼 옛날로 거슬러올라가 아테네와 메소포타미아 또는 고대 이스라엘의 역사를 쓸 것인가?

우리는 이런 생각들이 왠지 만족스럽지 못했다. 1600년 이후의 시대와 관련해서는 이미 시선을 끄는 요리책들이 많이 나와 있다. 비록 '따라하기 쉽고 입맛에 맞으면서도 전형적인 요리'라는 우리의 요구에 그다지 부응하지 못하고 음식의 역사적 분류도 대개 잘못되어 있지만 말이다. 특히 현재의 요리법과 차별되면서도 맛도 좋은, 정말 그 같은 요리책에 필요한 흥미로운 음식을 우리는 별로 많이 발견하지 못했다. 문헌으로 본다면 가령 200가지의 로코코 요리법을 찾아내어 조리하기란 쉬운 일이었을 것이다. 그러나 그 요리의 결과가 "바로 이 맛이야"의 체험을 만들어내지는 못했을 것 같다. 반면에 고대 그리스, 고대 이집트, 메소포타미아 지역으로 요리 산책을 떠났더라면 그 반대의 결과를 낳았을 것이다. 문헌 확보가 어렵고—매우 애매하고 학문적으로 의심쩍은 요리법이 소개되어 있어서— 집필을 했을지라도 아마 책 한 권을 쓰면서 몇 쪽도 채우기 힘들었을 것이다. 그리고 모든 종류의 고기와 온갖 곤충들이 꼬치에 꿰어 나오는 식으로 그 음식들도 원형과 거리가 멀거나 너무 이국적인 음식이 되어버렸을 것이다.

만일 우리가 요리 역사의 각 시기마다 메뉴를 한 가지라도 찾아내야 한다면 그것은 전형적이고 맛도 좋은 요리가 되어야 할 것 같았다. 또 솔로몬처럼 네다섯 가지의 음식을 먹는다든지, 그 자체는 별로 매력적이지 않은 중세 초기의 요리에서 뜻밖에 맛있는 메뉴를 발견한다든지, 루트비히 2세의 동화나라의 요리에서 일반 가정이 따라할 수 있는 메뉴를 만들어낸다든지 하는 것이 실행 가능하면서 보람 있는 작업이 될 것 같았다. 그에 따라 우리는 요리의 역사를—마지막 장은 예외로 하고—서구의 역사와 그 뿌리인 지중해에 국한하여 30장으로 나누었다. 심사숙고 끝에 나온 것이라도 30장으로 분류한 것에는 저자들의 자의성이 개입되어 있고, 당연히 우리는 매력적인 인물과 흥미진진한 사건에 따라 이런저런 역사의 단락을 나누기도 했다. 그리고 우리가 바이에른과 스위스 출신이기 때문에 서로 다른 지역 요리의 발전을 보여줄 때도 이 두 지방을 사례로 택하고 다른 곳은 고려하지 않았다.

20세기 초에 갖가지 다채로운 유럽 요리가 탄생하기까지 이 각각의 시기에는 요리의 측면—조리와 식량, 환경의 면—에서 대단히 중요한 사건들이 일어났다. 그래서 서른 가지 메뉴마다 요리와 관련된 몇 가지 핵심적인 역사적 사실들을 덧붙이는 것이 의미 있고 중요하다고 생각했다.

이 실질적인 접근 외에 우리는 본래의 요리에 덧붙여 감각적인 접근 방식도 제공하고 싶었다. 그래서 각 메뉴를 설명하기에 앞서 조금이라도 그 시대 정신을 알려주는 짤막한 역사를 앞머리에 배치했다. 우리는 독자를 데리고 클레오파트라의 만찬에 가고, 카를 대제와의 저녁식사에 참석하고, 동화나라 왕의 요리를 둘러보게 하고 싶었다. 이 짧은 이야기들 속에는 모두 그 시대의 메뉴가 어떤 식으로든 등장하며, 때로는 음식이 부차적인 역할에 머무르는 경우도 있다. 우리는 요리 발전에 중요한 기본 조건을 이루는 문화적이고 정신적인 환경도 기술하는 것이 좋겠다고 생각했다. 그래서 해당 시대를 흥미롭고 독특하게, 어떤 때는 의외의 관점에서 조명하고, 유명 인물을 조금 다른 각도에서 보여주며, 정신사적으로 중요한 사건을 기술하려는 의도만으로 쓴 대목도 있다. 그러나 이 짤막한 이야기들은 무엇보다 독자에게 즐거움을 주고 책을 읽는 기쁨을 주어야 할 것이다.

대부분 저자들이 창작한 이야기들 속에 나오는 역사적인 개별 사건들은 진실되고 양심적으로 조사를 거친 것들이다. 전문적이고 문화적인 세부 사항은 물론이고 '딱딱한' 역사적 사실들, 그리고 요리와 관련된 환경도 사실과 부합한다. 이렇게 해서 만들어진 일종의 역사 모자이크에서는 각각의 조각들을 모아보면 불완전하나마 서구 요리 발전의 그림이 탄생한다. 관심이 있는 독자라면 여러 이야기의 출발점을 이루는 문화적인 사건과 역사적인 사건의 실마리에서 장기간에 걸친 사회적 경향과 그 역사적 연관성을 알아낼 수 있을 것이다. 한 이야기 속의 주인공이 다른 이야기에서는 조연으로 등장할 수도 있고, 어느 이야기에서는 상상이었던 것이 다른 이야기에서는 현실로 나타나거나 좌절된 희망으로 그려지기도 한다.

우리는 이 이야기들을 시식 전이나 시식 도중에 참석자들에게 들려주었는데, 거기서 나온 공감의 의견들이 그저 인사치레가 아니었기를 바란다. 우리는 이 이야기들이 메뉴 설명과 요리 관련의 사실들과 함께 하나의 통일된 전체가 되기를 바라며, 소개된 음식은 이야기를 읽어보도록 자극을 주고 또 반대로 이야기를 읽고 나면 요리를 만들게 되기를 희망한다.

요리법을 선택할 때 우리는 앞서 나온 두 권의 책에서처럼 역사적인 정확성을 기하려고 노력했다. 그러나 이는 이미 책으로 출간된 바이에른의 루트비히 2세의 요리보다는 성서 속의 요리와 호메로스시대의 요리처럼 대개 식품과 향료 정도만 구할 수 있고 조리 방식이나 재료의 분량을 알 수 없는 경우에는 당연히 더 어려웠다. 또 우리는 많은 문헌의 도움을 받았는데 그 목록은 참고문헌에 자세히 밝혀두었다. 될 수 있으면 원전을 참조했고 이와 관련해 전문가의 설명을 들었다. 이렇게 해서 전작에서와 마찬가지로 요리에 관련된 일부 평가나 선입견을 명확하게 규정하거나 간단히 수정할 수 있었다. 우리의 주된 목표는 되도록 학문적인 정확성을 기하면서 지난 시대를 눈앞에서만 되살리지 않고 혀에서도 부활시키는 것이었다.

이에 따라 우리는 요리를 역사적으로 재구성하는 데 그치지 않고, 헨리에테 다비디스(Henriette Davidis, 1801~1876. 독일의 유명한 요리 연구가. 이 책 26장에 그녀에 관한 이야기가 다뤄진다—옮긴이)처럼 '미숙한 주부들도 따라 할 수 있는' 메뉴를 선택하고 구성하려고 노력했다. 많은 것들이 인내를 필요로 했고 그 결과는 시간을 투자할 만한 가치가 있었다. 우리는 특히 수프와 채소를 다루면서 평소의 요리에서도 이것들을 계속 이용할 수 있다는 좋은 경험을 얻었다. 이는 무엇보다 우리가 21세기에도 활용할 수 있도록 요리법을 응용했기 때문에 가능한 일이었다. 더 이상 살 수 없거나 얻기 힘든 향신료와 식품의 경우에는 최소한 식료품 전문점에서 살 수 있고 부담 없는 가격의 대용식품을 제시했다. 또 요즈음 똑같이 뛰어난 맛을 지닌 완성식품이나 추출물이 있는 경우에는, 지루한 준비 과정이나 요리 과정을 설명하는 대신 아예 그런 완성식품을 제시하는 쪽을 택했다. 간단히 말해, 우리는 역사적인 진정성을 훼손하거나 미각에서 타협하지 않으면서 간단하지 않은 작업 과정을 간단히 해주는 것들은 전부 제시했다.

물론 여기에서도 제한을 둘 것이 있다. 조리 방법과 향신료는 좋지 않은 치아 및 미각 신경—옛날에 이 두 가지는 20세가 되면 벌써 망가졌다—과 관련이 있다. 그래서 평생의 노동을 마치고 도살장에서 생을 마감하는 질긴 동물의 고기는 오늘날 소비만을 위해 사육되는 고기와는 다르게 취급될 수밖에 없었다. 따라서 중세와 르네상스시대에 흔히 제시되었던 방법, 즉 일단 삶고 나서 굽는 방식을 요즈음의 고기에 적용하여 무미건조한 결과가 나올 경우 우리는 현대적인 방법을 선택했다. 옛날 방식을 사용하여 의외의 결과를 얻은 경우에는 과거의 방식을 살렸다.

다시 이 짤막한 서문의 앞머리로 돌아가자. 우리는 각각의 음식을 전부 요리하고 비판적인 시식가들에게 맛을 보였다. 그 결과, 대대적인 찬양은 아닐지라도 '따라하기 쉽고 입맛에 맞으면서도 전형적인' 요리를 위한 우리의 욕심을 만족시키려면 어떤 것을 바꾸어야 하는지에 대해 명확한 판단을 내릴 수 있었다. 이로써 여러 이야기를 통해 우리를 위인과 권력자와 미인들이 살았던 지난 시대로 데려갈 맛 좋은 서른 가지 메뉴들이 탄생했다.

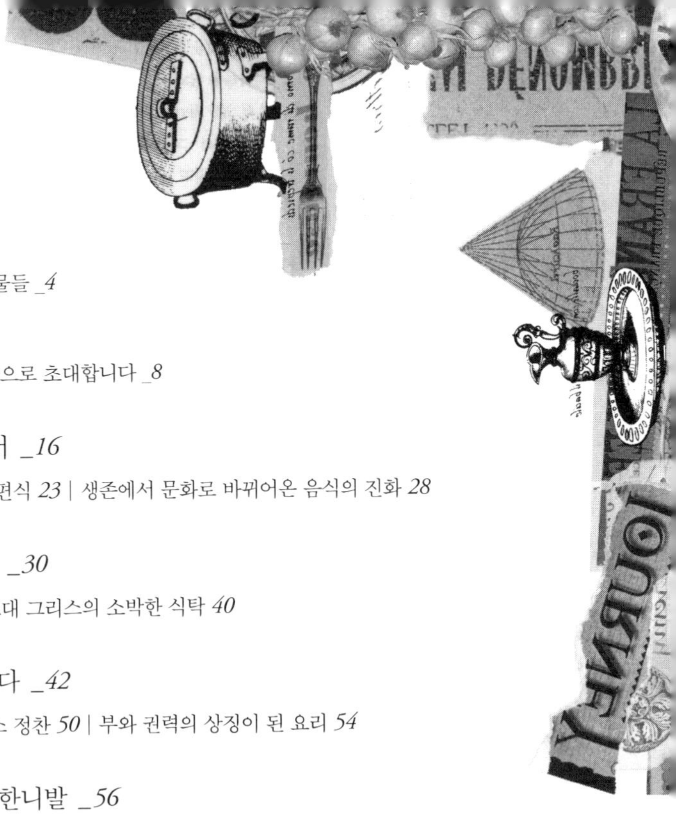

Contents

LA FRANCE MUTILEE
UNIVERSITÉ DE FRANCE
CARTE

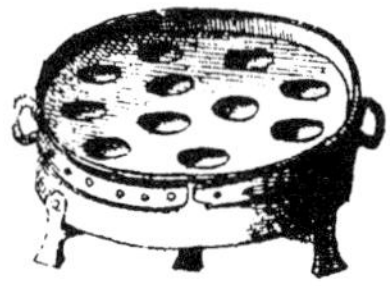

padella p fare ovi frittolate

1. 젖과 꿀이 흐르는 땅에서

"시바의 여왕은 수많은 시종을 거느리고 낙타에 향료와 엄청나게 많은 황금과 보석을 싣고 예루살렘에 왔다…… . 솔로몬이 갖춘 모든 지혜와 그가 지은 궁전과 그의 식탁에 차려진 음식을 본 여왕은 그저 감탄할 뿐이었다."

— 열왕기 상 10장

시바[Sheba, 세바 또는 사바(Saba)]의 여왕은 손뼉을 쳤다. 매끄러운 검은 머릿결의 아이들 열 명이 벽에 금박 판자를 댄 홀 안으로 들어왔다. 길게 끌리는 아이들 옷은 거의 대리석 바닥까지 닿아 있었다.

"전부 똑같이 생긴 아이들입니다, 전하." 이마에 번쩍이는 보석띠를 두른 키가 늘씬한 여인이 말했다.

"그런데요?" 솔로몬은 이렇게 묻고 무화과 조각을 입에 밀어넣었다.

"남녀가 섞여 있는 아이들이지요. 누가 계집아이이고 누가 사내아이인지 알아맞혀보십시오!"

이스라엘 사람 솔로몬은 한쪽 눈썹을 치켜올리며 다시 무화과를 입에 넣었다. "과연 열 쌍둥이라고 해도 되겠군." 그는 분명하지 않은 소리로 혼자 중얼거렸다. 갑자기 그의 얼굴 위로 미소가 스치고 지나가더니 솔로몬은 설탕절임 대추가 든 접시를 집어 아이들 발 앞으로 던졌다.

몇몇 아이들이 몸을 구부려 달콤한 열매를 집어 입에 넣었다. 나머지 아이들은 웅크리고 앉아 옷에 대추를 주워담았다. "성급하게 집어먹는 아이들이 사내아이입니다." 솔로몬이 말했다. "그리고 열심히 주워담는 아이들은 계집아이라는 것을 말해주지요."

"제가 낸 수수께끼를 잘 맞히시는군요." 시바의 여왕은 맞다는 뜻으로 고개를 끄덕였다. "그런데 솔직히 말씀드리면 저라도 단 열매들을 입에 넣었을 거예요."

"당신은 어렸을 적부터 아주 별난 사람이었습니다." 솔로몬이 웃었다. "여자라기보다는 여왕이었어요……."

"전하가 여자 전문가로 통한다는 것을 알고 있습니다……." 여왕은 약간 비웃으며 솔로몬에게 한마디 던졌다. "칠백 명의 정부인과 삼백 명의 첩실을 거느리고 계시니 그럴 수밖에 없겠지요."

"바로 그렇게 해서 저는 유목민 족장과 인근의 모든 소군주와 인척이 되었습니다. 인척을 상대로 누가 전쟁을 벌이겠습니까?" 솔로몬이 설명했다.

"저는 왕위를 쟁취할 때 수많은 형제와 사촌들과 싸워야 했습니다. 솔로몬, 이제는 제가 당신의 수수께끼를 풀어야 할 것 같습니다. 전하가 가지고 있는 여자들 심리에 대한 지식을 활용한다면 그 문제는 별로 어렵지 않을 것입니다."

왕은 향수 뿌린 자신의 곱슬머리를 쓰다듬었다. "두 여인이 서로 자기가 아이 엄마라고 우기며 아이를 차지하려고 합니다. 그런데 아이의 출생 당시를 내가 직접 본 것도 아니란 말이오."

"그럼 아이를 칼로 베어 반씩 나누어 가지라고 제안하십시오."

솔로몬은 고개를 가로저었다. "진심으로 하는 말씀이오?"

"물론입니다. 한번 생각해보십시오. 진짜 어머니라면 어떻게 행동할지를." 여왕은 머리 속으로 열심히 생각하고 있는 솔로몬을 바라보았다. 그가 고개를 끄덕였다. "진짜 어머니라면 그런 일은 용납하지 않겠군요, 아니 용납할 수가 없겠습니다."

"자, 어떻습니까, 저는 약속을 지켜서 전하의 문제에……." 먼 시바 왕국에서 온 여왕은 입가를 살짝 실룩거리며 말을 이어갔다. "……그야말로 솔로몬식 해결책을 찾아드렸습니다. 이제는 전하가 약속을 지킬 차례입니다. 이 굉장한 궁전보다 더 멋진 것을 보여주십시오. 홍해로 돌아가는 장도에 오르기 전에 황금이나 값진 목재나 멋진 종려나무와 꽃다발 장식 말고 뭔가 다른 것을 보고 싶습니다."

"당신 말이 맞아요. 이 반질거리는 바닥 대신에 제대로 된 땅을 다시 한번 디뎌봅시다. 당신께 낙원을 보여드리리다……."

"전하의 민족 신앙에 따르면 낙원은 믿음이 깊은 신자들이 죽은 뒤에 살게 된다는 곳 아닌가요?" 솔로몬은 고개를 저었다. "그런 곳도 물론 있지요. 하지만 저는 당신을 이승의 낙원으로 안내하려 합니다. 아무도 모르게, 시종도 거느리지 않고 말입니다. 호기심 많은 군중에 둘러싸이지 않으려면 다른 옷으로 갈아입으셔야 합니다."

얼마 후 시녀 차림에 베일을 쓴 여인이 궁전 앞뜰에 나타났다. 허름한 망토를 걸치고 가죽 두건을 깊숙이 눌러쓴 전사가 그녀를 도와 이미 대기하고 있는 말에 올라타게 한 뒤 함께 예루살렘 성문을 향해 말을 몰았다. 그곳에서 그들은 키 큰 떡갈나무가 서 있는 시내를 따라 작은 계곡까지 갔다. 길가에는 실측백나무와 노간주나무가 늘어서 있었고, 갈수록 야생 올리브나무

미하엘 볼게무트, 〈부인들과 식사하는 솔로몬 왕〉, 1491년, 개인 소장.

가 많아졌다. 금작화, 도금양, 야생 향초에서 나는 향기가 대지 위에 퍼져 있었다. 솔로몬은 자줏빛 글라디올러스와 붉은 아네모네가 피어 있는 들판에서 멈춘 뒤, 투구를 벗어 안장에 걸고 흰 머리가 섞인 자신의 검은 곱슬머리를 쓰다듬었다.

"여왕, 이곳이 우리의 에덴동산입니다. 삼백 년 전 우리가 이곳 가나안으로 왔을 때는 낙원으로의 귀향과도 같았소. 사막과 빈곤과 억류 생활에서 벗어나 젖과 꿀이 흐르는 땅으로 온 것입니다. 내 아버지께서는 내가 어렸을 적에 이곳으로 나를 데리고 오셨지요."

솔로몬은 아카시아와 타마린드 나무들 속에 밀집해 있는 오두막을 향해 말을 몰았다. 얼굴에 흉터가 있는 건장한 늙은 남자가 황급히 달려와 말고삐를 쥐었다. "전하께 하느님의 은총이 내리기를 기원하나이다. 오래간만에 소인을 찾아주셨습니다." 그는 뒤를 돌아보며 아내에게 "얼른 고운 밀가루 삼 리터를 반죽해서 케이크를 구우시오." 하고 소리쳤다. 솔로몬은 말에서 내려 여왕이 안장에서 내려오도록 도와주었다.

"이곳은 나 혼자만의 낙원이기도 합니다. 조정의 신하들과 사제들이 끊임없이 다투는 궁에서 견딜 수 없을 때면 이곳으로 도망쳐오지요……."

"많이 드십시오, 전하, 그리고 여왕님." 남자는 이렇게 말하고 그의 아내가 가져온 커다란 넓적다리 고기를 조각으로 썰었다.

"마늘을 듬뿍 넣은 양고기로군. 이건 언제 먹어도 좋습니다. 정서적으로 본다면," 솔로몬은 쩝쩝 소리를 내며 말했다. "우리는 지난 삼백 년간 거의 변한 것이 없습니다. 우리는 이 나라에서 나는 산물들을 풍족하게 누려왔지만, 요리에 관해서는 지금까지도 유목민입니다. 내 아버지 다윗을 섬겼던 이 퇴역병 농부의 농가를 보십시오. 이 사람의 아내는 곡식을 아직도 손절구로 찧고, 빵을 만들 때는 옛날식대로 밀가루 반죽을 돌 위에 놓고 그 위에 점토 빵틀을 엎어 바깥쪽에서 사방으로 불을 지펴 구워냅니다……."

"하지만 여기 오는 길에 나귀의 힘으로 돌아가는 방앗간이 있지 않았습니까? 또 궁전에 있던 거대한 화덕은……."

"그것은 내가 이집트 출신의 경험 많은 제빵사를 시켜서 만든 것이오. 물론 내 시종들은 지금까지 이룩된 성과에 자부심을 느끼고 있고, 이스라엘이 위대한 문명국의 하나라는 것, 그리고 우리의 영광과 우리 하느님의 영광이 먼 나라까지 알려져 있는 것을 자랑스럽게 생각합니다."

"그 점은 시바에까지 알려져 있지요."

"그러나 우리들 대부분은 새로운 고급 음식 외에 우리가 젊었을 적에 먹었던 옛날 음식도 좋아합니다. 아버지와 함께 군영에서 지낼 때 갓 구워낸 빵에 마늘, 양파, 오이, 멜론 조각을 곁들여 먹던 기억이 납니다. 또 여기 이것처럼 마늘을 넣고 몇 가지 신선한 향초로 양념을 한 양고기 넓적다리도 먹었지요……."

퇴역병은 왕에게 술잔을 건넸다. 솔로몬은 한 모금 마시고 여왕에게 술잔을 주었다.

"야생 벌꿀을 섞은 적포도주입니다. 우리의 우정을 위해 마시세요."

"양국의 우정을 위해서인가요, 아니면 우리 두 사람의 우정을 위해서인가요?" 여왕은 눈을 치켜뜨며 물었다.

솔로몬은 한숨을 내쉬었다. "그대여, 당신은 내 마음을 빼앗았소. 그대는 단 한 번의 눈길로 내 마음을 빼앗아버렸소."

"천 명의 여자들로도 만족하지 못하십니까?" 여인이 놀렸다. "그리고 당신 입술에서 나오는 꿀 같은 말들을 이제는 이국의 여인에게 뿌리시려는 겁니까?"

솔로몬은 물결치는 곱슬머리를 가로저었다. "이곳 낙원에서는 우리가 누구인지 잠시 잊고 지냅시다."

솔로몬이 다시 포도주를 따르는 동안 나이 든 여인이 갓 구워낸 향기로운 케이크를 가지고 왔다. "대추 케이크로군! 나는 단것을 좋아하오. 포도 케이크, 무화과 케이크, 야생 벌꿀을 넣은 대추 케이크, 달콤한 포도주보다는 이런 것들이 나를 더 자극하지요. 마치 젊은 처녀의 입술과도 같소." 솔로몬은 케이크 한 조각을 여왕의 입에 넣어준 뒤 그녀의 손을 잡고 과실수가 만발한 곳으로 갔다. 과실수에서 나오는 향기가 계곡 위에 진하게 퍼져 있었다. "이 계곡과 그대는 어디 비길 곳이 없구려." 그는 낭송을 시작했다. "그대의 젖가슴은 포도송이 같고, 그대의 숨결은 싱싱한 사과 향기 같으며, 그대의 입은 맛 좋은 포도주 같고, 그대의 혀는 젖과 꿀이로다. 그대의 훤칠한 키는 종려나무 같구나. 그대의 가지를 잡으리라!" 여왕은 미소를 지으며 물리쳤다.

"그대가 내 어머니의 젖을 먹은 형제라면 내가 당신에게 입을 맞추어도 탓할 사람이 없으리라!"

솔로몬은 굳어진 채 당황해서 말했다. "그 시의 구절은 들어본 적이 있는 것 같은데?"

"저도 당신의 시구(詩句)를 알고 있습니다. 시바에서도 당신이 읊은 사랑의 노래가 불리고 있어요. 특히 사랑을 노래한 그 유명한 〈아가(雅歌)〉 말씀입니다. 때문에 제가 당신에게 영감을 주어 그 시를 짓게 했다고는 믿기 어렵습니다." 여왕이 해맑은 소리를 내며 웃자 솔로몬은 조금 당황해서 그녀를 바라보았다.

"그대에게 바칠 더 멋진 시가 떠오르지 않은 것을 용서하시오. 하지만……."

"쉿……." 시바의 여왕은 솔로몬의 입술에 두 손가락을 갖다 댔다.

"아무 말씀도 하지 마십시오, 아무 노래도 부르지 마십시오. 시도 읊지 마십시오. 오늘 하루만큼은 우리가 누구인지 잊기로 하지 않았습니까."

지중해 전역에 알려져 있는 솔로몬의 〈아가〉가 하느님과 교회에 대한 그의 사랑을 표현한 것이라는 공식적인 견해는 솔로몬이라는 감각적이고 쾌락적인 인물을 생각해볼 때 개연성이 떨어진다.

솔로몬과 시바의 여왕을 위한 간편식

§ 시바의 여왕을 위한 비둘기 또는 메추라기 요리 §

◉ 준비시간 : 25분 | 요리시간 : 15분

◉ 재료(4인분)

비둘기 또는 메추라기 4마리 · 로즈메리 간 것 · 소금 · 올리브유 · 잎양파 1개 · 거칠게 빻은 밀 50g · 야채 국물 500ml · 잣 1술 · 건포도 1술 · 햇완두콩 2술 · 닭고기 육수 200ml

| 요 · 리 · 법 |

비둘기나 메추라기 살은 안팎을 소량의 로즈메리와 소금으로 양념을 하고 뜨거운 올리브유에 볶은 뒤 종이행주에 받쳐 기름을 뺀다. 거칠게 빻은 밀을 야채 국물에 넣고 끓이다가 불에서 내리고 10분 동안 불린다. 잎양파는 잘게 다져 완두콩과 함께 기름에 살짝 볶는다. 여기에 밀, 으깬 잣, 건포도를 넣고 잘 섞어 소금으로 간을 한 뒤 비둘기나 메추라기 속에 채워 넣는다. 뜨거운 닭고기 육수를 찜냄비에 붓고 비둘기 혹은 메추라기를 넣은 뒤 뚜껑을 덮고 미리 달구어놓은 오븐에서 220도로 15분간 익힌다.

모세의 식사 율법을 지키고 싶을 때는 요리하기 전에 새고기를 미리 30분 동안 찬물에 담가둔 다음 소금을 넣고 1시간에 걸쳐 피를 제거한다. 그런 뒤 소금기를 씻어내고 고기를 종이행주로 조심해서 닦아 준비한다.

§ 요구르트 소스로 맛을 낸 오이 샐러드 §

◉ 준비시간 : 10분 + 1시간

◉ 재료(4인분)

오이 1개 · 천연 요구르트(그리스식) 180g · 발효 저지방 생크림 180g · 소금 1찻술 · 이논드[1] 1술 · 연한 박하잎 2장 · 피타(이스라엘식 동글납작한 빵) 8개

| 요 · 리 · 법 |

먼저 요구르트, 발효 생크림, 소금을 거품기로 휘저어 소스를 준비한다. 오이는 껍질을 벗기고 너무 굵지 않은 크기로 강판에 간다. 여기에 위의 소스를 섞고 1시간 동안 차게 놓아둔다. 이논드는 줄기를 떼어내고 박하잎은 길게 채썰어 오이 샐러드를 식탁에 올리기 전 그 위에 뿌린다. 오이 샐러드는 피타와 함께 내어놓는다.

---

§ 불구르[2] §

◉ 준비시간 : 5분 | 요리시간 : 20분

1) 중앙아시아가 원산지인 미나리과의 향초로 딜(dill)이라고도 한다. 맛이 아니스나 캐러웨이와 비슷하고 주로 샐러드, 소스, 생선요리의 맛을 내는 향신료로 쓰이거나 오이 절임과 같은 저장식품에도 넣는다.

2) boulgour. 참밀을 삶아 건조시켜 거칠게 빻은 것을 말한다. 중근동 지역 사람들의 주식으로 북아프리카에서 먹는 쿠스쿠스(couscous)와 모양과 맛이 비슷하며, 이탈리아인의 파스타, 동양인들의 밥과 같은 역할을 한다. 주로 고기 · 야채와 함께 먹으며, 영양소가 풍부하여 샐러드와 수프를 만들기에도 적당하다.

◉ 재료(4인분)
불구르 또는 쿠스쿠스 250g · 양파 2개 · 올리브유 · 쇠고기 육수 1리터

| 요 · 리 · 법 |

양파 1개를 잘게 썬다. 팬에 올리브유를 두른 뒤 양파를 살짝 볶는다. 여기에 불구르를 넣어 젓고 뜨거운 육수를 부어 끓이면서 15분간 부풀어오르게 한다. 남은 양파는 고리 모양으로 썰어 올리브유에 살짝 볶아 완성된 불구르에 얹는다.

---

§ 다윗왕을 위한 양넓적다리 요리 §

◉ 준비시간 : 10분 | 요리시간 : 100분
◉ 재료(4인분)
양넓적다리 1개 · 마늘 4쪽 · 소금 1술 · 겨자 2술 · 올리브유 100ml · 백리향 가지 2개 · 쇠고기 육수 100ml · 로즈메리 가지 5개

| 요 · 리 · 법 |

마늘쪽을 길게 반으로 잘라 고기와 뼈 사이에 집어넣는다. 양넓적다리 살에 올리브유와 겨자를 문질러 바르고 소금과 백리향으로 양념한다. 이렇게 양념한 고기를 꼬챙이에 꿰어 뜨거운 숯불에서 약 90분간 굽는다. 굽는 동안 고기에 계속 쇠고기 육수를 끼얹는다. 로즈메리 가지를 숯불에 넣으면 은은한 향이 배게 할 수 있다. 다 구운 고기는 자르기 전에 은박지에 싸서 10분

가량 따뜻한 곳에 놓아둔다.

이 요리에 가장 잘 어울리는 술은 흙냄새가 나는 듯한 강한 향미의 적포도주이다. 만약 모세의 식사 율법을 반드시 지키고 싶다면 유대교 관습에 따라 도살한 양고기를 재료로 써야 한다. 이를 위해서는 요리를 시작하기 전에 양넓적다리를 30분 동안 찬물에 담근 뒤 여기에 소금을 뿌리고 1시간에 걸쳐 피를 제거해준다. 피가 다 제거되면 소금기를 씻어내고 고기를 종이행주로 조심해서 닦는다.

---

§ 대추 케이크 §

◉ 준비시간 : 25분 + 30분 | 요리시간 : 45분

◉ 재료(4인분)

대추 300g · 아몬드 간 것 300g · 꿀(아카시아 꿀) 200g · 달걀 8개 · 이스트 10g · 발효 탈지유 500ml

| 요 · 리 · 법 |

대추는 씨를 빼고 잘게 썬다. 달걀노른자를 꿀과 섞어 거품이 나도록 잘 젓는다. 이스트에 약간의 꿀을 넣어 휘저어준 뒤 앞의 재료를 넣고 골고루 섞는다. 달걀흰자를 거품이 나도록 저어 앞의 재료에 조심해서 부은 다음 이를 케이크틀에 넣고 미리 가열된 오븐에서 약 180도로 45분 동안 굽는다. 차게 식히거나 따뜻한 채로 내어놓는다. 대추 케이크는 발효 탈지유와 함께 먹으면 좋다.

§ 무화과 절임 §

◉ 준비시간 : 5분 + 6시간 | 요리시간 : 10분

◉ 재료(4인분)

말린 무화과 500g · 물 200ml · 건포도 50g · 꿀(만병초 꿀) 1술 · 레몬민트잎 5장

| 요 · 리 · 법 |

무화과는 네 조각으로 잘라 줄기를 떼어내고 6시간 동안 물에 불리면서 가끔 저어준다. 무화과와 건포도를 같이 삶은 다음 5분 동안 약한 불로 익힌다. 다 익으면 포크로 으깨고 꿀과 잘게 썬 레몬민트로 맛을 낸다. 무화과 절임은 차게 먹어도 좋고 따뜻한 상태로 먹어도 괜찮다.

생존에서 문화로 바뀌어온 음식의 진화

호모 사피엔스의 역사에서 처음 수만 년 동안은 목숨을 부지하기 위한 생존이 지상 최대의 과제였다. 호모 사피엔스는 끊임없이 식량을 찾으러 다녔고, 특히 혹독한 겨울은 삶을 더 고달프게 만들었다. 그래서 그는 사냥으로 잡은 짐승과 채집한 식물을 저장하는 사상 초유의 시도로 역경을 헤쳐나가기도 했고, 다른 한편으로는 따뜻한 들판을 찾아 이동하려는 욕구가 생기기도 했다. 호모 사피엔스에게는 질긴 매머드나 딱정벌레보다는 어린 노루고기가 더 좋았겠지만, 음식 선택의 사치를 부릴 기회는 거의 없었을 것이다. 오히려 그는 몇 주 혹은 몇 달 동안을 위해 있는 대로 배를 가득 채우는—중세 말기까지 나타났던—능력을 발휘했을 것이다. 저장방식이 너무나 제한되어 있었기 때문에 가능하면 음식을 빨리 먹어치워야 했다.

그러다가 처음으로 잉여생산이 가능해지자 서서히 변화가 나타나기 시작했다. 여기에는 여러 가지 요인이 작용했다. 우선 순수한 사냥과 채집에서 벗어나 유목생활로 이행하면서 소, 양, 염소와 같은 유용동물을 길들이기 시작했다. 이 유랑 종족은 양식을 휴대하고 다녔는데, 고기보다는—고기를 얻기에는 짐승들의 성장 속도가 느렸다—우유가 주요 휴대 양식이었다. 유목민의 발생으로 동물 사육의 지식이 전파되었다.

유럽 가까운 곳에서 일어난 최초의 고대 문명은 유프라테스 강, 티그리스 강, 나일 강을 따라 형성된 좁은 농경지대에서 발생했다. 기원전 5000년 무렵부터는 농업혁명이 일어나 여러 가지 발전이 상호 충돌하였다. 곡물과 콩과식물을 체계적으로 재배하였고, 서서히 야채와 과일, 향신료도 등장했다. 처음에 향신료는 치료 목적을 위주로 채집하고 재배하다가 나중에는 의학적인 효능을 고려해 음식에 첨가하게 되었고 결국 기호식품으로 애용하는 단계로 나아갔다.

정착생활은 몸집이 작은 동물의 사육 방법을 제공했다. 젖을 생산하는 양과 염소 외에 가금류가 등장하면서 그 알은 중요한 기본 양식이 되었고, 양봉을 시작하면서 꿀도 얻었다.

가옥 건축과 토기 제조의 발달과 더불어 양식을 보존하고 저장하고 요리하는 새로운 방법이 나타났다. 특히 상류층의 궁전에 수많은 도기 그릇과 훈제를 위한 굴뚝과 화덕이 있었던 것을 볼 수 있다.

결국 인류는 이스라엘 민족처럼 '젖과 꿀이 흐르는 땅'을 찾아내었다. 음식은 대부분 집단 화덕이나 유목민 천막에서 조리했지만, 세련된 음식문화로 발전할 가능성은 존재하고 있었다.

2. 오디세우스의 군막에서

"반갑도다! 내 귀한 친구들이여, 환영하노라!

고귀한 아킬레우스는 이렇게 말하고 그들을 안내하여

진홍색으로 빛나는 양탄자와 침상에 앉게 했다.

그는 직접 커다란 나무판을 불 앞에 갖다 놓고

그 위에 살진 염소와 양의 등살을 얹고

기름기가 가득한 비육 돼지의 어깨살도 얹었다……."

— 호메로스, 일리아스

"트로이 성벽 앞에서 또 헛되게 하루를 보냈군."

오디세우스는 무거운 방패를 막사 바닥에 던지고 둥근 소파 방석에 털썩 주저앉았다. 그가 너울거리는 말총이 달린 투구를 벗는 동안 뒤에서는 여자 노예가 청동 흉갑과 배갑 띠를 풀었고, 남자 시종은 번쩍이는 구리로 된 각반을 풀어주었다.

"욕조에 뜨거운 물을 채우거라."

이타카 출신의 수염 난 오디세우스는 소리쳤다.

"손님이 오실 것이다. 아이아스〔Aias, 아약스(Ajax)라고도 함—옮긴이〕와 디오메데스가 오신다. 그분들에게 걸맞은 품위 있는 만찬을 준비하거라. 그리고 넉넉히 차려라. 헛된 싸움을 했어도 배는 고프구나."

오디세우스는 등을 기대어 눈을 감고 지난 24시간을 생각해보았다. 친구 디오메데스와 함께 그는 걸인으로 변장하여 트로이로 잠입한 뒤 밤을 틈타 아테나 신전에서 황금 세공의 아테나 여신상을 훔쳐내왔다. 제우스와 아테나가 오래전 트로이 사람들에게 선물한 이 전쟁의 여신상은 트로이를 모든 공격에서 방어해주었고, 사제 칼카스도 그렇게 예언했다.

"우리의 예언자 말씀이 또 빗나갔어."

거친 목소리가 지쳐 있던 영웅을 상념에서 깨어나게 했다.

"여신상을 훔쳐 왔는데도 오늘 우리의 공격은 무위로 끝나지 않았는가!"

또 한 명의 전사를 데리고 막사에 들어서는 아이아스에게 오디세우스는 고개를 끄덕였다.

"그래, 우리는 모두 그런 예언을 어떻게 받아들여야 할지 알고 있지. 하지만 나는 여신상을 훔쳐 오면 최소한 적의 사기를 떨어뜨릴 줄 알았다네."

"그 반대야." 디오메데스가 대답했다. "오히려 저들의 미친 듯한 전의만 자극한 꼴이 되었잖아."

"이리들 와서 피로를 풀게나."

오디세우스는 이렇게 말하고 짐승 가죽으로 구분해놓은 막사의 다른쪽 공간으로 들어갔다. 그곳에는 커다란 청동 욕조가 놓여 있었다. 시종들이 막사 앞 화덕에서 데운 따뜻한 물이 담긴 솥을 끌고 오자 한 시녀가 말린 라벤더 꽃잎을 장작통에서 꺼내어 물에 뿌렸다. 지친 전사들이 첨벙첨벙 물을 튀기고 피곤한 신음소리를 내며 자리를 잡자 시녀가 비누칠을 한 해면으로 그들의 몸을 닦아주었다.

"어느새 트로이 사람이 다 된 것 같군." 아이아스가 투덜거렸다. "꽃잎과 향유를 넣은 온욕을 하다니 말이야. 귀향하면 이 이야기를 들려줘야겠어."

"어쨌거나 이 전쟁에서 무언가 소득은 있어야 하지 않겠나." 오디세우스가 한마디 했다. "아름다운 헬레네를 데려올 수 없다면 최소한 뜨거운 온욕과 향수와 노예들과 요리사들이라도 말일세."

"포도주!" 오디세우스가 손뼉을 치며 소리쳤다. 시녀는 즉시 물이 반쯤 담긴 파란 칠을 한 술잔을 가져왔다. 그리고 포도주 자루의 호스를 열고 잔에 술을 따랐다.

"렘노스산 햇포도주라네." 오디세우스가 설명했다. "대단한 것은 아니지만 우선 갈증을 없애는 데는 괜찮아. 더 좋은 것은 나중에 준비하겠네."

술잔이 한 바퀴 돌면서 금방 비었다.

"방금 칼카스에게서 오는 길이야." 디오메데스가 보고했다. "칼카스가 뭐라고 했는지 아는가?"

"알고 싶지 않아!" 아이아스가 투덜댔다.

"우리의 예언자께서 말씀하시기를, 이제 전투는 그만 하고 계략을 짜내야 한다는 거야. 비둘기를 노리고 덤불에 숨어 있는 매처럼 말일세."

"그건 그자가 지난 번 예언이 빗나갔기 때문에 하는 얘기일 수도 있네." 오디세우스가 말했다. "전쟁을 해도 아무 소득이 없으면 계략을 쓰는 수밖에…… 아니면 철수하든가. 그것도 십 년이나 보내고서 말이야!"

허리에 요포(腰布)를 두른 여자 노예들이 영웅들의 몸에서 물기를 닦고 향유를 바르고 깨끗한 마직 옷을 입혀주었다. 그런 다음 손을 씻도록 방짜 은제 대접을 세 사람에게 건넸다. 세 영웅은 손을 씻은 뒤 막사의 본실로 건너갔다. 그곳에는 환기구를 통해 연기가 위로 빠지도록 해놓은 난로가 있었고, 난로에서 떨어진 곳에는 의자 세 개가 놓여 있었다. 오디세우스는 미소를 지으며 긴 손잡이가 달린 술단지가 있는 곳으로 다가가 마개를 떼어냈다. "이타카에서 가져온 마지막 포도주 중의 하나일세. 십 년 이상 묵은 것이지." 시종 한 명이 술단지를 들고 물이 3분의 1까지 채워진 나무 조끼 세 개에 포도주를 따랐다. 그런 다음 작은 수저 하나 분량의 꿀을 넣고 저어 세 명의 그리스인에게 주었다.

오디세우스는 깊숙이 한 모금 들이킨 뒤 다시 손뼉을 쳤다. 시종들이 '첫번째 요리'가 차려진 작은 식탁을 들고와 영웅들 앞에 놓았다. 작은 대접들 안에는 신선한 무화과, 사과, 배, 호두, 그리고 양젖과 염소젖으로 만든 치즈가 담겨 있었다. "치즈를 보면 고향 생각이 나네. 혀에서 살살 녹지." 디오메데스가 말했다. "이거 어디서 난 건가?"

"우리 군사들 중에 농사를 지을 줄 아는 사람이 몇 명 있네." 오디세우스가 설명했다. "전투를 시키는 대신 여기에서 한 시간 거리에 있는 작은 농지를 경작하도록 했지. 그곳에서 치즈도 만들고 있어. 염소젖이나 양젖을 발효시켜 짜내고 버들가지 바구니에 넣어 응고시킨다네. 이타카에서 하는 방식과 똑같이! 보리빵을 곁들여 먹어보게. 맛이 훨씬 좋다네."

"트로이 사람들이 먹는 흰 빵은 없나?" 아이아스가 물었다. "자네가 트로이 요리사 한 명을 빼앗아왔기에 하는 말이야!"

"그 요리사는 이스트를 넣은 이집트식 반죽의 비법을 알고 있다네. 그 사람을 데려가면 페넬로페 눈이 휘둥그레질 거야. 하지만 그 요리사는 오늘 자네들을 위해 다른 음식을 만드느라고 바쁘네."

주인은 다시 손뼉을 쳤다. 첫번째 식탁을 치우고 중앙에 김이 나는 대접이 놓인 새로운 식탁이 차려졌다. 아이아스가 냄새를 맡으며 코를 찡그렸다. "생선이군. 자네는 무슨 배짱으로 우리에게 가난하고 곤궁한 사람들의 어부, 그리스 산토리니섬 벽화, 기원전 1500년경, 아테네 국립 고고학 박물관.

음식을 먹으라는 건가?"

"여보게, 우선 먹어나 보자구." 디오메데스가 친구를 달래며 커다란 나무국자로 생선 한 마리를 떠내어 훅 불고는 찜 한 조각을 입에 넣었다. "제법 맛이 좋은데." 그가 말했다.

"포도주를 넣었군." 아이아스 역시 한 입 먹고 나더니 괜찮다는 투로 웅얼거리는 소리를 내다가 곧 맛있다는 듯이 킁킁거리며 냄새를 맡기 시작했다. "생선이 제아무리 맛있어도 돼지고기 구이에는 미치지 못하지."

"…… 비육 돼지의 어깨살을 달아오른 불판 위에 놓았다……." 디오메데스가 낭송을 시작했다. "라에르테스의 신성한 아들은 세찬 불길을 일으켰다. 불이 다 타고 불꽃이 사그러들자 그는 숯을 펼치고, 그 위에 꼬치를 늘어놓고, 성스러운 소금을 뿌리고, 삼지창으로 받쳐 뒤집으니, 그들은 맛있게 익은 음식을 두 손으로 집었다……."

"운 맞추길랑 그만두게, 디오메데스!" 오디세우스가 웃었다. "우리 눈 먼 시인의 작품을 너무 오랫동안 들었나보군. 호메로스만큼이나 운율을 제법 맞추는 것을 보니! 그런데……." 오디세우스가 은근한 목소리로 덧붙였다. "자네들이 이번에 먹을 것은 쇠꼬챙이에 꿴 흔한 돼지고기가 아니야. 나 또한 예의 차리는 주인답게 직접 고기를 썰어서 나누어주지는 않을 거라네."

세번째 식탁이 차려졌다. 김이 나는 완두죽이 담긴 대접 세 개 사이로 속을 한가득 채워 넣은 새끼돼지가 식탁 중앙에 놓여 있었다. 옷차림으로 보아 노예인 것을 알 수 있는 한 사내가 드러나게 의기양양한 표정으로 식칼 두 개를 가지고 들어왔다. 그는 칼 하나로 돼지를 고정시키고 다른 칼로는 고기를 썰기 시작했다. 돼지 뱃속에서 곡물죽이 쏟아져 나왔다.

"아니, 내장도 안 들어낸 건가?" 아이아스가 고개를 절레절레 흔들며 물었다.

"이것은 피스타치오, 아몬드, 건포도를 넣은 밀죽입니다."라고 요리사가 강한 억양으로 설명했다.

"뜻밖의 내용물을 넣은 짐승이군." 디오메데스가 맨 먼저 맛을 본 뒤 흡족하게 말했다. "가끔 사물의 이면에는 예상과 전혀 다른 것들이 숨어 있을 때가 있지. 오디세우스, 자네 입맛에는 어떤가? 맛있지 않은가?"

오디세우스는 몇 분 전부터 말없이 생각에 잠겨 있었다.

"전혀 다른 것을 숨기고 있는 짐승이라……." 그는 중얼거렸다.

"의표를 찌르는 내용물, 바로 그거야!"

"자, 사색일랑 그만두고 한 잔 마시게." 아이아스가 그를 재촉했다.

오디세우스는 아이아스 말대로 한 모금 들이켜고 수염에 묻은 포도주 방울을 닦아냈다.

"트로이군을 기습하는 방법을 알아냈네……."

"속을 채워 넣은 돼지로 독살하려고?" 디오메데스가 의심쩍은 듯이 물었다.

"아니야. 속을 채워 넣은 말로 할 걸세. 생각해보게. 거대한 목마를 만들어 그 뱃속을 그리스의 정예 군사들로 채우는 거야. 나머지 군사들은 배를 타고 사라지는 거지. 트로이군은 우리가 퇴각했다고 생각하겠지. 그러면 우리 군사 중 똑똑한 녀석 한 명이 말 옆에 서서 그것이 팔라스 아테나에게 바치는 제물이라고 이야기하는 거야. 나는 저들이 이 '위험한 선물'을 트로이 성 안으로 들여갈 것임을 확신하네. 그럼 우리는 성안에 있다가 트로이 사람들이 헛된 승리를 축하할 동안 저들을 덮치는 거야……."

"굉장히 기발하게 들리는걸. 왠지 잘될 것 같네." 디오메데스는 물을 타지 않은 적포도주를 깊숙이 들이켰다.

"이번에도 우리의 '꾀쟁이'가 대단한 것을 생각해냈군. 그것도……." 아이아스는 웃다가 사레가 들려 시종들이 등을 세게 쳐주어야 했다. "속 넣은 새끼돼지를 먹다가 말이야. 나무돼지 속에 들어가 기습하는 그리스군이라!"

"목마라니까." 오디세우스가 눈을 찡긋하며 정정해주었다.

"그리고 이 새끼돼지 얘기는 한마디도 하면 안 되네. 이건 아테나 여신이 내게 꿈속에서 알려준 것으로 하자구……."

호메로스의 말을 믿어본다면 오디세우스의 계책은 성공을 거두었다. 그가 이 계책을 꿈에서 아테나로부터 전해들었을 가능성은 앞의 이야기만큼이나 신빙성이 적다.

트로이 영웅의 야전 만찬

§ 마틀로트(민물고기찜) §

◉ 준비시간 : 10분 | 요리시간 : 30분

◉ 재료(4인분, 전채요리로 만들 때는 절반의 분량)

민물고기(바다송어) 1.5kg · 당근 2개 · 잎양파 4개 · 대파 줄기 3개 · 소금에 절인 베이컨 100g · 마늘 3쪽 · 버터 5.5술 · 거여목 또는 왜당귀 가지 1개 · 파슬리 줄기 2개 · 월계수잎 1장 · 도수가 낮은 적포도주 700ml · 생버섯 100g 또는 말린 버섯 25g · 밀가루 1술 · 소금

| 요 · 리 · 법 |

껍질을 벗긴 당근과 잎양파는 얇고 납작하게 썰고, 흰 대파 줄기는 고리 모양으로, 베이컨은 작은 주사위 형태로 썰어 마늘 전량과 함께 버터 2술을 두르고 부드러워질 때까지 볶는다. 여기에 향초들을 넣고 포도주를 부어 10분간 약한 불에서 익힌다. 준비된 생선을 토막내어 버터 2술에 5분 정도 굽는다. 생선 대가리와 꼬리는 제거한 후 얇게 저민 버섯을 넣고 다시 약한 불에서 5분간 익힌다. 생선찜에 소금으로 간을 하고 포도주 소스에 넣어 다시 5분 동안 가열한다. 밀가루와 남은 버터를 섞어 반죽한 뒤 소스에 넣고 찬찬히 저으면서 소스가 걸쭉해질 때까지 약한 불에서 끓인다. 입맛에 따라 소금으로 간을 한다.

§ 보리빵 §

◉ 준비시간 : 90분 + 12시간 | 요리시간 : 30분

◉ 재료(4인분)

굵게 빻은 보리 150g · 물 250ml · 통밀가루 350g · 소금 2찻술 · 우유 100ml · 이스트 20g · 꿀 1찻술

| 요 · 리 · 법 |

보리를 밤새 물에 담가 미리 불려둔다. 따뜻하게 데운 우유와 꿀에 이스트를 넣어 잘 저어준 뒤 소금, 밀가루, 보리를 넣어 반죽이 끈적이지 않을 때까지 치댄다. 젖은 행주로 반죽을 덮어 따뜻한 곳에 1시간 가량 놓아두어 적당히 부풀어오르게 한다. 반죽을 8등분하여 각각 공 모양으로 균일하게 빚은 뒤 다시 20분간 놓아둔다. 우유를 솔에 적셔 반죽에 칠하고 잘 드는 칼로 반죽에 십자 칼집을 낸 뒤 미리 가열해둔 오븐에 넣고 약 220도로 30분 동안 구워낸다.

---

§ 새끼돼지고기 §

◉ 준비시간 : 30분 | 요리시간 : 130분

◉ 재료(20인분)

새끼돼지 8kg · 고수 간 것 1술 · 거여목 또는 왜당귀 2술 · 소금 4술 · 양파즙 100ml · 참밀 1kg · 소금물 2.5리터 · 양파 2개 · 올리브유 2술 · 아몬드 부순 것 100g · 피스타치오 조각낸 것 150g · 건포도 150g · 소금 · 실 · 은박지

| 요 · 리 · 법 |

새끼돼지고기는 안팎을 씻어내고 잘 말려서 향신료와 양파즙을 안팎에 두루 바른다. 참밀은 포장지에 적힌 대로 조리한다. 양파는 잘게 썰어 올리브유에 투명한 빛이 날 때까지 볶다가 아몬드, 피스타치오, 건포도와 함께 참밀에 넣고 소금으로 간을 한다. 완성된 내용물을 새끼돼지 뱃속에 넣고 틈새마다 단단한 실로 꿰맨다. 돼지를 꼬챙이에 꿰어 숯불에 올려놓고 약 2시간 동안 굽는다. 고기가 바삭바삭해지면 은박지에 싸서 완전히 익힌다. 고기를 약 10분간 더 놓아둔 뒤 잘라서 상에 낸다.

---

§ 완두죽 §

◉ 준비시간 : 10분 + 12시간 | 요리시간 : 50분

◉ 재료(4인분)

완두콩 말린 것 300g · 물 1리터 · 라드(돼지기름) 1/2술 · 주사위 모양의 베이컨 100g · 밀가루 1술 · 소금 1찻술

| 요 · 리 · 법 |

완두콩은 밤새 물에 담가 불린다. 불린 물째로 콩을 40분 가량 삶은 뒤 물은 따라버리고 분쇄기에 간다. 베이컨을 라드에 지지다가 밀가루와 완두콩 간 것을 넣고 소금으로 간을 맞춘 뒤 다시 10분 동안 끓인다.

후식으로는 목재 쟁반에 식욕을 돋우는 신선한 무화과, 사과, 배, 호두, 양젖과 염소젖으로 만든 치즈를 내어놓는다.

고대 그리스의 소박한 식탁

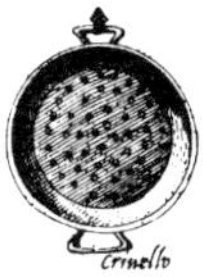

"찬란한 트로이를 파괴한 강대한 왕들이여! 그대들의 명성은 세대를 지나며 높아지지만, 그대들의 식탁은 초라하기 짝이 없도다. 소 넓적다리고기와 돼지 등심이라니! 그대들은 마틀로트의 별미와 닭고기 스튜의 환상을 영원히 모를지니, 딱하도다!" 최초의 식도락 권위자 브리야 사바랭(Jean Anthelme Brillant-Savarin, 1755~1826)이 《역사적 비가》에서 남긴 이 말은 전혀 틀린 이야기가 아니다.

고대 그리스에서 고기는 사치품이었고 축제일을 제외하면—이날에는 제물로 바친 짐승의 고기를 평민에게도 나누어주었다—부자들만 먹는 음식이었다. 소는 수레를 끄는 짐승의 임무를 다하면 도살했고, 숲속 한 켠에 담으로 둘러친 곳에서 방목한 돼지도 먹었다. 물론 돼지고기는 지중해 동쪽과 남쪽 국가들에서는 금기 음식이었다. 그 반대의 경우가 생선이었다. 생선은 갈릴리나 이집트에서는 빈부 가릴 것 없이 인기가 높았지만, 호메로스시대의 그리스에서는 '가난한 자들의 음식'으로 통했다. 사슴, 노루, 토끼, 멧돼지, 야생 조류도 인기가 있었으나 흔하지 않은 진미 음식이었다. 양과 염소도 연질 치즈와 경질 치즈를 얻을 수 있는 우유를 생산해야 했기 때문에 역시 식탁에 오르는 경우는 드물었다. 닭도 주로 달걀을 얻기 위해 사육했다.

가장 중요한 곡식은 보리였다. 그밖에 스펠트밀과 기장이 있었고, 비옥한 지역에서는 밀을 재배했다. 흔히 먹은 음식은 곡물죽이었는데, 특히 절구에 찧어 겨를 벗겨낸 보리쌀로 죽을 만들어 먹었다. 보리에서 나온 '찧은보리'는 호메로스가 '남자들의 골수'라고 표현한 것으로, 곡물 알갱이와 콩과 식물의 혼합물이었다.

체계적으로 재배한 작물로는 콩, 완두콩, 오이, 머스크멜론, 단호박, 상추, 꽃상추, 대파, 양배추, 순무, 피망, 무 등이 있었다. 그밖에 양파, 마늘, 몇 가지 샐러드 채소, 올리브, 무화과도 곁들여 심었다. 야생풀과 당시 처음 재배를 시작한 향초들은 약용과 향신료로 쓰였고, 꿀은 감미료로 사용되었다. 과일로는 배, 사과, 석류, 구주콩, 무화과, 대추, 호두, 포도가 있었는데, 까다로운 포도 재배도 시작되었다.

호메로스시대의 그리스에서는 요리술도 과도기에 있었다. 조리방식은 아직 유목민의 특성을 간직하고 있어서 끓이거나 굽는 방식을 택했고, 질긴 고기의 경우에는 이 두 방식을 차례로 적용했다. 식사 준비는 가정주부나 하녀 또는 여자 노예들이 담당했고, 가장은 짐승의 도살과 분배를 도맡았다. 직업 요리사는 존재하지 않았다. 그러나 서서히 요리술에 문명의 서광이 비치기 시작하여 이집트에서는 이스트가 발명되었고, 다른 고대 국가들은 채소를 절이는 식의 새로운 저장 방법과 고기와 생선을 소스에 담가 맛을 내는 방법 등을 실험했다.

3. 페리클레스에게 초대받다

"이제 페리클레스는 아테네 시를 비롯하여 아테네 국가에 속한 것들을 모조리 장악했다……. 정치에서는 불굴의 결단으로 국가 번영을 위해 봉사했기 때문에 그는 확신에 찬 연설과 교육적인 언변으로 민중을 아무 저항 없이 이끌 수 있었다. 그러나 때로는 대중의 분노를 느낄 때도 있었다……."

— 플루타르코스, 페리클레스 15

헤로도토스는 편평한 주택 지붕들 위로 시선을 들어 아크로폴리스 언덕을 올려다보았다. 아테나 여신상의 금빛 창끝이 석양을 받아 번쩍이고 있었다. 제시간에 맞춰온 것이었다. 그는 일몰 시각에 초대를 받았고 아테네 사람들이 얼마나 시간 개념이 정확한지 알고 있었다. 특히 오늘 자신을 초대한 페리클레스 같은 사람은 말할 것도 없었다. 마침내 헤로도토스는 아테네 시민들이 '권력자' 라고 부르는 페리클레스의 집 앞에 섰다. 작은 원주(圓柱) 현관이 딸린 황갈색 2층 주택은 유력 정치가의 집치고는 매우 검소하게 느껴졌다. 더욱이 아테네가 세계적인 도시로 발돋움하고 있는 지금은 한층 더 그런 생각이 들었다.

뾰족탑 뒤에서 거리를 내려다보고 있던 노예가 초인종 줄을 잡아당겨 문지기에게 손님이 왔음을 알리자 문지기는 즉시 문을 열어주었다. 헤로도토스는 문지기에게 자신의 주름 잡힌 회색 망토를 건네고 그의 머리를 쓰다듬었다. "잘생겼구나!" 그는 주랑으로 둘러싸인 밝고 탁 트인 안마당으로 들어섰다. 그곳에는 또 한 명의 남자 옆에 아테네의 일등 시민인 장군이 서 있었다. 페리클레스는 얇은 채색 띠가 둘린 고운 양모의 겉옷인 키톤의 옷매무새를 바로잡고 도착한 손님에게 달려왔다.

"오랜 여행 끝에 무사히 다시 뵙게 되어 반갑소. 선생께서 들려줄 시칠리아 이야기가 대단히 기대됩니다."

헤로도토스는 웃으며 장군을 포옹했다. "페리클레스가 부르면 오는 게 당연하지요. 정갈하게 씻고, 최상의 향수를 바르고, 정확한 시간에 와야 하지요."

노예가 희석 포도주가 든 술잔을 헤로도토스에게 건네는 동안 페리클레스는 또다른 손님을 소개했다. "이 사람은 리시클레스입니다. 목양업자인데 새로운 무역 거래를 성공적으로 성사시키고 있습니다. 특히 우리 가족과는 절친한 친구이지요……."

"귀하에 관해서는 익히 들어 알고 있습니다. 황금과 뛰어난 말솜씨를 이용하여 무기를 가진 자보다 사람의 마음을 더 많이 움직이는 분이시지요."

기분이 좋아진 목양업자는 겸손하게 말했다. "언변의 달인은 바로 당신입니다. 헤로도토스……."

안주인이 자욱한 향기를 내뿜으며 나타나자 리시클레스는 갑자기 말을 끊었다. 아스파시아는 가는 주름이 잡힌 연파랑 옷을 받쳐 입고 금박 허리띠를 매고 그 위에 양모 외투를 멋지게 걸치고 있었다. 아테네 여성치고는 비교적 장신구를 적게 달았는데, 가느다란 귀고리 두 개와 세련된 금목걸이만 하고 있었다. 반면에 헤나로 물들인 반짝이는 주홍빛 머리는 투구 장식처럼 뒤쪽으로 묶어 세웠고, 머리 좌우로는 미용 인두로 지진 곱슬머리 두 가닥이 내려와 있었다.

리시클레스는 넋을 잃고 아스파시아를 바라보았다. "여신이 등장하면 남자들은 말문이 막히는 법이지요."

아스파시아는 미소지었다. "지나친 농담은 여전하시군요. 아름다움은 신들이 내리는 것이지만 세월이 그 찬란한 은총을 파괴합니다……."

"격언 한마디를 더 보태자면," 헤로도토스도 여인에게 인사하며 말했다. "고결한 아내를 만나는 것보다 더 귀한 일은 없습니다. 에우리피데스가 한 말입니다. 그 친구는 안 왔습니까?"

"제가 초대 전갈을 보냈습니다."라고 아스파시아가 대답했다.

그때 시인 에우리피데스가 조금 숨이 차서 나타났다. "늦어서 죄송합니다, 페리클레스. 배우들끼리 흔한 말다툼이 있었습니다. 그것도 초연을 코앞에 두고 말입니다."

에우리피데스는 헤로도토스를 보며 두 손을 그의 어깨에 얹었다. "평생을 연구에 몸바치며 시민들에게 해를 끼치거나 죄악 따위는 생각하지 않는 사람은 복받은 사람이오……."

아스파시아는 손뼉을 쳤다. "이제 다 오셨습니다. 아테네 관습상 손님의 수는 우미(優美)의 세 여신 수보다 적어서도 안 되고 뮤즈의 여신들 수보다 많아서도 안 됩니다. 자, 식당으로 들어가시지요."

자그마한 살롱 안에는 장의자 세 개가 편자 모양으로 놓여 있었다. 페리클레스와 아스파시아는 중간 의자에 비스듬히 누웠고, 리시클레스는 오른쪽 의자에, 나머지 두 예술가는 왼쪽 의자에 양분해서 자리를 잡았다. 시녀들이 따뜻한 물이 담긴 배불뚝이 유리병과 나무 함지를 가져와 다섯 사람의 발을 씻어주었다. 그 사이 두 명의 노예는 기다란 널판을 가지고 들어와 무릎 높이의 작은 대리석 받침대 두 개 위에 얹어놓음으로써 정확히 장의자들 중간 위치에 식탁을 차렸다. 페리클레스는 옷을 걷어붙이고 손가락 두 개를 술잔에 적셔 소량의 포도주를 식탁 위에 뿌렸다.

"여러 신들과 특히 우리의 수호신인 아테나 여신께 감사드리나이다." 그는 자동적으로 중얼거렸다.

"드십시오." 아스파시아가 손님들에게 권했다. "혹 리디아식 맑은 수프를 원하실 경우에는 말씀만 하시면 계집종이 귀때 달린 잔을 가져다 드릴 것입니다."

"저는 여기 있는 히메토스산 돌잉어, 전기메기, 농어, 오징어다리, 뱀장어머리, 가오리, 가자미, 숭어로도 충분합니다."라고 에우리피데스가 대답했다.

"그러나 헤로도토스에게는 이 보잘것없는 음식이 충분하지 않을지도 모르겠군요." 페리클레스가 놀렸다. "이분은 시칠리아와 특히 시바리스에서 그야말로 고급 요리를 맛보고 온 분입니다."

"그곳에는 다양한 종류의 조개와 바위에 붙어 사는 달팽이도 있더군요. 엄청나게 큰 굴과 보라색 소라, 게, 바닷가재도 있었습니다. 입이 닫혀 있는 조개는 열기가 힘들지만 먹기에는 수월합니다." 작가는 미식가답게 회상했다. "가장 놀라웠던 것은 맛조개인데, 어떤 것은 속살이 달콤해서 즉시 먹을 수 있지만, 어떤 것은 매워서 젤리처럼 굳혀서 먹어야 했습니다. 하지만 아무리 그곳 음식 맛이 좋아도 저는 카틸로스처럼 영양이 풍부한 이곳 향토 음식이 제일 그리웠습니다."

아스파시아는 말뜻을 알아채고 손뼉을 쳤다. 곧바로 두 명의 하인이 달려와 나무 널판을 내갔다. 식탁이 치워지기가 무섭게 헤로도토스가 그렇게 찬양한 고기 파이가 놓인 두번째 식탁이 들어왔다.

"저는 언제나 찬 음식부터 먹습니다." 리시클레스가 입맛을 다시며 말했다. "뜨거운 음식부터 먹으면 손가락만 데지 않습니까."

"대단히 많이 차리셨습니다. 시간을 두고 천천히 먹어도 괜찮겠어요. 하지만 극장에서는 전혀 그렇지가 않습니다." 에우리피데스가 한마디 했다. "극장에서는 막간에 식탁을 차리는데, 순식간에 음식이 동이 납니다. 따뜻한 음식을 먹을 때는 식탐 있는 사람들이 언제나 뜨거운 물에 손부터 담급니다. 미리 손가락을 단련시키고 다른 사람들보다 음식을 먼저 집기 위해서이지요. 음, 미야마하고 특히 토끼고기가 아주 별미입니다."

"그건 리시클레스가 저희집 요리사한테 가르쳐준 요리법으로 만든 것입니다." 라고 아스파시아가 말했다.

"토끼고기를 가장 맛있게 요리하는 법은 이렇습니다. 토끼고기를 굽다가 아직 덜 익었을 때 꼬챙이에서 빼내어 소금을 뿌리고 시장한 손님들에게 내놓는 겁니다." 목양업자가 설명했다. "고기에서 피가 흐른다고 인상을 찡그리면 안 되고 바로 먹어야 합니다. 그외의 다른 요리법들은 형편없지요."

"시바리스에서는 귀하의 방식대로 만드는 그 요리를 해서는 안 됩니다." 헤로도토스가 말하더니 의아해하는 사람들의 눈길을 보고 해명을 했다. "그곳에서는 어느 요리사가 새로운 음식을 개발하면 일 년 동안은 그 요리사만 해당 음식을 만들 수 있습니다. 만일 다른 요리사가 그 음식을 따라하고 싶을 때는 돈을 내야 합니다."

"말도 안 되오." 에우리피데스가 웃었다. "그건 어느 사람이 내 희곡 작품을 상연할 때 나한테 돈을 내야 하는 것과 같군요."

"별로 잘못된 일 같지는 않소이다." 페리클레스가 말했다. "그런데 시바리스 사람들이 정말 그렇게 특이한가요? 그 사람들은 노동이라는 단어를 들으면 서혜 헤르니아가 생긴다고 하더군요."

"시바리스 사람들은 노예를 대단히 유순하게 다룹니다." 리시클레스가 웃으며 덧붙였다. "고통의 비명소리를 참을 수 없기 때문이지요……."

"그곳 음식이 정말 그렇게 대단합니까?"라고 아스파시아가 물었다.

"시칠리아와 특히 시바리스에서 있었던 향연만 생각하면 아직도 입에 침이 고입니다." 헤로도토스가 대답했다. "그곳 음식은 익숙한 것과 낯선 것의 조합입니다. 그리스 풍이 페니키아나 이집트 풍과 섞여 있지요. 저는 음식이 예술이 될 수 있고 우리의 친구 에우리피데스의 연극처럼 작품이 될 수 있다는 생각을 여지껏 한 적이 없었는데……."

"희극 말이오 아니면 비극 말이오?" 시인이 놀리듯이 말을 끊었다. "때로는 두 가지가 섞여 있습니다. 물론 집주인이 진미를 대접하면서, 과식 때문에 심장마비로 죽은 비육 돼지 요리라고 말한다면 조금 우스꽝스럽겠지요. 하지만 그것이 시칠리아에서는 상등품의 고기로 통합니다. 또 공작의 알로 만든 오믈렛도 귀한 음식인데 별로 맛은 없습니다. 조금 상한 나일 강 거위알은 썩은 맛이 납니다. 물론 누구나 인정하는 유별난 식도락과 함께 당연히 과시욕도 심합니다. 그곳 요리사들은 음식 위장술에서 서로 앞다투어 상대를 능가하려 합니다. 가령 토끼고기로 생선 모양을 빚어내는 식이지요. 하지만 저는 아테네 음식이 더 좋습니다. 그래도 제 결심을 말씀드리자면, 저는 여생을 시바리스가 아니라 시칠리아에서 보내면서 그곳 음식을 즐기고 싶습니다……."

페리클레스는 흰 머리카락이 섞이고 숱이 적어진 자신의 곱슬머리를 쓰다듬었다. "나도 오늘 선생께 아테네 가치에 걸맞은 훌륭한 음식을 대접하고 싶었소이다. 우리 그리스인은 다르다고 생각하오. 우리도 역시 아름다움

고대 그리스인들의 음식문화
1. 사냥하는 사람들
2. 물고기 요리를 먹는 사람들
3. 와인을 따르는 사람
4. 요리하는 사람

을 사랑하지만 소박한 민족이지요. 우리는 지혜를 사랑하지만 해이해지거나 유약해지지는 않습니다. 우리의 부는 지체없는 실천에 쓰이는 것이지 과시적인 웅변을 위한 것이 아닙니다……."

"장군께서 우리 향연의 주제를 제안하시는군요. 하지만 저는 먼저 목을 축이지 않으면 거기에 대해 이야기를 할 수가 없네요……." 에우리피데스는 능숙하게 이날 저녁의 정점을 향해 화제를 이끌었다.

짧은 아마포 상의를 입은 두 명의 사내아이가 주위를 돌며 조끼에 담긴 물과 포도주를 참석자들 앞에 놓인 은제 술잔에 채워 넣었다. "아스파시아, 계속 저희와 자리를 함께해주실 것이지요?"라고 헤로도토스가 물었다.

페리클레스가 고개를 끄덕였다. "물론 함께 있구 말구요. 그것은 단지 이 자리가 친구들끼리의 모임이기 때문만은 아니오. 우리의 오랜 관습에 따르면 여자들은 향연에 참석할 수 없지만, 나는 내 아내가 우리들 대화에 참여한다고 누구한테나 당당히 말할 것이오." 페리클레스는 아내의 손을 쓰다

듣었다.

"저는 우리 선량한 아테네 사람들이 무슨 얘기를 하고 다닐지 벌써 짐작이 갑니다." 아스파시아는 부채질을 하더니 조금 신랄하게 말했다. "기녀들은 향연에 일종의 장식으로만 참석하는 것이고 조신한 부인들은 그렇지 않다고들 하지요."

"두 분 때문에 염려가 됩니다. 제 후원자이자 친구이니까요." 에우리피데스가 설명했다. "도처에서 사람들이 두 분을 헐뜯고 있습니다. 겉으로는 제우스와 헤라, 또는 헤라클레스와 데이아니라 이야기를 해도 그것은 페리클레스와 아스파시아 두 사람을 의미하지요."

"어떤 이들은 우리를 파리스와 헬레네에 비유하기도 합니다. 아스파시아는 어떨지 모르지만 나로서는 기분좋은 일은 아니지요." 페리클레스는 이렇게 대답하고 아내를 다정하게 바라보았다.

"그런 말을 가볍게 들으시면 안 됩니다. 테미스토클레스나 밀티아데스가 공격당할 때도 그 같은 악의로 시작되었으니까요……."

헤로도토스가 주의를 주었지만 페리클레스는 눈짓으로 말을 막았다.

"역사는 반복되지 않습니다. 아테네 사람들은 나를 도편추방하지 않을 것이오. 해마다 나를 절대적인 과반수로 장군에 선출했으니 나와 내 아내를 심판하지는 않을 것입니다……."

"오판이 아니라면 그럴 것이오." 헤로도토스가 예언했다.

페리클레스의 생각은 오판이었다. 정적들은 그의 아내 아스파시아를 신성모독과 부도덕을 들어 기소했다. 페리클레스는 온갖 수단을 동원하여—그는 변호 연설에서 처절하게 울음을 터뜨렸다—겨우 유죄 판결과 추방을 면할 수 있었다.

'지상의 제우스'가 준비한 그리스 정찬

§ 카틸로스(고기 파이) §

◉ 준비시간 : 40분 + 2시간 | 요리 및 냉장시간 : 90분 + 12시간

◉ 재료(4인분)

닭고기 250g · 돼지고기 250g · 양고기 250g · 밀가루 400g · 달걀 2개 · 버터 50g · 물 100ml · 양파 2개 · 양송이버섯 100g · 라드 1술 · 소의 골수 간 것(소뼈 5개) 40g · 차이브[3] 1다발 · 달걀 2개 · 백리향 1찻술 · 나륵풀(바질) 1술 · 전호(처빌)[4] 1술 · 로즈메리 1찻술 · 소금 1술 · 후추 · 길쭉한 베이컨 200g · 달걀노른자 1개 · 구스베리 또는 마르멜로(유럽 모과) 젤리

| 요 · 리 · 법 |

고기는 잘게 다진 것으로 준비한다. 밀가루, 달걀, 부드러운 버터, 소량의 소금과 물을 섞어 반죽을 만들고 2시간 동안 놓아둔다. 양파는 잘게 썰고 양송이버섯은 납작하고 얇게 썰어 라드에 살짝 볶다가 쇠골과 고리 모양으로 썬 차이브를 넣은 뒤 고기, 달걀, 잘게 다진 향초, 향신료와 함께 골고루 섞는

3) chive. 시베리아, 유럽, 일본 홋카이도 등이 원산지인 허브의 한 종류. 높이 20~30cm로 작은 파와 같은 생김새이고 잎도 가늘다. 고기요리 · 생선요리 · 수프 등 각종 요리의 향신료로 쓰이는데, 향긋한 냄새가 식욕을 돋운다.

4) chervil. 유럽과 서아시아가 원산지인 허브의 하나이며 프랑스 요리에 많이 쓰인다. 어린 잎은 샐러드에 넣어 날것으로 먹고 생선요리에 넣으면 비린내를 없애주며 수프나 소스에도 섞어 쓴다.

다. 반죽의 3분의 2를 밀어 기름을 바른 파이틀에 깐다. 파이틀 바닥과 옆구리에 길쭉한 베이컨을 놓고 그 위에 준비된 내용물을 얹은 다음 잘 눌러준다. 다시 베이컨으로 덮고 남은 반죽으로 덮개를 떠서 파이 위에 얹고 가장자리는 물을 묻혀 붙인다. 솔에 달걀노른자를 묻혀 덮개에 바르고 포크로 여러 번 찔러 구멍을 낸 뒤 미리 가열한 오븐에서 180도로 90분 가량 굽는다. 굽기 시작한 지 45분이 지나면 은박지나 뚜껑을 덮어준다. 다 익으면 12시간 동안 찬 곳에 놓아둔 다음 틀에서 파이를 꺼내고 1cm 두께로 잘라 구스베리나 마르멜로 젤리와 함께 상에 낸다.

---

§ 에파이네토스 요리법에 따른 미야마 §

◉ 준비시간 : 15분 | 요리시간 : 10분

◉ 재료(4인분)

잎양파 1개 · 대파 줄기 1개 · 올리브유 · 백리향 1찻술 · 고수 1찻술 · 꿀 1술 · 석류 씨 2술 · 포도 식초 1술 · 쇠고기 안심 600g · 쇠 간 150g · 페타치즈(그리스식 연골 치즈) 40g · 소금과 후추

| 요 · 리 · 법 |

석류를 쪼개어 씨를 빼낸다. 잘게 썬 잎양파와 고리 모양으로 썬 파를 올리브유에 볶는다. 여기에 다진 향초, 꿀, 석류 씨, 포도 식초를 넣고 소금과 후추로 맛을 내어 5분 동안 끓인다. 소의 안심과 간을 길쭉하게 썰어 올리브유에 재빨리 볶아낸 뒤 잘게 다진 치즈를 넣고 앞의 재료들과 한데 섞어 끓이

고 소금과 후추로 간을 한다.

---

§ 헤라클레이데스 요리법에 따른 리디아식 수프 §

◉ 준비시간 : 10분 | 요리시간 : 15분

◉ 재료(4인분)

닭고기 250g · 올리브유 2술 · 닭고기 육수 1리터 · 통밀빵 50g · 양젖 치즈 50g · 소금과 후추 · 이논드 1술

| 요 · 리 · 법 |

얇게 썬 닭고기를 센 불에서 올리브유에 볶고 뜨거운 닭고기 육수에 넣는다. 빵과 치즈를 곱게 다져 국물에 넣고 15분 동안 끓인다. 소금과 후추로 맛을 내고 이논드를 뿌린다.

---

§ 보리죽 §

◉ 준비시간 : 5분 | 요리시간 : 30분

◉ 재료(4인분)

굵게 빻은 보리 250g · 야채 국물 1리터 · 엉겅퀴 기름 1술 · 소금과 후추

| 요 · 리 · 법 |

보리를 뜨거운 야채 국물에 넣고 30분 동안 계속 저으면서 죽을 끓인다. 프

라이팬에 엉겅퀴 기름을 둘러 가열한 뒤 죽을 넣고 익힌다. 소금과 후추로 맛을 낸다.

---

§ 크리시포스 요리법에 따른 호두 케이크 §

◉ 준비시간 : 40분 | 저장기간 : 2일

◉ 재료(4인분)

개암나무 열매 껍데기 깐 것 60g · 호두 껍데기 깐 것 60g · 아몬드 껍질 깐 것 120g · 고형 꿀 125g · 참깨 씨 60g · 양귀비 씨 2술 · 액상 꿀 1술

| 요 · 리 · 법 |

개암, 호두, 아몬드를 오븐에서 180도로 10분간 구운 후 절구에 넣어 굵게 빻는다. 꿀 100g을 프라이팬에 넣고 조심해서 데운 뒤 다시 식히고 여기에 개암, 호두, 아몬드를 넣고 잘 섞는다. 납작한 접시 두 개에 밀가루를 뿌리고 앞의 재료를 섞은 꿀을 두 개의 케이크 분량으로 나누어 빚는다. 나머지 꿀도 따뜻하게 데우고 참깨 씨를 넣어 마찬가지로 케이크 모양으로 빚는다. 참깨 케이크에 사방으로 양귀비 씨를 뿌리고 개암, 호두, 아몬드가 들어간 두 케이크 사이에 넣고 잘 눌러준다. 약 이틀 동안 굳도록 놓아둔 다음 나머지 호두로 장식하고 액상 꿀을 붓는다.

부와 권력의 상징이 된 요리

그리스 요리술의 발전에 결정적인 역할을 한 것은 음식을 이미 예술로 승화시킨 민족들과의 접촉이었다. 그리스인들은 갑자기 리디아식 수프에 열광했고 이후에는 페르시아인들을 모방했다. 정찬도 이제는 점심 식사가 아니라 저녁에 차리는 '심포지온(symposion)' 이었다.

이후 그리스 식민지는 고급스러운 '새로운 요리' 의 출발점이 되었는데, 특히 타란토 만의 도시 시바리스가 유명했다.

아테네 시는 그 부와 권력을 바탕으로 외국과 식민지의 요리사들을 끌어 모으는 힘을 발휘했다. 시칠리아와 이집트, 그리고 페르시아 영향권 안에 있던 이오니아 지방의 직업 요리사들이 그리스로 들어왔고 이들의 활동 영역은 점차 세분화되었다. 생선과 고기, 소스는 물론이고 식이요법에서도 전문 요리사들이 따로 있었고 각 분야를 설명한 문헌도 있었다.

그리스인들은 아침 식사로 곡물죽이나 포도주에 적신 빵을 먹었고, 낮에는 빵, 올리브, 치즈 같은 차가운 휴대 음식을 먹거나 길거리 또는 시장에 있는 수많은 간이음식 판매대에서 해결했다.

서민들의 저녁 식사는 대개 채식이었다. 기본 양식은 곡물이었는데, 주로 보리죽, 보리국수, 보릿가루 등을 섭취했다. 그밖에 빵, 염소젖으로 만든 치즈, 렌즈콩죽, 완두죽, 양배추, 무, 붓꽃뿌리, 너도밤나무 열매, 루핀 씨가 있었고, 가끔 메뚜기나 소금에 절인 생선도 식탁에 올랐다.

반면에 부유한 사람들은 전혀 다르게 생활하여 식사가 하나의 의식으로 발전할 수 있었다. 그들은 각종 연질 치즈와 경질 치즈를 골라 먹을 수 있었고, 토종 과일과 채소는 물론이고 수입 작물인 단호박, 말린 버섯이나 버섯 절임, 야자수 과심(果心), 송로버섯, 최음제로 알려진 아스파라거스도 먹었다. 고대 초기에 주로 먹었던 포도 대신에 이제는 석류, 페니키아 대추, 페르시아 호두, 코린트산 마르멜로 절임(마르멜로는 아테네에서 '헤스페리데스의 황금 사과'로 알려져 있었다) 따위가 주요 과일로 자리잡았다. 생선은 더 이상 '빈민들의 음식'으로 천시되지 않았다. 아테네 시장에서는 참치, 알락곰치, 황새치, 가오리, 오징어 등을 팔았다. 고기의 종류도 역시 풍부했다. 흔하게 먹은 닭고기 외에 오리, 거위, 꿩, 뿔닭, 자고가 있었다. 그밖에 갖가지 네발짐승 고기가 있었고, 테살리아산 쇠고기와 새끼돼지고기는 별미 음식이었다.

조미의 기술도 처음으로 빠르게 발전했다. 처음에 그리스인들은 소금만으로 조미를 했으나, 곧 이논드, 고수, 회향 씨, 백리향, 캐러웨이를 이용했다. 그러나 훗날의 로마인들처럼 쓸데없이 향신료를 남용하여 음식맛을 버리는 일도 있었다.

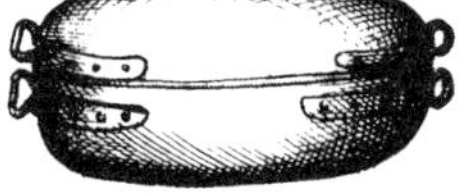

Conserna mezana

4. 로마 대신 죽음을 택한 한니발

“로마인들의 불안을 씻어줄 때가 왔다. 자신들에게 그토록 큰 근심을 안겨준 늙은이의 죽음을 로마인들은 더 이상 기다릴 수가 없다.”

— 플루타르코스

“우리 장군님도 늙으셨어.” 한니발이 방으로 들어왔을 때 벨리카르는 이런 생각이 들었다.

평소와 다름없이 한니발은 이날 아침에도 병기 연습을 한 뒤 수염을 손질했다. 망명지인 이곳 비티니아 왕국 프루시우스의 궁정에서도 페니키아 출신의 한니발은 흠잡을 데 없는 외모에 신경을 썼다.

“그들은 내 신병을 인도하라고 요구할 것이다.”

벨리카르는 한니발이 누구를 말하는 것인지 물어볼 필요가 없었다. 당연히 로마인들일 테니까.

“내가 또 저들의 화를 너무 돋운 모양이야. 그러나 나는 페르가몬 왕국에 맞서 프루시우스를 돕지 않을 수 없었거든…….”

"페르가몬은 로마와 동맹을 맺은 사이 아닙니까, 장군님. 더욱이 그것을 온 천하에 과시한 것이 장군님을 분격시켰구요."

"네 말이 맞다. 하지만 우리가 항아리를 적들의 배에 던진 것은 잘한 일이었어. 페르가몬 병사들은 처음에는 비웃었지만 결국 우리가 항아리마다 수십 마리의 독사를 집어넣은 것을 알아챘지. 어쨌거나 그들은 공포에 사로잡혀 저항을 할 수 없었어."

"그리고 로마인들은 분노하여 장군님의 신병 인도를 요구하게 되었지요. 이제 또다시 짐을 싸야 합니다."

한니발은 고개를 가로저었다. "이제는 더 이상 티루스, 에페소스, 아르메니아, 크레타, 비티니아로 하염없이 도망다니고 싶지 않다. 도망다닐 만큼 다녔어. 오늘은 그 생각은 하지 말자. 너한테 부탁이 하나 있다. 오늘 저녁에는 옛날 전쟁터에서 먹었던 것과 똑같은 음식을 만들어다오. 한번 더 전사처럼 먹으며 너와 함께 옛날을 더듬어보고 싶구나."

"특별히 원하시는 게 있으신지요?"

"아니다. 네가 알아서 해다오! 내 식성을 너보다 잘 아는 사람이 누가 있겠느냐?"

벨리카르는 음식과 재료를 사려고 직접 시장으로 나갔다. 그가 맛좋은 음식과 별미는 놓아두고 흔한 생선과 닭 한 마리, 이집트콩, 스펠트밀, 양배추를 사자 몇몇 상인들이 그를 이상한 눈으로 쳐다보았다.

오후에 카르타고 사람 벨리카르는 왕이 고용한 요리사를 한니발 처소의 주방에서 내보낸 뒤 여자 노예 한 명만 데리고 음식을 장만하기 시작했다. 농어 요리에 쓸 향신료들을 으깨고 섞는 동안 그는 에스파냐에서 전 군대가 이 음식으로 끼니를 해결했던 날이 생각났다. 그때 그는 한니발을 처음으로 보았다. 보병 3만 8,000명과 기병 8,000명은 젊은 장군의 연설을 감동적으로 듣고 있었고, 벨리카르 자신은 34마리 코끼리 가운데 하나에 올라타 있었다. 그는 연설 한 마디 한 마디가 아직도 기억에 생생했다.

"……우리는 물리칠 것이다. 로마인들은 우리를 도발하고 우리를 칠 군대를 소집하면서도 무사하리라 믿고 있다. 하지만 카르타고는 용납하지 않을 것이고, 이번에는 우리가 싸움의 원칙을 결정할 것이다. 우리는 로마인들의 급소를 칠 것이며 그들의 고향으로 가서 전쟁을 치를 것이다……."

벨리카르는 다른 병사들과 똑같이 "로마로! 로마로! 로마로!" 하고 외쳤다. 한니발은 병사들을 다시 진정시켰다.

"로마군은 우리를 마실리아(마르세유)에서 기다리고 있다. 그들은 우리가 론 강 계곡에 머무르다가 해로를 택할 것으로 믿고 있다. 그러나 우리는 그들의 허를 찌를 것이다. 우리가 산맥을 넘으면 이탈리아는 무방비 상태일 것이고, 로마에 예속된 민족들은 우리를 지원할 것이며, 우리는 로마를 정복하게 될 것이다."

벨리카르는 양념한 농어를 맛있게 먹는 한니발을 보면서 흐뭇했다. 두 사람은 아무 말도 하지 않았다. 둘 다 회상에 빠져 있었던 것이다. 벨리카르가 디도라는 암코끼리를 타고 론 강을 건너 거대한 산맥을 향해 나아갈 때 가졌던 확신은 날씨가 점점 추워지고 군량이 부족해지면서 달아났다. 산악 주민들은 위에서 병사들에게 돌덩어리를 던졌고 빙판길도 나타났다. 나무를 잘라 다리를 만들 시간도 물자도 없었다. 그때 갑자기 벨리카르 아래쪽의 얼음이 갈라져 그는 코끼리와 함께 빙판 틈새로 추락했다. 디도는 구해낼 수 없었지만 전우들은 그에게 밧줄을 던져주었다. 그때 빙판 틈새 가장자리에서 그에게 손을 내밀어 올려준 사람이 한니발이었다.

"네가 네 코끼리에 얼마나 세심하게 신경 쓰는지 자주 보아왔다. 사람한테도 그리 신경을 써줄 수 있겠느냐? 새 당번병이 필요해서 그런다……."

그것은 물론 인간적인 호의이기도 했지만 노련한 책략이기도 했다. 군대 내부에서는 한니발이 어떻게 벨리카르를 구했고 어떻게 위로해주었는지 금세 소문이 돌았다. 그것은 사기를 북돋워주었다. 병사들에게 절실히 필요했던 것은 바로 그 사기였다…….

벨리카르는 한니발이 다 먹은 것을 보고 김이 나는 대접을 갖다주었다. "이집트콩 수프로군. 칸나이로 가기 전을 생각하고 있었나 보구나!" 벨리카르는 고개를 끄덕였다. 이집트콩은 알프스에 있을 때 그 어느 곳에서도 끊어지지 않았던 유일한 군량이었다. 그리고 그 수프는 트레비아 강과 트라시메노 호 전투에서 승리를 거두기 전 남은 병사들의 위를 채워주었다. 그러나 싸움에 이겼는데도 먹을 것은 모자랐다. 한니발에게 필적하는 로마 장군 파비우스 막시무스와 대적했기 때문이다. 막시무스는 더 이상의 싸움은 하지 않은 채 전력을 다해 카르타고군의 모든 군량과 보급로를 차단했다. 로마의 권력 교체로 이 '쿵크타토르'(굼뜬 사내)는 물러났고, 새 집정관이 된 백정의 아들 바로는 뻔히 보면서도 한니발의 책략에 걸려들었다. 로마군 6만 명과 카르타고군 6,000명이 목숨을 잃었다. 보급품은 그 뒤에 도착했지만 바라던 만큼은 아니었다…….

"누미디아식 닭고기구나." 한니발이 좋아했다. "카르타고에서 사절단이 왔을 때도 이걸 먹었지. 드디어 잣과 대추와 고수가 들어간 버젓한 식사를 하기는 했다만…… 한편으로는 그날만큼 실망스러웠던 날은 별로 없었다."

어디 실망뿐이랴, 하고 벨리카르는 생각했다. 그는 장군이 그토록 진노했던 것을 거의 보지 못했다.

"나는 전투에서 이길 때마다 당연히 카르타고의 축하를 받아왔소." 한니발은 분노를 간신히 참으며 숨을 헐떡거렸다. "하지만 내가 필요한 것은 병사와 무기, 자금이오."

"그러나 지금은 많은 이탈리아 도시들이 우리한테 넘어오고 있습니다." 사절 중의 한 명이 말했다.

"대부분 도시들은 아직도 관망하고 있소." 한니발이 대답했다. "혹 넘어왔다고 해도, 그들이 보낸 병사들은 지원군에 불과합니다. 나는 경험 많은 용병이 필요하단 말이오."

"하지만 이제는 로마를 공격할 때도 되지 않았습니까? 로마인들은 지금 사기가 떨어졌습니다."

"그건 나보다 카르타고 원로원이 더 잘 알 것이오. 어쨌든 우리와 로마 사이에는 여전히 1만 5,000의 병력 차이가 나오. 게다가 로마는 징병제요. 우리에게 필요한 것은 공성 무기와 그 전문가이고 항구와 보급품이지 호언장담이 아니오……."

이후 한니발은 모든 방책을 시도해보았고 로마 코앞까지 진격했지만 도시를 포위하지는 못했다. 로마인들은 전투를 회피하며 함정만 파고 있었다. 그 후 한니발은 한 번 더 희망을 품었었지, 하고 벨리카르는 회상했다. 한니발의 동생 하스드루발이 두번째 군대를 거느리고 알프스를 넘은 것이다. 그러나 점점 수가 줄어드는 한니발 군대와 합류하는 대신, 어느 날 한 로마인이 하스드루발의 잘린 목을 진영에 던져놓았다. 그래서 우리는 전쟁에 패하여 카르타고로 돌아갔고, 내 나라인데도 이방인이나 다름없었지. 그런데 고국에는 낯선 얼굴들뿐이었고, 시민들은 고생을 모르고 살고 있었어. 반면에 우리는 그들을 위해 전쟁을 치렀지. 그래도 음식만은 변함없이 고향의 음식이더군…….

"풀스 푸니카구나." 한니발이 반겼다.

"우리와 강화 협상을 하던 로마 사절단에 내놓은 음식이었지."

"장군께선 강제적이라 할 수 있는 그 강화를 위해 전력을 다하셨습니다."

장군은 쓰게 웃었다.

"일만 탈렌트, 코끼리 보유 금지, 해외에 있는 모든 카르타고 영토와 식민지 상실, 군선의 양도, 로마의 승인 없는 전쟁의 금지…… 요즈음 흔히 말하는 카르타고식 강화였지. 하지만 그 강화가 우리에게는 재건의 기회를 주었고, 우리는 그 기회를 이용했다. 그나저나 이 풀스 푸니카가 그새 로마를 정복했다는 것을 알고 있느냐?"

벨리카르가 고개를 젓자 한니발은 싱긋 웃으며 설명했다.

"모범적인 가사 경영을 논한 교본에서 풀스 푸니카가 맛있고도 소박한 음식의 사례로 요리법과 함께 소개되어 있다. 저자는 마르쿠스 포르티우스 카토라는 사람이다."

"연설할 때마다 카르타고를 섬멸하자는 주장으로 끝을 맺는 그 사람은 아니겠지요?"

"바로 그 사람이다……. 그런데 마지막 요리는 무엇이냐?"

"늘 좋아하시는 양배추 경단입니다."

한니발은 명상에 잠겨 고개를 끄덕였다.

"젊은 시절에 가장 좋아했던 음식이다. 우리가 배를 타고 탈출할 때도 이걸 가져왔지." 벨리카르는 그 파란만장했던 날들을 기억하고 싶지 않았다. 명색이 수페트(민간 행정관)이니 아직은 카르타고 정부의 수장이었으나, 한니발의 목에 걸린 올가미는 점점 그를 옥죄어 오고 있었다. 그의 주인은 로마인들이 볼 때도 그랬고 수많은 카르타고 상인들이 볼 때도 지나치게 승승장구했다. 한니발은 부패한 상인들과의 싸움을 통해 많은 적을 만들었다. 그의 경제개혁과 금융개혁은 무역의 호황을 가져왔으나, 로마 측에는 질시와 지난날의 공포를 불러일으켰다. 일부 카르타고 사람들이 한니발이 새로운 전쟁을 획책한다고 로마 측에 주장하여 로마에서는 지난날 카르타고의 적들로 구성된 조사단을 지체없이 파견했다.

한니발은 애초부터 구명 가능성이 없는 조사를 앞두고 조국을 탈출했다. 이제 그는 로마의 적국에 조언을 하면서 다시 로마와 적극적으로 대결했으나 성공하지 못했다. 그는 12년 동안이나 이 나라에서 저 나라로 전전했고, 간발의 차이로 신병 인도를 모면했다…….

"내 도피생활은 끝났다, 벨리카르." 한니발은 이렇게 말하고 목이 긴 병에 든 액체를 앞에 놓인 포도주 잔에 부었다.

"장군님, 독약입니까?"

벨리카르가 물었다. 한니발은 고개를 끄덕였다.

"전리품이 되어 짐승처럼 로마에서 끌려다니고 싶지 않다. 이렇게 하면 적어도 이 늙은이에 대한 로마인의 불안을 덜어줄 수 있을 게다."

"저도 장군님과 함께 죽겠습니다."

벨리카르는 저도 모르게 불쑥 내뱉었다.

"그건 미련한 짓이고 내가 바라는 바도 아니다."

한니발이 반대했다.

"몇 안 되는 소지품들을 내 가족한테 갖다주고 나를 가슴 속에 간직한 모든 이들에게 안부 전해다오. 그리고 벨리카르, 너는 내가 정치가로서 마지막으로 이룩한 성과를 활용하거라. 로마인들이 코끼리 사육과 훈련을 다시 허락했다. 간단치만은 않은 인간을 네가 참으로 오랫동안 보살폈구나. 이제는 좀 수월한 사람들한테 신경을 쓰거라……."

한니발의 자살은 로마인들이 품고 있는 강력한 경쟁 도시에 대한 불안을 씻어내지 못했다. 마르쿠스 포르티우스 카토는 카르타고가 완전히 파괴되는 그날까지 "카르타고는 멸망해야 한다"는 말을 연설할 때마다 덧붙였다.

한니발의 마지막 식사

§ 누미디아식 닭요리 §

◉ 준비시간 : 20분 | 요리시간 : 110분

◉ 재료(4인분)

물 3리터 · 올리브유 2술 · 잣 50g · 캐러웨이 1/2찻술 · 소금 1.5술 · 양파 1개 · 월계수잎 1장 · 정향나무 꽃 2개 · 당근 1개 · 로즈메리 가지 1개 · 닭(영계) 1마리 · 아위[5] 또는 셜롯[6] 1~2g · 후추 1~2g · 고수 씨 1/2찻술 · 양파 1개 · 대추 4개 · 루타[7] 1/4찻술 또는 시나[8] 1술 · 포도 식초 1술 · 꿀 1찻술 · 간장 4술 · 엉겅퀴 기름 2술 · 옥수수 가루 1찻술 또는 밀가루 1술

| 요 · 리 · 법 |

물에 소금, 월계수잎과 정향꽃을 꽂은 양파, 당근, 로즈메리 가지를 넣고 졸

5) 미나리아재비과의 향초로 인도 요리에 많이 쓰인다. 음식에 넣으면 마늘이나 양파와 비슷한 냄새를 풍긴다. 위장 장애에 효과가 있고 주로 콩요리에 아주 소량을 넣는다.

6) shallot. 백합과의 구근식물로 흔히 프랑스 요리에 많이 쓰인다. 겉껍질은 양파와 똑같지만 속살은 자줏빛이고, 크기는 마늘과 비슷하다. 마늘처럼 여러 쪽이 붙어 있는 것도 있다.

7) common rue. 남유럽이 원산지이며 약용식물로 재배하거나 관상용으로 정원에 심기도 한다. 식물체에서 강한 냄새가 나므로 벌레 방지용으로 책갈피에 넣거나 감기 · 히스테리 등에 약으로 쓴다. 잎은 구충제로 사용한다.

8) cynar. 엉겅퀴를 재료로 하여 13종류 이상의 허브 추출액을 첨가한 이탈리아산 리큐어. 쓴맛이 나는 적갈색의 술로, 주로 식전 음료로 마신다. 알코올 도수는 16.5%로 비교적 약한 편이다.

여 걸쭉한 액으로 만든다. 여기에 닭을 넣고 90분간 삶는다. 다 삶으면 닭을 식히고 작게 조각내어 아위나 곱게 간 양파와 후추를 뿌리고 올리브유에 볶는다. 소스에 넣을 재료로 잣은 으깨고, 후추, 캐러웨이와 고수 씨는 갈고, 양파는 다져서 볶고, 대추는 씨를 빼고 작게 썬다. 루타나 시나, 식초, 꿀, 간장, 엉겅퀴 기름, 물 100ml에 앞의 소스 재료를 넣고 저으면서 10분 동안 끓인다. 소스에 옥수수 가루나 통밀을 넣고 걸쭉하게 만들어 닭고기에 부어 상에 차린다.

---

§ 양념 농어 요리 §

◉ 준비시간 : 10분 | 요리시간 : 30분

◉ 재료(4인분)

바다농어 1kg · 소금 1찻술 · 후추 · 마늘 5쪽 · 파슬리 다진 것 1술 · 커민[9] 1찻술 · 올리브유 1술 · 월계수잎 1장 · 백리향 가지 1개

| 요 · 리 · 법 |

곱게 다진 마늘, 파슬리, 커민, 소금, 후추, 올리브유를 한데 섞어 준비한 농어의 안팎에 조미한다. 내열 용기에 기름을 두르고 농어를 넣은 뒤 월계수잎과 백리향을 위에 얹고 뚜껑을 덮어 오븐에서 200도로 약 30분 동안 익힌다.

9) cumin. 미나리과에 속하는 식물 씨로서 주로 가루로 만들어서 쓰는 향신료이다. 강한 방향성의 향긋한 냄새가 나며 약간 쓴맛이 있다. 카레가루, 빵, 수프, 소시지, 칠리 파우더, 소스, 마리네이드, 치즈 등에 이용된다.

마지막 5분 전에 뚜껑을 열어 생선이 갈색이 되도록 한다.

---

§ 이집트콩 수프 §

◉ 준비시간 : 15분+12시간 | 요리시간 : 120분

◉ 재료(4인분)

이집트콩 300g · 파 400g · 양파 1개 · 풋콩 200g · 소금 1술 · 아몬드 납작한 것 50g · 사과 1개 · 마늘 2쪽 · 빵가루 1술 · 올리브유 2술 · 후추 · 박하잎 4장

| 요 · 리 · 법 |

이집트콩을 12시간 동안 물에 담가 불린다. 다 불면 물을 따라버리고 콩은 1.5리터의 깨끗한 물에 넣고 1시간 반 동안 삶는다. 파와 양파는 얇고 납작하게 썰고 풋콩은 조각으로 잘라 소금과 함께 이집트콩에 넣어 다시 20분간 삶는다. 아몬드와 껍질을 벗겨 작은 주사위 모양으로 썬 사과, 다진 마늘, 빵가루를 올리브유에 밝은 갈색이 되도록 볶아 수프에 넣는다. 경우에 따라 물을 조금 붓고 10분간 약한 불에서 익힌다. 상에 차리기 전에 후추로 조미하고 곱게 채썬 박하잎을 위에 뿌린다.

---

§ 풀스 푸니카(곡물죽) §

◉ 준비시간 : 5분 | 요리시간 : 20분

◉ 재료(4인분)
굵게 빻은 스펠트밀 250g · 야채 국물이나 소금물 1리터 · 응유 치즈 100g · 꿀 1술 · 달걀 1개

| 요 · 리 · 법 |

스펠트밀에 뜨거운 야채 국물을 붓고 계속 저어주면서 15분간 끓인다. 여기에 응유 치즈, 꿀, 휘저은 달걀을 넣는다. 세게 저으면서 다시 한 번 끓이고 뜨거운 상태로 상에 차린다.

---

§ 양배추 경단 §

◉ 준비시간 : 10분 | 요리시간 : 40분
◉ 재료(4인분)
양배추 750g · 돼지기름 2술 · 달걀 3개 · 올리브유 1술 · 통호밀가루 5술 · 캐러웨이 1/2찻술 · 꿀 1술

| 요 · 리 · 법 |

양배추를 납작하고 얇게 썰어 돼지기름을 두르고 볶은 뒤 소량의 소금물에 넣고 20분간 삶는다. 물을 빼고 식힌 뒤 곱게 다져 나머지 재료들과 함께 잘 섞는다. 경우에 따라 밀가루를 더 넣는다. 경단 재료가 단단해지면 차 거르는 체로 경단을 떠서 커다란 프라이팬에 넣고 뜨거운 소금물(끓는 물은 안 된다)을 부어 20분 동안 익힌다.

페니키아와 카르타고의 음식 유산

페니키아인과 이들이 가장 성공적으로 세운 식민지 카르타고가 요리술에 기여하게 된 제일 큰 요인은 무역이었다. 페니키아인들은 배에 갖가지 곡물과 야채를 싣고 티그리스와 유프라테스 강 지역에서 헤라클레스의 기둥이 있는 곳까지 수송했다. 이들을 통해 '국제적' 식량 무역이 처음으로 시작된 것이다. 이제야 비로소 미식가들은 히메토스산 돌잉어, 테살리아산 쇠고기, 또는 마실리아산 달팽이를 좋아한다고 말할 수 있게 되었다. 그러나 이런 '사치품'보다 더 중요했던 것은 기본 양식과 대중의 식량이었다. 카르타고인들은 도시 주변에 광활한 밀밭을 소유하고 있었고, 그 옆에는 나귀나 노예들이 돌리는 방앗간이 붙어 있었다. 로마인들은 제3차 포에니 전쟁이 끝나고 카르타고 시를 남김없이 파괴했을 때도 비옥한 밀밭과 채소 경작지만은 건드리지 않았다.

그러나 로마인들이 카르타고의 문화를 의식적으로 말살한 까닭에 카르타고의 요리가 고대 세계에서는 좋은 평판을 누렸는데도 우리는 이에 대해 아는 바가 거의 없다. 하지만 곡물이 중요한 역할을 했다는 것만은 확실하다. 그런데 카르타고를 증오한 카토가 누미디아식 요리의 하나인 '풀스 푸니카'라는 단맛의 곡물죽 요리법을 전해주고 있으니 참으로 묘한 일이다. 이 달콤한 곡물죽은 당시는 물론이고 쿠스쿠스의 형태로 지금도 북아프리카의 간편식을 만드는 기본이다.

어느 항해 민족이나 그렇듯이, 주요 식량으로는 곡물 외에 갖가지 생선이 있었다. 돼지고기는 지중해 지방의 여러 민족과 마찬가지로 금기시되었다. 카르타고인들은 그 대신 로마인들이 혐오하는 개고기를 먹었다. 중요한 야채는 양배추였고, 엉겅퀴와 이집트콩도 먹었다는 기록이 처음으로 보인다.

이 시대의 유물로 전해지는 수많은 술단지들을 보면 페니키아인들이 애주가였음을 알 수 있는데, 까다로운 포도주 양조법까지 전해진다.

"잘 익은 포도송이를 꺾어 상한 알갱이는 버린다. 땅에 4피트 간격으로 말뚝을 박고 받침대로 말뚝 사이를 연결한 뒤 그 위에 갈대를 펼쳐놓는다. 갈대 위에 포도를 널어 햇볕에 잘 말린다……. 마른 포도를 따서 커다란 질그릇에 담는다. 여기에 최상의 포도즙을 뿌려 포도가 완전히 잠기도록 한다. 6일째 되는 날 포도 알갱이들이 액체를 모두 흡수하면 압착기로 가져가 즙을 받아낸다. 포도 찌꺼기를 밟아주면서 그 위에 새 즙과 3일 동안 햇볕에 말린 포도를 쏟아붓는다. 내용물 전체를 잘 섞고 다시 압착기에 넣는다. 두 번째 압착에서 나온 즙을 즉시 그릇에 담고 산화하지 않도록 봉한다. 20일 또는 30일이 지난 뒤 발효가 끝나면 포도주를 다른 용기에 담아 정제한다."

5. 로마 집정관의 간소한 농장 식사

"다른 이들은 긴장으로 지치고 쾌락으로 몸이 쇠약해지는데도 카토는 그런 일로 전혀 영향을 받지 않는 것을 보고 사람들은 놀라워했다……. 카토 본인 말에 따르면 그는 가격이 100데나르 이상의 옷은 한 번도 입지 않았고, 대법관과 집정관이 되었을 때도 농사꾼과 똑같은 포도주를 마셨으며, 식사 때의 반찬은 시장에서 20아스를 주고 사오게 했다. 조국을 위해 육체를 강건히 하기 위해서였다……."

— 플루타르코스, 카토

티투스 마키우스 플라우투스는 말 고삐를 당겼다. 드디어 그는 투스쿨룸에 있는 옛 집정관의 농장을 찾아내었다. 희극작가는 여러 명의 사내들이 낫을 들고 다 익은 곡식을 베느라 애쓰는 들판을 따라 말을 달려왔다. 그는 본채와 노예들의 막사 중간에 당나귀 힘으로 돌아가는 최신 유행의 카르타고식 방앗간이 있는 것을 보았다.

"그분이 순전히 개인적으로 농사를 짓는 것이라면 신식 설비와 카르타고에는 신경을 쓸 리 없지."

이렇게 생각한 플라우투스는 마음이 즐거웠지만 이내 곧 진지해졌다.

더 이상 로마 공화국의 집정관은 아니었어도 여전히 도시의 유력자 중 한 명인 마르쿠스 포르티우스 카토는 플라우투스를 '간소한 식사'에 초대했다. 때문에 그와 같은 유명 작가에게도 이 초대는 명령이나 다름없었다. 플라우투스는 노예 몇 명이 있는 쪽으로 말을 몰고가 재빨리 손을 흔들며 길을 비켜달라고 했다. 노예들 대부분이 옆으로 비켜서는 동안 소매 없는 거친 투니카를 입은 건장한 남자가 그에게 맨발로 다가왔다.

"어서 오시오, 작가 선생, 로마의 강건함의 원천이자 뿌리가 있는 농촌에 오신 것을 환영합니다."

플라우투스는 아뿔싸 하고 생각했다. 왜 자신은 카토의 그 유명한 '검소한' 옷차림에도 불구하고 그를 알아보지 못했을까? 어쨌든 로마인 중에는 붉은 머리에 빛나는 파란 눈의 사람은 별로 없었다. 그러나 공화국의 감찰관은 그의 무례를 전혀 눈치채지 못한 것 같았다.

"우리는 예부터 농부였고 앞으로도 그래야지요. 흙에서 멀어지는 사람, 우리 농촌의 뿌리를 포기하는 사람, 자기 땅을 관리하는 가장이 되지 못하는 사람은 국사에서도 주인 노릇을 할 수 없습니다. 자, 티투스 마키우스, 나를 따라오시오."

두 사람이 안뜰로 들어선 후 카토는 여자 노예에게 발을 씻게 한 뒤 새 투니카를 건네받았다.

"나는 적어도 일 년에 두 번은 감독을 하려고 이곳 농장에서 몇 주 동안 머뭅니다." 카토가 설명했다. "관리인이 아무리 성실해도 주인을 대신하지는 못하거든요. 우리 관리인은 나이 든 노예를 때맞춰 팔기를 주저해요. 하지만 그들을 늙은 황소처럼 쓸데없이 먹여살릴 수는 없는 노릇이오."

플라우투스는 고개를 끄덕이며 이해한다는 표정을 지었다. 그러면서도 그는 늙은 황소를 팔아버리는 것은 사실상 옳지 않을뿐더러, 더욱이 수년간 봉사한 늙은 노예를 집에서 내쫓는 것은 더더욱 안 된다고 생각했다…….

카토는 손님과 함께 안뜰을 지나 농장 주방으로 들어갔다. 연기로 그을리고 위쪽이 뚫린 사각형의 공간이었다. 주변을 둘러 몇 개의 오븐과 화덕이 있었고, 중앙에 있는 커다란 화덕에는 구리 주전자가 올려져 있었다.

주인은 플라우투스에게 옆방으로 따라오라고 손짓을 했다. 그곳에는 단출한 식탁과 나무 의자 두 개가 놓여 있었다. 두 사람은 자리를 잡고 앉았다. 카토는 갓 구운 호밀빵을 바구니에서 꺼내어 플라우투스에게 건넸다.

"보잘것없는 제 고향에 오신 것을 다시 한 번 환영합니다. 나는 우리 선조들처럼 살려고 노력하고 있습니다. 나무판자와 짚덤불 속에서 말이지요. 그런 곳에서는 미덕도 함께 살았습니다. 하지만 요즈음 로마의 지붕 아래에서는 사치가 판을 치고 있습니다."

로마 보수파의 지도자에게 이 같은 말을 익히 들어온 플라우투스는 점점 초조해졌다. 이 감찰관이 자신에게 원하는 것은 무엇일까? 자신의 희극 중 무언가가 마음에 들지 않았던 것일까?

"플라우투스, 우리 두 사람이 못마땅하게 생각하는 것은 똑같아요. 선생도 선생의 풍자극에서 허풍선이와 낭비벽과 부도덕을 조롱하고 있지 않소!"

"그렇게 생각할 수도 있겠군요." 작가가 머뭇거리며 대답했다.

"선생의 희극에서 내가 높이 사는 것은, 이른바 우리나라 정치가들의 허위를 비판하고 망상과 도덕의 타락을 대비시킨 점이오."

플라우투스는 침을 꿀꺽 삼켰다.

"제 작품이 모두 그리스에서 상연되고 있고 일부는 그리스어 작품을 번역한 것인데도 불쾌하지 않으십니까?"

카토가 웃으며 말했다.

“다 알다시피 나는 그 수다쟁이들과 풍기문란한 자들을 별로 좋아하지 않아요. 하지만 우리 민족은 우리의 약점이 노골적으로, 즉 우리가 입는 토가 속에서 보여지는 것보다는 그리스 덧옷인 ‘팔리움’의 외피를 두른 것을 더 좋아하지요. 선생은 그 ‘그리스판’ 희극을 통해 나와는 다른 방식으로 사람들에게 호소하는 법을 알고 있습니다. 말귀를 못 알아듣는 배불뚝이들에게 이야기하는 것이 얼마나 어려운지 나는 알지요.”

그러니까 우려했던 비난이 아니라 부탁이로군. 이렇게 생각한 플라우투스는 마음이 가벼워졌다.

“그런데 만인에게서 로마의 데모스테네스라고 불리는 귀하께서 저 같은 희극작가를 왜 보자고 하셨는지요?”

카토는 과일이 담긴 나무 접시를 플라우투스 쪽으로 밀었다. “드십시오. 살구 하나를 드시면서 내가 무얼 원하는지 맞혀보십시오. 나는 새로운 문물에 전혀 반대하지 않습니다. 나는 로마인 최초로 살구와 무화과를 심게 했고, 그것을 내 저술을 통해서도 보급하고 있습니다. 그러나 나는 우리가 달콤한 과일을 삶의 중심에 놓지 말고 우리의 전통적인 가치를 자각했으면 좋겠습니다. 그래서 나는 선생께 우리 선조들이 먹던 보리 수프를 대접하려 합니다. 이 수프는 우리의 토대입니다.”

플라우투스는 한동안 그 ‘토대’를 먹고난 후 용기를 내어 말을 꺼냈다. “그런데 귀하가 ‘풀스 푸니카’도 좋아한다고 사람들이 그러더군요?”

“적의 음식을 높이 쳐준다고 반역죄를 짓는 것은 아닙니다. 카르타고의 그 달콤한 곡물죽은 권장할 만하고 건강에도 좋아요. 또 내가 파르티아인을 좋아하지 않아도 그 사람들의 닭고기 요리법은 높이 평가합니다. 로마는 적에게 배울 수는 있지만, 자신이 정복한 민족에게 정복당해서는 안 됩니다.”

“무슨 말씀이신가요?” 플라우투스는 카토의 수많은 연설로 그 답을 알고 있으면서도 이렇게 물었다.

“우리는 전쟁에서 패하지도 않았고, 특히 우리가 카르타고를 영원히 파괴한다면 새로운 한니발도 나타나지 않을 것이오. 그러나 피루스에게 거둔 승리는 고대 로마 문화를 파괴하는 재앙이라는 것이 드러났습니다. 원로원 의원 메텔루스는 그리스 건축가들을 로마로 데려왔고, 로마의 최고신 유노와 유피테르의 새 신전은 살라미스 출신의 건축가가 짓고 있어요. 로마 귀족들은 동방에서 벌이가 좋은 지휘권을 얻기 바라면서 그리스어를 배우고 있소이다. 거 참!” 카토는 씩씩거리더니 닭 넓적다리 고기를 한 조각 베어물며 웃었다.

“나는 아테네에서 그리스어는 한마디도 쓰지 않았습니다. 그런데 내 통역가가 짧은 문장 하나를 일장 연설로 바꾸는 것을 보고 너무 놀랐어요. 뿐만이 아닙니다. 오늘날 로마 상류층 사람들은 너나 할 것 없이 수다쟁이이자 선동가인 소크라테스 같은 철학자들을 찬양하는 그리스 노예에게 자식 교육을 시키고 있어요. 그러나 자식 교육은 노예들이 할 일이 아닙니다. 노예가 내 아들 귀를 잡아당기거나 때릴 수는 없는 일이지요. 아버지 말고 누가 아들에게 법률학을 가르칠 수 있겠소? 나는 내 자식에게 직접 창던지기 · 검투 · 말타기 · 권투를 가르쳤고, 급류와 소용돌이에서 수영하는 법, 그리고 더위와 추위를 견디는 법을 가르쳤습니다…….”

카토는 말을 끊었다. “죄송합니다. 내가 너무 열을 냈군요. 그나저나 이 간소한 식사가 정말 시원치 않다고 생각하십니까?”

플라우투스는 고개를 저었다. “쐐기풀 수플레까지 아주 기가 막힙니다. 젊은 날 먹던 야채죽과는 전혀 다른데요. 그때 먹던 것은 풀에 다른 약초를 섞고 고수, 회향, 마늘, 파슬리로 양념한 건초더미였어요. 여기에 승아, 양배추, 파, 근대도 넣었지요. 이것을 맹독성 향신료인 빻은 겨자와 버무렸습니다. 사람보다는 소한테 어울리는 음식이었지요."

"그래도 우리 건강을 해치지는 않았습니다." 카토가 반격했다.

"하지만 요즘엔 수수한 음식이 전혀 인기가 없어요. 우리는 연구위원단을 그리스로 보내어 그곳 문화와 문학을 연구하게 하고 있습니다. 그런데 그들이 엄청난 양의 문서 외에 무엇을 가지고 옵니까? 수많은 문예 애호가와 요리사들입니다."

"뭐, 그 요리사들도 요리 솜씨는 나쁘지 않지요. 그리고……."

"문제는 그게 아닙니다." 카토가 플라우투스의 말을 중단시켰다. "그 그리스인들이 우리의 정신을 흐려놓고 있어요. 몇몇 원로원 의원들을 보면 상반신에 배만 있는 것 같습니다. 로마 공화국에서 바닷고기가 황소보다 인기가 많으면 무언가 썩어가고 있다는 것을 그들은 알아채지 못합니다. 미덕이나 규율은 이제 로마에서 힘을 잃었고, 장신구와 멋진 옷, 호화로운 집, 비싼 음식이 횡행하고 있습니다."

"하지만 귀하가 직접 특별소비세를 도입하지 않았습니까." 플라우투스가 끼어들었다. "천오백 데나르 이상 나가는 마차, 장신구, 식기를 소유한 사람은 누구든지 세금을 많이 내야 하지요."

카토는 밀죽을 한 숟가락 떠서 삼키고 이렇게 말했다. "그런 조세법이 성공하는 데는 한계가 있습니다. 엄청난 부자들은 세금을 낸 뒤 그 손실을 전쟁에서 만회합니다. 그렇지 못한 사람들은 그런 터무니없는 돈을 낼 수 없기 때문에 나를 욕하지요." 카토는 경고를 하듯이 손가락을 치켜들었다. "그 뒤에는 당연히 여자들이 있습니다. 여자들은 점점 옷과 장신구를 더 많이 가지려 하고, 그리스 여자 노예들에게 아첨하는 말을 듣고 향연에까지 참석하려고 해요. 로마인들이 아내들에 의해 어떻게 조종되는지를 선생의 희극에서 보여준 점이 내 마음에 듭니다."

플라우투스는 완고하고 보수적인 남성들도 익살극에서 신랄하게 비난했다는 사실을 입밖에 꺼내지 않았다. 대신 그는 카토에게 조심스레 물었다.

"그러니까 귀하는 내가 여성들을 소재로 작품을 쓰기를 바라십니까?"

"아니오. 그게 아니오. 훨씬 더 중요한 것이 있소이다. 우리의 군대, 우리의 병사들 말입니다. 그들의 미덕, 그들의 청렴함은 어디에 있습니까? 그리스에 승리한 뒤 로마의 도덕을 타락시키지 않으려고 트라키아 금광을 폐쇄한 내 친구 아이밀리우스 파울루스 같은 남자들은 어디에 있습니까? 요즈음 장군들은 부끄러운 줄도 모르고 잇속을 챙기고 있어요. 더 이상 말을 안 하는 게 낫겠습니다."

플라우투스는 감찰관이 자신의 옛 정적인 스키피오 부자를 암시하고 있음을 이내 알았지만 더 자세히 묻지 않았다.

"이상과 현실의 모순을 소재로 작품을 쓸 수 있겠네요. 예를 들어 공작처럼 거드름을 피우고, 전공(戰功)을 자랑하고, 여성 편력을 내세우는 병사를 그려보면……."

"뿐만 아니라," 카토가 덧붙였다. "오늘날 저마다 자신이 신의 후손이라고 주장하고 베누스나 헤라클레스의 자손이라고 말하는 폐단도 비판하셔야 합니다……."

플라우투스는 고개를 끄덕였다.

"네, 벌써 허풍선이 병사를 소재로 한 작품이 머릿속에 떠오르는군요……."

플라우투스의 희극 《허풍선이 병사》는 로마 공화국에서 최대의 성공을 거둔 작품의 하나가 되었다.

플라우투스를 위한
로마 전통식

§ 살구 전채 요리 §

◉ 준비시간 : 10분 | 요리시간 : 15분

◉ 재료(4인분)

살구 750g · 꿀 2술 · 마르살라 포도주 4술 · 백포도주 1술 · 향식초 1/2술 · 호두기름 1/2술 · 박하 2술 · 소금 1~2g · 후추 1~2g · 옥수수 가루 1찻술 · 박하잎

| 요 · 리 · 법 |

살구는 반으로 갈라 씨를 뺀다. 꿀, 마르살라 포도주, 백포도주, 식초, 기름, 다진 박하, 소금, 후추를 냄비에 넣고 끓인다. 여기에 살구를 넣고 10분간 익힌다. 옥수수 가루를 소량의 물에 타서 젓고 앞의 음식에 부어 다시 한 번 끓인다. 후추를 조금 뿌리고 박하잎으로 장식하여 상에 차린다.

---

§ 통밀죽 §

◉ 준비시간 : 5분 | 요리시간 : 25분

◉ 재료(4인분)

통밀 굵게 빻은 것 250g · 야채 국물 1리터 · 소금과 후추

| 요 · 리 · 법 |

굵게 빻은 통밀에 뜨거운 야채 국물을 붓고 뚜껑을 덮어 15분간 약한 불에서 자작하게 끓인다. 소금과 후추로 간을 한다.

---

§ 보리 수프 §

◉ 준비시간 : 15분+12시간 | 요리시간 : 2시간 30분

◉ 재료(4인분)

찧은 보리 100g · 양파 1개 · 월계수잎 1장 · 정향꽃 1개 · 이논드 가지 1개 · 세이보리[10] 가지 1개 · 올리브유 2술 · 돼지족 400g 또는 돼지갈비 200g · 고수 1술 · 왜당귀 1/2술 · 레몬박하 1/2술 · 캐러웨이 1/4찻술 · 사프란 1봉지 · 꿀 1찻술 · 마르살라 포도주 2술 · 향식초 1술 · 소금 1술 · 후추

| 요 · 리 · 법 |

보리는 하루 전에 물에 담가 불린다. 2리터의 물을 끓이고 저으면서 보리를 넣는다. 여기에 정향꽃과 월계수잎을 꽂은 양파, 향초 가지, 올리브유, 고기를 넣고 약 2시간 동안 약한 불에서 가열한다. 향초와 양파는 꺼내고 고기는 먹기 좋은 크기로 썬다. 곱게 다진 고수, 왜당귀, 레몬박하, 캐러웨이, 사프란, 꿀, 마르살라 포도주, 식초, 소금, 후추를 넣고 다시 한 번 끓여 뜨거운 상태로 상에 차린다.

10) savory. 지중해 연안이 원산지인 허브의 한 종류로 고대 로마에서 세이보리 식초를 사용한 기록이 전해진다. 부드러운 잎은 샐러드와 수프, 채소요리, 콩요리 등 각종 요리에 사용하면 식욕을 증진시킨다.

§ 쐐기풀 수플레 §

◉ 준비시간 : 10분 | 요리시간 : 20분

◉ 재료(4인분)

쐐기풀잎 600g · 해바라기씨 기름 3술 · 굴소스 5술 · 후추 1/4찻술 · 달걀 6개 · 버터 1/2술 · 후추

| 요 · 리 · 법 |

쐐기풀잎은 장갑을 끼고 따서 씻어 말리고 잘게 다진다. 냄비에 기름, 굴소스, 후추 간 것을 넣고 여기에 쐐기풀잎을 넣어 5분간 뭉근하게 찐다. 다 쪄지면 서늘한 곳에 두어 식힌다. 달걀을 잘 휘저어 쐐기풀과 함께 섞고 버터를 바른 수플레 틀에 앉힌다. 오븐에서 200도로 15분 동안 가열하며 바짝 조린다. 후추를 뿌리고 차게 식히거나 뜨거운 채로 내어놓는다. 이와 똑같은 재료를 이용하여 오믈렛도 만들 수 있다.

이 요리에는 봄에 나는 부드러운 쐐기풀잎만을 이용해야 한다. 쐐기풀잎 대신 시금치나 근대잎을 써도 무방하다.

---

§ 파르티아식 닭고기 §

◉ 준비시간 : 10분 | 요리시간 : 70분

◉ 재료(4인분)

닭 1마리(약 1.2kg) · 간장 2술 · 후추 1/2찻술 · 왜당귀 1술 · 캐러웨이 1/4찻술 · 아위 1/4찻술 또는 잎양파 잘게 썬 것 1개 · 굴소스 2술 · 백포도주 떫은 것 100ml

| 요 · 리 · 법 |

닭은 씻어서 말린 후 안쪽을 소금과 후추로 간을 하고 바깥쪽에는 간장을 발라 물결 무늬가 새겨진 로마식 토기 찜냄비에 넣는다. 후추, 다진 왜당귀, 캐러웨이, 아위나 잎양파, 굴소스, 백포도주를 섞어 소스를 준비하고 닭고기 냄비에 붓는다. 찜냄비를 차가운 오븐에 넣고 온도를 250도로 맞춰 60분 동안 닭고기를 찐다. 다 익기 10분 전에 냄비 뚜껑을 열고 닭이 바삭해지도록 굽는다. 닭을 꺼내어 토막내고 후추를 조금 뿌려 내어놓는다. 소스는 따로 차린다.

단순 간편했던 초기 로마제국의 음식

기원전 4세기까지 로마인들의 식단은 비교적 단조로웠다. 주식은 '풀스' 혹은 '풀멘툼'이라고 하는 곡물죽이었고, 대개 기장이나 스펠트밀을 원료로 하여 만들었다. 로마 병사는 매일 약 1킬로그램의 곡물을 배급으로 받아 야영할 때 불에 굽거나 빻아서 군량 주머니에 넣고 다녔다. 그러면 그것을 휴식할 때 물에 개어 걸쭉한 죽으로 만들거나 뜨거운 돌 위에 놓고 납작하게 구웠다. 그래도 세월이 흐르면서 기본 식량은 바뀌었다. 기장과 스펠트밀 외에 에머밀, 외톨밀, 보리를 먹었고 클럽밀도 섭취했다.

가난한 농부들의 식사와 지주들의 식사를 구분지은 것은 돼지고기와 닭고기의 섭취량이었다. 채소 중에서 인기가 있었던 것은 완두콩, 렌즈콩, 야생 아스파라거스, 서양고추냉이(겨자무), 회향, 양배추였고—카토가 《농업론》에서 권장한—마늘과 양파도 있었다. 가장 흔히 먹은 채소 가운데 하나는 '파바'라고 불린 누에콩인데, 날로 먹거나 삶아서 혹은 수프로 만들어 먹었다.

에트루리아인들과 초기 로마인들은 소규모로 동물도 사육했다. 크기가 현재 품종의 절반 정도였던 소는 숲에서 스스로 풀을 찾아 먹어야 했다. 저녁이 되면 목동이 소를 한곳으로 몰아넣고 젖을 짰다. 생산되는 양은 적었고 대개 바로 치즈로 가공되었다. 양, 염소, 돼지도 숲속 목장에서 키웠고, 겨울이면 숲속 한 켠에 울타리를 치고 그 속에서 방목했다. 악천후에만 건초를 먹이는 정도였다. 따라서 돼지 키가 70센티미터로 홀쭉한 것도 놀랄 것이 못 된다. 가을에는 도토리 외에 먹을 것이 없었다.

음료로는 물 외에 소젖이나 양젖을 마셨다. 로마인은 에트루리아인들에게 포도 재배술을 배웠다. 맛이 좋은 포도주는 값이 매우 비쌌으며 그것도 신맛 때문에 꿀을 타서 마셨다. 가난한 빈민층은 포도주 대신 포도 찌꺼기를 물에 불려 마셨다.

기원전 3세기부터 대지주들은 체계적으로 채소와 과일을 들여와 경작하기 시작했다. 특히 사과나무는 인기가 많고 보편화되어 있었는데, 그리스에서는 보기 드문 과실수였다. 아르메니아에서는 살구가 들어왔고, 페르시아에서는 복숭아가 전해졌다. 또 벚나무는 전설적인 루쿨루스가 처음으로 들여온 것은 아닌 것으로 보인다.

로마인들이 처음으로 빵을 제대로 구워먹은 것도 이때였다. 전에는 가루를 얻기 위해 곡물 알갱이를 곱게 갈지 못했다.

이후 그리스인들은 최초로 직업 제빵사를 배출했고 이집트에서는 이스트 제조술이 나타났다. 훗날 역사가 티투스 리비우스가 묘사한 상황이 시작된 것도 이 시기였다. "동방 출신의 병사들은 외국 사치품들을 로마로 들여왔다. 그때부터 식사를 차릴 때는 전보다 더 많은 시간과 돈이 요리 준비에 들어갔다."

6. 클레오파트라의 만찬

"공주는 시종 가운데 시칠리아 사람 아폴로도루스를 데리고 작은 배에 올라 탄 뒤 어둠이 깔릴 무렵 왕궁 부근에 도착했다. 들키지 않고 왕궁에 들어가는 방도를 알지 못했기에 공주는 깔개 속에 들어가 누웠고, 아폴로도루스는 깔개를 가죽끈으로 동여매고 카이사르 처소의 문으로 들여보냈다……."

— 플루타르코스

알렉산드리아에 밤이 찾아왔다. 가이우스 율리우스 카이사르는 왕궁의 첨탑에서 지중해 최대의 무역 도시를 내려다보고 있었다. 밤이 꽤 지났는데도 도시는 조용해질 것 같지 않았다. 로마보다 훨씬 넓고 불빛도 환한 거리에는 가는 곳마다 사람들이 모여 있었다. 설마 밤마다 이렇게 북적대지는 않겠지. 어쩌면 나 때문에 소란스러운지도 몰라, 하고 카이사르는 생각했다. 그는 이집트 왕실의 내분을 중재한다는 명목으로 4,000명 규모의 군단을 거느리고 이곳에 주둔하고 있었다. 그러나 카이사르는 타계한 프톨레마이오스 12세의 유언 집행자 역할만 하려는 것이 아니었다. 로마는 세계의 곡식 창고이자 최고 무역항에 대한 통제권을 장악하려고 했다…….

급하게 문 두드리는 소리가 카이사르의 상념을 끊어놓았다. 대리석으로 치장된 방에서 그의 부관이 소리쳤다. "웬 노예가 장군님께 선물을 가지고 왔습니다." 문 앞에는 거인만 한 노예가 가죽띠로 동여맨 양탄자를 어깨에 메고 서 있었다. 거인은 양탄자를 바닥에 내려놓고 굴려 펴면서 강한 시칠리아 억양으로 말했다. "이집트가 위대한 로마인에게 보내는 선물입니다." 양탄자에서 나온 것은 놀랍게도 걸친 것이라고는 가슴까지 내려오는 황금 목걸이뿐인 젊은 여인이었다.

눈치 빠른 로마의 장군은 금방 사태를 파악했다. "어서 오시오, 여왕! 벌써부터 이렇게 만나게 되다니 반갑소, 클레오파트라! 참으로 기발하고 멋진 환영 인사구려!" 젊은 여인의 얼굴은 하얗게 화장한 볼에도 불구하고 눈에 띄게 빨개졌다. "잘못 아셨습니다, 장군님." 여인은 더듬거리며 말했다. "이집트 여왕이 밤중에 몰래 장군님께 올 리가 있겠습니까." 그녀가 덧붙였다. "더욱이 이런 경박한 차림으로는 오지 않을 것입니다. 하지만 제 주인께서 저를 보낸 것은 맞습니다. 여왕께서는 장군님이 저를 따라 오시기를 청하셨습니다. 이곳에 오셔서 별로 융숭한 대접을 받지 못하셨으니, 장군님께 환영의 주연과 진수성찬을 대접하고 싶다고 하셨습니다."

"내가 정말 그대를 클레오파트라로 생각한 줄 아시오?" 자신의 착오를 인정하고 싶지 않은 카이사르는 이렇게 대꾸했다. "하지만 괜찮소. 로마식 농담에 익숙하지 않을 테니까. 그런데 나를 어떻게 클레오파트라에게 데려가겠다는 것이오? 로마인에게 밤거리는 안전하지 못해요. 그리고 이게 함정이 아니라는 걸 어찌 안단 말이오?"

"비밀 통로가 있습니다. 여왕만이 알고 있는 통로이지요. 안 그랬으면 여왕의 남동생이 벌써 여왕을 죽였을 겁니다. 장군께서는 여왕을 믿으셔도 좋습니다. 여왕께서 이렇게 전해달라고 하셨습니다. '나는 장군이 이집트에서 사용할 열쇠이고, 장군은 내가 왕좌에 오를 열쇠입니다.'" 카이사르는 잠시 생각하더니 고개를 끄덕였다. "그 말을 믿어봅시다. 하지만 병사 십여 명을 데리고 가도록 해주시오."

얼마 후 카이사르는 초와 기름 램프가 환하게 비추는 방에 섰다. 벽에는 파라오와 그 가족이 배를 타고 나일 강에서 사냥하는 장면이 그려져 있었다. 그러나 카이사르는 방 안의 진귀한 그림에 신경 쓸 겨를이 없었다. 그의 시선은 얇은 시돈산 비단옷을 입고 팔찌를 낀 채 흰 칠을 한 의자에 앉아 보일 듯 말 듯 고개를 끄덕이는 여인에게 쏠려 있었다.

"알렉산드로스의 후손이 로마의 장군께 인사드립니다. 자리에 앉으시기 전에 시녀들이 식사를 위한 치장을 해드릴 것입니다. 손님을 환대하는 이집트의 일면을 보시게 될 겁니다." 두 젊은 시녀가 카이사르의 토가를 받아들자 그 밑에서 갑옷이 드러났다. "나를 완전히 믿지 못하셨군요." 클레오파트라가 미소지었다. "호위병도 모자라 무장까지 하시다니요!"

"알렉산드리아는 우리 로마인을 그다지 호의적으로 대접하지 않았소."

"그게 이상한 일인가요?" 젊은 여인은 진홍빛 입술을 비죽거렸다. "이집트 사람은 누구나 우리나라가 당신의 다음 정복지가 될 것을 두려워하지요. 정치 얘기는 당분간 하지 맙시다. 제 환영의 인사로 이 연꽃을 받으시고 향유를 바르십시오."

카이사르는 목덜미와 볼에 향유를 바르게 내버려두었다. 여자 노예 하나가 그의 발을 씻어주었고, 다른 한 명은 장딴지와 넓적다리를 마사지했다. 흑인 한 명이 냄새가 강한 향유와 화장 단지를 가져오자 카이사르는 이를 물리쳤다. "그만두시오. 내 병사들이 이런 내 몰골을 보거나 냄새를 맡으면 분명히 환관이라고 욕할 것이오."

고대 이집트의 거위 비육. 복제화.

"유감이군요." 클레오파트라가 말했다. "이곳에서는 전부 근사한 식사를 위해 필요한 것들입니다. 향내가 나지 않는 날은 행복하지 못하다는 말이 우리 속담에 있지요."

"자, 이제 시작하십시다. 배에서 꼬르륵 소리가 납니다. 당신네 나라 요리사들이 왕궁에서 달아나는 바람에 평소보다 시원찮게 먹었소이다." 클레오파트라가 손뼉을 치자 두 명의 시종이 두 사람 앞에 각각 작은 식탁을 차렸다. 식탁 위에는 꽃, 과일, 흰 빵이 마치 장식물처럼 배열되어 있었고, 이어서 소형 배 모양으로 화려하게 장식된 전채요리 쟁반이 놓였다. "참외로군. 그런데 저기 자그마한 하얀 조각은 무엇이오?"

"야자수에서 자라는 열매의 과육입니다. 열매의 크기가 사람 머리보다 큰 것도 있습니다. 이름은 코코넛이라고 하지요. 이걸 로마로도 수출할 생각입니다."

카이사르는 한 조각을 집어 씹어보더니 얼굴을 찡그렸다. "내 입맛에 딱 맞지는 않는구려. 그러나 지금 로마에서는 이집트에서 온 것이면 뭐든지 팔리고 있소이다. 처음에는 그리스에서 요리사들이 들어왔고 이후에는 시칠리아에서도 왔지요. 지금 로마는 온통 알렉산드리아식으로 먹고 있소."

"이번 것은 장군 입맛에 맞으실 겁니다." 클레오파트라는 손뼉을 쳤다. 여자 노예가 가시를 발라내 구운 생선이 담긴 은접시를 손님 앞에 놓았다. 여왕은 칼로 한 조각을 떠내어 소스에 적셔 로마인에게 건넸다. "생선은 알렉산드리아 소스에 찍어먹어야 비로소 신들의 음식이 되는 겁니다."

생선을 입에서 녹이던 카이사르는 약간 놀라며 흡족한 듯이 고개를 끄덕였다. "맛이 썩 괜찮군요. 매콤하면서 달콤한 것이……."

"…… 맛보는 자에게는 달콤하고 삼키려는 자에게는 지독히 매운 것이 이집트와 똑같지요!"

"그러니까 음식만이 아니라 정치 얘기도 하려는 것이군요. 그런데 내가 관심 있는 것은 소스도 참외도 코코넛도 아니고 오로지 곡식뿐이오. 당신의 이복 동생 프톨레마이오스와 그의 참모인 환관 포테이노스가 로마를 협박하려 들고 있소. 그들은 이집트 밀을 제공하는 대가로 독재와 독립을 요구하고 있어요."

"독립은 저도 원하는 바입니다. 물론 적당한 선에서 말이지요. 우리에겐 로마의 강력한 힘, 당신의 강한 권력이 필요하니까요." 클레오파트라는 로마인에게 요염한 눈짓을 보냈다. 카이사르는 이 젊은 여인이 자신을 유혹하기 시작했다는 것을 알았다. 여러 갈래로 땋은 긴 머리, 기다란 인조 속눈썹, 보석이 박힌 머리띠, 황금 팔찌로 단정하고 세련되게 치장을 했어도 클레오파트라는 빼어나게 아름답지는 않았다. 그녀는 눈과 특히 목소리를 줄이 여럿 달린 현악기처럼 활용했다. 카이사르는 그녀가 그리스어로 말하다가 이국적 억양이 없는 라틴어로 바꿔 말하기 시작했다는 것을 그제서야 알아챘다. "나일 강의 선물은 축복인 동시에 저주이지요. 우리나라는 지중해의 곡식 창고입니다. 밀 무역을 지배하는 자는 세계 경제를 지배합니다."

지안 바티스타 티폴로, 〈클레오파트라의 향연〉, 1743~1744, 유화, 빅토리아 내셔널갤러리, 멜버른.

클레오파트라는 옆의 작은 의자에 놓인 금제 주전자를 들어 물 한 모금을 마시고 입가심을 한 뒤 식탁 옆에 있는 대접에 다시 뱉었다. "장군님도 시원한 맥주를 드시기 전에 입을 헹구십시오." 그녀가 말하자 시종이 붉은 토기로 된 술잔을 건넸다. "이집트 사람들은 이것을 마시는 빵이라고 합니다. 또 빵은 '먹는 맥주'라고도 하지요. 이집트는 빵과 맥주의 나라이고, 음식을 표현하는 우리의 상형문자는 빵과 맥주의 기호들로 만들어졌습니다."

카이사르는 한 모금 마시고 깜짝 놀랐다. "우리나라에서 만드는 것과는 전혀 다르구려. 시원하고, 약간 쓰지만 아주 상쾌하오!" 그사이 시종들은 구운 꿩고기를 가져와 노련한 칼솜씨로 자른 뒤 김이 나는 속을 꺼내어 대접에 담고 그 위에 꿩고기 조각을 얹었다. "꿩은 내가 좋아하는 음식인데." 카이사르는 의외라는 듯이 말했다. "하지만 이런 것은 아직 먹어본 적이 없소. 달콤한 속이 전혀 다른 맛을 내는군요."

"손님들이 무슨 음식을 좋아하는지 모른다면 내가 형편 없는 참모들을 두었게요?" 젊은 여인은 약삭빠르게 말했다.

"그런데 이 꿩고기, 기가 막힌 배합 아닙니까? 서양의 힘이 동방의 정교함과 조화되어 있습니다."

손을 따뜻한 물이 담긴 대접에 넣고 씻은 카이사르는 여자 노예가 물기를 닦는 동안 클레오파트라의 말에 흥미로운 듯 귀 기울였다. "간단히 말해 로마는 알렉산드리아와 동맹을 맺어야지 지배하면 안 된다는 말이군요."

클레오파트라는 몸을 일으켜 카이사르를 정면으로 바라보았다. 카이사르는 이 작은 여인의 몸 속에 얼마나 많은 힘과 에너지가 숨어 있는지를 알았다.

"나는 위대한 알렉산드로스의 마지막 후계자입니다. 명심하십시오. 알렉산드로스가 자신의 대제국을 나누어준 그 많은 후계자들 중에서 프톨레마이오스 왕가만 살아남았어요. 내 위대한 선조의 제국은 파괴되어 로마까지 위협하는 야만적인 파르티아인들에게 정복되었습니다. 나 혼자서는 이 제국을 다시 일으켜 세울 수 없어요. 하지만 신들의 암시인 양, 지금 이렇게 당신이 와 계십니다. 로마 군대와 이집트의 부가 힘을 모은다면 알렉산드로스 대왕이 세운 제국보다 더 큰, 헤라클레스의 기둥에서 인도까지 이르는 제국을 세울 수 있습니다. 카이사르라면 해볼 만한 과업이지요……."

카이사르는 얼마 후 자신의 애인이 된 클레오파트라의 이 제안을 따랐다. 그는 내전에서 승리를 거둔 후 새로운 세계 제국의 꿈을 실현시키려고 했다. 기원전 44년 3월까지 그는 29개 군단을 편성하여 알렉산드로스의 자취를 따라 동방을 정복할 생각이었다. 그러나 로마의 일부 정치가들은 이집트의 입김이 들어간 이 새로운 세계 정세를 바라지 않았다. 카이사르는 기원전 44년 3월 15일 살해되었다. 클레오파트라는 대개 '나일 강의 뱀' '왕관을 쓴 창녀' 등으로 불린다. 젊은 클레오파트라가 양탄자에 싸여 카이사르에게 접근하고 몸을 바쳤다는 이야기가 사람들 입에 자주 오르내리지만, 그런다고 해서 진실이 되는 것은 아닐 것이다.

로마 장군을 사로잡은 이집트 요리

§ 알렉산드리아 소스를 곁들인 생선구이 §

◉ 준비시간 : 20분 | 요리시간 : 10분

◉ 재료(4인분)

바다생선 1kg · 후추 1/2찻술 · 캐러웨이 1/2찻술 · 소금 1찻술 · 올리브유 2술 · 후추 1~2g · 캐러웨이 1/2찻술 · 셀러리 씨 1/4찻술 · 양파 1개 · 왜당귀 1/2술 · 오레가노 1/2술 · 말린 자두 6개 · 라벤더 꿀 1찻술 · 백포도주 2술 · 포트와인 1술 · 포도 식초 2술 · 간장 4술 · 올리브유 2술

| 요 · 리 · 법 |

생선 껍질에 여러 번 십자로 칼집을 낸다. 빻은 후추와 캐러웨이, 소금, 올리브유를 한데 섞어 향신료를 만들고 생선에 바른다. 후추 간 것, 캐러웨이, 셀러리 씨, 잘게 썰어 볶은 양파, 잘게 썬 향초, 씨를 빼고 작게 자른 자두를 나머지 재료와 섞어서 소스를 만들고 10분 동안 약한 불에서 끓인다. 생선을 뜨거운 불판에 익혀 소스와 함께 상에 차린다.

---

§ 알렉산드리아식 호박 요리 §

◉ 준비시간 : 15분 | 요리시간 : 7분

◉ 재료(4인분)

외호박 800g · 후추알 1찻술 · 캐러웨이 1찻술 · 고수 씨 1/2찻술 · 박하 2찻술 · 아위 1~2g 또는 잎양파 1/2개 · 안초비 페이스트 1/2찻술 · 대추 6개 · 잣 1술 · 라벤더 꿀 1찻술 · 포도 식초 1술 · 굴소스 2술 · 마르살라 포도주 1술 · 올리브유 1술 · 후추

| 요 · 리 · 법 |

호박은 길쭉하게 썰어 소량의 소금물에 넣고 5분간 익히다가 아직 바삭거릴 때 불을 끈다. 호박의 물기를 빼고 프라이팬에 넣는다. 후추알, 캐러웨이, 고수 씨는 절구에 빻는다. 곱게 다진 박하, 아위 또는 다져서 볶은 양파, 안초비 페이스트, 씨를 빼어 곱게 저민 대추, 잣, 그리고 나머지 재료들을 한데 섞는다. 이렇게 만든 소스를 호박에 붓고 전체를 다시 잠깐 동안 익힌 다음 후추를 뿌려 상에 올린다.

---

§ 속을 넣은 꿩고기 §

◉ 준비시간 : 20분 | 요리시간 : 120분

◉ 재료(6인분)

꿩고기 또는 오리고기 2kg · 소금과 후추 · 올리브유 2술 · 우유 100ml · 테두리를 떼어낸 흰빵 50g · 건포도 20g · 호두 30g · 사과 2개 · 대파 줄기 1개 · 당근 1개 · 셀러리 1개 · 양파 1개 · 정향꽃 1개 · 월계수잎 1장 · 파슬리 1다발 · 백포도주 200ml · 조리용 실

| 요 · 리 · 법 |

꿩고기나 오리고기에 소금과 후추를 바르고 올리브유에 볶는다. 빵을 우유

에 적셔 부드럽게 한 뒤 물기를 빼고 다져서 건포도, 호두, 주사위 형태로 썬 사과와 섞은 다음 꿩고기나 오리고기 뱃속에 넣고 입구를 조리용 실로 꿰맨다. 채소는 씻어서 파슬리, 월계수잎과 정향꽃을 꽂은 양파, 포도주와 함께 물결 무늬가 새겨진 로마식 찜냄비에 넣고 그 위에 꿩고기나 오리고기를 담는다. 차가운 오븐에 넣고 220도로 120분 동안 굽는다.

---

§ 포도 케이크 §

◉ 준비시간 : 25분 | 요리시간 : 40분

◉ 재료(4인분)

포도 500g · 버터 80g · 액상 꿀 100g · 달걀 3개 · 밀가루 120g · 소금 1/2찻술 · 베이킹파우더 1찻술 · 아몬드잎 3술

| 요 · 리 · 법 |

포도를 줄기에서 떼어낸다. 달걀노른자와 꿀을 섞어 거품이 나도록 젓고, 여기에 액상 버터를 첨가하여 기포가 생길 때까지 휘젓는다. 밀가루에 소금, 베이킹파우더, 아몬드잎을 넣고 달걀흰자는 흰 거품이 나도록 젓는다. 달걀노른자 섞은 재료 속에 밀가루와 달걀흰자를 교대로 따라붓는다. 케이크틀에 버터를 바르고 밀가루를 곱게 뿌린 다음 반죽을 넣고 평평하게 다듬는다. 포도를 반죽 위에 얹어 펴고 가볍게 눌러준 뒤 미리 가열한 오븐에서 180도로 40분 동안 구워낸다. 다 구워지면 꺼내어 식히고 기호에 따라 슈거파우더를 뿌려 내놓는다.

식탁 위의 종합 예술

이집트는 요리술의 발전에 최상의 조건을 제공했다. 매년 나일강이 범람한 후 생기는 기름진 진흙으로 말미암아 모든 식물들이 번성했고, 토양이 비옥하고 부드러워지면서 쟁기질과 파종이 동시에 가능했다. 그에 따라 이집트 농민들은 가족 부양에 필요한 양의 세 배에서 다섯 배까지 농작물을 생산할 수 있었다. 이집트는 '지중해의 곡식 창고'가 되고 결국 구미가 당기는 정복 대상이 되었다.

곡물이 풍부하게 남아돌았기 때문에 파라오의 나라 이집트는 농민과 제빵사와 양조인들의 나라로 발전했다. 이스트가 이곳에서 발명된 것도 어쩌면 그 때문일 것이다(티그리스 강과 유프라테스 강 유역에서도 동시에 발명되었다). 덕분에 이집트인들은 부드러운 빵을 다양하게 개발할 수 있었다. 이미 파라오시대에 대형 제빵소에서는 밀 하나만으로 40종의 빵을 구워냈는데, 각진 모양, 타원형, 원뿔형, 피라미드 모양에 이르기까지 온갖 형태가 망라되어 있었다. 제빵사들은 반죽을 이용해 동물, 신전, 땋은 머리, 달의 여신을 기리는 소뿔 등을 빚었다.

'마시는 빵'이라는 맥주는 이집트인의 생활과 떼어놓고 생각할 수 없다. 나라 곳곳마다 맥주집이 있었고 사람들이 자주 드나들었다.

파피루스에 적힌 기록을 보면 갖가지 새로운 요리법들이 등장한다. 밀가루와 맥주는 고기 소스를 순화하는 데 이용했고, 고기는 소금과 꿀에 절여 먹었으며, 식물 기름과 거위 및 오리 기름은 지방으로 이용되었다.

이때는 인류 역사 최초로 평범한 서민들도 윤택한 삶을 누렸다. 농민들은 오두막 주위에 양파, 마늘, 오이, 샐러드, 파, 단호박, 멜론을 재배했다. 또 대추야자, 무화과나무, 석류나무도 심었고, 벌집도 있었다. 부유한 농민들은 소와 양도 사육했다. 뿐만 아니라 나일 강에서 잡히는 수많은 생선들은—그리스의 경우와 비슷하게—일상의 음식이었다.

파라오들이 어떻게 식사를 했는지는 피라미드 속의 부장품으로 확인할 수 있다. 그 가운데 한 곳에는 40종의 빵과 100개가 넘는 포도주 단지와 맥주 단지가 들어 있다. 한 알라바스터 식탁에는 최초의 간식상이 차려져 있는데, 반죽으로 만든 소뿔과 땋은 머리 사이에 송아지 머릿고기, 소 넓적다리, 포도, 무화과, 화관 모양으로 엮은 파 이파리, 치즈, 단호박, 오리알이 놓여 있다.

이집트가 요리술에 기여한 공로는 여기에서도 드러난다. 식사는 모든 감각을 위한 종합 예술로 생각되었다. 눈은 식탁 위의 음식 배치, 아름답게 장식된 공간, 모든 참석자들이 입은 격에 맞는 의상, 경우에 따라서는 춤으로 만족감을 얻었다. 귀의 만족을 위해서는 고품격의 연회 음악이 연주되었고, 코는 음식에 들어간 향료 냄새뿐만 아니라 몸에 뿌리는 향수와 예식용 향에서 즐거움을 느꼈다. 이 모든 것의 중심에는 미각을 위해 제공된 음식이 있었음은 물론이다.

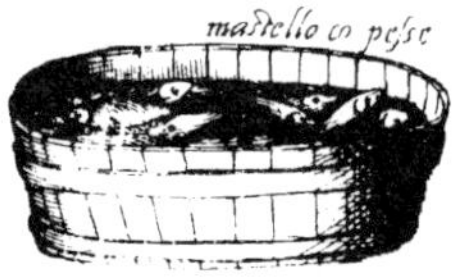

7. 세계의 배꼽을 가다

가장 먼저 나온 건 루카니아 멧돼지,

보드라운 남풍이 불 때 잡았다나.

그 주위에는 매운 무, 샐러드, 래디시가 수북

허기에 지친 위장을 자극하는 것들일세.

들상추와 생선즙과 코르시카 이스트도 나왔다네.

이것들이 다 치워지자 허리띠를 가슴께에 동여맨 시동이

보라색 행주로 단풍나무 식탁을 닦았지.

그 다음 나온 것은 새고기, 조개, 생선들,

평소와는 아주 다른 맛을

은근히 풍기고 있었어.

거기에 넙치와 가자미 내장까지 있었지.

대접에서 헤엄치는 가재들 사이로 알락곰치가

길게 뻗은 채 날라졌어. 주인 왈,

알 밴 놈을 잡았다오. 알을 낳은 것은

살에 맛이 없어지니까.

— 호라티우스, 풍자시

갈리아에서 온 거인은 조금 어리둥절한 채 부두에 서 있었다. 파란 줄무늬 옷에 수염을 기르고 긴 금발을 땋아내린 그는 혼잡한 사람들 속에서 이물질처럼 보였다. 눈길이 닿는 곳마다 제국 각지에서 들어온 배들로 붐비고 있었다. 그렇지 않아도 그에게는 거대하게 느껴졌던 마실리아 항의 배들보다 훨씬 많은 100척은 될 것 같았다.

새하얀 토가를 입은 남자가 그에게 다가왔다. "갈리아에서 오셨지요? 케이리불로스 부자(父子) 상회에 볼 일이 있으시지요?" 남자가 물었다. 거인은 고개를 끄덕였다. "루테리아에서 온 오벨릭스라고 합니다. 멧돼지 납품 건으로 왔습니다만……."

"제 이름은 헬리오도로스입니다. 회계 담당이자 지배인이지요. 우리 회사를 대표하여 세계의 배꼽에 오신 것을 환영합니다……."

"세계의 배꼽이라니요?"

"오스티아 항을 가끔 우스갯소리로 그렇게 부릅니다. 백만 명이 넘는 로마인들을 먹여살리는 물자들이 거의 이곳으로 들어오니까요. 자, 따라오십시오."

두 사람이 짐꾼과 짐수레와 간이 음식점 사이를 지나가는 동안 헬리오도로스는 박식한 외국인 안내원의 면모를 과시했다. "원래 오스티아는 군항이었습니다. 로마에서 이십 마일 떨어져 있지요. 그런데 도시 규모가 커지면서 더 많은 화물선들이 들어오게 되고 옛날 항구로는 부족해졌지요. 위대한 카이사르와 아우구스투스도 이미 새로운 항구 건설을 염두에 두었습니다. 그러다가 클라우디우스 황제가 오스티아 부근의 이 항만을 발견한 뒤, 내륙 쪽으로 확장하고 바다 바깥 칠백 미터까지 뻗어나가는 방파제 두 개를 쌓아 보호했습니다. 토목 기술의 걸작이지요……."

갈리아인은 바닷물로 내려가는 층계가 설치된 부두를 시선으로 훑었다.

정박소마다 밧줄을 고정할 수 있도록 구멍이 뚫린 커다란 돌이 있었다. 여기에 있는 100척 남짓한 배들 중에서 30척 가량은 회전 기중기로 짐을 싣고 내렸다. 오벨릭스의 시선은 50미터 길이의 편평한 배에 가서 멈췄다. 놀라는 듯한 손님의 기색을 보고 헬리오도로스가 말했다.

"이집트에서 온 특별 운송선입니다. 천 톤 이상의 화물을 수송할 수 있어요. 오벨리스크도 여기에 실려 옵니다. 그 옆에 있는 것은 황실의 호화 유람선입니다. 식당과 침실과 산책 갑판만 해도 여러 개이고 극장까지 있습니다. 물론 그밖의 배들은 대부분 길이가 이십 미터 정도 되고, 돛뿐만 아니라 노예나 죄수들이 조종하는 노도 한두 개씩 있습니다. 이백 톤에서 오백 톤까지의 짐을 운반할 수 있지요."

두 사람은 다리 위를 걸었다. "저건 무슨 강입니까?" 갈리아인이 물었다. "테베레 강으로 이어지는 운하입니다. 이 강물이 새 항구로 흘러들어가는 동시에 바다로의 출항을 도와줍니다. 로마로 가는 하역선은 모두 이 운하를 통과합니다." 오벨릭스는 놀라 주춤했다. "육로가 더 빠르지 않습니까? 왜 우마차를 쓰지 않지요?"

"급한 화물에만 이용합니다." 회계 담당자가 말했다. "그렇지 않을 때는 예인선이 더 쌉니다. 소나 말이나 버새는 사료를 먹여야 하니까요. 그놈들은 말하자면 자기가 끄는 짐의 일부를 먹어치우는 거지요. 이봐, 너, 이리로 와!" 헬리오도로스는 같은 쪽 강변에 서 있던 노예 가마꾼 한 명을 불렀다.

가마에 탄 오벨릭스는 조금 흔들거리는 느낌에 익숙해져야 했다. 15분 남짓 지난 뒤 두 사람은 회사의 사무처가 있는 다층 주택 앞에서 내렸다. 안에 들어서자 한 남자가 헬리오도로스에게 무언가 귓속말을 했다.

"케이리불로스 씨는 지금 부재중이십니다." 회계 담당이 말했다. "헤르메스 회사에서 방금 우리 상선 하나를 보내와 바로 항구로 나가셨습니다."

"이 회사 배들은 그렇게 드문드문 도착합니까?" 오벨릭스는 의아해하며 물었다. 헬리오도로스가 웃었다. "그렇지 않아요. 화물의 종류에 따라 다릅니다. 우리가 동방 무역을 시작했는데 이번이 그 첫번째 선적입니다. 중국산 비단 20연, 인도산 후추와 향료, 상아와 흑단과 백단향이 있고, 그밖에 진주, 마노, 자수정, 홍옥, 다이아몬드 같은 보석이 실려 있습니다. 그리고……" 헬리오도로스는 의기양양하게 덧붙였다. "…… 원형 경기장에서 쓸 호랑이 열다섯 마리도 선적되어 있습니다. 이걸 모두 로마 시장에 내놓으면 삼백만 세스테르츠는 충분히 받습니다."

"물론 그걸 공짜로 받지는 않으셨겠지요?"

"우리는 중개인에게 금속, 염료, 호박(琥珀), 양탄자, 유리 제품을 주었고, 가격은 전부 합쳐 오십만 세스테르츠입니다."

"수입이 꽤 짭짤한데요." 갈리아인이 말했다. "글쎄요, 돈 버는 일이 그렇게 간단하지는 않지요. 특히 원격지 무역에서는 더 그렇습니다. 우리가 원격지 무역에 관심을 가진 것은 새 인도 항로가 발견된 뒤부터입니다. 우리 회사 배들은 알렉산드리아로 가서 나일 강 상류쪽으로 들어갑니다. 그곳에서 화물은 낙타에 실려 홍해로 보내지고 거기에서 다시 인도로 항해합니다. 우리 선장 한 명이 몬순이라고 하는 바람이 일정한 시기에 일정한 방향으로 분다는 것을 알아낸 뒤로 항해에는 석 달이 걸립니다. 인도양 해상에서 배들이 없어지는 일도 물론 많지만요……."

헬리오도로스가 설명하는 동안 오벨릭스는 크고 밝은 사무실 안을 둘러보았다. 노예 여남은 명이 필기대에 서서 밀랍 칠판에 일렬로 적힌 숫자들을 청동펜으로 커다란 파피루스 두루마리에 옮겨적고 있었다.

"저는 우리 회사 회계를 아주 자랑스럽게 생각합니다. 노예들은 지난달의 모든 수입과 지출을 원장에 기록합니다. 저쪽 건너편에서는 우리와 거래하는 고객과 사업 파트너별로 개별적인 회계 장부를 기록하고 있습니다. 귀하의 것도 이미 준비해놓았습니다." 그는 두루마리 하나를 집어들었다. "자, 보십시오. 루테리아의 오벨릭스 씨가 우리 회사에 십만 세스테르츠 어치의 포도주와 이만 세스테르츠의 훈제 멧돼지를 납품하였고, 우리는 오벨릭스 씨에게 십오만 세스테르츠에 해당하는 유리와 금속을 보냈습니다. 그로 인한 차액 삼만 세스테르츠는 차기 포도주 납품 때 정산합니다."

"당장 현금으로 지불하지 않아도 되니 훨씬 간편하군요." 갈리아인이 고개를 끄덕였다. "귀 회사가 일종의 은행 업무까지 처리하는 것도 편리한 점입니다."

"다른 큰 회사들과 마찬가지로 케이리불로스 부자 상회의 근간은 두 가지입니다. 하나는 제국에서 경작되거나 생산되는 것들을 대부분 취급한다는 것이고, 방금 말씀 드렸듯이 우리는 원격지 무역에도 약간의 투자를 합니다. 또 하나는 우리 회사가 은행이라는 점입니다. 그때문에 우리는 로마에 본점을 두고 있습니다. 우리는 상류층 인사들의 재산과 토지를 관리해주고 있지요……."

"상류 뭐라구요?"

"부자들 말입니다. 우리는 수표와 어음을 발행하고 신용 대출도 합니다. 우량 사업 파트너에게는 연리 5~10퍼센트를 받고, 잘 모르는 소매상에게는 20퍼센트를 요구하지요……. 이거 죄송합니다. 시장하시겠어요. 음식점으로 가시지요."

두 사람은 커다란 다층 건물들이 둘러서 있는 시장터로 다시 나왔다. 나무 그늘 아래에는 건물들이 나란히 붙어 있었고, 각 건물 앞 포석에는 회사 상호와 문장을 나타내는 모자이크가 박혀 있었다. 헬리오도로스는 창문이 달리지 않은, 거의 20미터 높이의 거대한 뒤쪽 건물을 가리켰다. "저것이 국가의 곡물 창고입니다. 곳간 백 개에 걸쳐 곡물이 보관되어 있지요. 옆에 있는 작은 채광창들은 통기구입니다. 맞은편에는 기름 창고가 있고, 저기 뒤쪽에 있는 것은 포도주 소매상 구역입니다. 포도주 상인들은 특히 에스파냐와 귀하의 고국 갈리아에서 나는 적포도주를 들여오는 동시에, 이탈리아 포도주들을 사놓았다가 이곳에서 우리 팔레르노산 포도주를 전세계로 내보냅니다. 포도주와 기름과 곡물은 제국에서 가장 중요한 상품입니다. 이곳에서만 매일 이십오 척의 거룻배들이 곡물을 싣고 로마로 출항합니다."

몇 분 후 두 사람은 웅장한 빌라에 도착했다. 두 사람은 기둥이 늘어선 현관을 지나 응접실로 들어섰다. 응접실 한쪽 구석에는 황제의 입상이 서 있었다.

"황제의 이름을 따 이 음식점을 트라야누스 클럽이라고도 합니다." 헬리오도로스가 설명했다. 식당 안에는 좁은 물함지를 둘러싸고 장의자들이 놓여 있었다. 한 친절한 노신사가 오벨릭스에게 손을 들어 인사했다.

"여기 제 옆으로 앉으십시오. 이곳 분이 아니라는 걸 금방 알 수 있군요. 저는 항상 그런 부분에 관심이 많습니다."

"반갑습니다……."

"플리니우스라고 합니다. 가이우스 플리니우스 카이킬리우스 세쿤두스이지요. 세쿤두스라고 한 것은, 사람들이 저와 제 유명한 숙부를 혼동하지 않도록 하기 위해서입니다."

오벨릭스는 플리니우스 맞은편에 자리를 잡고 앉아 그를 의아하게 바라보았다.

"아, 유명 작가 플리니우스 그분이 제 숙부입니다. 귀하가 살고 계신 곳에서는 제 숙부의 글을 아직 하나도 읽어보지 못하신 듯합니다."

"저는 속주 갈리아에 있는 루테리아에서 왔습니다."

"아, 제국 변경에 있는 발전하는 신흥 도시의 하나이지요." 플리니우스는 고개를 끄덕이며 좀더 가까이 몸을 굽혔다. "우리끼리 이야기인데, 귀하가 사는 고장의 숲에서 아직도 사람을 제물로 바친다는 게 사실입니까? 그곳에 정말 식인종들이 있습니까? 아, 첫번째 요리가 나왔군요."

오벨릭스는 각종 전채요리들을 조심스럽게 맛보았다. 오징어 한 마리를 집어든 그는 속에 채워진 근사한 내용물을 보고 놀랐다. 갈리아인의 미심쩍어하는 눈빛을 본 플리니우스는 그를 재촉했다.

"어서 드십시오. 제가 장담하지만, 전부 신선합니다. 저기 빨간 것은 플라밍고 혀입니다. 아라비아 거북도 있어요. 저 생선은 아시겠지요? 싱싱한 라인 강 연어입니다."

"싱싱하다구요?" 오벨릭스는 오징어를 계속 씹으며 물었다. "플라밍고와 거북은 산 채로 배에 실려 공급됩니다. 라인 강 물고기들은 그렇게 하기가 어렵지요. 그래서 잡은 뒤 커다란 물통에 집어넣고 뱃길 정거장에 들를 때마다 물을 갈아줍니다. 그렇게 해서 산 채로 이곳에 오는 것이지요."

그사이 다음번 요리가 차려졌다. 오벨릭스는 반가운 마음에 눈이 휘둥그레졌다.

"멧돼지로군요. 어쩌면 제가 납품한 고기도 있을지 모르겠습니다." 그러더니 덧붙여 말했다. "이렇게 해서 갈리아도 세계의 배꼽에 식량을 대는군요."

"벌써 그 말을 알고 계시군요."

플리니우스가 심각해져서 대답했다.

"그런데 그 표현은 제국의 취약점도 암시하는 말입니다. 제 친구 타키투스가 쓴 바에 따르면, 과거에 우리는 먼 속주에 있는 군대에 이탈리아에서 곡물을 보냈습니다. 그런데 요즈음에는 이곳 토양이 아직 기름진데도 아프리카나 이집트산 곡물에 매달리고 있어요."

"그게 값이 쌉니다. 현대적 농경이란 게 바로 그런 것이지요."

지금까지 대화를 듣고만 있던 헬리오도로스가 한마디 던졌다.

"물론 값은 더 싸지요. 하지만," 플리니우스는 경고하듯이 손가락을 치켜세웠다. "하지만 로마는 점점 악천후에 영향을 받고 있고 속주에 더 많이 의존하고 있습니다."

"공급은 충분히 보장되어 있더군요." 오벨릭스는 음식을 쩝쩝 씹으며 말했다. "제가 대형 곡물 창고를 보았습니다."

"누구나 그렇게 말합니다. 걱정을 하기에는 우리 형편이 너무 좋은지도 모르지요."

플리니우스는 염려를 떨치며 말했으나 다시 심각해졌다.

"오늘날 로마는 속주에 전적으로 의존하고 있습니다. 곡물만 그런 것이 아닙니다. 그런데 그 모든 것에는 어떤 식으로든 값을 치러야 합니다. 세금이나 전리품으로 말이지요. 트라야누스 황제는 마지막 전쟁을 치른 후 포로로 잡은 십만 명의 다키아인들을 노예로 팔아서 국고에 난 구멍을 막을 수 있었습니다. 그러나 지금은 항구 복구 사업, 새 트라야누스 광장 조성 사업, 또 모든 로마인들이 일상의 식량을 무료로 받고 서커스에 갈 수 있도록 하기 위한 '빵과 유희'에 돈을 거의 다 써버렸습니다. 번번이 수입보다 지출이 많아지고 결국 결손을 메우기 위해 다시 전쟁을 치러야 하는 식이 되어서는 안 됩니다. 그나저나 손님의 오늘 하루를 제 암울한 생각으로 망치고 싶지는 않습니다……."

이후 몇 백 년 지나지 않아 플리니우스가 묘사한 '악순환'은 제국의 몰락에 결정적이었고 그렇게 함으로써 고대 세계는 종말을 고하였다.

갈리아의 오벨릭스를 위한 요리

§ 오징어 소스 §

◉ 준비시간 : 10분 | 요리시간 : 10분

◉ 재료(4인분)

후추 1/4찻술 · 캐러웨이 1~2g · 왜당귀 1/2술 · 파슬리 1술 · 고수 1/2술 · 셀러리 씨 1/4찻술 · 꿀 1찻술 · 포트 와인 2술 · 떫은 백포도주 2술 · 오징어즙 4술

| 요 · 리 · 법 |

빻은 후추, 캐러웨이, 왜당귀 다진 것, 파슬리, 고수, 셀러리 씨, 꿀, 포트 와인, 백포도주, 오징어즙을 한데 섞어 10분 동안 끓인다. 썰어놓은 오징어에 끼얹는다.

---

§ 속을 넣어 삶은 오징어 §

◉ 준비시간 : 3시간 30분 | 요리시간 : 60분

◉ 재료(4인분)

송아지 머리나 지라 100g · 식초 1리터 · 소금 1술 · 레몬즙 1찻술 · 달걀 2개 · 후추알 10톨 · 후추 1~2g · 송아지고기 소시지 100g · 오징어 600g

| 요 · 리 · 법 |

송아지 머리나 지라를 2시간 동안 찬물에 담근 뒤 이것을 다시 1시간 가량 차가운 식초물(물 1리터에 식초 1리터)에 담가둔다. 그런 다음 소금과 레몬즙을 넣은 1리터의 물에 15분간 비등점 이하로 끓인다. 끓고 나면 고기 가죽과 힘줄을 제거하고 잘게 다진다. 달걀을 풀어 휘저은 뒤 후추알, 빻은 후추, 송아지고기 소시지, 위의 다진 고기 등을 모두 함께 섞어 속재료를 만들어둔다. 오징어는 내장을 빼내고 소금물에 넣어 크기에 따라 15분에서 45분 동안 삶는다. 오징어를 꺼내어 식히고 준비한 내용물로 채워 봉한 후 똑같은 소금물에 넣고 다시 15분간 삶으면 요리가 완성된다.

---

§ 렌즈콩을 넣은 밤죽 §

◉ 준비시간 : 20분+8시간 | 요리시간 : 50분

◉ 재료(4인분)

렌즈콩 250g · 탄산수 1리터 · 야채 국물 1/2리터 · 햇밤 150g · 중탄산소다 1/2찻술 · 소금 1/2찻술 · 흰색 후추 1/4찻술 · 캐러웨이 1/4찻술 · 고수 1/2찻술 · 박하 1찻술 · 루타 1/4찻술 또는 시나 1/2술 · 아위 1/4찻술 또는 양파 다져서 볶은 것 1개 · 레몬박하 1/2찻술 · 아세토 발사미코 디 모데나 1/2술 · 꿀 1찻술 · 간장 1술 · 올리브유 3술

| 요 · 리 · 법 |

렌즈콩은 8시간 동안 탄산수에 담가 불렸다가 야채 국물에 넣고 30분간 삶아 부드러워지게 한다. 밤은 십자 모양으로 잘라 약한 소금물에 중탄산소다

와 함께 넣고 40분 동안 삶은 뒤 식혀둔다. 밤의 겉껍질과 속껍질을 벗긴다. 이를 분쇄기나 믹서에 넣고 갈아 죽으로 만든다. 절구에 향초와 향신료를 넣어 빻은 뒤 올리브유 1술, 꿀, 식초, 간장을 넣어 소스를 준비한다. 렌즈콩, 밤죽, 소스를 한데 섞어 잠깐 끓이고 다시 5분간 저어주면서 약한 불로 가열한다. 소금과 후추로 맛을 내고 올리브유 2술을 방울방울 떨어뜨려 상에 차린다.

---

§ 뜨거운 소스를 입힌 멧돼지 갈비구이 §

◉ 준비시간 : 15분 | 요리시간 : 20분

◉ 재료(4인분)

멧돼지 갈비 4대 · 해바라기씨 기름 2술 · 소금과 후추 · 캐러웨이 1/2찻술 · 후추 1/4찻술 · 셀러리 씨 1/4찻술 · 박하 1술 · 백리향 1/2술 · 세이보리 1찻술 · 사프란 1/2봉지 · 꿀 1/2술 · 아세토 발사미코 디 모데나 또는 부드러운 식초 1찻술 · 아몬드 조각 2술 · 버터 1/2술

| 요 · 리 · 법 |

멧돼지 갈비를 기름에 넣고 바싹 구운 뒤 소금과 후추를 뿌린다. 갈비를 따뜻한 곳에 두고 갈비에서 나온 즙을 작은 프라이팬에 따로 받아둔다. 캐러웨이를 살짝 볶아 다른 향료와 함께 으깨고, 향초들은 곱게 다져서 사프란 · 꿀 · 식초와 함께 갈비즙에 넣어 10분 동안 끓인다. 소스에 간을 하고 갈비 위에 붓는다. 버터에 아몬드 조각을 넣고 밝은 갈색이 되도록 볶아 갈비 위에 뿌린다.

§ 버찌 튀김 §

◉ 준비시간 : 10분 | 요리시간 : 5분

◉ 재료(4인분)

동그란 빵 4개 · 우유 300ml · 밀가루 200g · 달걀 2개 · 꿀 6술 · 계피 1/2찻술 · 씨를 뺀 버찌 500g · 튀김용 기름 1/2리터 · 액상꿀

| 요 · 리 · 법 |

둥근 빵을 우유 200ml에 넣어 불리고 물기를 뺀 뒤 곱게 부순다. 밀가루, 남은 우유, 휘저은 달걀, 꿀, 계피, 버찌를 빵반죽에 잘 섞는다. 숟가락을 이용해 공 모양으로 형태를 만들어 뜨거운 기름에 넣고 금빛이 나도록 15초 동안 튀긴다. 종이 행주에 놓아두어 기름을 뺀다. 위에 꿀을 조금 붓고 계피를 뿌린다.

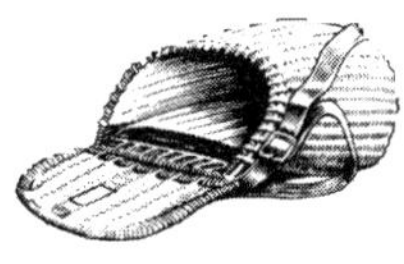

로마제국의 요리 전성기

pignatta

사치를 경고하고 타도하려는 사람들—카토에서 세네카를 지나 마르쿠스 아우렐리우스 황제에 이르기까지—의 노력이 무색하게도 제정시대의 로마에서 요리술은 처음으로 전성기를 맞았다. 여행작가이자 풍자가인 아피키우스의 요리책에는 이곳의 요리가 탁월하고 국제적이라고 기록되어 있다. 그 이유는 다음과 같다.

— 지중해 각국에서 쓰는 조리법들을 다양하게 혼용했다. 굽고 끓이는 것 외에 찌고 데치고 소스에 절이는 방법이 등장했다. 조리기구도 가짓수가 많아지고 세분화되었다. 식탁에는 세계 유명 산지의 음식이 올라왔고 그것도 되도록 신선한 상태로 차렸다. 제정시대의 대형 시장에는 민물고기와 바닷고기 수족관이 있었고, 로마의 지하 동굴에는 겨울에 사놓은 얼음이나 눈에 생선과 고기를 저장해서 먹었다. 요리사들은 지중해 지방에서 나는 향초와 향신료들을 매우 다채롭게 이용했다.

— 이때는 지중해 연안을 중심으로 비슷하게 발달한 지중해 요리를 바탕으로 유명 산지의 요리들을 받아들여 국제적인 음식문화가 형성되었다. 로마인들은 알렉산드리아식, 파르티아식, 그리스식, 갈리아식 음식을 즐겨 먹

었다. 이는 요리사들이 대부분 '외국인 노동자' 인 것과도 관련이 있었다.

— 물론 지나치게 사치로 기울기도 했다. 자신의 가치를 호화로운 식사로 드러내려는 엘리트 계층의 경향은 로마에서 처음으로 절정에 달했다. 이는 전쟁에서 승리한 장군이나 황제들이 처음에는 로마 시민의 절반을, 나중에는 시민 전체를 초대하여 베푼 연회에서도 드러난다. 상류층끼리 여는 축제에서는 맛있고 비싼 음식들이 식탁에 올랐다. 이런 추세와 더불어 나타난 두번째 변화가 바로 로마인들이 식사할 때 '깜짝쇼' 를 즐겼다는 점이다. 동물의 뱃속에 소시지나 장신구 혹은 장난감을 넣기도 했고, 모양과 맛을 생선처럼 변형시킨 고기 요리도 만들었다.

고전문학가들은 현실에서 발생하는 이런 폐단들을 세대에 세대를 거치며 과장하여 묘사했다. 로마인들이 비싸고 호화롭게 만든 음식에 걸핏하면 짜디짠 생선젓을 들어부어 망쳐버렸다는 말은 아무리 반복해서 우긴다고 해도 진실이 되지 않을 것이다. 로마인들은 대량 생산된 그 '가룸(garum)' 을 우리들이 마기[11]나 향신료를 쓰듯이 사용했을 것이다. 또 로마인들이 식사 도중에 공작 깃털로 음식을 토해내어 다시 음식 들어갈 자리를 만들었다는, 늘상 인용되는 대목도 그들의 정상적인 식습관과는 거의 무관하다. 이같은 일화들은 풍자문학에서 비롯되었다. 이것을 바탕으로 로마제국을 판단하는 사람은 마찬가지로 마르코 페레리(Marco Ferreri)의 영화 〈포식(La Grande Bouffe)〉에 근거해 20세기의 식습관을 묘사할 수도 있을 것이다.

11) Maggi. 맛과 외양이 간장과 비슷한 독일의 소스. 1886년 스위스의 율리우스 마기가 육즙 대용으로 생산한 제품으로, '마기' 는 제품의 고유명사이면서도 현재 소스를 대표하는 보통명사처럼 쓰인다.

8. 제국의 미래를 논하는 카롤루스의 조찬

"카롤루스는 글쓰기 연습을 했다. 잠이 안 오는 시간이면 손을 놀려 쓰기 연습을 하려고 항상 베개 밑에 글자표와 종이를 마련해두었다. 그러나 상당히 늦은 나이에 시작했기 때문에 실력은 많이 늘지 않았다."

— 아인하르트, 카를 대제 전기

"밤은 길고, 다리는 아프니,
카롤루스는 알파벳을 연습한다."

— 빌헬름 부슈

"이 직무 회식이라는 것, 나는 딱 질색이야! 특히 오전에 시작될 때는 더 그래." 황제 폐하의 궁정 사서 파울루스 디아코누스는 아직 잠에 취한 눈을 비비면서 다 빠져가는 머리칼을 짧게 자른 남자 옆에 앉았다. 그도 역시 조금 피로한 듯이 보였다.

"일찍 잠자리에 드는 게 좋겠어." 알쿠인이 약간 자조적으로 말했다. "여기 아헨 학술원에서 이렇게 뮤즈들과 오래도록 노닥거릴 게 아니라."

"나는 그런 생각은 하지도 못했네." 파울루스가 투덜거렸다. "겨우《랑고바르드족의 역사》를 조금 쓰고 있었는데, 또다시 다리 통풍에 시달리는 카를이 석판을 갖고 내 서재로 오지 뭐야. 그러니 뮤즈나 잠자리에 들 생각은 할 수가 없지."

두 사람은 아헨 황궁의 대형 홀에서 작은 책상을 앞에 두고 나무 의자에 앉아 있었다. 그때 바로 옆 예배당에서 물결치는 금발과 기다란 수염에 키는 2미터나 되는 육척장신의 거인이 두 남자를 대동하고 나왔다. 수수한 블라우스와 천을 감싸 만든 바지 위에 걸친 담비 모피만이 그가 신분 높은 사람이라는 것을 말해주었다. 프랑크인들의 지배자이자 1년 남짓 서유럽 황제로 군림해온 카를은 정면의 등받이 없는 의자에 앉아 두 다리를 포개었다. "모두들 와주어 고맙소. 의논할 일이 많습니다. 여러분도 알다시피, 나는 대규모 궁신 회의보다는 이렇게 몇몇 사람이 모여 회의를 하는 것이 더 좋소. 여러분 중 몇 사람은 너무 피곤하여 아인하르트나 힐디스볼트처럼 나와 함께 예배를 드리지 못하였소. 우선 기운부터 차립시다."

카를이 손뼉을 치자 시종이 김이 나는 큰 대접을 탁자 위에 놓았다. 자신의 목재 주발에 음식이 담기는 것을 보는 황제는 흐뭇한 기색이 역력했다. 황제와 수석사제 겸 황실 사무국 장관인 힐디스볼트 대주교가 표가 나도록 맛있게 먹는 동안, 카를의 전기작가인 아인하르트, 수석 교육관 알쿠인, 그리고 사서 파울루스 디아코누스 세 학자는 베이컨과 달걀, 다량의 생크림이 들어가 기름지고 걸쭉해진 야채 수프를 먹는 데 어려움을 겪었다. 그러나 생산적인 회의를 하기 전에는 예배를 통해 강인해진 영혼에 걸맞게 육체도 똑같은 호사를 누려야 한다는 것이 황제의 신념이었다.

카를은 수염에 묻은 마지막 수프 방울을 닦아내고 평소의 습관대로 일종의 훈시부터 시작했다. "나의 제국은 진정한 통일 국가가 되어야 합니다. 나는 내 후손들이 내가 오른 갈리아와 이탈리아, 게르마니아 황제 자리를 지키고 보존할 수 있도록 완벽하고 원활한 행정 체제를 물려주려 합니다. 그 황제라는 것도 비잔티움의 허영심 많은 군주가 시샘하는 이름뿐인 황제가 아니라 실질적인 황제이어야 합니다."

참석한 모든 이들에게는 새로울 것이 없는 이야기였지만, 그들은 황제의 야심찬 계획에는 많은 조건이 필요하다는 것을 알고 있었다. 카를의 최고령 전우이자 황실 사무를 담당하는 힐디스볼트 대주교가 수염을 쓰다듬으며 말을 꺼냈다. "제가 생각하는 가장 큰 문제는, 새 행정에 참여한 모든 이들이 글을 쓸 줄은 몰라도 읽을 줄은 알아야 한다는 것입니다. 그런데 다 알다시피 우리는 읽기와 라틴어 학습을 전혀 따라가지 못하고 있습니다."

"또한 폐하가 다스리는 여러 종족들 사이에서는," 알쿠인이 거들었다. "공통의 언어가 필요합니다. 그것은 라틴어밖에 없습니다."

"이론상으로는 맞는 말입니다. 그런데 실제로는 사제들 중에도 성서조차 못 읽는 사람이 많습니다." 아인하르트가 덧붙였다.

"이 문제는 우리 모두 잘 알고 있으니 더 이상 얘기할 필요가 없다고 보오." 카를은 논의를 끝내고 칼을 집어 금빛 파이를 한 조각 썰었다. "한번 드셔보시오. 생선 파이가 여러분의 생각에 날개를 달아줄 것이오."

"소문자의 도입으로," 파울루스 디아코누스가 설명했다. "많은 발전을 보았습니다. 서체가 대단히 읽기 쉽고 힘차고 또렷합니다."

"여기서 자네의 업적을 깎아내릴 사람은 아무도 없을 걸세!" 힐디스볼트가 끼어들었다. "하지만 아무리 아름다운 글자체라도 까막눈에게는 무용지물이지."

"중요한 것은," 아인하르트가 말했다. "옛 제국이 학문과 행정과 전술에서 일구어놓은 모든 성과를 다시 찾아내고 지켜가는 일입니다. 이 일은 파울루스가 도서관에서 몇 년째 하고 있습니다."

"그 이야기는 자꾸 왈가왈부할 것 없습니다." 카를이 말했다. "문제는 알파벳이오. 이걸 배우는 게 얼마나 힘든지는 나 자신이 잘 알아요. 또 사람마다 쓰기는 둘째치고 글읽기를 배워야 하는 것도 아닙니다. 농부는 새 쟁기를 다룰 줄 알면 그뿐이오. 각자 신분에 따라 필요한 것만 배우면 됩니다!"

"그런데," 오랫동안 침묵하고 있던 알쿠인이 말을 꺼냈다. "그런데 시급한 것은 사제와 귀족들의 탄탄한 교양입니다. 이 문제에서는 확실한 정책을 세워야 합니다." 요크 성당학교의 교장이었다가 이제는 카를의 궁정에서 일종의 문화부 장관이 된 알쿠인의 눈이 반짝 빛났다. "우리가 힘을 모아 과거의 연구 성과를 수용하면 프랑크 왕국에 새로운 아테네가 생겨날 것이고, 나아가 지난날 아테네의 명성도 능가할 수 있습니다. 그러기 위해서는 많은 노력이 필요합니다."

"알쿠인, 그대가 우리를 위해 작은 공연을 준비했다는 것을 알고 있소." 카를이 말했다. "가벼운 식사를 들면서 그걸 봅시다." 참석자들은 황제가 낮이나 밤이나 기름진 식사를 좋아하는 것을 알고 있었다. 그런데도 그는 힐디스볼트나 아인하르트와 달리 조금도 배가 나올 기미가 보이지 않았다. 시종들이 양 두 마리로 만든 넓적다리 고기를 가져와 작은 조각으로 썰어 목재 접시에 담았다. "여기에다 완두죽을 곁들여 드셔보시오. 맛좋은 야생 벌꿀로 단맛을 냈습니다. 배잼도 먹을 만합니다."

"이미 논의한 것은 되풀이해 말씀드리지 않겠습니다." 알쿠인이 큰소리로 말했다. "그러니까 기초 교육은 읽기, 쓰기, 셈하기, 역법(曆法) 그리고 모든 귀족과 성직자들을 위한 음악입니다. 이것을 바탕으로 자유 7학예를 만들 수 있습니다. 자유 7학에 없이는 누구도 완벽한 지식에 도달하지 못할 것입니다."

알쿠인이 손뼉을 치자 일곱 명의 수사들이 들어왔다. 첫째 수사가 앞으로 나와 양피지 두루마리를 펴고 읽기 시작했다.

"의사의 옷을 입은 문법이 온갖 언어적 질병을 강력한 의술로 고치기 위해 등장합니다. 문법은 우리에게 동사 변화, 명사 변화, 맞춤법을 가르쳐줍니다."

둘째 수사는 헛기침을 한 뒤 낭송을 했다. "이어서 눈매가 날카로운 부인이 눈을 두리번거리며 등장합니다. 오른손에는 갈고리를, 왼손에는 뱀을 들고 있습니다. 논리학을 대표하는 이 여인은 현실을 묘사하고 올바른 예시를 찾아내고 중의성을 알아내는 법을 가르칩니다."

"아주 근사한데." 아인하르트가 파울루스 디아코누스에게 나직한 소리로 말했다. "그런데 알쿠인이 이 공연에 정말 예쁜 여자들을 동원할 수도 있었을 텐데 말이야!"

평소에는 아름다운 여성을 좋아하는 황제였지만 그는 훼방꾼에게 못마땅한 눈길을 던지고 젊은 수사들에게 계속하라며 고개를 끄덕였다.

"마지막으로 수사학은 손에 번쩍이는 무기를 들고 찬란한 빛을 내며 위풍당당하게 나옵니다. 수사학은 말로써 논적을 어떻게 제압할지에 대해 가르칩니다."

"이상이," 알쿠인이 설명했다. "언어와 관련된 기초 3과인 트리비움입니다. 수는 적어도 중요한 것들이지요." 그는 신조어를 만들어낸 것이 무척 즐거운 듯이 보였다. "지혜에 이르는 자연과학 쪽의 네 학문은 쿼드리비움인데 평범한 것들입니다." 그는 다시 손뼉을 쳤다.

"광선과 천구를 양손에 들고 기하학을 대표하는 여인이 입장합니다. 이 여인은 모든 나라와 세계에 대해 알고 있으며 이를 경도와 위도로 나눌 수 있습니다." 다음 차례의 젊은 남자가 이렇게 읊은 뒤 또 한 사람이 계속했다. "빛나는 의상을 입은 산술이 등장하여 덧셈, 뺄셈, 나눗셈, 곱셈을 어떻게 하는지 보여줍니다. 그러나 산술은 수가 가진 내밀한 의미까지 우리에게 가르쳐줍니다."

"다음은 별들로 장식된 이마와 번쩍이는 곱슬머리의 여인이 천문학의 대표로 등장합니다. 양손에는 회전하는 천체의를 들고 있고 몸 중앙에는 어머니이신 대지가 그려져 있습니다." 셋째 남자가 이렇게 말한 다음 마지막 수사가 등장했다. "끝으로 하모니아가 찬송집과 하프를 손에 들고 나옵니다. 하느님의 영광을 위한 노래와 연주를 가르칩니다."

"하느님의 영광이라." 힐디스볼트가 한마디 했다. "그거야말로 듣던 중 반가운 소리군. 자유 7학예도 좋지만 그것들은 모두 숭고한 종교 예술이나 사제 교육과 연결되어야 하네. 성서 강독, 해석, 설교 지식, 예배, 신학 같은 것 말일세."

"물론 그것도 정신적인 학문의 한 분야에 포함되지." 알쿠인이 말했다. "그러나 그 종교적인 학문 하나만으로는 안 돼. 제국의 재건에 필요한 것은 바로 자유 7학예야."

"그래도 그건 종교의 하위 분야로 들어가야 해."

"그대들은 곰을 잡기도 전에 털가죽부터 나누고 있구려." 황제는 이렇게 말하고 논의를 끝냈다.

"우선 제국 내의 몇몇 도시에 대학을 세웁시다. 성직자들 대부분이 라틴어를 알고 성서를 읽을 줄 알아야 그들의 우위 여부를 논할 것 아니겠소……." 카를은 배잼을 한 숟가락 떠먹었다. "이런 계획은 말로만 할 게 아니라 실행에 옮겨야 하오. 지난 번에는 파울루스가 이탈리아에서 발견한 책을 바탕으로……."

"카토의 《농업론》입니다." 궁정 사서가 말했다.

"…… 효능이 검증되고 이곳에서 잘 자라는 중요한 약초들의 목록을 작성하였소. 이곳 아헨에서도 재배하고 있소이다. 그런데 그간 황실 영지와 수도원에도 전부 약초밭을 조성했습니까? 여행길에서 보니 그런 칙령은 탁상공론으로만 머물고 있었습니다!"

"너무 성급하십니다, 폐하." 황제의 공식 전기작가로서 그와 절친한 관계에 있는 아인하르트가 말했다. "저는 언제나 폐하와 함께 다녔습니다. 물론 약초밭을 별로 보지는 못했습니다만, 사방에서 파, 셀러리, 스웨덴 순무, 거기다 흔치 않은 양파까지 자라고 있습니다. 사과나무와 복숭아나무는 크게 성장했고, 호두나무도 잘 자라고 있습니다. 이번에도 호두기름을 많이 얻을 수 있을 것 같습니다."

"그건 그렇고 저는 로마시대에 쓴 아주 특별한 책을 하나 발견했는데, 우리 모두에게 아주 유익할 것으로 생각됩니다." 파울루스 디아코누스는 파피루스 두루마리를 꺼내어 읽었다. "아피키우스 카일리우스의 요리법입니다. 이 책은 거의 모든 수도원마다 있더군요. 로마시대의 요리법과 우리 이전에 살았던 위대한 로마 황제들의 요리를 망라한 책인데, 이걸 읽으면 우리도 군침이 돌 게 분명합니다……."

중세 유럽의 그리스도교 세계는 카를 대제와 그의 문화부 장관 알쿠인이 추구한 새로운 아테네와는 한참 거리가 멀었다. 그러나 민족 대이동기와 그 이후에 탄생한 '무지의 바다'에서도 초기 교육의 섬은 존재했다. 그곳에서 아피키우스 카일리우스의 요리책은 성서와 알렉산드로스 대왕 관련의 소설과 더불어 중세 '롱셀러'의 하나가 되었다. 유럽의 수도원 중 이 책의 사본이 없던 곳에서는 대개 수사들이 만든 이런저런 창조적인 요리법으로 요리 기술을 발전시켰다.

카를 대제의 아침 식사

§ 카를식 파 수프 §

◉ 준비시간 : 10분 | 요리시간 : 30분

◉ 재료(4인분)

주사위 모양의 베이컨 50g · 통밀빵 100g · 대파 줄기(흰 부분) 4개 · 야채 국물 1리터 · 생크림 1/4리터 · 발효 생크림 1/4리터 · 달걀 1개 · 소금과 후추 · 차이브(고리 모양으로 썬 것) 1술

| 요 · 리 · 법 |

베이컨을 프라이팬에 넣고 녹이다가 주사위 모양으로 썬 통밀빵과 고리 모양으로 썬 파를 넣고 굽는다. 여기에 야채 국물, 생크림, 발효 생크림을 붓고 20분 동안 자작하게 끓인다. 불에서 내린 뒤 달걀 푼 것을 넣어 차지게 만든다. 소금과 후추로 적당히 간을 한 뒤 고리 모양으로 썬 차이브를 뿌린다.

---

§ 생선 파이 §

◉ 준비시간 : 25분+1시간 | 요리시간 : 40분

◉ 재료(4인분)

밀가루 300g · 버터 120g · 소금물 150ml · 생선 토막 800g · 야채 국물 1/2리터 · 파슬리 가지

1개 · 샐비어잎 4장 · 계피 1/2찻술 · 생강 간 것 1/2찻술 · 사프란 1봉지 · 소금과 후추 · 떫은 백포도주 100ml · 달걀노른자 1개

| 요 · 리 · 법 |

밀가루에 버터를 넣고 주무르다가 따뜻한 소금물을 조금씩 부어 반죽을 만든 뒤 1시간 동안 냉장고에 넣어 차게 식힌다. 생선은 뜨거운 야채 국물에 넣고 10분간 불려서 껍질을 벗기고 작게 토막친다. 파슬리와 샐비어잎을 다져서 나머지 향신료, 백포도주와 함께 생선에 넣고 소금과 후추로 간을 하여 내용물을 완성한다. 반죽의 3분의 2를 밀어 버터를 바른 파이틀에 깐다. 파이 내용물을 넣고 나머지 반죽으로 덮개 모양을 만들어 파이 위에 덮은 뒤 가장자리는 달걀흰자를 묻혀 붙인다. 덮개 중앙에 구멍을 내고 남은 반죽으로 파이를 장식한 뒤 달걀노른자를 바른다. 오븐을 180도로 가열한 뒤 파이를 넣고 40분 동안 굽는다.

---

§ 궁정식 완두죽 §

◉ 요리시간 : 20분

◉ 재료(4인분)

냉동 완두콩 1kg · 야채 국물 1리터 · 백포도주 100ml · 꿀 2술

| 요 · 리 · 법 |

완두콩을 야채 국물에 10분간 삶아 물은 따라버린 뒤 물기를 빼고 믹서에

곱게 간다. 완두죽은 물기가 없이 빡빡해야 하므로 경우에 따라서는 믹서에 간 콩을 다시 프라이팬에 넣어 달구면서 물을 증발시킨다. 죽을 밤 압착기에 넣어 가느다란 스파게티로 뽑아낸다. 백포도주와 꿀을 섞어 끓인 뒤 완두죽 위에 붓는다.

---

§ 양고기 꼬치구이 §

◉ 준비시간 : 10분 + 2일 | 요리시간 : 15분
◉ 재료(4인분)
양고기 또는 양 어깨고기 800g · 겨자 1술 · 적포도주 200ml · 적포도주 식초 100ml · 양파 1개 · 로즈메리 가지 1개 · 월계수잎 1장 · 양파 4개 · 나무 꼬챙이 8개 · 마늘 2쪽 · 올리브유 1술 · 소금과 후추

| 요 · 리 · 법 |

양고기는 먹기 좋은 크기의 주사위 모양으로 썰어 겨자를 바른다. 적포도주, 적포도주 식초, 다진 양파, 로즈메리 가지, 월계수잎을 섞어 만든 소스에 고기를 넣고 2일 동안 재워둔다. 양파를 뜨거운 소금물에 2분 가량 넣어 데치고 조각으로 썬다. 고기를 종이 행주로 닦아 물기를 없애고 양파와 교대로 나무 꼬챙이에 꿰어 뜨거운 숯불에서 굽는다. 압착기로 눌러 다진 마늘에 올리브유, 소금, 후추와 섞은 뒤 붓에 묻혀 고기가 완전히 익기 직전에 바른다. 카를 대제는 주로 꼬치구이에 거칠게 빻은 밀로 만든 죽과 강한 적포도주를 함께 먹었다.

§ 배잼 §

◉ 준비시간 : 20분 | 요리시간 : 10분

◉ 재료(4인분)

배 6개 · 백포도주 100ml · 버터 20g · 배즙 50g · 계피 1찻술 · 달걀노른자 6개 · 꿀 2술

| 요 · 리 · 법 |

배는 껍질을 벗기고 씨를 빼내어 얇고 납작하게 썬다. 백포도주와 버터를 한데 넣어 끓이다가 배를 넣고 15분간 가열한다. 배를 믹서에 넣어 곱게 갈고 배즙과 계피로 맛을 낸 다음 달걀노른자를 섞는다. 내열 그라탱 용기 네 개에 버터를 바르고 위의 준비된 재료를 넣은 뒤 오븐에서 220도로 10분 동안 구우면 배잼이 완성된다. 이를 접시에 담고 액상 꿀로 장식을 곁들여 낸다.

중세 요리의 암흑기

민족 대이동의 혼란 속에서 로마제국은 그 기반 구조는 물론이고 지식의 일부까지 파괴되었다. 요리의 측면에서 보면 이는 무역이 쇠퇴하면서 특정 식량, 그 중에서도 향초와 향신료를 전혀 살 수 없거나 얻기가 매우 힘들어졌다는 것을 의미했다. 수많은 농경 지식과 정교한 상차림 방식도 사라졌다. 중세의 요리사들은 대부분 굽고 끓이는 것만 할 줄 알았다. 이런 의미에서 중세는 요리에서도 '암흑기' 였다고 할 수 있다.

중세 초기에 알프스 북쪽 지방에서는 상대적으로 원시적이던 농업 때문에 먹고 살기가 힘들었다. 그래서 한 번 양식이 생기기만 하면 실컷 먹고 노는 과거의 풍습이 되살아났다. 궁정이나 부자들의 성에서도 상차림은 식량 상태와 고고학의 조사 결과 충치가 많은 것으로 나타난 치아 상태에 따라 결정되었다.

그래도 혁신적인 요리사들은 노력 끝에 만들어낸 음식이 무미건조해도 이것을 좀더 구미가 당기도록 만들었다. 이들은 곡물죽이나 야채죽에 향초, 백단향, 사프란, 뿅을 빻아 넣어 물을 들이는 방식으로 색깔을 입혔다. 성대한 축제가 열릴 때는 장뇌를 부리에 물고 '불을 토하는' 독수리 같은 과시용 요리까지 등장했다.

조미를 강하게 하는 경향은 우선 무미건조한 음식에 맛을 내기 위한 것이었지만, 주인은 이국적인 향신료를 넣은 음식으로 자신의 부를 과시하려고도 했다. 그도 그럴 것이 육두구는 수레 끄는 황소 6마리와 값이 비슷했고, 사프란 500그램은 1라펜과 맞먹었기 때문이다.

이런 변화를 '제국의 재건'으로 막아보려는 첫 시도가 아헨의 학술원에서 있었다. 카를 대제—그가 영양분이 많은 음식과 이른 아침에 시작하는 '직무 회식'을 좋아했다는 것은 기록에 나와 있다—는 식량 생산의 근대화를 위해 노력했다. 그 대표적인 구호가 삼포식 농업, 새로운 쟁기, 야채와 과일 재배를 위한 실험용 경작지였다.

혼란과 전쟁으로 말미암아 이 근대화는 12세기가 되어서야 기후 변화에 힘입어 관철될 수 있었다. 여하튼 왕궁의 정원과 얼마 후에는 많은 수도원에서 양파, 마늘, 순무, 사탕무, 각종 양배추, 치커리, 상추 등이 자랐다. 단호박과 외호박, 오이, 그리고 누에콩이나 완두콩 같은 콩과식물은 재배를 했다.

그에 따라 이제는 귀족들의 토지뿐만 아니라 소규모 농가와 발전하는 도시들의 정원에서도 식량의 가짓수가 서서히 늘어났다. 그러나 요리 분야의 혁신은 바깥에서 몰려왔다.

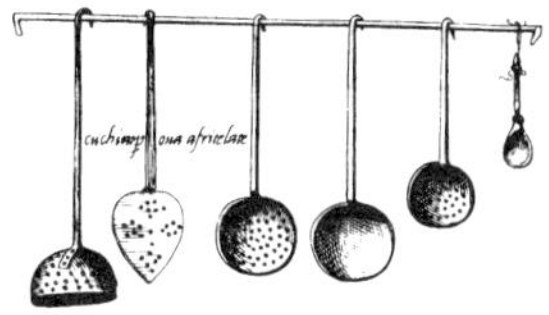

9. 시드를 위한 노래

"시신에는 향유를 바르고

정결하고 아름답게, 마치 산 사람인 양

그는 형형한 눈빛과

위엄 있는 흰 수염을 갖추고 앉아 있다.

때가 자정에 이르니 병사들은

그의 준마 바비에카에

반듯하고 꼿꼿하게 죽은 장군을 앉혔다.

…… 날이 밝자 발렌시아의 모든 이들이

벌써부터 모여들었다.

이 광경을 본 서른여섯 명의

무어인 왕들이 모두 겁을 먹고

부카르는 공포에 질려 서 있다.

그리스도교도들의 군사가 족히

육십만은 되겠구나.

모두 눈처럼 흰옷을 입었도다.

선두에서 백마에 올라탄

저 무서운 이는

어느 누구보다 위대하도다.

손에는 흰 깃발을 들고

가슴에는 화려한 십자가를 달고,

칼은 불처럼 번득이니

무어군들을 향해 그가 내닫는 순간

사방에서 죽음이 나뒹군다!"

— 헤르더, 시드의 노래

마지막 남은 햇살이 수도원 담장에 붙은 하얀 집에 내리쬐고 있었다. 꼭대기가 뾰족한 아치형 창문 밑에는 늙은 부인이 등나무 의자에 앉아 있었다. 검은 베일에 얼굴이 가려져 있다. 주무시는 걸까? 젊은 수녀가 가까이 다가오며 생각했다. "히메나 원장님, 아직 주무시나요?" 그녀가 속삭였다. "저녁 드실 시간입니다. 꼭 오셔야 해요."

노부인은 한숨을 내쉬며 힘겹게 몸을 일으켰다. "나 없이 식사하면 큰일이라도 나느냐?"

"낯선 사람이 찾아왔어요. 떠돌이 가수요." 젊은 처녀의 입에서 쉴새없이 말이 쏟아져나왔다. "자기가 지은 새 노래를 원장님께서 들어달라고 간청하고 있어요. '시드' 에 관한 새로운 노래라나요."

"너희 젊은 것들이 또 유랑가수 노래를 듣고 싶은 게로군." 히메나의 얼굴에 잠깐 미소가 스쳐갔다. '지나간 상처를 들추어내는 일인 줄도 모르고.' 노부인은 자신의 작은 거처로 들어가 두 손을 은제 세면대에 넣고 물로 이

엘 시드의 발렌시아 정복을 묘사한 그림.

마를 식혔다.

"로드리고, 이제 당신은 자꾸만 전설이 되어가고 있어요." 그녀는 혼자 중얼거렸다. 검은 비단 망토를 어깨에 걸치고 노부인은 식당으로 향했다.

그곳에서는 벌써 여남은 명도 더 되는 수녀들이 타원형 식탁에 앉아 기다리고 있었다. 노부인은 식탁 한쪽 끝으로 가 조각 장식이 된 고딕식 나무 의자에 자리를 잡았다. 수녀 한 명이 짧게 기도를 한 뒤, 유랑악사들이 입는 요란한 옷을 걸친 남자가 들어와 수도원장 앞에 무릎을 꿇었다. "원장님의 고귀하신 지아비를 기리는 제 보잘것없는 노래를 부를 수 있게 해주셔서 감사합니다. 그분은 우리 모두의 귀감이며 성인이십니다."

"성인 칭호를 내릴 수 있는 분은 로마에 계신 베드로의 대리자밖에 없다. 너는 아니다." 히메나가 살짝 나무랐다. "우선 음식부터 들자!"

신참 수녀들이 김이 나는 작은 목재 대접을 가지고 들어오자 모두 자기 수저를 들고 대접에서 음식을 떠먹었다. 쩝쩝거리는 소리를 빼고는 수도원 식당 안에서는 아무 소리도 들리지 않았다. 수도원에서는 식사 중에 침묵해야 하는 규정이 있기 때문이다. 셰리를 넣은 조개로군, 하고 히메나는 생각했다. 1073년 로드리고를 처음 만났을 때도 이걸 먹었지…….

카스티야 명문 귀족의 처녀들이 직접 남편감을 고를 수는 없었지만, 그래도 히메나는 처음에 기겁을 했다. 내세울 것이라고는 칼을 쥔 팔밖에 없는 하찮은 지방 귀족과의 결혼이라니! 그러나 그는 생사를 건 싸움에서 파주엔고의 국경 요새를 빼앗아 군주에게 바치고 '캄페아도르(전승자)'라는 이름을 얻었으며 대담무쌍한 전사들을 동원하여 무어인들의 도시 사라고사를 점령하였다. 그후 로드리고 디아스 데 비바르는 아군에게든 적군에게든 모두 '엘시드'로 통했다.

"원장님, 이제 찬양가를 시작할까요?" 가수가 히메나의 상념을 끊어놓았다. "노래는 천 구절이 넘습니다. 첫 구절에 나오는 결투가 뭐냐 하면……."

"늙은이한테 천 구절은 너무 많다." 히메나가 대꾸했다. "부르고스부터 불러보아라. 알폰소의 대관식과 서약식 말이다." 가수는 류트 줄에 손을 가져다 댔다.

"모두 무릎을 꿇었는데 오직 한 사람만 서 있다오.
왕은 의아해서 시드를 바라보네,

왜 서약을 거부하는가.

'알폰소, 맹세해주십시오', 시드가 우렁차게 말했지.

전하의 손이 형님의 피로

더럽혀지지 않았음을."

전설은 이렇게 탄생하는군. 히메나는 생각했다. 그녀의 사촌 알폰소와 그의 일등기사 사이에는 훗날 꽤 많은 알력이 있었지만, 서약을 강요당한 것은 그 알력과 무관했다. 오히려 반대였다.

"그건 전부 짜고 한 일이었소." 결혼식 직후 로드리고는 히메나에게 이렇게 설명했다. "왕국 사람들의 절반은 알폰소가 그의 형 산초의 암살과 어떻게든 관련이 있다고 굳게 믿고 있었소. 하지만 왕이 최고의 명성을 누리는 기사에게서 신성한 맹세를 강요받고 나도 그에게 충성의 서약을 바친다면, 대관식에 오지 않은 다른 모든 기사들도 그를 인정할 것 아니겠소……."

노부인은 수녀들의 박수 치는 소리에 추억에서 깨어났다. 가수는 몸을 굽혀 절을 했다.

"운율을 제법 맞출 줄 아는구나." 히메나가 말했다. "네 노래는 다음 코스를 끝낸 뒤에 더 듣자."

마늘 수프에서 나는 진한 냄새가 식당 안을 가득 메웠다. 훗날 우리는 쓰디쓴 추방의 수프라고 입버릇처럼 말했지, 긴 이별을 앞두고 우리가 함께 먹은 마지막 음식이었고…….

"처절하게 울면서 나의 시드는

따르는 군사들에게 말했다.

모욕과 수치를 당하며 우리는

국왕에 의해 나라에서 쫓겨났도다.

그러나 돌아올 때는 명예를 되찾으리라!"

왕과 남편은 사이가 좋을 수 없었어. 히메나는 생각했다. 알폰소는 왕권이 확실해지자 남편을 멀리 보내어 공물 납부를 미루는 무어인 군주들로부터 공물을 거두어들이는 임무를 맡겼지. 남편을 에스파냐 최고의 부자로 만들어준 수입이 좋은 자리였고, 따르는 신하들도 곧 왕의 신하들보다 많아졌어. 왕은 나라 안에 또다른 나라를 허락하고 싶지 않았기에, 아니 그럴 수 없었기에 로드리고를 추방했지. 인질로 카스티야에 남은 나와 아이들에게 추방은 가혹한 처사였어. 하지만 엘시드는 달랐지. 그는 지난날 자신이 공물을 징수했던 무어인 군주들을 국왕으로부터 보호하며 그 대가로 이들의 공물을 챙겼어. 그렇게 해서 점점 부자가 되었고…….

"아프리카에서 들려오는

도륙자 유수프의 둔탁한 북소리,

카스티야의 궁성으로

마침내 왕은 우리의 시드를 불러들였다.

원한을 삭이고

시드는 무릎을 굽혔다."

사촌과 남편 사이의 모든 일이 그렇듯이 그것은 일종의 거래에 지나지 않았어, 하고 히메나는 생각했다. 로드리고의 도움이 없었다면 알폰소는 아프리카에서 몰려오는 무라비트 왕국의 군사들을 이길 수 없었어. 알폰소는 시드에게 유례가 없는 제안을 했지. 발렌시아 땅과, 그가 카스티야 군사의 힘으로 정복하거나 얻는 것은 모두 그의 차지가 된다고……. 히메나의 상념은 유랑가수가 무라비트 군사들과의 변화무쌍한 전투를 읊는 대목에 이르러 다시 현재로 돌아왔다. 로드리고는 발렌시아를 두 번 정복했다가 두 번 잃었고, 다시 17개월 동안 포위하고 있다가 결국 항복을 받아냈다. 수도원장은 손뼉을 쳤다.

"잠시 중단해도 괜찮을 것 같다. 파에야 발렌시아나를 내오거라."

시녀들이 벌겋게 달아오른 숯이 담긴 철제 주발 두 개를 식당 안으로 가져와 구석에 놓았다. 그리고 조개, 갖가지 생선, 닭고기, 햄조각 등이 섞인 노란색 밥이 든 커다란 프라이팬을 그 위에 올려놓았다.

그때 우리는 17개월이 지난 뒤 허기에 지친 발렌시아 전 주민을 위해 파에야를 만들게 했어. '시드'가 그곳 사람들의 인심을 얻을 수 있었던 노련한 책략이었지. 사프란이 들어가서 그는 파에야라면 질색을 했지! 남편은 무어인들의 음식은 무엇이든 가리지 않았으나 그들의 향료만은 먹지 못했어. 고급 요리는 사프란 없이는 생각할 수 없는데도 말이야. 글을 읽고 쓰고 이슬람 학자들과 코란을 놓고 토론까지 하는 그였지만 식사할 때만큼은 변함없는 농부였어…….

"…… 그는 백성들 앞으로 배신자이자
이슬람 왕의 살해자인 이븐 예하프와
그의 처자식을 끌고 갔다.
모두 불에 태워 치욕스럽게 죽게 하자,
그것이 법이다!
백성의 간청을 들으면서도
시드는 아이들의 쇠사슬을 풀고

배신자 아내의 사슬도 풀어주었다…….”

로드리고는 그런 관대한 제스처에 능했어. 히메나는 회상했다. 17개월 동안의 포위가 끝나고 그는 발렌시아 사람들의 불구대천의 원수였건만 하루가 지난 뒤 이 같은 제스처와 파에야로 사람들의 마음을 얻었어.

“수많은 전투에 참가했던 충복들과
동지들이 그에게 돌아오고
방석 위에는 왕관이 놓였다.
나의 시드여, 이 왕관을 받으소서!
기사들이 외치고 백성도 소리쳤다.
그러나 고개를 완강히 저으며
우리의 시드는 우렁차게 말했다.
왕을 위해 나는
이 도시 발렌시아를 가졌노라!”

남편 로드리고는 고결한 사람이었어, 하고 히메나는 생각했다. 아프리카 무어인과 싸우는 그 와중에 왕관에 손을 뻗어 알폰소와 갈등을 일으키는 것은 정말 미련한 짓이었을 거야. 노부인은 갑자기 회상에 지쳐 손뼉을 쳤다. “오늘 저녁 노래는 이걸로 되었다. 딸기 푸딩하고 꿀을 넣은 발효유를 가져오거라. 그걸로 우리의 과거사를 달콤하게 만들어보자.”

“하지만 원장님,” 가수가 끼어들었다. “이제 곧 절정에 이를 텐데요. 혹 원장님께는 너무 고통스러운 대목일지도 모르겠군요.”

“늙은이의 고통을 자네가 뭘 안다고 그러지? 죽은 지 이십 수 년도 더 된 남편의 노래는 고통스럽지 않아!"

"그럼 노래를 계속하게 해주십시오. 그분이 죽으면서 내린 명령에 대해서요. 자신을 충직한 말에 태우라고 했다는 것, 그리고 죽은 몸으로 전장에 달려나가 신성한 빛에 싸여 이슬람교도들을 물리쳤다는 것을 말이에요."

"정말 아름다운 이야기이지. 너무 아름다워서 믿어지지 않을 정도야. 그런데 그게 사실이라는 걸 모두가 알고 있지는 않단 말이야! 자네가 그때 발렌시아에 있었다고 하기에는 조금 젊어보이는데?"

"예, 이 얘기는 에스파냐 땅에서 이교도 무어인들을 몰아내려고 지금 십자군에 가서 싸우는 사람한테 들었습니다."

"자, 네 노래는 이걸로 소원 성취했다. 고맙구나. 내일 와서 금화 몇 닢을 받아가고 지금은 우리와 함께 조용히 남은 저녁이나 들자."

로드리고는 자신이 정복한 군주국을 얻지는 못했지만, 대신 전설의 왕국으로 들어간 거야. 모두 말없이 식사하는 동안 히메나는 생각에 잠겼다. 어쩌면 그게 더 잘된 일인지도 몰라! 여하튼 남편은 베르베르인들을 여러 번 쳐부수고 알폰소에게 나라를 구할 시간을 주었잖아. 남편은 발렌시아에서 출격할 때 목에 화살을 맞고 며칠 동안이나 죽음과 사투를 벌였어. 그런데 그가 죽은 몸으로 전장에 달려나갔다는 이야기를 누가 만들어냈을까? 이 전설을 바로잡아야 하나? 그래보았자 안 될 게 뻔해…….

1099년 엘시드가 죽은 후 히메나는 3년간 베르베르인들이 포위한 도시에서 지냈다. 그후 알폰소 왕은 오랜 기간 싸워서 얻은 발렌시아를 다른 지방과 맞바꾸며 내어주었다. 히메나는 부유한 수도원의 수도원장이 되었다. 에스파냐 역사 최초로 정복자 문서를 받은 시드는 '국토회복운동(reconquista)'의 상징이 되었고, 이베리아 반도에서 무어인은 물론이고 그리스도교도들이 수백 년 동안 평화롭게 더불어 살아온 민족까지 쓸어낸 유혈극의 대명사가 되었다.

엘시드 미망인의 저녁 식사

§ 셰리 소스를 얹은 대합조개 §

◉ 준비시간 : 5분+2시간 | 요리시간 : 10분

◉ 재료(4인분)

대합조개 500g · 올리브유 2술 · 양파 1개 · 마늘 1쪽 · 파슬리 1술 · 떫은 셰리주 100ml · 물 300ml · 소금과 후추 · 사프란 4가닥

| 요 · 리 · 법 |

대합은 두 시간 동안 찬물에 담가둔다. 올리브유를 뜨겁게 달구고 다진 양파, 으깬 마늘, 다진 파슬리를 넣어 숨을 죽인다. 여기에 셰리주와 물을 붓고 소금, 후추, 사프란으로 맛을 낸다. 대합을 소스에 넣어 5분간 약한 불로 가열한다. 대합이 벌어지면 소스와 함께 상에 차린다.

---

§ 마늘 수프 §

◉ 준비시간 : 5분 | 요리시간 : 20분

◉ 재료(4인분)

토스트빵 4장 · 올리브유 2술 · 마늘 8쪽 · 올리브유 1술 · 야채 국물 1리터 · 달걀 2개 · 후추

| 요 · 리 · 법 |

토스트빵을 주사위 모양으로 잘라 올리브유에 넣고 노릇하게 굽는다. 마늘 쪽을 통째로 올리브유에 넣고 투명하게 될 때까지 천천히 볶는다. 여기에 야채 국물을 붓고 5분간 약한 불로 끓인다. 달걀은 거품기로 저은 후 힘차게 휘저으면서 수프에 풀어넣는다. 후추로 양념을 하고 주사위 모양의 토스트빵과 함께 식탁에 차린다.

---

§ 파에야 발렌시아나 §

◉ 준비시간 : 40분 | 요리시간 : 45분

◉ 재료(8인분)

생선자투리 500g · 월계수잎 1장 · 백리향 가지 1개 · 사프란 1봉지 · 소금물 2리터 · 올리브유 2술 · 영계 다리살 8쪽 · 풋콩 200g · 가재 8마리 · 보리새우 8마리 · 가오리 300g · 쌀 500g · 마늘 2쪽 · 완두콩(냉동한 것) 300g · 파슬리 1다발 · 섭조개 24개 · 주사위 모양으로 썬 햄 200g · 돼지고기 소시지 8개 · 고리모양 오징어 300g · 양파 1개 · 도수가 낮은 적포도주 200ml · 마늘 8쪽 · 소금과 후추 · 레몬 1개

| 요 · 리 · 법 |

생선자투리들을 월계수잎, 백리향 가지, 사프란과 함께 뜨거운 소금물에 넣고 30분간 끓여둔다. 파에야 전용 프라이팬이나 중국식 대형 냄비에 올리브유를 넣어 데운 뒤 영계 다리살을 넣고 센 불에서 볶는다. 여기에 햄조각, 돼지고기 소시지, 오징어, 양파, 풋콩, 가재, 보리새우, 토막 낸 가오리를 하나씩 넣는다. 다 익으면 프라이팬 가장자리로 밀어놓는다. 마지막으로 쌀과 마

늘을 넣고 살짝 볶는다. 앞서 끓인 생선을 걸러내고 국물만을 받은 뒤 절반 가량의 양을 여기에 부어 고루 섞이게 잘 젓는다. 계속 찬찬히 젓다가 남겨 둔 나머지 생선국물도 마저 따라붓는다. 약 10분간 익힌 뒤 완두콩과 다진 파슬리를 넣고 다시 10분간 뭉근한 불에서 익힌다. 별도의 냄비에 깨끗이 씻은 섭조개를 적포도주와 함께 넣고 조개가 벌어질 때까지 센 불에서 끓인다. 국물을 받아 파에야에 붓고 소금과 후추로 간을 한 뒤 다시 5분간 약한 불에서 익힌다. 레몬 조각으로 가장자리를 장식하고 파에야 프라이팬째로 식탁에 차린다.

---

§ 딸기 푸딩 §

◉ 준비시간 : 5분 | 요리시간 : 20분
◉ 재료(4인분)
딸기 500g · 꿀 10술 · 달걀 5개

| 요 · 리 · 법 |

깨끗이 씻은 딸기를 믹서에 넣고 간다. 프라이팬에 준비한 꿀의 절반을 넣고 캐러멜이 되도록 졸인다. 달걀노른자를 나머지 꿀과 섞어 거품이 나도록 저은 뒤 갈아놓은 딸기와 한데 섞어서 캐러멜로 만든 꿀에 넣어 젓는다. 크림으로 굳어질 때까지 중탕으로 가열한다. 달걀흰자를 하얀 거품이 일도록 저어서 식힌 크림 속에 흘려넣는다.

§ 꿀을 넣은 발효유 §

◉ 준비시간 : 5분+24시간

◉ 재료(4인분)

갓 짜낸 우유 1리터 · 레몬 2개 · 꿀 2술

| 요 · 리 · 법 |

우유를 레몬즙과 섞어서 4개의 디저트 그릇에 나누어 담는다. 덮개를 덮고 바람이 통하는 서늘한 곳(지하실, 단 냉장고는 불가)에 24시간 동안 놓아둔다. 꿀을 한 방울씩 떨어뜨리고 식탁에 내어놓는다.

(갓 짜낸 우유가 없으면 저온살균한 우유를 써도 무방하다. 갓 짜낸 우유보다 응고성이 덜하지만 맛은 똑같이 뛰어나다.)

향료만으로도 이단이 되던 시대

중세 유럽의 요리는 에스파냐에서 처음으로 전성기를 맞았으나, 아쉽게도 짧은 기간에 그쳤다. 이슬람 세계와 그리스도교 세계가 만나는 접점이 이곳에 있었으니 이상한 일도 아닐 것이니다. 이슬람 군주들은 한동안 서고트 정복자들이 지배했던 그리스도교도들을 몰아내고 전성기의 이슬람 세계가 만들어낸 모든 문물을 가지고 들어왔다.

에스파냐의 그리스도교 지역에서는 학문, 문학, 고급 생활과 관련하여 모든 문화적인 유혹에 용감하게 저항하였고, 처음에는 '국토회복운동'의 물결을 타고, 후일에는 '종교재판'에 휘말려 모든 '이교적인 것'을 말살하려고 하였지만, 무어인이 다스린 지방은 수많은 농작물과 재배 기술을 통해 최소한 자신의 존재를 계속해서 드러냈다.

아라비아의 역사가인 알 히미아리는 그라나다 서쪽의 비옥한 하천 계곡에서 복숭아, 오렌지, 밤, 대추야자, 참외, 사탕수수, 아스파라거스를 재배했다고 적었다. 뿐만 아니라 아자프란(사프란), 알가로보(구주콩), 알바리코크(살구), 아로즈(쌀), 리몬(레몬)도 재배되었는데, 모두 여러 유럽 언어에 그 용어가 침투해 있는 것들이다. 히미아리가 특별히 언급한 것의 하나인 '고수'는 중세의 요리사들이 '황새승마'라고 하여 무시하다가 르네상스시대에 와서 명예가 회복된 향신료이다. 투르케스탄에서 들어와 에스파냐의 아라비아인 지역인 '알안달루스'에서 최고의 인기를 끌었던 커민도 똑같은 운명을 겪었다. 종교재판이 커민을 먹은 사람에게 모조리 이단의 혐의를 씌운 반면, 르네상스시대의 요리사들은 벌써 고대 로마인들이 높이 쳐주었던 이 향료를 새롭게 발견한 것이다.

안달루시아는 짧은 기간이나마 서유럽에서 음식의 메카로 군림했다. 이는 이베리아 반도에서 쓴 것으로 추정되는 《키타브 알 타빅》이라는 아라비아의(카스티야어와 영어로도 번역된) 유명 요리책에도 증명되어 있다. 이 책은 대단히 상세한 요리법들을 담고 있지만(다음 장에서 그 일부를 맛볼 수 있다), 에스파냐 그리스도교도들의 요리에는 실질적으로 거의 영향을 주지 못했다. 그리스도교계 에스파냐 음식은 변함없이 중세의 풍습을 따랐다. 단맛의 음식이나 생선, 고기와 야채 요리에서만 무어인들의 영향을 받은 것을 볼 수 있다. 앞에 나온 히메나의 식단에서는 이 중 몇 가지를 선별해보았다.

여하튼 음식문화가 에스파냐를 경유해 불모지를 개척하며 유럽으로 진출하면서 한 지역의 평범한 요리였던 것이—제한적이나마— 적응력이 있음을 보여주었다. 1477년 바르셀로나에서는 '마에스트로 루페르트'가 편찬한 요리책이 발간되어 오랫동안 에스파냐 유일의 요리책으로 군림했다. 이 책에는 무어인들과 함께 들어온 여러 식품과 향료들이 다시 언급되어 있는데, 어쩌면 저자도 그 사실은 알지 못했을 것이다.

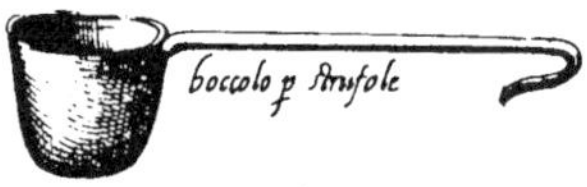

10. 살라딘과 협상하다

"영국 왕은 술탄에게 보내는 전갈을 사신에게 주었다. 너는 그에게 안부를 전한 뒤, 무슬림과 프랑크인들이 피를 흘리고 나라는 온통 피폐해지고 양측이 재산과 목숨을 잃었다고 말하라. 이제는 끝을 낼 때가 되었다……."

— 바하 앗딘 이븐 사다트, F. 가브리엘리의 《아라비아의 관점에서 본 십자군》에서 인용.

"나으리들, 들어오십시오. 예루살렘 동쪽의 최고 음식에 상쾌한 증기탕과 부드러운 침대가 있습니다. 말에게 먹일 꼴도 넉넉합니다. 모두 황금 램프에만 있는 것들이에요. 전부 공짜나 다름없습니다."

아이반호의 기사 윌프레드(월터 스콧의 소설 《아이반호》의 영향으로 통칭 아이반호라고 불리기도 한다—옮긴이)는 몇 달 전부터 동방의 언어를 배우고 있었지만 뚱뚱한 이슬람교도의 빠른 말투를 알아듣기가 힘들었다. 뚱뚱한 사내는 아이반호와 동행한 온프루아 드 토론에게 몸을 굽혀 은밀히 속삭였다.

"알라가 이교도에게만 허용한 술도 팝니다. 레바논 산악지대에서 나는 적포도주요."

"호의는 대단히 고맙지만," 예루살렘 왕국에서 태어난 온프루아가 대답했다. "우리는 아직 갈 길이 멀고 호주머니도 얄팍하다오."

여각 주인은 그곳 풍습에 익숙한 이교도를 만났다는 기쁨에 손가락 몇 개를 펴보였다.

"손님들께는 되도록 값을 깎아드리겠습니다. 저도 가족을 생각해야 하니까요."

색슨인 기사는 온프루아까지 오른손을 펴서 몇 가지 신호를 하는 모습을 신기하게 바라보았다. 무언의 손가락 놀림이 시작되었다. 가끔 들리는 '꼴만 추가하면'이나 '한증탕은 공짜로' 같은 말들이 본격적으로 신나는 흥정이 붙었음을 알려주었다. 몇 분 후 여각 주인은 손짓으로 하인들을 부르더니 말을 건사하고 짐을 2층 객실로 옮기게 했다.

두 그리스도교도는 커다란 사각형 공간으로 안내되었다. 공간 한복판에 있는 대리석 분수에서 물이 뿜어져 나오고 있었다. 천장에는 크리스털 구가 달려 있었고, 위쪽에서 들어오는 빛이 그 구에 부딪쳐 갖가지 무지개 빛깔로 부서졌다.

"저건……" 하고 아이반호가 말하려는 순간 온프루아가 고개를 저으며 아이반호의 입에 손가락을 갖다 댔다. 온프루아와 함께 작은 탁자 앞에 놓인 푹신한 방석으로 안내되는 동안, 아이반호는 그곳에 있는 어느 누구도 말을 하는 이가 없다는 것을 알았다. 하인이 두 사람 앞에 놓인 향에 불을 붙이고 작은 접시를 건넸다.

말없이 숟가락으로 신선하고 향기로운 응유를 떠먹는 동안 아이반호의 윌프레드는 긴장이 되었다. 살라딘의 세력 범위인 이 작은 소도시 룻다에서 그들은 술탄의 사신을 만나 평화 협상을 벌이게 되어 있었다. 제일 좋은 것

알 자자리, 〈물장수〉, 세밀화, 13세기, 데이비드 컬렉션, 코펜하겐.

은 이 같은 모험을 좋아하는 사자왕 리처드가 직접 오는 것이었지만, 예루살렘의 여왕 이사벨의 전남편인 온프루아 드 토론이 이를 말렸다.

"전하께서는 목숨을 걱정하실 필요는 없습니다." 온프루아가 말했다. "이슬람교도들은 모든 협상 내용을 철저히 지키는 사람들입니다. 그러나 전하는 군주이지 교섭인이 아닙니다. 전하의 체통이 깎이는 일입니다."

응유를 먹고 나자 하인은 양탄자가 깔린 작은 탈의실로 두 사람을 안내했다.

"이제는 옷을 벗어야 하네." 온프루아가 설명했다. "그 대신 저 기다란 수건 하나로 몸을 가리게. 이곳에서는 벌거숭이 그리스도교도를 별로 달가워하지 않을 걸세."

"입구에서 왜 말을 하면 안 되었지?" 아이반호가 물었다.

"이슬람 의사들은 손님들이 빛의 움직임과 분수 소리를 조용히 관찰하며 분망한 세상과 거리를 두어야 한다고 생각한다네. 그렇게 해야 정화 작용을 하는 한증욕의 증기를 체액이 받아들일 준비가 되는 걸세."

화려한 장식 무늬가 그려진 나무문을 여는 순간 두 사람은 한꺼번에 몰아치는 뜨거운 공기 때문에 뒤로 내동댕이쳐지다시피 했다. 온프루아는 아이반호를 데리고 나무 걸상으로 가 앉았다. 피곤하고 나른한 기운이 아이반호를 덮쳐왔다. 얼마 후 알몸의 흑인이 그의 손을 잡고 커다란 간이 침상이 놓인 대리석 방으로 들어갔다. 채 팔다리를 펴고 엎드리기도 전에 십자군 기사는 무자비하게 등을 문질러대는 자극을 느꼈다. 거친 장갑으로 가하는 그 고문에 저항하려 했지만 아이반호는 곧 전신에 기분좋은 스멀거림을 느끼고 그때부터 모든 것을 흑인에게 내맡겼다. 이후 옆방에 있는 욕조로 안내되었을 때도 그는 자진해서 물 속에 들어갔으나 이내 흥분하여 비명을 지르고 말았다. 물이 얼음처럼 차가웠던 것이다.

"어서 오시오, 아이반호의 윌프레드." 옆에서 친절한 목소리가 들렸다. "한증탕이 마음에 드시는지요. 마사지까지 받고난 뒤 식사와 화기애애한 대화를 함께 나누십시다. 나는 엘 아딜이라고 하오. 우리의 위대한 군주 살라딘의 동생이자 교섭인이오. 살라딘에게 알라의 은총이 있기를!"

얼마 후 세 사람은 한증탕에서 나와 여각 '황금 램프'의 또 다른 방으로 갔다. 영국에서처럼 커다란 객실 하나를 기대했던 아이반호는 전혀 다른 모습에 조금 신기해했다. 작고 둥근 분수를 가운데 두고 나무 격자로 분리된 공간이 여럿 배치되어 있었다. 이어 뚱뚱한 여각 주인이 다시 나타나 엘 아딜에게 깊숙이 몸을 굽혀 인사한 뒤 세 사람을 그 작은 공간의 한 곳으로 안내했다. 거기에는 낮은 식탁을 빙 둘러 세 개의 방석이 놓여 있었다. 식탁과 창턱 위에는 백장미, 스톡, 은방울꽃, 백합, 아네모네, 제비꽃, 수선화, 석류 열매들이 흩뿌려져 있었다. 하인이 흰색 아마포 받침에 내려놓은 은대접 속의 걸쭉한 육즙에서 아이반호는 양고기와 콩 냄새를 맡았다. 하인은 밥이 담긴 작은 접시를 세 사람 앞에 각각 하나씩 놓았다.

색슨인 기사는 사전에 온프루아에게서 식사하는 방법을 정확히 전달받았다.

"음식을 먹을 때는 오른손만 사용하세. 이곳에서 왼손을 사용하는 것은 점잖치 못한 일이야. 왼손은 일을 보고 뒤를 닦을 때만 쓴다네."

이렇게 온프루아는 아이반호에게 설명했고 아라비아 귀족들의 식사법까지 가르쳐 주었다. 아이반호는 엄지, 검지, 중지를 사용하여 고기와 밥을 둥글게 빚어 입에 넣었다.

엘 아딜은 젊은 기사를 흡족하게 바라보았다. "이곳 풍습을 잘 익혀두셨군요. 그리스도교도로서는 흔치 않은 일인데, 대단하십니다."

"아직 많이 부족합니다." 아이반호가 대답했다. "저는 이곳 언어와 몸짓은 거의 알지 못합니다."

"자신의 약점을 말한다는 것은 자신이 강하다는 것을 증명하지요. 여하튼 귀하는 우리들의 손놀림을 주의깊게 보셔야 할 것이오. 눈에 검지를 대는 것은 동의한다는 뜻이오. 만일 대화 상대방이 손을 머리에 갖다 대면 자신이 약속한 것을 목숨 걸고 책임진다는 뜻입니다. 또 손가락으로 수염을 쓰다듬으면 예언자의 수염을 걸고 엄숙히 맹세하는 것입니다. 우리 이슬람교도들에게 이보다 더 성스러운 맹세는 없소이다!"

"하지만 거짓말을 하는 사람도 분명히 있을 텐데요." 색슨인이 말했다.

"거짓을 말하는 자들은 어디에나 있지요." 엘 아딜이 맞장구를 쳤다.

"그러나 아라비아의 거짓말쟁이들은 예언자의 수염을 걸고 맹세하는 일이 거의 없습니다. 물론 이런 몸짓들을 왼손으로 한다면 그 사람이 한 말은 아무짝에도 쓸모가 없고 오직 상대를 조롱하는 것뿐이오. 설교는 이것으로 족하니 맛좋은 닭고기나 드십시다."

엘 아딜은 오른손으로 황갈색의 납작한 덩어리를 아이반호의 입에 넣어주었다.

"달걀노른자를 섞은 닭의 간입니다. 내가 좋아하는 음식이지요. 이 향기로운 육즙도 드셔보십시오." 영국인 아이반호는 차려진 음식이 모두 맛있게 느껴졌고, 특히 작게 썬 새콤달콤한 호박과 아몬드 만두가 일품이라고 생각하면서도, 한편으로는 이 만남의 목적인 평화 협상으로 들어가고 싶었다. 그러나 기다려야 한다는 것을 그는 알고 있었다…….

마침내 엘 아딜이 손뼉을 쳤다. 두 하녀가 세 사람이 손과 입을 닦아낼 물수건을 가지고 왔다.

"자, 이제는 귀국의 군주가 어떤 제안을 했는지 말씀해보시오."

아이반호의 기사는 정신을 가다듬었다.

"핵심은 세 가지입니다. 예루살렘, 그리스도의 십자가 그리고 영토 분할입니다. 국왕 리처드께서는 우리가 예루살렘을 포기하지 않겠다는 것을 전하라고 하셨습니다. 우리가 최후의 한 사람까지 싸우는 것도 그 때문입니다. 다시 말씀드리자면 이곳에서 요르단까지의 영토는 그리스도교도들의 땅입니다. 또 그리스도의 십자가는 당신들에게는 평범한 나뭇조각이지만 우리에게는 대단히 귀중한 물건입니다. 술탄 살라딘이 그 십자가를 우리에게 넘기고 우리의 나머지 요구에도 동의한다면 우리는 강화를 맺고 이 끝없는 싸움에 종지부를 찍을 것입니다."

엘 아딜은 몸을 뒤로 기대더니 고개를 저었다.

"우리는 그 제안에 결코 동의할 수 없소이다. 예루살렘은 당신들 땅인 것 못지않게 우리들 땅이기도 합니다. 그곳은 예언자께서 최후의 심판일에 신도들을 불러모을 곳이기 때문에 당신들보다는 우리에게 더 성스러운 땅이오. 게다가 예루살렘은 애초에 우리 땅이었소. 당신들은 이곳에 새로 들어온 사람들이고 일부 이슬람교도들의 나약함 덕분에 몇몇 도시를 얻을 수 있었을 뿐이오. 우리는 당신들이 그 도시들을 영원히 점령하도록 내버려둘 수 없소. 뿐만 아니라 십자가로 말하자면 그것은 우리들 손에 쥐어진 최후의 카드요. 이슬람 전체에 도움이 되는 상당한 이득이 없는 한 그 십자가는 내줄 수 없소이다."

아이반호의 윌프레드는 몸이 굳어졌다. 지금 이 견해와 자신의 국왕이 내민 요구 사이에는 너무나 큰 격차가 있었으니 타협은 이루어질 수 없었다. 실망하여 일어나려고 할 때 그를 붙잡는 손길이 어깨에 느껴졌다.

"아이반호, 지금 우리는 동방에 와 있네." 온프루아가 그의 귀에 대고 속삭였다. "기나긴 협상을 이제 겨우 시작한 거라네……."

협상은 계속해서 교전이 치러지는 가운데 1년 이상을 끌었다. 결국 사자왕 리처드와 술탄 살라딘은 1192년 9월 2일 평화조약을 맺었다. 살라딘은 십자군 국가들이 성지에 있는 해안 도시들을 보유할 수 있도록 약속했고, 모든 그리스도교인들의 예루살렘 자유 왕래를 보장함으로써 이제는 그리스도교 성직자들도 이곳에서 예배를 드릴 수 있게 되었다. 이로써 제3차 십자군 원정은 막을 내렸고, 영국왕 리처드는 급히 영국으로 돌아갔으나, 이미 그의 동생 존이 실질적으로 왕권을 장악하고 있었다.

아이반호의 기사를 위한 식단

§ 파 응유 §

◉ 준비시간 : 10분
◉ 재료(4인분)
대파 줄기 1개 · 박하잎 5장 · 셀러리 줄기 1개 · 소금 1찻술 · 겨자알 10톨 · 응유 200g · 호두 껍데기 깐 것 50g · 피타 4개

| 요 · 리 · 법 |

대파의 흰 줄기, 박하잎, 셀러리를 아주 곱게 다진다. 소금, 겨자 간 것, 응유와 함께 섞고 으깬 호두를 넣는다. 피타와 함께 상에 차린다.

---

§ 타리다 닭요리 §

◉ 준비시간 : 20분 | 요리시간 : 130분
◉ 재료(6인분)
소금 4찻술 · 올리브유 2술 · 후추알 1/2찻술 · 고수 씨 1찻술 · 커민 1/2찻술 · 양파 1개 · 이집트콩 100g · 아몬드 50g · 레몬박하 가지 1개 · 육두구꽃 1찻술 · 마늘 1통 · 닭고기 1kg · 사프란 1봉지 · 식초 2술 · 달걀 3개 · 소금 1/2찻술 · 후추 1~2g · 생강 간 것 1/2찻술 · 계피 1찻술 · 닭간 50g · 달걀흰자 3개 · 달걀노른자 3개 · 버터 · 삶은 달걀 3개

| 요 · 리 · 법 |

3리터의 물에 소금, 올리브유, 후추알, 고수 씨, 커민, 다진 양파, 이집트콩, 껍질을 깐 아몬드, 레몬박하 가지, 육두구꽃, 껍질을 깐 마늘을 넣고 끓인다. 영계를 잘 씻어 토막낸 후 위의 국물에 넣고 2시간 가량 삶는다. 다 삶아졌을 때쯤 물에 녹인 사프란 가루와 식초를 넣고 잘 저어준다. 닭고기를 꺼내어 뼈를 발라내고 국물은 체에 밭쳐 거른다. 달걀을 휘저어 소금, 후추, 생강, 계피로 맛을 내고 국물에 넣어 되직하게 만든다. 국물은 더 이상 끓이지 않는다. 닭간을 아주 곱게 다져 소금과 후추를 뿌리고 달걀흰자와 섞어서 작고 납작한 경단 모양으로 빚어 버터를 두르고 지진다. 달걀노른자도 버터에 지지고, 삶은 달걀은 껍질을 까서 반으로 자른다. 닭고기를 수프 접시에 담고 그 위에 국물을 끼얹은 후 닭간 경단, 달걀노른자, 삶은 달걀로 장식을 한다. 계피와 생강으로 조미를 한다. 레바논식 납작빵과 함께 먹으면 좋다.

---

§ 양고기 덮밥 §

◉ 준비시간 : 30분+12시간 | 요리시간 : 90분

◉ 재료(4인분)

렌즈콩 120g · 양고기 1kg · 부침용 기름(가능하면 양의 지방) 1술 · 고수 가지 1개 · 소금 2찻술 · 캐러웨이 1찻술 · 계피 1찻술 · 버터 1술 · 쌀 250g · 소금 1찻술 · 계피 1/2찻술

| 요 · 리 · 법 |

밤새 불려둔 렌즈콩을 소금물에 넣고 60분간 삶는다. 양고기에 부침용 기름

을 두르고 센 불에서 지진다. 여기에 고수 가지, 소금, 캐러웨이 간 것, 계피를 넣고 잠길 만큼 물을 부은 다음 뚜껑을 덮고 60분 동안 고아낸다. 경우에 따라서는 뚜껑을 열고 남은 국물이 없어질 때까지 졸인다. 버터를 녹여 여기에 쌀, 렌즈콩, 소금, 계피를 넣고 물 0.5리터를 부은 후 20분간 끓인다. 다 익은 양고기를 밥 위에 얹고 뚜껑을 덮어 다시 한 번 30분 동안 약한 불에서 익힌다. 소금과 후추를 넣어 맛을 낸다.

---

§ 새콤달콤한 단호박 조림 §

◉ 준비시간 : 10분 | 요리시간 : 20분

◉ 재료(4인분)

단호박 1kg · 백포도주 식초 400ml · 오렌지 주스 200ml · 레몬 1개 · 설탕 500g · 생강 1/2찻술 · 계피 줄기 1개 · 정향꽃 5개

| 요 · 리 · 법 |

단호박은 껍질을 벗기고 반으로 갈라 씨를 뺀 뒤 주사위 모양으로 썬다. 식초, 오렌지 주스, 레몬 껍질, 설탕, 향신료들을 한데 넣어 끓이다가 5분 동안 뭉근한 불에서 익힌다. 적당히 졸여지면 주사위 모양으로 썰어둔 단호박을 1인분씩 따로 넣고 다시 10분간 끓인다. 호박을 꺼내어 물기를 빼낸 뒤 그릇에 담는다. 졸인 액을 다시 한 번 가열하고 체에 밭쳐 걸러낸 뒤 호박 위에 붓는다. 뚜껑을 덮어 서늘한 곳에 두었다가 미지근하게 데우거나 차게 해서 상에 차린다.

§ 아몬드 만두 §

◉ 준비시간 : 40분 | 요리시간 : 35분

◉ 재료(4인분)

버터 50g · 호두기름 3술 · 물 50ml · 소금 1~2g · 밀가루 250g · 아몬드 간 것 60g · 슈거파우더 60g · 물 2술 · 장미수 2술 · 설탕 250g · 물 200ml · 레몬 1개 · 장미수 2찻술

| 요 · 리 · 법 |

녹인 버터, 호두기름, 물, 소금을 한데 섞어 밀가루에 넣고 반죽을 만들어 서늘한 곳에 둔다. 아몬드, 슈거파우더, 물, 장미수를 한데 버무린다. 서늘한 곳에 놓아두었던 반죽을 얇게 밀어 가로 세로 5cm로 떠낸다. 떠낸 반죽의 중앙에 버무려놓은 아몬드 내용물을 넣고 삼각형으로 접는다. 가장자리는 물로 적셔 잘 눌러 붙인다. 미리 가열한 오븐에 넣고 180도로 30분 동안 굽는다. 설탕, 물, 레몬즙을 섞어 펄펄 끓이다가 15분간 잘 저어주면서 약한 불에서 졸인다. 여기에 장미수를 넣어 조미하고 서늘한 곳에서 식힌다. 아직 뜨거운 아몬드 만두를 시럽에 담가 차게 해서 상에 차린다. 경우에 따라 슈거파우더를 뿌려준다.

십자군 원정이 유럽 식탁에 끼친 영향

비교적 순박했던 유럽의 젊은이들은 십자군 원정에 참가함으로써 전술과 무기를 제외한 여러 문화 분야에서 앞서 있던 문명과 접촉했다.
영국과 프랑스, 신성로마제국의 기사들은 실론(스리랑카)과 인도, 중국에서 나는 비단, 향수, 사탕수수, 외국산 과실, 향초, 향신료를 접했다. 몇백 년의 세월이 흐르면서 무역, 특히 해상 무역이 크게 발달하였고, 종국에는 요리의 르네상스를 탄생시킨 이탈리아 도시들이 번영하였다.

그러나 《천일야화》—이 설화집에는 음식에 대한 아주 상세한 묘사가 담겨 있다—에 등장하는 음식들을 맛보면서 받은 단기간의 영향도 무시할 수 없다. 이미 카를 대제가 장려한, 아라비아 지방과 이베리아 반도의 일부 지역에서 다량으로 자라던 과일과 채소의 재배는 이제 새로운 원동력을 얻었다. 사프란 · 계피 · 장미수 같은 일부 향신료는, 비록 요리맛의 개선보다는 사회적 신분의 상징으로 쓰였을망정, 귀족들의 요리 속으로 진출했다. 자긍심이 있는 군주라면 '이국적'인 음식이 빠진 성대한 식사는 차릴 수 없었다. 또 케이크를 만들게 되면서—처음에는 이탈리아에 한정된 일이지만—사탕수수로 단맛을 낸 간식거리가 후식으로 등장했고 과일 아이스크림의 초기 형태까지 나타났다.

그러나 이 모든 것을 진정으로 수용한 것은 아니었다. 유럽의 요리사들은 유명 요리책의 저자 중 한 명인 알 와라크가 묘사한 아라비아의 정교한 고급 요리를 전혀 이해하지 못했다. 그들은 대개 맛없고 무미건조한 유럽 음식에 동방의 향료를 있는 대로 홍청망청 뿌렸지만, 알 와라크는 '향기 물질'—그는 사향, 용연향[12], 장미수를 이 범주에 넣었다—에서 시작하여 말린 과실이나 신선한 과실을 거쳐 포도주와 염료에 이르기까지 향료와 조미료를 10가지 범주로 세분하여 자세하게 묘사하였다.

동방의 식습관과 생활습관은 서유럽의 식탁문화에 미미한 영향만을 주었고 그것도 가끔 왜곡되어 전해졌다. 성대한 연회는 더 이상 금이나 은제 식기로 과시하는 것에 그치지 않고 시각적으로도 많은 볼거리를 제공해야 했으며, 꽃이나 화려한 식탁보로 장식을 해야 했다. 부지런한 집사들은 상차림 순서를 일종의 의식으로 만들려는 계획을 세웠다. 또 궁정 기사가 식사 때 취해야 할 행동을 문서로 규정해놓은 식탁 예절은 아라비아인들과의 경험에서 영향을 받은 것이다. 그러니 결국 동방과 서양은 '인생은 뱃속에서 나온다'는 고대 동방의 격언에 의견의 일치를 본 셈이다.

12) 암브라(ambra) 또는 앰버그리스(ambergris). 향유고래의 내장에서 채취하는 물질로 주로 향수 제조에 쓰인다. 갓 추출한 것은 부드럽고 역한 냄새가 나지만, 공기나 빛과 오래 접촉하면 향내로 바뀐다. 구하기가 쉽지 않아 값이 비싸다.

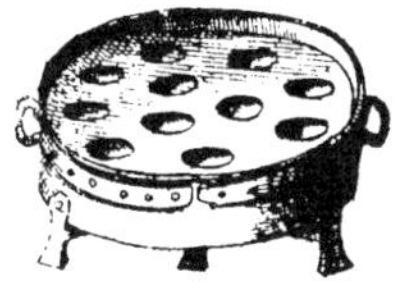

padella p fare oui frittolate

11. 숲속에서 마주친 무법자

"그때 숲에 사는 무법자로
리틀 존과 로빈 후드가 널리 알려져 있었다.
잉글우드와 반즈데일에서 그들은
오랜 세월 갈고 닦은 기술을 발휘했다."

— 1420년 완성된 앤드루 드 윈턴의 《스코틀랜드 연대기》 중에서

"그는 초록색 덧옷을 입고 초록색 망토를 걸치고 다녔다.
허리띠 속에는 공작 깃털이 달린
뾰족한 화살 꾸러미를 감추어 두었다.
화살 깃털은 느슨하게 매달려 있지 않았고
손에는 단단한 활을 쥐고 있었다.
머리는 짧게 깎고 얼굴은 갈색이었으며
사냥술에 능하였다.
팔에는 화려하게 빛나는 손목띠를 두르고
한쪽 옆구리에는 검과 방패를 찼다.

반대쪽 옆구리에는 창끝처럼 날카로운 단도가

멋진 장식물처럼 찬란하게 매달려 있었다.

흉갑에 그려진 크리스토포루스의 모습이 눈길을 끌었다.

허리띠에 매달린 사냥 나팔은 초록색이었다.

그는 진정 숲속의 사나이였다."

— 14세기에 쓴 제프리 초서의《캔터베리 이야기》중 이름을 언급하지 않은 어느 시골 귀족에 관한 이야기

"마지막 주문을 해주십시오!" 연기로 가득 찬 '예 올드 트립 투 예루살렘'의 공기 속으로 울려퍼진 말이었다.

에를랑겐에서 영문학과 영국사를 공부하는 게오르크 플라이셔는 잠자리에 들기 전 술을 한 잔 더 시켜야 할지 말지를 생각했다. 그러나 영국에서 가장 오래된 술집을 찾아보려고 초저녁에 노팅엄 성에 온 뒤부터 그는 이미 몇 잔을 마신 터였다. 이곳은 십자군 원정대가 성지로 출발하기 전 들렀던 곳이다. 게오르크가 여기에 온 직접적인 이유이자 청년기부터 그를 사로잡았던 로빈 후드도 당연히 이곳에 들렀을 것이다. 언덕 안쪽으로 깊숙이 들어앉은 이 공간에서 그는 부하들과 진탕 술을 마셨을까? 아니면 당시 캐슬힐에 있었다고 하는 수많은 비밀 통로의 하나를 통해 성으로 침입하여 노팅엄 성주를 급습했을까?

게오르크는 야식이라도 먹을까 하고 잠시 고민했다. 안 먹는 편이 좋을 것 같았다. 영국에 와서 그는 거의 모든 것이 마음에 들었지만 음식만은 예외였다. 그래서 '인도 음식점'이나 '중국 음식점'을 만날 때면 무척 반가웠다. 하지만 로빈 후드가 살았던 때는 사정이 달랐다는 생각이 뇌리를 스쳤다. 당시 영국은 세간의 인식과는 달리 미식의 나라로 꼽혔다. 여하튼 게오르크는 몸을 일으켜 간신히 계산대를 지나 출구로 나왔다. 그리고 거대한 성을 올려다보고는 무거운 발걸음으로 호텔로 돌아와 이내 잠에 빠져들었다.

다음날 아침 게오르크는 차를 몰고 북쪽으로 좀 더 이동했다. 행선지 '셔우드 포리스트 컨트리 파크'에서 그는 자신의 단골 연구 주제에 관한 전시회를 둘러볼 생각이었다. 예정보다 일찍 도착한 그는 작은 주차장에 차를 세우고 잠시 산책을 하면서 피로를 떨쳐버리기로 했다. 그의 등 뒤로 서서히 문명의 소음이 사라지고 자동차도 비행기 소리도 들리지 않았다. 빽빽한 참나무와 자작나무 잎새 속 어디엔가 새들만이 지저귈 뿐이었다.

"이곳에서 정말 그가 살았을까?"

풋내기 학자는 혼자 낮은 소리로 중얼거렸다.

"당연히 살았고 말고. 그것도 한 사람이 아니라 여러 명이!"

게오르크는 자신이 서 있는 1미터 위쪽 굵은 나뭇가지에 초록색 두건을 쓰고 초록색 셔츠를 입은 사내가 앉아 있는 것을 보았다.

"누구십니까?" 그가 놀라서 물었다.

"노팅엄 성주나 존 왕자는 나를 금방 알아보지 못하던데, 당신은 어느 쪽이지?"

젊은 독일 대학생은 두 눈을 비볐다. 사내는 에롤 플린을 닮은 것 같기도 하고, 케빈 코스트너 비슷하기도 했다.

"당신, 이곳에서 로빈 후드를 연기하는 관광 상품이군요."

"좋을 대로 생각해. 자, 우리가 사는 곳으로 가자구!"

사내는 날렵하게 바닥으로 뛰어내려와 게오르크에게 눈짓을 하더니 활로 덤불을 좌우로 헤치면서 앞장서 갔다. 이윽고 두 사람은 천막 몇 개와 커다란 모닥불과 오두막 몇 채가 있는 숲속의 공터에 섰다. 거대한 참나무 밑에는 둥근 탁자가 있었고 그 주위로 의자가 몇 개 놓여 있었다. 의자에 앉자마자 한 뚱뚱한 수사가 과자를 잔뜩 담은 접시를 들고 나타났다.

"나는 터크 신부야. 이 악당들의 영혼 구제를 책임지고 있지만, 그들의 육신의 안녕도 보살피고 있어. 먹어봐."

조심스럽게 한 조각을 베어문 게오르크는 예상 외의 맛에 조금 놀랐다.
"맛이 좋습니다. 그냥 튀김옷을 입혀 아무 기름에나 넣은 게 아니네요."

"생선에다 신선한 약초와 호두, 향신료 몇 가지를 섞은 것뿐인데, 뭐."
터크가 자랑스럽게 말했다. "사순절 음식으로는 괜찮아."

이 비현실적인 상황에서 마음이 점점 편안해지기 시작한 게오르크 플라이셔는 다시 초록색 셔츠의 사내에게 몸을 돌렸다.

"그러니까 당신이 로빈 후드라 이 말이군요. 어디 증명해보세요."

"당신은 영락없는 학자로군."

상대는 약빠르게 말하고 게오르크에게 종이 두루마리를 건넸다. 독일 학생은 문서를 대충 훑어보았다.

"로버트 호드, 1225년 요크의 배심 재판에서 유죄 판결을 받고 도주하여 무법자가 되다. 윌리엄 로브호드, 1261년 무법자 패거리에 들어가다. 알렉산더 로브호드, 1272년 페어럼 인근의 선술집에서 한 남자를 살해하고 도주하여 무법자가 되다……."

젊은이는 의아하게 바라보았다.

"이 숱한 사람 중에 대체 누가 진짜 로빈 후드인가요?"

"아무도 아니거나 전부지."

상대는 교활하게 말한 뒤 게오르크가 어안이 벙벙하여 고개를 흔들자 이렇게 설명했다.

"그 옛날—아마도 우리의 훌륭한 사자왕 리처드와 그의 야비한 동생 존이 살았던 때였겠지—로빈이라는 이름의 남자가 법정에 섰어……."

"로빈 후드가 말이오?"

"그랬겠지. 당시에는 영국 중부 지방에 후드라는 성을 가진 집안이 꽤 있었거든. 그런데 후드는 그의 별명일지도 몰라……."

"후드, 즉 두건 때문이겠지요." 게오르크가 말했다.

"아니야. 후드는 원래 우리들이 어깨에 걸치는, 기다란 두건이 달린 망토를 말하는 거야. 그런데 그 로빈이 숲으로 도망을 쳤단 말씀이야. 그리고 사냥과 도둑질로 살았는데, 그걸로 먹고살 수 있는 사람은 무법자 중 극히 일부밖에 없었어. 때문에 처음에는 그의 이름이 인근에만 알려져 있다가 나중에는 먼 곳으로까지 퍼져나간 거지."

"하지만 그가 정확히 누구이고 언제 어디에서 살았는지는 당신도 모르잖아요."

"그게 그렇게 중요한가? 뭐, 좋아. 어쨌든 1225년 요크에서 유죄 판결을 받은 그 로버트 호드가 정말 로빈 후드일지도 모르지. 로버트 호드는 일 년 후 다른 문서에서는 호브호드라고 적혀 있는데, 그건 이름이 아니고 별명이야. '호브후드', 즉 '로빈후드'는 법망을 피해 탈주에 성공한 무법자와 동의어가 되었어. 그리고 13세기 중반부터 일부 법원 서기들이 탈주한 도적들에게 모조리 '로빈 후드'라는 별명을 붙여주었지."

"이렇게 화창한 토요일 아침에 무슨 심각한 이야기들이야."

터크 수사가 끼어들면서 두 사람 앞에 나무 대접을 놓았다.

"토끼탕이야. 우리가 이곳에서 즐겨 먹는 음식의 하나지. 한번 먹어봐."

젊은 독일인은 또 한번 놀랐다.

"소스가 진하고 새콤달콤하면서 굉장히 맵군요."

"노팅엄 성주가 우리한테 선물한 잡탕 요리야. 성주의 축사에 있던 토끼,

건포도, 베이컨, 그리고 운송 중이던 포도주를 빼앗아 만든 거야. 고기를 잠시 소스에 담가 두었다가 주사위 모양의 베이컨에 볶고 뚝배기에 넣어 익혔어. 기름에 볶은 시금치를 곁들여 먹으면 돼. 꼬챙이에 꿰어 불에다 오래 굽는 고기와는 차원이 조금 다르지."

"내가 이해한 게 맞다면," 토끼탕을 맛있게 떠먹으며 게오르크가 말했다. "로빈 후드가 그렇게 많았던 이유는 법원 서기들이 무법자들을 그렇게 불렀기 때문이군요."

"그뿐만 아니야." 초록 두건의 사내는 자신의 콧수염을 비비 꼬았다. "얼마 후에는 수많은 산적 대장들까지 자기 이름을 로빈 후드나 리틀 존으로 고쳤어. 유랑가수들이 자꾸만 노래로 퍼뜨리는 그들의 전설적인 명성에 기대어 이득을 얻기 위해서였지."

"별볼일없는 도적과 살인자의 행각이 이른바 위대한 행적으로 둔갑해 사방에서 과장된 것이군요." 게오르크가 조금 씁쓸하게 말했다.

"숲속에 들어가 산다는 것 자체가 벌써 대단한 일이야." 로빈 후드가 진지하게 말했다. "사람들이 왜 우리에 관한 노래를 듣기 좋아했고 왜 우리가 금방 사방에서 유명해졌는지를 한번 생각해봐. 가난한 사람들이 볼 때는 우리의 행동이 정당하고 당연한 것이었어. 그때는 힘든 시절이었거든. 자유민은 예속 농노가 되었고, 자유로운 사냥권 같은 기존의 권리들은 사라졌고, 내 집 곡식도 영주들의 방앗간에 가서 빻아야 했어……."

"그런데 색슨인의 저항 운동에 관해서는 말을 안 하는군요. 당신들은 그 일과 관련이 없었나요?"

"없었어." 로빈이 시인했다. "하지만 당시 글로 써지고 노래로 불린 영웅은 나 혼자가 아니었어. 색슨인 헤리워드 더 웨이크나 변장의 명수 유스터스 수사도 있었어. 그리고 수년간 존 실지왕(失地王, Lackland)과 맞서 싸운 뒤

로빈 후드의 탈출을 묘사한 그림.

훗날 마그나 카르타를 쟁취한 귀족 펄크 피츠 워린의 이야기도 있지."

"하지만 그 사람들은 무법자가 아니었잖아요."

"물론 아니었지. 그들은 귀족이었지만 어떤 면에서는 나와 아주 비슷해. 그들은 모두 적들을 숲으로 유인했고, 펄크는 존 왕까지 숲으로 잡아갔어. 모두 변장을 하고 적을 속인 사람들이고, 복수욕에 불타는 폭군에게 재산을 빼앗긴 사람들이야. 이렇게 해서 전설은 나까지 귀족으로 만들었어……."

"과일 만두 좀 드시겠소, 록슬리 남작?" 터크 수사가 끼어들었다. "당신이 동방에서 가져다주었다는 요리법으로 만들었소. 무화과, 건포도, 생강,

정향, 계피를 넣었지. 당신은 십자군 원정에도 참가한 걸로 되어 있잖소."

"아직도 뭐가 뭔지 잘 모르겠어요." 게오르크가 말을 가로막았다. "로빈 후드라는 산적과 악당에서 어떻게 록슬리의 로빈이라는 고귀한 기사가 탄생할 수 있는지 말이에요. 기사와 백작들이 반드시 무법자들의 친구는 아니었잖습니까."

"잠잠해질 줄 모르는 전설이 있을 때 사람들은 그걸 가지고 어떻게 하지? 상류층이나 궁정 예법에 맞게 각색하잖아." 로빈 후드가 웃으며 말했다. "벌써 15세기 초부터 배우들은 대주교와 각국 왕들 앞에서 내 일생을 연기해보였고, 이들은 내 모험을 보며 즐거워했어. 믿지 못하겠으면 1498년에 나온 이 기록을 읽어봐." 이렇게 말하고 로빈은 게오르크에게 종이 한 장을 주었다. "예부터 울버햄프턴, 웬즈베리, 월솔 등의 도시에서는 정기 시장이 설 때 로빈 후드와 그 패거리로 변장한 사람들이 공연을 통해 해당 도시의 교회를 위한 돈을 조달하는 풍습이 있었다."

문서를 읽은 게오르크는 비웃으며 물었다. "그러니까 당신은 헌금 주머니를 돌렸구려, 로빈?"

"왜, 안 되나? 이 풍습은 영국의 거의 모든 지역에 알려져 있었어. 물론 장난으로 우리가 시민들을 위협하면 그들은 우리에게 가난한 이들을 위한 돈을 주었지. 지금도 이 볼거리를 제공한 대가로 돈을 좀 받아야겠는걸." 로빈은 이렇게 말하고 칼을 빼들었다.

게오르크 플라이셔는 당황하여 고개를 흔들었다. "돈이라니, 무슨 ?"

"당신한테 로빈 후드에 관한 모든 정보를 알려주었고, 13세기와 14세기의 요리법으로 만든 기막힌 음식을 대접했잖아. 그럼 사례가 있어야지."

게오르크 플라이셔는 자신의 몸을 꼬집어보았지만 깨어나지를 못했다. 이 모든 것이 분명 꿈은 아니었다. "셔우드 숲에서 산책하다가 자신을 로빈 후드라고 하는 사람을 만나고 마지막에는 강도까지 당하는 일은 있을 수 없소. 그런 건 절대 있을 수 없는 일이오."

"얼마든지 있을 수 있지." 초록색 옷의 사내는 이렇게 대답하고 칼을 들고 위협적으로 가까이 다가왔다. "역사적인 꿈에서라면, 그리고 특별 여행을 기획한 여행사에서라면 가능하지."

"나는 예약한 적이 없소." 게오르크가 우물댔다. "나는 그저 산책만 하고 있었단 말이오."

"그때 자신을 로빈 후드라고 소개하는 사람이 다가와 당신이 알고 싶어 하는 모든 것을 설명해주었지." 터크 수사가 거칠게 말했다. "그런데 이게 신기하지 않아? 당신은 시간 여행이라는 것을 믿고 있나?"

"물론 안 믿어요." 독일인이 대답했다. "나는 이게 내가 로빈 후드에 관해 알고 있는 모든 것들이 잠재의식을 통해 멋진 꿈으로 바뀐 것이라고 생각했어요. 그리고 나는 깨어나고 싶지 않았단 말이에요."

"꿈이라니!" 로빈 후드를 연기한 남자가 격분해서 말했다. "당신은 우리들 쇼에 살그머니 들어왔어. 원하든 원하지 않든, 당신은 어떤 식으로든 대가를 치러야 해." 로빈 후드가 칼을 휘두르자 피가 튀었다. 게오르크 플라이셔는 비명을 지르고…… 잠에서 깨어났다.

게오르크 플라이셔는 그때 노팅엄의 '예루살렘 술집'을 방문한 뒤 꾸었던 지극히 현실 같은 꿈을 오늘날까지 기억하고 있다. 현재 그는 수입이 많은 정교수로 재직 중이다. 여러 전문가와 아마추어 학자들이 여전히 로빈 후드의 정체를 추적하고 있지만, 연구는 그다지 많은 진전을 보지 못하고 있다. 로빈 후드는 예나 지금이나 전설로 남아 있으며, 이제는 책과 영화와 텔레비전뿐만 아니라 인터넷에서까지 살아 있다. 또 영국의 수많은 음식점에서 맛좋은 음식을 먹는다는 것도 여전히 꿈같은 이야기이다.

터크 신부의 식단

§ 과일 만두 §

◉ 준비시간 : 30분 | 요리시간 : 100분
◉ 재료(8인분)
밀가루 250g · 소금 1찻술 · 버터 60g · 돼지비계 60g · 물 100ml · 무화과 말린 것 150g · 건포도 100g · 적포도주 200ml · 설탕 100g · 사과 300g · 배 300g · 해바라기씨 기름 2술 · 육두구꽃 1/2찻술 · 계피 1찻술 · 정향가루 1~2g · 생강 1~2g · 소금 1/2찻술 · 아몬드잎 50g · 버터 1술 · 슈거파우더 20g

| 요 · 리 · 법 |

밀가루, 소금, 버터, 돼지비계를 두 손으로 재빨리 문질러 섞다가 물에 개어 반죽을 만든다. 덮개를 덮어 서늘한 곳에 놓아둔다. 무화과와 건포도를 물에 씻어 포도주에 넣고 30분간 삶는다. 여기에 설탕과 잘게 자른 사과, 배를 넣고 30분 동안 찬찬히 끓인다. 과일을 꺼내 믹서에 간다. 프라이팬에 기름을 둘러 데우고 과일 간 것, 으깬 육두구꽃, 계피, 정향가루, 생강, 소금, 아몬드를 넣고 계속 저어주면서 바싹 조린다. 반죽을 얇게 밀어 가로 세로 10cm의 정사각형으로 뜬 다음 과일조림 식힌 것을 넣고 가장자리를 잘 붙인다. 과일 만두에 버터를 녹여 바르고 예열한 오븐에서 200도로 30분간 굽는다. 뜨거운 상태에서 슈거파우더를 뿌리고 차게 식히거나 따뜻한 채로 상에 차린다.

§ 향초 소스를 얹은 사순절 생선요리 §

◉ 준비시간 : 15분 | 요리시간 : 30분

◉ 재료(4인분)

밀가루 150g · 버터 60g · 소금물 50ml · 생선 토막(가자미 따위) 600g · 소금과 후추 · 계피 1~2g · 올리브유 1술 · 달걀 1개 · 호두 껍데기 깐 것 50g · 파슬리 1다발 · 백리향 1찻술 · 레몬박하 1술 · 박하 1술 · 레몬즙 1술 · 사프란 1봉지

| 요 · 리 · 법 |

밀가루와 버터를 잘 섞어 따뜻한 소금물을 붓고 반죽을 만들어 냉장고에 넣어둔다. 생선에 소금, 후추, 계피, 올리브유 몇 방울을 떨어뜨려 조미한다. 반죽을 얇게 밀어 직사각형으로 떠서 생선을 한 조각씩 싼다. 가장자리에 달걀 흰자를 묻혀 꼭꼭 누르고 만두 전체에 달걀노른자를 칠한다. 미리 가열한 오븐에 넣고 180도로 20분간 굽는다. 호두와 향초를 으깨어 사프란, 레몬즙, 물 100ml와 함께 5분간 끓인다. 소금과 후추로 조미하여 만두 위에 끼얹고 다시 한 번 10분 동안 오븐에서 익힌다.

---

§ 새콤달콤한 토끼탕 또는 새끼염소탕 §

◉ 준비시간 : 20분+4시간 | 요리시간 : 90분

◉ 재료(4인분)

토끼 또는 새끼염소 고기 1kg · 소금 1찻술 · 월계수잎 1장 · 육두구꽃 1찻술 · 레몬즙 1술 · 주사위 모양으로 썬 베이컨 80g · 해바라기씨 기름 1술 · 양파 3개 · 건포도 80g · 계피 1/2찻술 · 생강 1~2g · 소금과 후추 · 도수가 낮은 적포도주 700ml

| 요 · 리 · 법 |

작게 썬 고기를 소금, 월계수잎, 육두구꽃, 레몬즙과 함께 찬물 0.5리터에 넣고 4시간 가량 놓아둔다. 스튜 냄비에 기름을 두르고 주사위 모양의 베이컨을 넣어 볶다가 물기를 뺀 고기를 넣고 센 불에서 골고루 익도록 볶는다. 고기를 물결무늬가 새겨진 토기 찜냄비에 넣는다. 앞의 스튜 냄비에 납작하게 썬 양파와 건포도를 넣고 볶아 고기 위에 얹는다. 계피, 곱게 간 생강, 소금, 후추로 조미하고 적포도주를 붓는다. 토기 찜냄비의 뚜껑을 덮어 아직 가열하지 않은 오븐에 넣고 200도로 90분 동안 고아낸다. 이 요리에는 참밀을 삶아서 함께 먹으면 좋다.

---

§ 시금치 볶음 §

◉ 준비시간 : 10분 | 요리시간 : 15분

◉ 재료(4인분)

시금치 800g · 야채 국물 1리터 · 해바라기씨 기름 2술 · 육두구 1~2g · 소금과 후추

| 요 · 리 · 법 |

잘 다듬어 씻은 시금치를 야채 국물에 넣고 10분간 삶는다. 물기를 잘 빼고 종이행주로 가볍게 털듯이 닦아 말린다. 잎이 큰 시금치는 반으로 자른다. 프라이팬에 기름을 넣고 가열하여 시금치를 볶는다. 육두구, 소금, 후추로 맛을 낸다.

오랜 빈곤에서 풍요로의 대전환

영국은 중세 유럽의 요리를 대표하는 전형적인 사례이다. 영국에서는 오랫동안 음식의 질이 아닌 양이 절대적으로 중요한 가치였다. 가난한 사람들의 처지에서 보면 이는 몇 안 되는 축제일에는 배불리 먹고 평소에는 귀족들의 식탁에서 떨어진 빵부스러기로 살아갔다는 뜻이다. 평소의 식사는 곡식이나 콩과식물로 만든 음식이었다. 그래서 '뜨거운 완두죽, 차가운 완두죽, 단지 속에 9일 동안 있던 완두죽!' 이라는 한탄조의 시구도 유행했다. 연대기 작가들이 시골 사람들은 '빵, 죽, 약초, 뿌리로 생활했다' 고 기록한 내용은 실제보다 더 단조롭게 들린다. 뿌리채소로는 사탕무, 당근, 무, 대파, 야생 파스닙[13]이 있었고, 카를 대제 때부터는 양파와 마늘도 먹었다. '향초' 로는 서양갓냉이, 시금치, 각종 양배추, 쐐기풀, 그리고 비슷한 종류의 잎채소가 있었다. 그밖에 숲에서 나는 장과식물과 야생초도 먹었다.

주기적인 혹한과 그에 따른 기근으로 얼룩진 10세기와 11세기가 지나간 후에는 기후의 온난화와 근대적인 경작술 덕분에 농업이 비약적으로 발전

13) parsnip. 설탕당근 또는 서양방풍나물이라고도 한다. 유럽과 시베리아가 원산지이다. 로마시대부터 식용하거나 약으로 쓰였는데, 채소로는 16세기에 널리 사용하였다. 인삼같이 생긴 곧은 뿌리에 독특한 향기가 있으며 얇게 썰어 수프를 만든다.

하고 요리법에서도 진전을 보았다. 그래서 '귀리, 완두콩, 강낭콩, 보리가 어떻게 자라는지 아는 사람?' 처럼 12세기에 영국에서 등장한 아이들의 운율놀이는 새로 나타난 주식이 무엇이었는지를 말해준다. 양식이 남아돌 정도로 풍족하여 새롭게 번창하는 도시들을 부양할 수 있었다.

오랫동안 지식의 섬으로 군림해온 수도원도 이제는 풍요의 섬이 되었고, 제프리 초서 같은 작가는 《캔터베리 이야기》에서 수도원의 사치를 비판했다. 또 영주와 귀족들이 극도로 호사스러운 식생활을 한 까닭에 헨리 2세는 한 끼에 두 코스 이상 고기를 먹지 못하도록 법으로 금지했으나 목적을 이루지는 못했다. 귀족들의 성찬이 절정에 달했던 것은 전설적인 낭비벽으로 유명한 리처드 2세 때였다. 그는 요리사 1,000명과 시종 300명을 고용하여 매일 1만 명의 손님들에게 음식을 대접했다고 한다. 그래서 전하는 바에 따르면 하루에 황소 28마리, 양 300마리, 그리고 엄청난 수의 조류들이 도살되었다.

영국이 질적인 면에서도 한동안 미식의 상위 순위에 올라 있었던 것은 흥미로운 점이다. 어쩌면 이는 노르만인들의 왕성한 생명욕과 색슨인들의 시골 귀족 요리가 적절히 결합한 때문일 것이다. 그에 따라, 비록 십자군 원정의 결과로 동방에서 많은 자극과 세련된 요리법이 계속 들어왔지만, 영양가 있는 시골풍의 요리가 등장했다. 그래서 영국에서는 '대지주들처럼' 근사한 식사를 할 수 있었다.

이를 가장 잘 보여주는 것이 1390년경 리처드 2세의 궁정 요리사가 쓴 《커리에 관한 논의》(본문에 소개된 요리법도 이 책에서 발췌했다)와 1420년경에 출간된 요리법 모음인 《각종 수프 요리》이다.

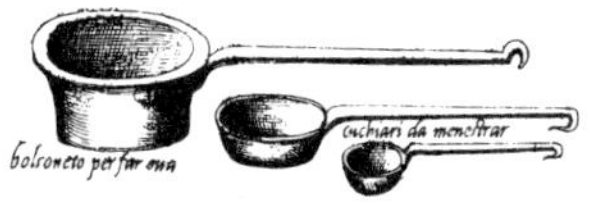

12. 사냥이 끝난 후

"교황 성하께서는 이 왕을 어리게 생각하셔도 안 되지만, 그의 나이 이상으로 대단하게 보실 필요도 없습니다. 그러나 그는 선천적으로 저항력 있는 신체와 강건하고 끈기 있는 사지를 타고났습니다……. 뿐만 아니라 그는 국왕에 걸맞은 위엄과 군주가 지녀야 할 용모와 위풍당당한 품격까지 갖추었습니다. 그의 외모에는 기품과 아름다움이 흐르며, 이마는 넓고 눈은 맑게 빛나 그를 바라보는 것은 즐거움입니다. 그는 활발하고 총명과 학식이 넘치지만, 무례하고 거친 행동도 보일 때가 있습니다. 이는 천성적으로 그러한 것이 아니라, 좋지 않은 교제로 말미암아 습관이 된 까닭입니다."

— 익명의 정보원이 교황 인노켄티우스 3세에게 교황의 피후견인이자 훗날의 황제 프리드리히 2세에 관해 적어보낸 1208년의 보고서

발터 폰 데어 포겔바이데는 숲속 자그마한 공터에 이르자마자 위쪽에서 날개가 퍼덕이는 소리를 들었다. 위를 올려다보니 큼지막한 매 한 마리가 어린 새매를 향해 쏜살같이 날아가 날카로운 부리로 잡아챈 뒤 먹잇감을 가지고 근처의 작은 숲으로 내려가고 있었다. "헤르만, 새로 얻은 내 매가 얼마나 빠른지 보았겠지." 약간 곱슬에 붉은빛이 감도는 짧은 머리의 젊은이가 소리쳤다. 호엔슈타우펜가의 프리드리히는 입을 오무려 휘파람을 불고 왼팔을 뻗었다. 새는 발에 달린 작은 방울을 울리며 날아와 가죽 장갑 위에 내려앉았다. "녀석, 장하구나. 마땅히 상 받을 만하다." 젊은 왕은 이렇게 말하며 갈색 반점이 섞인 매의 깃털을 쓰다듬고 붉은 고기 한 점을 부리 앞에 갖다 댔다.

왕은 그제서야 헤르만 폰 슈트리베르크가 동행인과 함께 왔다는 것을 알았다.

"이 사람은 독일에서 전하를 알현하려고 온 음유시인입니다." 왕실 시종장 헤르만이 가수를 소개했다.

"전하를 모실 발터 폰 데어 포겔바이데라고 합니다."

"독일 소식은 언제 들어도 반갑다오. 그대의 이름은 나도 잘 알고 있습니다. 그나저나……." 프리드리히는 코를 찡그리며 표가 나게 냄새를 맡았다. "우선 거리의 먼지와 냄새부터 털어내야 하겠습니다."

젊은 왕이 동방의 독특한 청결 습관을 신봉한다는 것을 익히 들어온 발터는 재빨리 말했다. "전하를 뵈러 오는 길이 독일 기사이자 가수에게는 쉽지 않은 일이었습니다. 신은 며칠 전부터 욕조 근처에도 가지 못했습니다."

"욕조는 내 궁전에도 없습니다." 프리드리히가 웃으며 말했다. "나는 증기 난방에 타일이 깔려 있는 사라센식 욕탕을 좋아합니다. 그대도 그곳에서 피로를 푸시오. 그리고 저녁에 간단한 요기를 하면서 만나도록 합시다."

몇 시간 뒤 시종은 발터를 팔레르모의 궁정 '카사로'로 안내했다. 프리드리히의 개인 식당에서 그는 벽에 걸린 붉은색의 화려한 덧옷을 보고 감탄했다. "저것은 내 외조부이신 로제르가 대관식 때 입었던 어깨 덧옷입니다."

옆문에서 들어온 프리드리히가 옷을 살펴보는 발터의 시선을 돌려놓았다.

"…… 화려하기는 한데 내겐 너무 크지요."

"전하 조부의 덧옷이 전하께 무겁다면, 전하 선왕의 덧옷은 어떻습니까?" 발터는 저도 모르게 이렇게 말했다. 그는 자신의 무례한 질문에 스스로 놀랐으나, 젊은 왕이 전혀 개의치 않는 것을 보고 지극히 안심이 되었다.

"나의 선친 하인리히 대제라……." 프리드리히는 생각에 잠겨 말을 하고는 짧게 자른 적황색 구레나룻과 턱수염을 쓰다듬었다. "나는 선친을 잘 모릅니다. 내가 세 살 때 세상을 떠나셨지요. 나를 말에 태워주던 키 큰 남자가 기억나는 것 같기도 합니다. 하지만 그것은 편모 슬하에서 자란 아이가 실제보다 부풀려진 자기 아버지의 모습과 비교당하면서 꾸는 꿈입니다. 그건 오늘날까지도 여전합니다. 나는 그대가 당장 나에게 선친의 뒤를 이어 벨프가의 오토를 왕위에서 쓸어버리고 동시에 교황 성하이신 인노켄티우스를 자제시킬 것을 바라는 독일인의 한 명이 아니기를 바랍니다……."

그러나 발터가 시칠리아에 온 것은 바로 그 때문이었다. 그는 슈타우펜가의 프리드리히에게 독일로 와달라는 청을 할 생각이었다. 하지만 아직 말을 꺼내지는 않았다. 게다가 그는 젊은 왕의 솔직하고 여유 있는 태도에 깜짝 놀랐다. 왕은 발터에게 나지막한 타원형 대리석 식탁을 중심으로 배치된 작은 침상에 앉으라고 권했다. 식탁 중앙에는 과자가 담긴 은대접이 놓여 있었다.

"잘 아실 테지만, 이것은 궁형으로 빚은 도너츠입니다." 발터는 고개를 끄덕이며 편자 모양의 연갈색 빵을 하나 집었다. "내 어머니께서 좋아하시던 것입니다."

"콘츠탄체 황후께서는 매우 인기가 많으셨습니다. 제국의 선량한 분으로 통하셨지요." 발터가 말했다.

"여하튼 어머니에 대해서는 아직도 조금 기억이 납니다. 키가 크고 자부심이 많은 분이었습니다. 어머니는 나를 말에 태워 내 손을 잡고 거리를 지나 팔레르모 대성당까지 데리고 가셨어요. 그곳에서 나는 머리에 왕관을 썼습니다. 나는 무슨 일이 일어나는지 전혀 알지 못한 채 줄곧 어머니만 쳐다보고 있었습니다. 그리고 몇 달 후 어머니는 돌아가셨지요."

"1198년은 끔찍한 해였습니다." 발터 폰 데어 포겔바이데가 기억을 더듬었다. "제국 내에서는 두 명의 왕이 선출되었고, 그때부터 사방에서는 온통 '교황파 만세!' '황제파 만세!' 하는 소리가 들렸습니다."

시종이 들어와 김이 나는 그릇 두 개를 식탁 위에 놓았다. 발터가 불그스름한 국물을 약간 미심쩍게 바라보자 왕이 웃었다. "한번 드셔보세요. 아마 알프스 북쪽에서는 좀처럼 보지 못한 향신료가 들어갔을 것입니다. 하지만 뱀장어는 그런 것을 넣어야 제맛이 납니다."

발터는 펑퍼짐한 숟가락으로 조심스럽게 국물을 조금 떠먹고는 흡족한 듯이 고개를 끄덕였다.

"시칠리아식으로 만든 것입니다." 프리드리히가 웃었다. "내가 이곳에서 먹는 음식은 노르만식, 독일식, 시칠리아식, 무어식이 조금씩 섞여 있어요. 그 중에서 마지막 것이 가장 특별한 맛을 냅니다."

발터는 왕의 이국적 취향을 익히 들어 알고 있었지만 그것을 굳이 입 밖에 내어 말하고 싶지는 않았다. "모친께서 서거하신 후의 시간이 전하께는 쉽지 않았겠지요?"

프리드리히는 적포도주를 한 모금 마시고 고개를 끄덕였다. "사방에서 나를 이용하려 들더군요. 독일 기사들은 자신들의 지배권을 확고히 하려고 나를 원했습니다. 또 노르만 귀족들은 나를 앞세워 독일인들의 주도권을 깰 생각이었지요. 마지막으로 교황은 나를 독일의 벨프가에 맞설 비장의 무기로 쓰려고 했습니다."

"하지만 모친께서는 돌아가시기 전에 교황이 전하의 후견인이 되도록 조처해놓으셨지 않습니까."

"어쨌든 인노켄티우스는 가장 못 믿을 사람입니다. 시칠리아를 슬쩍 집어삼키려 할 정도이니까요. 일단은 나를 이곳 궁정에서 무작정 빼돌린 독일의 기사들이 승리를 거두었고, 나는 이 사람에게서 저 사람 손으로 넘겨졌습니다……."

"실로 힘든 젊은 날을 보내셨습니다." 발터가 한마디 했다.

"꼭 그렇다고는 할 수 없지요." 프리드리히가 미소지었다. "진정으로 내게 관심을 가져주는 사람이 없었기에 나는 그 어떤 젊은 귀족보다도 많은 자유를 누렸습니다. 나는 이른바 내 보호자들과 무언의 협약을 맺었습니다. 도망만 치지 않으면 내가 가고 싶은 길을 갈 수 있었어요. 만일 내가 도망쳤다가 잡혔더라면 그들은 나를 새장에 갇힌 매처럼 이곳 궁정에 붙잡아놓았을 겁니다. 생각만 해도 끔찍한 일입니다."

"그래도 갇혀 있다는 느낌이 들지 않으셨나요?" 가수가 물었다. "항상 팔레르모에만 계셨는데요?"

프리드리히가 웃었다. "독일에 있는 왕자라고 더 많은 것들을 보았겠습니까? 팔레르모는 그냥 하나의 세계가 아닙니다. 이곳은 세계를 복제해놓은 또 하나의 세계입니다. 노르만 교회가 그리스식 기둥이 들어선 비잔틴 예배당과 나란히 서 있고, 유대인 교회당이 이슬람 신전의 첨탑 옆에 있습니다. 그대는 이곳에서 그리스인, 로마인, 사라센인, 유대인, 독일인, 노르만인들을 만날 수 있습니다. 누구나 자신의 습관, 자신의 오락거리, 자신의 생활방식을 고수하는 곳입니다. 내가 길거리를 얼마나 자주 거닐었고, 사람들 소리에 얼마나 많이 귀를 기울였고, 맛좋은 이국 음식의 냄새를 얼마나 자주 맡았는지 모릅니다……."

이 말에 발터는 코를 킁킁거리며 냄새를 맡았다. 어느새 주석 쟁반에 독특한 느낌의 죽과 고기가 담겨 들어왔기 때문이다. "고기말이입니다. 물론 잘 아실 테지요." 15세의 왕이 말했다. "허나 향신료는 잘 모르실 겁니다. 그대가 수상쩍게 바라보는 저 죽은 달콤한 아몬드와 포도주를 조금 넣은 파죽입니다……."

발터는 맛을 보고 흡족하게 고개를 끄덕였다. "여하튼 전하께서는 적어도 음식에 관해서는 저보다 행복하십니다."

"그렇게 생각하십니까?" 프리드리히는 이렇게 묻더니 이내 스스로 대답했다. "나는 거리에서 맛좋은 냄새를 맡아보기는 했지만, 음식은 지극히 간소하게 먹어야 했습니다. 나는 시칠리아 귀족들에게 달갑지 않은 식객으로 맡겨졌어요. 때문에 시종들과 함께 양배추나 완두죽을 질리도록 먹을 때가 많았습니다. 훗날에 와서야 평범한 사람들이 차리는 저녁 식사에 초대되었는데 그들이 수고를 더 많이 했습니다. 특히 사라센 요리와 유대 요리는 내게 대단한 경험이었지요."

"장차 왕이 되실 분이 이교도들과 교제하시다니요." 발터가 말했다. "그 때문에 귀족들이 격분하지는 않았습니까?"

"내 고해 신부인 루페르트 신부가 몇 번 잔소리를 하긴 했습니다." 왕이 설명했다. "하지만 감시를 받은 일은 거의 없습니다. 그리스도교인과 유대인, 이교도가 더불어 살아야 하는 이곳 시칠리아는 제국 내의 다른 곳처럼 그렇게 고루하지 않습니다. 그대도 랍비와 한번 토론을 해보십시오. 랍비는 기절초풍할 정도로 그대의 모든 주장을 분해하고 분석하고 반박할 겁니다. 그리고 이슬람 학자들은 어떻게 질문해야 하는지를 알고 있습니다. 뿐만 아니라 답변할 때도 어떤 교리를 전파하는 것이 아니라 진정한 대답을 주려고 합니다. 땅덩어리는 얼마나 큰지, 달은 이곳에서 얼마나 먼지에 대해 나는 그들과 며칠 밤을 새워 토론을 했습니다……."

"독일에서는 그런 얘기들을 하지 않습니다. 그 대신 '풀리아 출신의 소년' 이 거리를 떠돌며 빈둥거렸다는 말을 하지요. 브라운슈바이크에 있는 벨프가의 궁정에서는 '부랑아와 걸인들의 왕' 을 우스갯거리로 삼고 있습니다. 말하자면 전하를 그렇게 부르는 것입니다."

호엔슈타우펜가의 프리드리히는 한동안 발터를 바라보다가 말했다. "그대와 같은 가수들이야말로 눈부시고 위엄 있는 왕을 원한다는 것을 알고 있습니다. 그러나 내 적들이 나를 별로 대단치 않게 여기는 것이 지금의 나로서는 아주 마음이 편합니다. 어느새 나는 공식적으로는 왕이 되었지만, 우선은 시칠리아를 완전히 장악해야 합니다. 그런데 거기에 필요한 돈과 무기가 별로 없어요. 맞습니다. 나는 길거리에서 걸인들과 이야기도 나누었고 그들로부터 배우기도 했습니다. 걸인이 하듯이 자신의 적을 감쪽같이 속일 수 있는 왕은 복받은 것입니다. 거리의 부랑아들과 이야기를 나누다 보면 곤란한 상황도 헤쳐나가는 법을 배우게 됩니다. 중요한 것은 민초들의 크고 작은 근심을 알고 헤아리는 일이지요." 진지하고 자그마한 왕의 얼굴 위로 미소가 살짝 스쳐갔다. "내 적들이 나를 '풀리아 출신의 소년' 이라고 부르고 '걸인들의 왕' 이라고 조롱해도 그들은 내가 팔레르모의 거리에서 무엇을 배웠는지를 알지 못합니다. 혈통이나 전통보다는 능력과 성과를 더 중요하게 보아야 합니다. 내 제국에서는 그런 공을 쌓은 사람은 누구든지 대접을 받아야 합니다……."

발터 폰 데어 포겔바이데는 이 젊은이가 내뿜는 광채에 자꾸만 매료되는 것을 느꼈다. 그는 노래로써 이 사람을 섬기리라고 마음먹었다. 그래서 그는 옆에 놓여 있던 류트를 집어들고 자신이 가장 잘할 수 있는 것, 즉 노래를 부르기 시작했다.

“바위에 앉아
다리를 포개고 있었다오.
이 세상을 어떻게 살아야 할지
도무지 알 수 없었네…….”

프리드리히는 발터에게 고개를 끄덕이며 후식으로 내온 달콤한 사과 튀김을 맛있게 먹었다. 발터는 방금 자신을 감동시킨 왕에게 계속해서 노래를 선사했다.

“세상의 재물과 명예에 더하여
하느님의 은혜까지 얻는다는 것.
뒤에서는 거짓이 노리고 있고
거리에는 폭력이 지배하고
평화와 정의는 처절하게 상처 입었으니
오, 전하, 당신의 세상을 치유해주소서!”

몇 년 후 호엔슈타우펜가의 프리드리히 2세는 중세의 마지막 전성기를 이룩하며 30여 년을 군림했다. ‘걸인들의 왕’ 이자 ‘풀리아 출신의 소년’ 으로 불린 그는 자신의 사상과 성공으로 동시대 사람들을 당혹케 만들었다. 중세를 넘어서는 그의 사상, 그가 이룩한 근대 국가, 그리고 중세의 경직된 신분제를 극복하려던 그의 시도들은 너무나 시대를 앞서 있었던 까닭에 당시 사람들이 ‘세상의 경이’ 라고 부른 그 자신을 넘어서지 못했다.

시인을 위한 퓨전 요리

§ 궁형 도너츠(치즈 도너츠) §

◉ 준비시간 : 10분 | 요리시간 : 10분

◉ 재료(4인분)

그라이에르츠 치즈 200g · 밀가루 150g · 달걀 4개 · 베이컨 50g · 소금 1/2찻술 · 후추 1~2g · 라드 150g

| 요 · 리 · 법 |

치즈를 갈아 밀가루, 휘저은 달걀, 작게 썬 베이컨, 소금, 후추와 한데 섞어 단단한 반죽으로 만든다. 반죽을 작고 얇은 소시지 모양으로 떠서 편자 모양으로 만들고 뜨거운 라드에 넣어 연갈색이 될 때까지 굽는다.

---

§ 쇠고기말이찜 §

◉ 준비시간 : 20분 | 요리시간 : 40분

◉ 재료(4인분)

양파 2개 · 주사위 모양의 베이컨 잘게 썬 것 50g · 완숙 달걀노른자 4개 · 라드 50g · 파슬리 1다발 · 얇게 저민 쇠고기 4장 · 소금과 후추 · 라드 2술 · 완숙 달걀노른자 2개 · 레몬즙 1술 · 백포도주 식초 1술 · 곱게 다진 생강 1/2찻술 · 계피 1~2g · 완숙 달걀흰자 2개 · 조리용 실

| 요 · 리 · 법 |

베이컨을 볶고 다진 양파를 넣어 투명한 빛이 나도록 볶는다. 달걀노른자와 라드를 으깨어 다진 파슬리, 양파, 베이컨과 섞는다. 소금, 후추 간을 한 쇠고기에 이를 얹고 말아서 실로 묶는다. 라드를 두른 팬에 고기말이를 넣고 골고루 익힌다. 물을 조금 붓고 덮은 뒤 약한 불에 40분간 익힌다. 달걀노른자에 레몬즙을 넣어 크림이 되도록 젓고 식초, 생강, 계피, 소금, 후추를 넣어 작은 팬에 넣고 찬찬히 가열한다. 달걀흰자를 다져 넣으면 소스가 완성된다.

---

§ 사과 튀김 §

◉ 준비시간 : 20분 | 요리시간 : 10분

◉ 재료(4인분)

밀가루 100g · 소금 1/2찻술 · 꿀 1찻술 · 물 100ml · 달걀노른자 3개 · 백포도주 1술 · 올리브유 1술 · 달걀흰자 3개 · 사과 신 것 4개 · 마르멜로잼 100g · 테두리 떼어낸 흰빵 1장 · 소금 1~2g · 계피 1/2찻술 · 튀김 기름 1리터 · 슈거파우더 20g · 조리용 실

| 요 · 리 · 법 |

밀가루, 소금, 꿀, 물을 갠 뒤 달걀노른자, 백포도주, 올리브유를 넣고 거품이 나게 저은 달걀흰자를 붓는다. 껍질 벗긴 사과는 반 갈라 씨 부분을 도려낸다. 마르멜로잼에 으깬 흰빵, 소금, 계피를 섞어서 가운데를 채워 넣고 나머지 반쪽을 맞대어 실로 동여맨 뒤 반죽을 묻혀 기름에 바싹 튀긴다. 실을 제거한 뒤 슈거파우더를 뿌린다.

§ 포도주 소스로 맛을 낸 뱀장어 요리 §

◉ 준비시간 : 60분 | 요리시간 : 30분

◉ 재료(4인분)

뱀장어 600g · 떫은 백포도주 300ml · 사프란 1~2g · 생강 곱게 다진 것 1/2찻술 · 계피 1/2찻술 · 정향가루 1~2g · 설탕 1/2찻술 · 소금과 후추

| 요 · 리 · 법 |

뱀장어는 살 때 껍질을 벗기고 내장을 들어내어 토막으로 잘라온다. 뱀장어를 소금물에 1시간 동안 담가둔다. 스튜 냄비에 백포도주를 넣고 끓이다가 뱀장어를 넣고 15분간 곤다. 사프란, 생강, 계피, 정향가루, 설탕을 넣고 소금과 후추로 조미한다. 다시 10분간 끓인 후 소스에 넣은 채 상에 낸다.

---

§ 파죽 §

◉ 준비시간 : 10분 | 요리시간 : 20분

◉ 재료(4인분)

파(흰 부분) 600g · 아몬드 간 것 100g · 떫은 백포도주 200ml · 물 200ml · 소금 1찻술 · 후추 1~2g · 육두구 1~2g

| 요 · 리 · 법 |

아몬드, 포도주, 물을 믹서에 넣고 간 뒤 따뜻하게 데운다. 작은 고리 모양으로 썬 파, 소금, 후추, 육두구를 넣고 뚜껑을 덮어 20분 동안 끓인다.

유명 요리사의 탄생과 연회의 발전

"무절제하게 먹고 마시는 것을 일컬어 성서에서는 탐식이라고 했고 이는 일곱 가지 대죄의 하나이다……. 옛날에 여자들은 훌륭한 교육을 받아서 먹고 마실 때 절도가 있었다. 그러나 지금 그런 것들은 다 사라지고 남자는 칼을 팔아 술을 마시고 여자는 반지와 머리수건을 팔아 먹고 마시는 것이 습관이 되었다. 이렇게 남편과 아내는 탐식으로 말미암아 자신의 명예를 망가뜨리고 영혼과 육체, 인생, 건강, 장수까지 망친다."

프란체스코회의 수사 베르톨트 폰 레겐스부르크(Berthold von Regensburg)가 1264년에 탄식한 말이다. 레겐스부르크 신부가 귀족만이 아니라 도시민과 농부들의 탐식까지 꾸짖었다는 사실은 13세기의 상황이 어떠했는지를 단적으로 보여준다. 농업의 혁명과 온난한 기후는 농작물의 수확량을 늘렸지만 이런 수확 증가가 인구 폭발의 속도를 따라갈 수는 없었다. 13세기 말에서 14세기 초에는 '짧은 빙하기' 까지 겹쳐 다시 기근이 닥쳤고, 이후 '흑사병' 이라고 불린 페스트가 인구 과잉 문제를 잔인한 방법으로 해결해주었다.

그사이에 약 200년간 지속된 중세 성기라는 '호시절' 이 있었다. 이 시기가 끝나갈 무렵 무명의 사람들 틈에서 유럽 최초의 명요리사가 나타났다.

샤를 5세의 궁정 요리사로서 1375년경 《고기 담당 요리사》를 펴낸 기욤 티렐(Guillaume Tirell), 일명 타이유방(Taillevant)이었다. 그가 요즈음 요리사들처럼 요리법을 대부분 동시대 요리사들의 것에서 베꼈다는 사실은 그의 명성에 흠집을 내지 못한다. 그의 책에 설명된 요리들은 중세의 다른 요리책과 마찬가지로 대부분 무거운 음식들이다. 고기는 미리 조리를 해놓은 뒤 다시 한 번 구워서 걸쭉한 소스를 부었다. 후추, 생강, 양귀비, 계피, 정향 같은 향신료들도 과도하게 사용했고, 사프란은 신분의 상징으로까지 변했다. 상차림 순서와 식탁 예법을 처음으로 상세히 기록한 사람도 타이유방이다.

연회는 점차 하나의 예식으로 발전하여 시종들이 손님을 접대하였다. 1100년 무렵부터는 여자들도 다시 연회석에 참석할 수 있었고, 기사는 같은 식탁에 앉은 여성에게 음식을 나누어주고 포도주 잔도 함께 썼다. 식사 예절은 까다로워져서 음식을 집을 때는 손가락 세 개만 사용해야 했다. 모든 연회에는 세 번에서 다섯 번까지의 코스가 있었는데, 전채요리-주요리-후식과 같은 분명한 순서는 존재하지 않았다. 손님들이 먹지 않은 음식은 다시 주방으로 되돌려 보내거나—베르톨트 폰 레겐스부르크가 말한 취지에 따라—문밖에서 기다리고 있던 빈민들에게 나누어주었다.

연회의 정점은 과시용 요리였고, 이것의 성공 여부에 요리장의 행과 불행이 달려 있었다. 가장 유명했던 과시 요리는 이미 카를 대제에 관한 장에서 언급한 '깃털 독수리'였다.

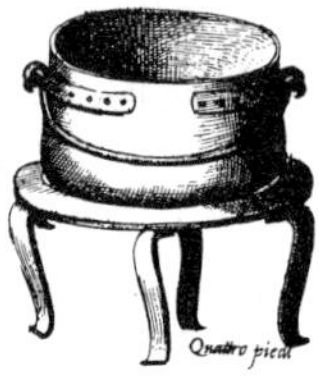

13. 레오나르도, 의뢰인을 만나다

“키지의 연회에서 손님들은 각자 자기 가문의 문장이 새겨진 은접시로 음식을 먹었다는 말이 있다. 이 식기들은 로마 특유의 과시욕과 호기에 힘입어 식사 후 테베레 강에 던져졌지만, 검약 정신은 여기에 그물을 설치하여 값비싼 식기들을 다시 건져올렸다.”

— www.forum-rom.de에 있는 사이버 로마시 산책

“물속에서 잠수하는 법을 내가 기술하지 않은 이유는, 그렇게 할 경우 해저에서 살인을 저지를지도 모르는 인간의 사악한 본성 때문이다.”

(레오나르도 다 빈치)

“나는 계속할 것이다.”

— 레오나르도 다 빈치가 자신의 마지막 원고 여백에 적은 메모

“이 작은 콩팥에 별미를 내는 것은 석류즙 몇 방울입니다.” 교황과 거래하는 은행가이자 자칭 이탈리아의 최고 갑부인 아고스티노 키지는 금쟁반에서 고기 넣은 빵을 집어 미식가답게 입에 넣었다. 맞은편에 앉아 있는 형형한 눈빛과 물결치는 하얀 수염의 남자는 별미 음식을 입에서 녹이고 있었다.

"그렇군요. 말씀하신 대로 석류가 맞습니다." 남자가 말했다.

"특히 고기를 굽기 전에 미리 석류즙을 몇 방울 넣었기 때문에 그렇습니다. 그러나 저는 이 음식을 예술품으로 만드는 것은 소량의 아니스라고 생각합니다."

"그럴 수도 있겠군요." 은행가가 미소지었다.

"선생의 미각적 판단에 승복하겠습니다, 마에스트로 레오나르도!"

두 사람은 유명 건축가 페루치가 지은 대저택의 어마어마하게 큰 침실에서 작은 식탁 앞에 호젓이 앉아 있었다. 사방이 온통 금과 은으로 장식되어 있었다. 키지는 손님의 시선이 두 사람 뒤쪽에 있는 그림에 가 머물렀다는 것을 알아챘다.

"알렉산드로스 대왕과 록사느의 결혼식입니다." 키지가 설명했다.

"대화가인 소도마가 그린 것입니다."

"걸작입니다." 레오나르도 다 빈치는 동의한 후 재빨리 말을 이었다.

"어떤 대가가 귀하를 위해 기꺼이 일을 하지 않겠습니까?"

그러나 은행가는 이 은근한 암시에 별 대꾸 없이 종이 두루마리를 집어 들었다.

"얼마 전 페루치에게 옆에 있는 홀을 개축해달라고 부탁했습니다. 홀이 너무 좁고 갑갑한 듯해서 말입니다. 페루치의 설계가 어떤 것 같습니까?"

레오나르도는 건축가의 설계안을 들여다보았다. 건축가는 원래부터 거대한 홀의 전면부 양쪽에 기둥을 그려넣어 로마 시내 전경이 한눈에 바라보였다.

"이렇게 원근법을 쓰면 사람의 눈은 실제보다 더 멀리 보는 것 같은 착각을 일으키게 됩니다." 레오나르도는 고개를 끄덕였다.

"페루치는 원근법의 대가입니다. 하지만 그의 풍경에는 쾌활한 기운이 조금 모자랍니다." 그는 이렇게 덧붙이고 이야기를 계속하려고 했다.

"대화가가 그 말을 들으면 안 될 텐데요." 은행가가 웃었다.

"이제 선생의 미각을 다시 한 번 시험해봐야 하겠습니다."

로마 사람 절반이 빚을 지고 있는 뚱뚱한 금융가는 줄을 잡아당겼다. 멀리서 나직한 종소리가 들리는가 싶더니 하녀 한 명이 왕새우가 담긴 은대접을 들고 나타났다. "드십시오, 레오나르도. 맛을 보시고 어떤 향료가 들어갔는지 알아맞혀보십시오."

예술가는 대접에서 새우 한 조각을 집어 찬찬히 맛을 보았다.

"왜당귀, 나륵풀, 파슬리 약간, 그리고…… 레몬박하가 들어갔군요."

"정말이지 선생은 대단한 전문가이십니다." 키지가 손뼉을 쳤다.

"그런데 향료의 배합에 대해서는 어떻게 생각하십니까?"

"귀하의 요리사는 요리를 잘 아는 사람입니다. 향료를 제대로 선택하여 알맞게 넣었기 때문에 왕새우의 독특한 맛이 그대로 살아 있습니다. 그런데 저를 요리사로 쓰시려는 것은 아니겠지요?"

"그건 선생의 위대한 재능을 낭비하는 일입니다. 하지만 선생이 미식가적인 아이디어를 발휘하여 스포르차 궁정을 돋보이게 했다는 말을 듣고 저는 선생이 저희 집 요리에 어떤 평가를 내릴지 궁금했습니다."

"밀라노에서 제가 관심을 가진 부분은 흔히 무질서로 끝나는 연회의 체계화였습니다. 연회에는 계획이 필요하고, 정신적인 노력이 들어가야 하며, 시중을 드는 사람은 각자 자신의 할 일이 무엇인지 알아야 합니다. 그밖에 저는 조리 용구에도 신경을 썼습니다……."

"알고 있습니다." 은행가가 말했다.

"저희 집 요리사들은 칼과 포크를 포함하여 스물다섯 가지 이상의 용구를 사용하고 있습니다."

"저의 최대 성공작은 깜짝 효과를 동원한 볼거리였습니다." 레오나르도가 재빨리 덧붙였다.

"날개를 퍼덕여서 불을 뿜어내는 새였지요. 귀하를 위해서도 그 비슷한 것을 고안할 수 있을 듯합니다……."

"선생이 늘 아이디어로 번득인다는 것을 알고 있어요. 그 얘기는 식사가 끝난 다음에 합시다. 저는 선생이 세상 만사에 정통한 '만능인'으로서 요리법의 발전을 어떻게 보고 있느냐 하는 점에 더 관심이 있습니다. 제 말씀은 대규모 연회 때마다 부득이 차려야 하는 음식들……." 은행가는 경멸적인 손짓을 했다. "……가령 앵무새 혀로 만든 스튜 따위를 말하는 것이 아닙니다. 그건 로마 최고의 부자라면 의당 차려야 하는 것이니까요. 또는 제 손님들이 코스가 끝날 때마다 금은 식기들을 테베레 강에 내다버리는 것을 말하는 것도 아닙니다……."

"저한테 해결책이 있습니다." 레오나르도가 말을 끊었다.

"잠깐 기다리십시오." 키지는 거의 언짢은 기색으로 말했다. "지금은 베네치아 출신의 제 요리사가 최근에 만들고 있는 쇠고기 요리에 대해 선생의 의견을 듣고 싶습니다. 여기에서도 새 시대의 요리법이 선생의 입맛에 맞습니까?"

레오나르도는 두 갈래로 갈라진 포크로 고기를 찍어 썰었다. 맛을 보는 동안 그는 다시 대화에 집중했지만, 사실 그에게는 별로 관심이 없는 대화였다. 그러나 그는 은행가의 기분을 맞춰주기로 했다. 최근 고객을 많이 확보하지도 못했고, 교황 레오 10세도 자신을 불러놓고 거의 일감을 주지 않은 터에 그는 이곳 로마에서 새로운 주문자가 필요했다.

"발전에는 여러 가지 측면이 있습니다. 어떤 이들은 르네상스라고도 말하는데, 그건 우리나라의 과거를 되돌아보자는 의미입니다. 다시 말해 우리가 요리법에서도 '근본' 으로 돌아가야 한다는 뜻입니다."

"로마제국시대의 요리법과 요리책을 말씀하시는 겁니까?" 키지가 흥미를 보이며 물었다.

"그것도 해당됩니다. 우리에게 자극을 주는 그런 저술들은 별로 많지 않습니다. 그러나 르네상스는 훌륭하고 단순한 것을 되찾자는 뜻이기도 합니다. 가령 이 양배추만 하더라도……." 레오나르도는 양배추를 포크로 찍어 입에 넣었다. "…… 로마시에서는 가장 맛좋은 음식의 하나인 동시에 아주 소박한 요리입니다. 양배추 이파리에 베이컨 몇 장, 으깬 치즈, 계피가 조금 들어갔습니다. 제가 아주 좋아하는 음식입니다."

"그러나 소 등심고기는 훨씬 고급입니다. 베네치아식으로 가정에서 대충 만드는 것과는 차원이 다르지요." 은행가가 반대 의견으로 맞섰다.

레오나르도는 수염에 묻은 소스를 닦았다. "하지만 이 고기에서는 옛것을 성공적으로 극복한 흔적이 보입니다. 제가 어렸을 때 피렌체의 부유한 공증인이었던 아버지의 식탁에서 어떤 쇠고기를 먹었는지 아십니까? 한없이 오랫동안 굽거나 삶아서 그 위에 소스를 뒤집어씌웠습니다. 그런데 귀하의 요리사는 고기를 우선 부드러운 소스에 재워 연하게 만들었습니다. 이 맛을 보면 알 수 있지요. 구울 때는 베이컨을 넣었고 전체를 새콤달콤한 무어식 소스에 넣어 덥혔습니다. 요리사는 옛것과 새것을 접목한 것입니다. 어쩌면 그는 날마다 실험에 실험을 거듭하면서 기존의 것에 만족하지 않았을 겁니다."

"무어인들 얘기를 꺼내시니까 생각납니다만," 키지는 과자가 담긴 대접을 가리켰다. “이 대추말이도 무어식입니다.”

“다행스럽게도,” 레오나르도가 음식을 씹으며 말했다. “이교도들의 것이라면 죄다 나쁘고 사악하게만 보는 시대는 지났습니다. 수학을 한번 생각해 보십시오…….”

“아라비아인들의 회계가 아니었다면 제가 어떻게 금융업을 하겠습니까?” 은행가가 고개를 끄덕였다. “……자연과학도 마찬가지입니다. 우리는 이슬람 학자들에게 정말 많은 것을 배웠습니다. 그러나,” 레오나르도는 의기양양하게 말을 계속했다. “동방의 현자들이 쓴 것이라고 해서 모두 다 진실은 아닙니다. 실험으로 확인할 수 있는 것, 실생활의 응용으로 증명되는 것만이 옳은 것입니다. 결국에는 그것만이 성공을 가져다줍니다. 요리도 마찬가지입니다.”

아고스티노 키지는 대추말이를 입에 넣었다. “자, 이제 저의 금제 식기 도난 사건에서 무엇을 알아내셨습니까?”

드디어 본론으로 들어가는군, 하고 레오나르도는 생각했다. “그러니까 귀하는 연회가 끝난 후 테베레 강에 던져넣은 식기를 그물로 건져올리는데도 왜 일부가 사라지는지를 알고 싶으신 것이지요?”

“그래요. 늘 숫자가 모자라요.” 키지가 투덜댔다. “그 답은 간단합니다. 지난 번 연회가 열릴 때 제 하인 두 명이 잠복하며 알아낸 것인데, 사내아이 몇 명이 물로 뛰어들어 숨을 참으면서 귀하의 저택 쪽으로 잠수하여 금접시와 은접시 한두 개를 훔쳤습니다.”

“그럴 리가요.” 은행가의 입에서 불쑥 이런 말이 튀어나왔다. “숨을 참고 있어야 할 텐데요.”

“숙련된 잠수부들은 몇 분 동안이나 잠수해 있을 수 있습니다. 그거면 충분합니다.”

주인은 고개를 흔들었다. "그럼 무슨 대비책이라도 있습니까, 마에스트로 레오나르도?"

학자는 종이 두루마리를 식탁 위에 꺼내어 놓고 평평하게 폈다. "한 가지 방법은 그물에 장치를 달아 줄에 연결하는 겁니다. 귀하의 집사가 줄을 잡아당기면 그물이 접힐 테고, 그러면 도둑들은 더 이상 귀하의 식기에 손을 대지 못합니다."

은행가는 이마에 주름살을 만들면서 대머리를 쓸더니 물었다. "만일 그 아이들이 칼로 그물을 찢는다면요?"

"그게 바로 이 해결책의 약점입니다." 레오나르도가 인정했다. "그물을 튼튼하게 만들어도 마찬가지일 겁니다. 하지만," 그는 몸을 굽혔다. "우리는 더 치밀하게 작전을 짤 수 있어요. 귀하의 저택 지하실에서 테베레 강 쪽으로 수직갱을 파는 겁니다. 그러면 식기를 강에 던지자마자 손님들이 눈치채지 않게 하인들이 수직갱을 통해 식기를 다시 집으로 가져오는 겁니다."

"하지만 그렇게 하면 테베레 강물이 지하실로 들어오지 않을까요? 강가에 붙은 집이라 안 그래도 지하실에 습기가 차서 애를 먹고 있는데요."

"그 점도 이미 생각해두었습니다." 레오나르도는 목소리에 자신감을 실었다. "일종의 수문을 만들면 됩니다……."

"그게 작동할까요?" 키지가 의심스럽게 물었다. "이런 걸 전에도 만드신 적이 있습니까?"

"완전히 똑같은 건 아니었습니다만," 레오나르도가 시인했다. "강에서 작동하는 원리를 지하 수로에 적용시키는 것입니다. 한번 해볼 만합니다. 성공할 경우 이 장치는 분명히 잘 팔릴 것입니다……."

"성공하면 나한테 파시고 그렇지 않으면 관두십시오." 이렇게 투덜거린 은행가는 누가 뭐래도 사업가였다. "그리고 선생의 첫번째 방법도……."

"이제는 정말로 획기적인 방법을 귀하께 권해드리겠습니다. 물 속에서 도둑을 기다리고 있는 겁니다……."

"물 속에서요?"

"이미 알려진 방식이긴 하지만, 물 속에서 갈대 줄기 같은 것으로 숨을 쉬는 것입니다. 하지만 그건 불편합니다. 또 하나는 사람이 들어가 숨을 쉴 수 있는 공기실을 만드는 겁니다. 그런데 그런 수중 공간에서는 도둑을 볼 수는 있어도 그들의 도적질은 막을 수 없다는 단점이 있습니다. 그럴 경우에는 석궁을 메고 있다가 도둑들에게 활을 쏘면 됩니다……." 레오나르도 다 빈치는 열변을 토했다. "하지만 가장 세련된 방법은 이 수중 공간을 움직이게 만드는 것, 즉 사방에서 공기가 통하는 일종의 배를 만드는 것입니다……." 그는 은행가의 멈추지 않는 커다란 웃음소리에 말을 중단했다.

"선생에 관한 이야기들이 과장은 아니로군요. 그러니까 저한테," 은행가는 웃음이 그치자 숨을 몰아쉬며 말했다. "…… 잠수함을 비싼 값에 안기겠다는 것이군요. 됐습니다. 제가 그런 허황된 망상에 넘어간다면 이탈리아의 최고 갑부라고 할 수 없겠지요. 제가 보기에 이 문제의 해법은 아주 간단합니다. 선생께서 원인을 밝혀내셨지 않습니까. 테베레 강 상류쪽에 하인들을 배치시켜서 눈에 띄는 거지아이들을 모조리 붙잡게 해야겠어요……."

레오나르도 다 빈치가 이미 스케치로 그려놓은 일인승 잠수함을 실제로 만들었는지는 알 수 없다. 그는 단지, '물 속에서 잠수하는 법을 기술하지 않은 이유는 그렇게 할 경우 해저에서 살인을 저지를지도 모르는 인간들의 사악한 본성 때문'이라고 적었을 뿐이다. 여하튼 이 아이디어는 만능인 다 빈치의 다른 아이디어와 마찬가지로 수백 년 후 채택되어 현실화되었다.

다 빈치 식단

§ 송아지 콩팥을 바른 빵 §

◉ 준비시간 : 20분 | 요리시간 : 10분
◉ 재료(4인분)
지방이 붙은 송아지 콩팥 1개 · 버터 1술 · 올리브유 1술 · 박하 1/2술 · 마요라나 1/2술 · 아니스잎 또는 파스티스(아니스술) 1찻술 · 회향가루 1~2g · 정향가루 1~2g · 계피 1/2찻술 · 육두구 1~2g · 설탕 1/2찻술 · 달걀노른자 2개 · 소금과 후추 · 석류 열매 2술 · 빵(만든 지 하루 지난 것) 4조각 · 버터 1술 · 슈거파우더 1찻술 · 계피 1/2찻술

| 요 · 리 · 법 |

송아지 콩팥을 반으로 잘라 기름기를 발라내고 콩팥은 납작하고 얇게 썬다. 버터와 올리브유를 섞은 것에 콩팥을 넣고 3분간 센 불에서 익힌다. 다 익으면 조금 식혀서 잘게 다진다. 콩팥, 잘게 다진 향초, 향신료, 달걀노른자를 잘 섞는다. 석류 열매를 강판에 갈아 석류즙 절반을 콩팥 내용물에 넣는다. 빵을 토스터에 넣고 구운 뒤 그 위에 콩팥을 펴바른다. 찜냄비에 버터를 바르고 빵조각을 나란히 편 뒤 뚜껑을 덮고 미리 뜨겁게 가열한 오븐에서 10분 동안 굽는다. 설탕과 계피를 뿌리고 나머지 석류즙을 떨어뜨려 따뜻한 상태로 상에 차린다.

§ 속을 넣은 왕새우 요리 §

◉ 준비시간 : 25분 | 요리시간 : 10분
◉ 재료(4인분)
왕새우 1개(약 1.5kg) · 달걀노른자 4개 · 파슬리 2술 · 레몬박하 1술 · 왜당귀 1술 · 나륵풀 1술 · 파르마산 치즈 4술

| 요 · 리 · 법 |

싱싱한 왕새우를 끓는 소금물이 담긴 커다란 냄비에 넣고 15분간 삶는다. 익으면 꺼내어 물기를 뺀다. 새우 껍질이 상하지 않게 꼬리 쪽에서 새우 살을 조심스럽게 꺼낸다. 새우 살을 잘게 다지고 여기에 달걀노른자, 곱게 다진 싱싱한 향초, 파르마산 치즈 간 것을 섞어 새우 껍질 속에 다시 채워 넣는다. 은박지로 싸서 숯불에서 10분 동안 완전히 익힌다.

---

§ 로마식 양배추 요리 §

◉ 준비시간 : 20분 | 요리시간 : 20분
◉ 재료(4인분)
양배추 1kg · 육수 1리터 · 주사위 모양으로 썬 베이컨 200g · 파르마산 치즈 간 것 · 계피 1/2 찻술

| 요 · 리 · 법 |

양배추의 겉잎을 떼어내고 나머지는 납작하게 채썰어 뜨거운 육수에 넣고

15분간 삶는다. 일인분씩 종이행주에 싸서 눌러서 즙을 그릇에 받는다. 프라이팬에 베이컨을 넣고 녹인 뒤 양배추를 넣어 노릇노릇하게 지진다. 육수를 조금씩 부어주면서 천천히 물기를 증발시킨다. 주의할 것은, 물기를 너무 많이 없애지 말아야 양배추를 씹을 때 바삭거리는 맛이 난다. 15분 후 양배추가 다 익으면 파르마산 치즈와 계피를 조금 뿌려서 상에 낸다.

---

§ 베네치아식 소 등심 요리 §

◉ 준비시간 : 30분+6시간 | 요리시간 : 40분

◉ 재료(4인분)

소 등심 1kg · 베이컨 8장 · 포도 식초 5술 · 검은 후추 1찻술 · 계피 1술 · 소금 1술 · 고수 씨 2술 · 물 5술 · 포도 식초 6술 · 설탕 2술 · 계피 2술 · 정향 꽃봉오리 2개 · 육두구 1/2찻술 · 소금과 후추

| 요 · 리 · 법 |

등심을 8장으로 썰어서 사온다. 고기를 두드린 뒤 포도 식초, 후추, 계피, 소금, 고수를 섞은 소스에 넣고 냉장고에서 재워 둔다. 6시간 후 꺼내어 고기의 물기를 잘 닦고 베이컨에 말아 적당히 뜨거운 숯불에서 30분간 굽는다. 물, 포도 식초, 설탕, 계피, 정향, 육두구를 섞어 10분 동안 약한 불에서 끓인 다음 체에 밭쳐 내용물을 거르고 소금과 후추로 조미한 후 고기에 얹어 상에 차린다.

§ 대추말이 §

◉ 준비시간 : 20분 + 60분 | 요리시간 : 45분

◉ 재료(4인분)

이스트 신선한 것 20g · 물 100ml · 버터 50g · 달걀노른자 3개 · 장미수 1술 · 소금 1/4찻술 · 밀가루 400g · 건포도 50g · 터키산 굵은 건포도 50g · 대추 햇것 200g · 마르살라 포도주 200ml · 설탕 2술 · 계피 1/2찻술 · 정향가루 1~2g · 육두구 1~2g · 버터 1술 · 설탕 4술 · 계피 1찻술 · 버터 2술 · 장미수 1술 · 슈거파우더 3술

| 요 · 리 · 법 |

이스트를 잘게 부수어 따뜻한 물에 녹인다. 버터는 녹였다가 잠시 식힌다. 이스트, 버터, 달걀노른자, 장미수, 소금을 한데 섞어놓는다. 밀가루의 절반 분량을 그릇에 넣고 물을 부어 잘 젓는다. 나머지 밀가루도 조금씩 넣어 반죽을 만들고 젖은 행주로 덮어 따뜻한 곳에 60분 동안 놓아 부풀어오르게 한다. 건포도, 굵은 건포도, 잘게 썬 대추를 마르살라 포도주에 30분간 담갔다가 10분 동안 약한 불에서 삶는다. 설탕, 계피, 정향가루, 육두구를 한데 섞는다. 반죽의 3분의 2 분량을 얇게 밀어 사각형으로 뜬 다음 액상 버터를 바르고 설탕과 계피를 뿌린다. 여기에 건포도와 대추 삶은 것을 펴얹고 버터 조각들을 뿌린 후 반죽을 돌돌 말아 녹인 버터를 겉에 바른다. 나머지 반죽을 둥글게 밀어 조심해서 앞의 반죽을 싼다. 표면에 액상 버터를 바르고 미리 가열한 오븐에서 180도로 45분간 구워낸다. 아직 뜨거울 때 장미수를 방울방울 떨어뜨리고 슈거파우더를 뿌려 따뜻한 채로 상에 차린다.

이탈리아의 요리 르네상스

14세기에 베네치아, 세노바, 밀라노 같은 이탈리아의 부유 상업도시들은 이슬람 세계와 그리스도교 세계를 잇는 중개지였다. 문화와 학문이 꽃피었고 '아비뇽 유수'에서 풀려나 로마로 돌아온 교황들도 이 발전에 일조를 했다.

이탈리아인들은 아라비아 사람들과 교역을 하며 그들로부터 회계, 항해술, 정치술, 요리법을 배웠다. 동시에 학자들은 자신들의 역사적 유산을 자각하고 '근본으로 돌아가자'는 구호 아래 로마제국이 남긴 유물들을 모조리 발굴했다.

이렇게 하여 고대와 이슬람 세계의 요리책에 관한 연구가 르네상스 요리의 출발점이 되었다. 코모 출신의 마에스트로 마르티노는 인문주의자인 플라티나가 번역한 르네상스 최초의 요리책에서 음식을 '은은하게' 굽고 조리고 정확한 분량의 양념을 사용하여 고기와 채소 고유의 맛을 내는 데 역점을 두었다. 비싼 고급 음식이 맛이 좋다는 통념과 결별한 것이다.

그러나 연회 음식은 전과 다름없이 화려함의 과시였다. 앞에서 언급한 아고스티노 키지는 그 한 예에 불과하다. 그래도 의전 담당자들은 그때까지 상대적으로 무질서했던 주연(酒宴)에 질서를 잡아가기 시작했다. 우선 음식 접대 인원들의 역할과 직무를 합리적으로 나누고 할당하여 고기 써는 사람,

음식을 내오고 내가는 사람, 뷔페 책임자 등을 두었다. 상차림 순서도 합리적으로 개선하여 제일 먼저 가벼운 전채 요리가 나오고, 다음으로 생선 요리와 새 요리, 고기 요리를 내고, 마지막으로 후식을 차렸다.

개혁은 연회석 준비에서도 일어났다. 하얀 식탁보나 채색 식탁보를 깔고 은제나 금제 식기를 준비하는 것이 당연한 일이었다. 포도주 잔과 술병들 사이사이에 소금 그릇과 양념 접시들을 배치했고, 꽃과 마르치판은 식탁 장식으로 빠질 수 없었다. 쟁반에 차려진 음식은 흔히 사람 모양이나 식물의 형태로 배열되었고, 음식으로 한 점의 그림을 만들 때도 있었다.

르네상스시대의 이탈리아에서 연회는 종합 예술로 재탄생했다. 이탈리아의 시인인 스페로네 스페로니는 요리장에 대해 이렇게 적었다.

"그는 무료함과 피곤에서 벗어나기 위해 노래를 부르니 시인이고, 둥글고 각지고 밝고 어두운 색의 재료를 음식과 쟁반에 맞게 골라 배열하니 기하학자요, 대접과 냄비를 셀 때는 수학자가 되고, 구운 음식과 소스에 색을 입힐 때는 화가이며, 소화가 쉽고 어려운 음식이 무엇인지 알아 올바른 순서로 식탁에 차리니 의사이고, 음식을 솜씨 좋게 써는 것으로 보면 외과의사이다. 음식과 사계절의 성질과 강력한 불의 특성을 알고 있는 그는 철학자이다. 요리장은 그의 예술만큼이나 쾌활하고 씁쓸하고 달콤하다."

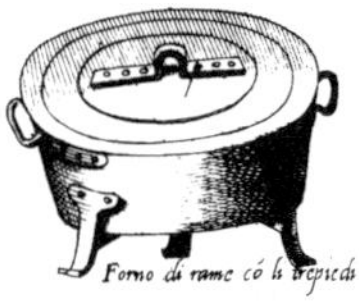

14. 메디치가의 결혼 피로연

"주민의 절반이 굶주리는 대도시가 성 바르톨로메오의 날에 또 한번 타격을 입고 그 상처는 영혼 깊숙이 새겨지리라. 화성이 양자리에 들어올 때 님, 라로셸, 제네바, 몽펠리에, 카스트르, 리옹이 서로 다툴 것이다. 이 모든 것이 한 여자로 인한 것이리라."

— 노스트라다무스의 예언

왕실 시종장은 보석으로 장식된 뉘른베르크산 회중시계를 다시 한 번 들여다보았다. 1572년 8월 23일 여섯 시 일 분 전이었다. 그는 두 시녀에게 고개를 끄덕이고 처음에는 나지막하게, 다음에는 큰 소리로 무늬목 문을 두드렸다.

"들어오시오."

이내 목쉰 소리가 울려퍼졌다. 모후 카트린 드 메디치는 소매와 옷깃에 레이스가 달린 잠옷을 입고 널찍한 침대에 누워 있었다. 시녀 한 명이 창문에 쳐진 수놓은 비단 커튼을 옆으로 젖혔다. 아치형 창문의 알록달록한 유리창을 통해 햇빛이 침대의 높은 차양 위로 쏟아져 내렸다.

두 명의 시녀가 몸이 무거운 모후의 겨드랑이를 부축하며 침대에서 일어나도록 도왔다. 섭정 여왕 카트린은 은사 비단옷이 놓인 장의자를 가리키고 두 손을 치켜들었다.

"옷을 입혀라. 서둘러야 한다. 결혼식 준비로 할 일이 많구나!"

두 시녀가 그녀 옆에 놓인 걸상에 올라가 옷을 입히는 동안 카트린은 대형 벽거울을 들여다보았다. 나도 늙었군. 그녀는 자기 연민의 감정도 없이 속으로 말했다. 살도 쪘어! 하지만 정치를 빼면 맛있는 음식밖에 남는 것이 뭐가 있겠나?

"아침 식사를 가져오너라. 시장하구나!" 카트린이 명령했다.

시녀가 은쟁반에 김이 나는 라비올리를 가져오고 카트린에게 포크를 건넸다. 그녀는 눈을 감고 약 40년 전 이탈리아에서 있었던 일을 생각해보았다. 그때 사촌인 교황 클레멘스 7세는 그녀를 불러 프랑스 왕자와 결혼하라고 통고했다. 메디치가는 발루아가와 동맹을 맺고 인연을 맺어야 한다고 그는 말했다. 그래서 카트린은 교황과 함께 그의 호화 갤리선을 타고 마르세유로 왔다. 그녀의 남편 앙리는 물론 환멸을 안겨주었다. 결혼 첫날밤이 지난 뒤—시아버지도 결혼식에 증인으로 참석했고 그녀의 사촌도 이튿날 아침 결혼의 성사를 확인했다—프랑스의 왕세자는 20세 연상의 애인인 디안 드 푸아티에와 사냥에만 다시 몰두했다. 카트린에게는—언젠가 그녀가 친지에게 말한 대로—'기다리고 증오하는 일' 외에는 남아 있지 않았다.

"꼭 그렇게 하셔야 합니까, 어머니?"

어두운 목소리가 그녀를 상념에서 깨어나게 했다. 카트린의 아들 샤를이 어머니의 침실로 들어섰다.

"다른 방법이 분명 있을 겁니다. 콜리니는 어머니의 친구였잖습니까."

나약한 녀석 같으니. 카트린은 생각했다. 아들은 이 불가피한 일을 하는 데에 두려움을 가지고 있었다. "쉿." 어머니는 아들의 입술에 손가락을 갖다 대고 머리카락을 쓰다듬었다. "지금 여기는 국사를 논할 시간도, 그럴 장소도 아니다. 나중에 추밀원 회의에서 보자. 그 전에 먼저 마르고와 할 이야기가 있다."

카트린 드 메디치는 국왕인 아들을 세워둔 채 그녀의 직접 지시로 만들어진 루브르 궁의 새 측랑을 지나 딸의 방으로 서둘러 갔다.

"너무 긴장이 돼요." 마르고 공주가 말했다. "정말 거창한 축제가 될 거예요. 제가 앙리의 마음에 들 수 있을까요? 지나치게 격식을 따지는 사람이잖아요."

"메디치와 발루아 가문은 재미로 혼사를 맺는 것이 아니야." 어머니가 대답했다. "먹을 것 좀 가져오시오."

"마마를 위한 여왕 수프입니다." 뒤쪽에 있던 백발의 남자가 다가서며 정중히 말했다. 착실한 빈첸테, 하고 카트린은 생각했다. 조수들을 데리고 피렌체에서 나를 따라왔지. 왕이 나를 혼자 내버려둘 때마다 고향의 음식으로 나를 위로해주었어.

"결혼 피로연 음식으로 결정된 차림표를 읽어드릴까요?"

카트린은 자비롭게 고개를 끄덕이며 숟가락으로 음식을 떴다.

"식탁에 올릴 요리들입니다. 퍼프 페이스트에 풍조목과 송로버섯을 넣은 샐러드, 꽃상추 샐러드, 래디시, 들상추 샐러드, 오이 샐러드, 안초비 샐러드를 차립니다. 다음으로는 동물과 식물 모양을 새겨 넣은 굵은 무와 작은 무를 냅니다. 이어서 햄, 소금에 절여 얇게 썰어 설탕과 계피로 매운 맛을 낸 소혀가 나옵니다. 야생동물의 간으로 만든 경단, 굵은 모르타델라 소시지와 간(肝)파이, 달콤하고 진한 색의 소스를 얹은 샐러드도 있습니다. 첫번째 코

카트린 드 메디치의 결혼, 메디치 박물관, 로마.

스로는 구운 베이컨에 말아 슈거파우더를 뿌린 거세한 수탉의 가슴고기, 설탕물을 입힌 양파와 틈새를 벌린 오렌지를 곁들인 꿩구이와 메추라기를 차리려고 합니다……."

상차림 순서가 귓전에 울리는 동안 카트린은 옛 일을 회상했다. 1533년 그녀는 자신의 요리사들을 데리고 음식의 황무지에 들어왔다. 시아버지 프랑수아 1세는 떠들썩한 연회를 좋아했지만 식사 때는 질보다 양을 중시했다. 그러나 카트린은 요리사들이 음식을 통해 진정 무엇을 만들 수 있는지를 보여주었고 색다른 분위기 조성에도 신경을 썼다. 그녀는 무거운 술잔과 과시용 식기들을 식탁에서 치우고 그 대신 금은사로 세공된 샹들리에와 무라노산 유리잔과 손으로 그려넣은 우아한 접시들을 사용했다.

가장 힘들었던 것은 포크를 도입할 때였다. 시아버지와 남편은 자루가 긴 도구를 사용하는 것을 단번에 거절했다. 그사이 세상을 떠난 장남 앙리가 왕위에 올랐을 때 비로소 카트린은 아들을 설득하여 칙령으로 포크 사용을 관철시켰다. 포크는 절대적으로 필요했다. 포크나 자루가 긴 숟가락을 사용해야만 남자들이 넓다란 목의 옷깃을 더럽히지 않기 때문이었다…….

"……그리고 궁정 악사들에 의한 막간 여흥이 있은 후 다섯번째 코스를 내놓을 예정입니다. 가정식으로 만든 비둘기 요리, 베이컨 육즙에 넣은 자고 요리, 말바시아 포도주에 재워 독일식으로 구운 쇠고기, 꼬챙이에 꿰어 액상 겨자를 끼얹은 새끼돼지구이가 나옵니다……."

"멈추게, 빈첸테. 식단은 전적으로 자네에게 맡기겠네."

"아직 마지막 코스가 남았습니다. 일곱번째 코스는 열세 개의 성과 탑 모양으로 만든 송로버섯으로 시작하려 합니다." 수석 요리사는 물러서지 않았다.

"이제 되었소." 모후는 요리사의 말을 기어이 중단시켰다. "딸하고 단둘이 있고 싶소."

"그 사람에게 애인이 있다는 걸 아세요?" 잠시 후 마르고가 물었다.

결혼식이 예정대로 열리지 않을 것임을 딸은 정말 모르는 것일까, 하고 카트린은 생각했다. 아마도 모르겠지. 우리는 계획을 철저하게 숨겼고, 자칭 예언자라고 하는 아들의 시의(侍醫) 미셸 드 노트르담조차 자신의 오래전 예언이 이제 현실이 되고 있음을 모르고 있지 않은가.

"제 얘기 못 들으셨어요?" 딸이 재차 물었다.

"아니, 첩보원의 보고에 정부 얘기는 없었다." 모후가 대답했다.

"저는 어머니가 디안 드 푸아티에에게 겪은 일을 똑같이 겪고 싶지 않아요."

"내가 그 여자를 미워하기는 했다만, 정말 대단한 여자였어. 처음에는 네 조부의 애인이었다가 나중에는 네 아버지의 정부가 되었지. 하지만 그 여자는 나와 협상을 할 정도로 똑똑했어."

"어떻게 그런 창녀하고 협상을 하실 수가 있어요?"

"나라고 재미있어서 그랬는 줄 아느냐? 그 여자는 앙리에게 주기적으로 내 침실을 찾게 했어. 그래서 나는 앙리에게서 딸 다섯과 아들 넷을 낳은 것이고. 앙리가 세상을 떠났을 때 디안 드 푸아티에는 평생 시들지 않는 미모 외에는 가진 것이 없었다."

"아버지가 돌아가신 후 그 여자를 처형하거나 추방하는 건데 그랬어요."

"……만일 그랬다면 그건 아주 미련한 짓이었을 게다. 그 여자는 네 큰 오빠가 위그노들에게 잡혔을 때 양측을 중재했거든. 왕비는 결코 감정에 휘둘려서는 안 된다. 명심하거라."

젊은 여인은 어머니를 바라보며 고개를 저었다. "어머니의 유일한 낙은 먹는 것이지요……."

"……권력도 있단다, 마르고!" 카트린 드 메디치는 딸의 말을 중단시키고 일어났다. "추밀원 회의에 가봐야겠다."

그녀는 문 앞에서 기다리고 있던 시녀들을 대동하고 다시 루브르 궁 안을 바삐 걸어갔다. 중앙에 타원형 탁자가 놓인 길고 좁은 방으로 들어섰을 때 탁자에는 이미 남자들 몇 명이 앉아 있었다.

"이제야 오시는군요, 어머니." 아들 샤를이 못마땅하게 말했다.

"논의할 것은 많지 않다." 그녀가 대꾸했다. "결정은 내려졌고, 명령도 내렸다."

"하지만 콜리니와 한번 더 이야기해보아야 하지 않을까요?" 프랑스 왕 샤를 9세는 거의 간청하다시피 어머니를 바라보았다. "콜리니는 제 친구였고 어머님의 친구이기도 했습니다."

"내가 그 몹쓸 위그노들과 화해하려고 갖은 방법을 다 썼다는 것은 하느님이 알고 계시다." 카트린이 쏘아붙이듯이 대답했다. "네 아버지가 돌아가신 직후 나는 종교 회담을 성사시켰고 그것을 네가 직접 이끌어갔어. 그리고 두 번에 걸친 칙령에서 나는 위그노들을 승인했다. 하지만 한 가지를 양보하고 나면……."

"그러나 지금," 샤를이 끼어들었다. "신교도와 하는 마르고의 결혼은 우리나라에 평화를 회복하기 위한 새로운 시작이어야 합니다."

두 명의 시종이 들어와 대접 두 개와 과자 그릇을 카트린 앞에 놓으면서 대화는 중단되었다. "우리는 지금 기습을 계획하고 있는데 어머니는 먹을 것만 드시는군요." 다시 두 사람만 남자, 왕이 비난하며 말했다.

"너도 토끼고기 좀 먹어보거라. 야생짐승의 고기는 사고를 유연하게 한단다." 카트린이 대답했다. "우리의 모든 행동은 두 가지 목표에서 출발한다. 프랑스의 통일을 유지하는 것과 발루아 가문의 왕위를 지키는 것이다. 이 점에서 우리 둘은 의견이 일치해. 십이 년 동안 우리는 화해책과 승인 정책을 시도해보았지만 결국에는 실패하고 말았지……."

"그래도 결혼식을 치르게 해서 마지막 노력을 해봄직하지 않습니까?"

카트린 드 메디치는 고개를 저었다. "위그노들이 지도자로 생각하는 콜리니 제독에 대한 암살 실패로 모든 상황이 바뀌었어. 결혼식은 오락가락했고, 분노가 너무 커져 저들이 조만간 우리를 치고 말 것이야. 때문에 우리가 선수를 쳐야 해. 다시 한 번 말하지만, 오늘 밤처럼 좋은 기회는 다시 없을 것이다. 위그노들의 유력 지도자들이 결혼식 때문에 모두 파리에 집결해 있다. 단 하룻밤 사이에 우리는 뱀의 머리를 잘라버릴 수 있어. 너도 이제는 나약해지면 안 돼."

어머니와 아들은 오랫동안 서로 말없이 쳐다보았다.

"암살이 모든 상황을 바꾸었다는 어머님 말씀은 맞습니다." 아들이 말했다. "그러나 저는 그 배후에 누가 있는지 정말 알고 싶습니다. 특히 어머니께서 그 일과 연관되었는지 그것이 궁금합니다."

카트린 드 메디치는 생각에 골몰한 채 멜론 과자 한 조각을 입에 넣고 급하게 삼켰다.

"정말 알고 싶으냐? 네 마음의 평온을 위해서라면 말하마. 단언하지만, 나는 콜리니 습격 사건과는 아무 관련이 없다."

프랑스 왕 샤를 9세는 안도의 한숨을 쉬고 모든 이가 기다리고 있던 명령을 내렸다.

"단 한 명이라도 살아남아 내 책임을 묻지 않도록 모조리 참살하시오."

1572년 8월 24일 밤 가톨릭교도들은 위그노의 모든 지도자들과 추종자들을 손에 잡히는 대로 습격하고 살해하였다. 이 유명한 성 바르톨로메오의 밤에—희생자들의 수에서 역사가들의 의견은 엇갈린다—2만 명에서 5만 명의 사람이 죽음을 당했다. 카트린 드 메디치는 바라던 바를 얻지 못했다. 그녀는 위그노들에게 결정타를 가하지 못하고 오히려 분노만 부채질하여 결국 사건은 끝없는 내전으로 비화되었다. 카트린 자신은 점차 영향력을 상실해갔다. 아들 샤를이 요절한 뒤 동성애자인 셋째 아들 앙리가 왕위에 올랐으나 그는 남자들과의 교류를 더 좋아했다. 카트린 드 메디치는 1589년 왕실의 마지막 인물이던 앙리가 암살자에게 살해되기 몇 달 전 세상을 떠났다.

카트린 여왕의 아침 식사

§ 밤절임 §

◉ 준비시간 : 10분 | 요리시간 : 40분
◉ 재료(4인분)
밤 400g · 설탕에 절인 살구 300g

| 요 · 리 · 법 |

구운 밤의 껍질을 까서 팬에 빽빽히 담는다. 살구 절임 8개를 덜어내고 나머지는 믹서에 넣어 간다. 갈아낸 살구의 4분의 3 분량을 밤에 붓고 약한 불에 40분간 끓인다. 중간에 살구 간 것을 더 부어준다. 편평한 접시에 밤절임을 담고 그 위에 살구 간 것을 마저 얹은 뒤 반쪽으로 자른 살구로 장식한다.

---

§ 풍조목 소스로 맛을 낸 토끼고기 §

◉ 준비시간 : 15분 | 요리시간 : 90분
◉ 재료(4인분)
토끼고기 1kg · 소금과 후추 · 밀가루 1술 · 버터 1술 · 육수 300ml · 풍조목 신선한 것 1술 · 오렌지 주스 100ml · 잎양파 1개 · 파슬리, 백리향, 월계수잎을 하나로 묶은 향초 1다발

| 요 · 리 · 법 |

깨끗이 손질한 토끼고기를 작게 토막내어 소금과 후추로 간을 하고 밀가루에 굴린 뒤 버터를 두른 커다란 찜냄비에 넣고 센 불에서 볶는다. 육수를 붓고 풍조목, 오렌지 주스, 잎양파, 향초 다발도 함께 넣어 약한 불에서 90분간 곤다. 익는 동안 고기에 계속 소스를 떠서 뿌려준다. 고기가 다 익으면 소스는 체로 밭쳐내고 다시 졸이다가 소금과 후추로 맛을 낸다. 상에 차리기 전에 고기에 소스를 끼얹어 낸다. 서양식 쌀밥과 함께 먹으면 어울린다.

---

§ 닭고기를 넣은 라비올리 §

◉ 준비시간 : 60분 | 요리시간 : 4분+5분

◉ 재료(4인분)

닭가슴살 150g · 소금과 후추 · 라드 1/2술 · 육두구꽃 1/2찻술 · 사프란 1~2g · 파르마산 치즈 50g · 버터 1술 · 달걀흰자 1개 · 파르마산 치즈 50g · 버터 1술

| 요 · 리 · 법 |

소금, 후추로 간을 한 닭가슴살을 라드에 넣어 볶고 곱게 다진 뒤, 잘게 썬 육두구꽃, 사프란, 으깬 치즈를 섞는다. 라비올리 반죽으로 지름 8cm의 둥근 피를 떠서 위의 내용물 2분의 1찻술, 버터 1~2g을 넣고 달걀흰자를 테두리에 묻혀 붙인다. 넉넉한 양의 소금물을 끓이다가 라비올리를 넣고 약 4분간 익힌다. 다 익으면 거품 국자로 떠내어 내열 용기에 담아 파르마산 치즈를 뿌리고 버터 조각을 얹은 뒤 오븐에서 220도로 잠깐 굽는다.

§ 라비올리 반죽 §

◉ 준비시간 : 10분+30분

◉ 재료(4인분)

밀가루 300g · 따뜻한 물 5술 · 소금 1찻술 · 달걀 2개 · 올리브유 2술 · 버터 50g

| 요 · 리 · 법 |

밀가루를 편평한 깔판에 놓고 화환 모양으로 형태를 잡는다. 나머지 재료들을 한데 섞어 밀가루 중앙에 놓고 바깥쪽에서부터 주무르며 반죽을 만든다. 덮개를 덮어서 약 30분간 놓아둔다. 방망이나 반죽 기계를 이용해 아주 얇게 민다.

---

§ 여왕 수프 §

◉ 준비시간 : 20분 | 요리시간 : 25분

◉ 재료(4인분)

닭고기 육수 1리터 · 영계 구운 것 1/2마리 · 아몬드 간 것 50g · 로즈메리 가지 1/2개 · 파슬리 가지 1개 · 월계수잎 1장 · 레몬 얇게 썬 것 1개 · 흰빵 2장 · 소금 1/2찻술 · 마른 버섯 1술 · 버터 2술 · 석류 열매 1술 · 피스타치오 1/2술

| 요 · 리 · 법 |

닭에서 뼈를 제거하고 고기는 굵게 다진다. 뼈는 잘게 조각낸다. 아몬드, 향초, 레몬 썬 것, 빵 테두리, 소금을 400ml의 닭고기 육수에 넣고 10분간 약한 불에서 끓인 뒤 체에 밭쳐 국물을 받는다. 남은 닭고기 육수에 닭뼈와 버섯

을 넣고 역시 10분 동안 끓인 뒤 체로 밭쳐낸다. 빵은 주사위 모양으로 썰어 버터에 노릇노릇하게 굽는다. 닭고기 국물과 아몬드 국물을 한데 섞고 여기에 빵과 굵게 다진 닭고기를 넣어 다시 한 번 끓이면 수프가 완성된다. 석류 열매와 다진 피스타치오 열매를 수프 접시에 담고 그 위에 여왕 수프를 부어 식탁에 낸다.

---

§ 멜론 튀김 §

◉ 준비시간 : 20분 | 요리시간 : 10분

◉ 재료(4인분)

머스크 멜론 2개 · 밀가루 100g · 소금 1/2찻술 · 설탕 1술 · 달걀 3개 · 마스카르포네(이탈리아산 미숙성 치즈) 50g · 식초 1술 · 물 50ml · 튀김 기름 1리터 · 슈거파우더 2술 · 오렌지 주스 100ml

| 요 · 리 · 법 |

멜론을 반으로 갈라 씨를 빼고 껍질을 벗기고 납작하고 얇게 썬다. 밀가루, 소금, 설탕, 달걀노른자, 마스카르포네, 식초, 물을 섞어 반죽을 만든다. 달걀 흰자를 거품이 나도록 저은 뒤 찬찬히 반죽에 붓는다. 기름을 튀김기에 넣고 뜨겁게 달군다. 포크로 멜론 조각을 찍어 앞서 준비한 반죽을 묻힌 뒤 하나씩 기름에 넣어 튀긴다. 다 튀겨지면 건져내어 종이행주로 밭쳐서 기름을 뺀다. 상에 차리기 전에 튀김에 오렌지 주스를 살짝 떨어뜨리고 그 위에 슈거파우더를 뿌린다.

프랑스 요리의 도약

프랑스가 유럽 제일의 요리 국가로 성장하는 길은 험난했다. 14세기에 파리에는 타이유방이라는 유럽 최고의 '요리장'이 있었지만, 15세기를 휩쓴 전쟁과 페스트와 기근은 인구의 3분의 1 가량을 휩쓸어버렸다.

빈곤을 타개하기 위해 프랑스 왕들은 새로운 경작법을 장려하고 신품종의 곡물과 채소 도입을 지원했다. 사보이 양배추, 근대, 파스닙, 래디시 등이 새로 재배되었고, 국왕의 칙령으로 신품종의 아스파라거스를 길렀으며, 농부와 시골 귀족들은 앞다투어 과일의 품종을 개량했다. 맛이 좋은 새 품종의 자두는 국왕 프랑수아 1세의 아내 이름을 따 '클로드 왕비'라고 불렀다. 이보다 덜 알려진 것은 그녀의 며느리인 카트린 드 메디치의 이름을 빌린 '카트린 자두'이다.

사실 카트린이 준 영향이 없었다면 프랑스 요리의 비약적인 발전은 생각하기 힘들다. 그녀는 수많은 이탈리아 요리사들을 데리고 프랑스 궁으로 와서 포크의 도입과 세련되고 화려한 식탁 장식에 많은 노력을 기울였다.

전체적으로 볼 때 프랑스 요리는 가벼워졌다. 이제는 음식을 삶고 찌고 소스에 재우는 방법도 이용되었다. 고기를 구울 때 나오는 즙은 매콤한 소스의 기본 재료로 사용되었고, 샐러드와 멜론은 전채 요리로 등장했으며, 비둘기는 식욕 증진 요리로 먹었고, 오렌지는 맛이 쓴 등자를 밀어내었다. 요리사들이 과일을 이용하여 소스 맛을 낸 것은 아라비아에서 이탈리아를 통해 들어온 아이디어였다. 수프는 오늘날의 형태와 비슷해졌고, 이탈리아식 야채 수프가 발전하여 만인에게 사랑받는 '포토푀' 가 탄생하였다.

당시 프랑스에서는 포도주가 일상 음료였다. 독일과 비슷하게 프랑스에서는 계약을 맺거나 거래가 성사되었을 때 술을 마시며 축하하고 축제 때는 건배하는 관례가 있었다.

르네상스 말기에는 프랑스에서 두번째로 중요한 요리책이 나왔다. 1615년에 태어난 프랑수아 피에르 드 라바렌은 《프랑스 요리》라는 책에서 가벼운 음식, 향료의 적절하고 정확한 사용을 역설하였고, 마늘도 '냄새' 를 풍기는 정도로 쓸 것을 주장했다……. 그는 고기의 어느 부위가 어느 요리와 어울리는지, 또 꼬리 · 혀 · 다리와 기타 빈민들의 음식을 어떻게 독특하게 조리할 수 있는지를 자세하게 설명했다. 라바렌은 젤리를 투명하게 만드는 데에 처음으로 달걀흰자를 사용하였고, 밀가루를 노란색이 나도록 버터에 볶는 법, 쇠고기구이를 파슬리로 장식하는 법, 달걀흰자로 거품 내는 법도 그의 책에 나와 있다.

라바렌은 1678년 가난과 번민 속에서 사망했다. 젊은 요리사들은 위에 부담을 주는 그의 파이와 그가 사용한 용연향이나 육두구 같은 전통적인 향료들을 비웃었다. 요리의 거장 라바렌은 루이 14세의 요리장인 베샤멜이나 콩데 공작의 요리사로 일한 바텔과 같은 젊고 창조적인 사람을 후계자로 두는 불운을 겪었다. 그러나 라바렌이 없었다면 이 '태양왕의 요리사들' 도 존재하지 않았을 것이다.

15. 권력과 재력의 은밀한 회동

"솔직히 말하면 독일이 요즈음보다 더 부유하고 찬란했던 적은 일찍이 없었다. 유럽에서 쾰른처럼 웅장한 교회와 시청사, 첨탑, 납지붕을 얹은 건물, 그리고 부유한 주민들과 아름다운 하천과 주변의 비옥한 들판을 가진 화려한 도시가 또 어디에 있는가? 그러나 아우크스부르크는 재력에서 세계의 모든 도시를 능가한다."

— 15세기 중반 이탈리아 여행작가이자 지중해의 부유한 상업 도시들에 관한 정보 제공자였으며 교황이 된 후 피우스 2세로 칭한 에네오 실비오 피콜로미니의 글 중에서

"우리나라와는 전혀 다르게 조리되는 야생동물, 도요새, 어린 토끼들이 넘치도록 풍부하다. 우리는 그곳에서 날마다 식탁에 올라오는 연한 고기 요리를 다른 곳에서는 한 번도 맛본 적이 없다. 고기에는 삶은 자두와 배, 사과가 곁들여 나온다……. 크고 작은 파이가 색깔과 모양이 파이와 똑같은 질그릇에 담겨 나왔다. 식사 때마다 사탕과자와 통조림이 나오지 않는 경우가 별로 없다. 빵은 세상에서 가장 맛이 좋고 포도주 역시 일품이다……."

— 아우크스부르크에 대한 미셸 드 몽테뉴의 언급

회계감독 마테우스 슈바르츠는 문 두드리는 소리가 나자 마지못해 쳐다보았다. '황금 서재'의 문이 열리고 세련된 옷차림의 남자가 들어섰다. 그는 자신을 안내한 하인에게 지팡이와 '샤우베'라고 하는, 모피 안감을 댄 중간 길이의 외투를 손에 쥐어주었다.

"마테오" 하고 그가 불렀다. "만나서 반갑네!"

"자네가 카를 황제의 특사인가?" 슈바르츠는 이렇게 묻고 저도 모르게 이탈리아어로 말을 시작했다.

"메르쿠리노 아르보리오 디 가티나라가 왔네." 방문객은 이렇게 말한 뒤 오른발을 뒤로 빼고 과장되게 인사를 하며 베레모를 공손히 흔들었다. "오스트리아와 에스파냐 국왕 폐하 카를 1세의 고문이 비천한 재물의 신이신 대공께 비밀 임무 수행차 왔네."

마테우스 슈바르츠가 웃었다. "우리 사장이 그 말을 들으면 안 되는데. 그 분은 자신의 부에 대한 이런 식의 비유를 좋아하지 않아. 야콥 푸거는 대단히 예민하거든. 그의 사업 방식에 대해서는 부적절한 비판들이 너무 많아."

"자네 사장은 어디에 있나?"

"조금 있으면 만날 수 있어." 회계감독이 대답했다. "하지만 그 전에 예비 면담은 나하고 해야겠네. 야콥 푸거는 황제나 국왕들하고 개인적으로 협상하지. 황제나 국왕의 신하를 상대하는 것은 푸거의 아랫사람들이야. 저 건너 정원에 있는 정자로 나가세. 맛있는 음식을 먹으면 이야기도 더 잘 풀리는 법이야."

가티나라는 고개를 끄덕이고 동의하면서도 우선 방부터 둘러보았다. "이곳이 '황금 서재'란 말이군……."

"두 가지 뜻이 담긴 이름이네." 마테우스가 설명했다. "하나는 이곳의 벽과 가구 장식에 금을 많이 사용했기 때문이야. 하지만 문서와 회계 장부, 또

금고 안의 육십 개가 넘는 서랍 속에 든—우리 해외 지점별로 정리된—정보들이야말로 정말 금값이라네. 자네가 여기에 들어온 것은 특권이야. 야콥 푸거는 평소에 선제후와 황제만 서재에 들이거든. 자 이제 나가세. 사장님의 사모님 쥐빌레 여사가 우리를 위해 간단한 식사를 준비했다네."

두 사람은 '야콥 푸거 형제 부자 상회'의 거대한 3층 목조 건물을 나왔다. 길이가 70미터 가량 되는 건물 정면에는 화려한 대리석들 사이로 독일 역사의 장면들을 묘사한 벽화가 박혀 있었고, 그 위의 지붕은 온통 구리로 덮여 있었다. 가티나라는 마드리드는 고사하고 자신의 고국 이탈리아에서도 이곳 아우크스부르크에서와 같은 대단한 부는 별로 볼 수 없다는 생각을 했다. 그것은 세련된 옷차림을 한 사람들을 보아도 알 수 있었다. 특히 꽉 끼는 코르셋과 긴 주름치마에 상체 쪽을 조여맨 의상을 입은 여인들은 최신 유행을 과시했다. 입고 있는 옷마다 옆트임이 있어서 고운 안감이 갖가지 무지개 색깔을 발하며 드러났다.

"자네는 화가가 되어 의상을 디자인하려고 하지 않았나, 마테오?" 이탈리아인은 옛 친구를 곁눈으로 흘끗 보며 물었다. 연두색 바지와 진홍색 재킷에 황금빛 덧옷을 걸친 친구도 이 상황에서는 두드러져 보였다.

"몇 년 전부터 의상 서적을 읽으며 공부하고 있는데 곧 끝마칠 걸세. 하지만 그것으로는 먹고살 수 없어." 슈바르츠가 말하더니 이렇게 덧붙였다. "그래도 내 예술적 지식을 동원하여 회사에 조금 기여하고 있지. 가령 우리 회사 직원들이 단정하게 옷을 입고, 우리의 모든 해외 지점들이 일목요연하고 깔끔하고 정돈된 모습을 갖추도록 신경 쓴다네."

"그러니까 자네는 그때 베네치아에서 나에게 예언한 대로 아우크스부르크 사람들한테 이탈리아 풍습을 가르쳐주었군."

슈바르츠는 고개를 저으며 냉소적이고 낙담조로 말했다. "이 집 가장에게는 아무것도 가르칠 수 없다는 것을 금방 알았네. 반대로 내가 회계를 뒤늦게 시작했다는 것이 부끄러웠네. 아우크스부르크에서라면 훨씬 잘 배웠을 텐데 말이야!"

가티나라는 수사 한 명이 성(聖)유물과 성 십자가, 부적을 놓고 파는 가판대 하나를 가리켰다. 가판대 한복판에는 붉은색의 교황 인장이 찍힌 문서가 문서대에 달려 있어서 그 수사가 면죄부 판매권을 가진 사람임을 말해주었다.

"자네 회사도 이 일과 무관하지 않군."

슈바르츠는 고개를 끄덕였다. "어쩔 수 없어. 우리가 고위 성직자들의 빚을 다시 받아낼 수 있는 유일한 길이니까. 면죄부 대금의 절반은 교황이나 마인츠 대주교한테 가서 베드로 성당 개축에 쓰이고, 나머지 절반은 채무 변제를 위해 우리에게 들어오지."

"이 일 때문에 상당히 소란스러웠는데. 그 마르틴인가 하는 수사가 있지 않았나……." 이탈리아인은 이름을 기억하려고 애썼다.

"마르티누스 루터 박사일세." 회계감독이 도와주었다.

"최근 이곳에서 제국회의가 열린 후 루터와 교황 대리인 사이에 논쟁까지 있었네. 물론 성과는 없었지. 하지만 그런 광신자들이 나오건 말건 푸거 회사는 건재하다네."

마테우스 슈바르츠는 동쪽을 가리켰다. "우리는 말로만 하는 것이 아니라 실천도 하고 있어. 야콥 푸거는 저기 뒤쪽에 빈민들을 위한 주택지를 만들어 그들이 적은 돈만 내고 살면서 날마다 세 번씩 예배도 드릴 수 있게 했네. 사람들은 저곳을 푸거라이라고 부르지."

"그건 이 회사 사람들의 마음의 평화를 위해서만이 아니라 자기들에게 쏟아지는 비판의 날을 무디게 하기 위해서겠지." 가티나라가 조금 비웃듯이 말했다. 슈바르츠는 어깨를 들썩였다.

"둘 다 이유가 될 수 있겠지. 자, 이제 다 왔네."

두 사람은 아치문을 지나 대규모 정원으로 조성된 탁 트인 안뜰로 들어섰다. 하녀가 정자 안에 있는 작은 식탁으로 두 사람을 안내했다. 식탁을 덮고 있는 하얀 마직포 위에는 은제 식기와 크리스털 잔들이 놓여 있었다.

"송아지고기로 만든 파이 좀 먹어 보게, 메르쿠리노. 이건—슈바벤식 마카로니를 곁들인 사슴 넓적다리살과 함께—막시밀리안 황제가 이곳에 손님으로 초대받아 올 때마다 즐겨 드시던 음식일세."

"그러나 이제 황제는 세상에 없고 그의 후계자는 아직 선출되지 않았어." 가티나라는 자신이 이곳에 온 용건으로 화제를 돌렸다.

"이 문제에서 푸거 일가가 에스파냐 왕에게 어떻게 도움을 주면 되나?" 회계감독은 이제 형식적이고 사무적인 냉정한 말투로 물었다.

"지금까지 에스파냐 왕은 죽은 백부 막시밀리안의 충고를 거스르고 이탈리아의 자산가들이나 아우크스부르크에 있는 우리의 경쟁자 벨저 일가와 거래를 했어."

가티나라는 나긋하게 미소지었다. "실수였지. 하지만 나는 우리 전하께 황제 선출과 관련된 모든 재정 문제는 자네 회사를 통해 해결해야 한다고 납득시켰네."

"잘 생각했네, 메르쿠리노. 이 꼬치고기 좀 먹어보게. 폴란드식으로 새콤달콤하게 조리했네."

마테우스 슈바르츠는 장식이 들어간 포크로 우아하게 생선 한 조각을 집어 소스에 묻힌 뒤 맛있게 먹었다. 그는 의식적으로 상대방의 애를 태우고 있었다.

잠시 후 가티나라가 다시 말을 꺼냈다. "야콥 푸거는 막시밀리안과 거래한 은행가, 그러니까 이전부터 합스부르크 왕가를 책임진 은행가였지 않은가……."

"우리는 교황과도 거래하고, 독일의 모든 제후와 발루아 왕가와도 좋은 관계를 맺고 있어. 누구하고도 손을 잡을 수 있다는 것이 우리 사업 원칙의 하나라네."

가티나라는 숨을 깊게 들이마시고 마테우스의 도발에 말려들지 않으려고 애썼다.

"그래도 자네 회사로서는 누가 황제가 되든 상관이 없지는 않겠지. 상공업에 필요한 안정을 이룩할 수 있는 사람은 카를뿐일세."

"그렇게 생각하나?" 회계감독은 이렇게 말하고 빈 접시를 끌어당겨 검은색을 입힌 닭고기 조각을 칼로 집어 접시에 놓았다.

"검은색, 이것이 합스부르크 왕가야. 에스파냐에서는 특히 신대륙의 발견으로 강력해졌지. 그것만 빼면 막시밀리안은 골치 아픈 유산만 남겨놓았어. 이탈리아와 네덜란드에서도 그렇고, 그의 고국도 마찬가지야. 사방에서 들끓고 있지 않나."

"그 모든 문제는 카를 대제의 제국이 부활하여 전세계를 지배하는 왕국이 성립해야만 해결될 수 있어." 가티나라가 열을 올려 한마디 했다.

슈바르츠는 이 말에 끄덕도 하지 않고 닭고기를 한 조각 더 접시에 담으며 말했다.

"흰색, 이것은 발루아 왕가야. 프랑수아 1세는 중앙집권적인 국가를 이룩하여 훌륭히 다스리고 있고, 연 수입이 삼백만 리브르야. 단 한 가지 흠은 인색하다는 것과 유동 자금이 별로 없다는 점이지. 그래서 우리에게 삼십만 굴덴의 돈을 요구했지만 우리는 주지 않았네, 아직까지는."

"은근한 위협은 그만두게, 마테오." 에스파냐에서 온 교섭인은 고개를 흔들었다. "선제후들이 프랑스 왕은 원하지도 않고 황제로 선출하지 않을 것임을 우리 둘 다 알고 있지 않나."

슈바르츠는 접시 한가운데에 닭고기를 또 하나 담았다.

"갈색, 이것은 독일의 선제후들이야. 검은색과 흰색 사이에서, 즉 카를과 프랑수아 사이에서 저울질을 하고 있지. 이들은 최대한의 독자권을 유지하고 싶어해. 그렇다면 카를이 유리한 셈이지. 하지만 마인츠 대주교나 특히 브란덴부르크의 요아힘처럼 돈이 필요한 사람도 있거든……."

"……브란덴부르크의 요아힘은 벌써 우리 편이야. 그에게 대공녀 카타리나를 주기로 약속했네."

"우리가 알아낸 정보에 따르면 대공녀는 다른 사람과 재미를 보고 있어. 물론 그것이 혼인에 장애가 되지는 않겠지만." 회계감독이 깔보듯이 얘기했다. "프랑수아 1세는 요아힘 폰 브란덴부르크에게 다른 사람은 감당하기 힘든 엄청난 액수의 돈을 제시했어. 카를은 요아힘의 표가 꼭 필요한 것도 아니잖아. 그리고……."

슈바르츠는 황갈색으로 칠해진 닭고기를 접시 왼쪽에 놓았다.

"여기에 개입된 인물이 또 있지. 교황 말이야. 그는 일찌감치 프랑스 편에 서서 카를에게 등을 돌렸어. 언뜻 보면 잘 모르지만, 바로 여기에 합스부르크가에 유리한 기회가 숨어 있네. 선제후들, 특히 교회 제후들은 어떤 일이 있어도 로마의 간섭을 받으려고 하지 않아. 그들은 프랑수아가 황제로 선출되면 자기들의 특권이 침해될 것을 두려워하고 있어. 그래서—이 말을 나쁘게 생각하지 말게, 메르쿠리노—그들은 오히려 자네의 국왕 카를을 만만한 인물로 보고 있다네. 바로 이런 상황에서 우리는 게임에 뛰어드는 것이지." 마테우스 슈바르츠는 또다시 닭고기 조각을 접시에 담았다.

"초록색, 이건 푸거 일가야. 우리는 선제후들의 마음이 쏠린 쪽에 자금

지원을 할 걸세. 선제후 한 사람당 십만 굴덴에서 십오만 굴덴 정도를 예상하고 있지. 요하힘 폰 브란덴부르크는 프랑스에 맡기면 되는 것이고. 음식 좀 들게. 여러 색깔을 입힌 닭고기가 참 맛있네. 여기에 굵은 콩도 같이 들어보게나."

요 몇 분 동안 아무것도 먹지 못한 가티나라는 하얀 색깔을 입힌 닭고기를 먹었다. "만일 선제후들이 약속과 다르게 표를 던진다면?"

"자네는 그들이 정말 푸거 일가에 도전할 수 있으리라고 믿나? 우리에게 신용을 잃는 사람은 곧바로 파멸일세."

"황제라도?" 카를의 특사가 물었다.

"황제들은 늘 우리에게서 특별 대접을 받았지." 마테우스 슈바르츠는 즉답을 회피했다.

"에스파냐 왕 카를에게 들어가는 전체 자금이 만만치 않을 거야. 나는 총 비용으로 오십만 굴덴 이상을 생각하고 있네. 경우에 따라서는 더 늘어날 걸세. 시기적으로 우리는 조금 늦었어. 벌써 몇 주만 있으면 선거가 시작되잖나. 그렇게 낭패한 표정 짓지 말게, 메르쿠리노. 달콤한 딸기 케이크 좀 들게나!"

1519년 3월 28일 에스파냐 왕 카를로스 1세는 신성로마제국의 황제로 선출되어 카를 5세가 되었다. 마테우스 슈바르츠가 야콥 푸거를 위해 작성한 최종 결산서에 따르면 황제 자리를 얻는 데 들어간 비용은 총 85만 1,918굴덴이었다. 그 중에서 푸거 일가가 낸 액수는 54만 3,585굴덴이었고, 14만 3,000굴덴은 벨저 일가에게서, 16만 5,000굴덴은 제노바와 피렌체의 은행에서 빌린 돈이었다. 가티나라는 '해가 지지 않는' 제국의 황제 카를 5세의 대재상으로서 핵심 고문 역할을 하였고, 전 세계를 포괄하고 평화를 이룩하는 제국이라는 '보편 군주제'의 이념을 설파하였다.

황제의 고문을 위한 특별식

§ 송아지고기 파이 §

◉ 준비시간 : 150분 | 요리시간 : 80분

◉ 재료(4인분)

송아지 무릎고기 800g · 쇠고기 육수 1.5리터 · 송아지 콩팥(지방 조직이 달린 것) 300g · 소금 1찻술 · 건포도 1술 · 생강 1~2g · 사프란 1~2g · 딱딱한 달걀노른자 2개 · 통밀가루 300g · 버터 120g · 소금물 150ml · 달걀 1개 · 사프란 1~2g · 신맛의 사과 주스 25ml · 육수 25ml · 사프란 1~2g

| 요 · 리 · 법 |

송아지 무릎 부위를 통째로 찬 육수에 넣고 펄펄 끓이다가 약한 불에서 1시간 반 동안 곤다. 다 고아지면 육수에 담근 채로 차게 식힌다. 고기에서 뼈를 발라내고 송아지 콩팥, 콩팥에 붙은 지방과 한데 섞어 잘게 다진다. 소금, 건포도, 생강, 사프란으로 조미한다.

통밀가루와 버터를 섞어 문지르다가 따뜻한 소금물을 붓고 반죽으로 갠다. 반죽의 3분의 2를 밀어 버터를 바른 파이틀에 깐다. 고기의 절반 분량을 파이에 넣고 단단한 달걀노른자를 그 위에 얹은 뒤 나머지 고기를 얹는다. 반죽으로 덮개를 만들어 파이를 덮고 테두리는 달걀흰자를 발라 붙인다. 남은 반죽으로 파이 중앙에 장미 모양을 만들어 붙이고 덮개에도 장식을 단다. 달걀노른자에 사프란을 섞어 파이에 칠한다. 오븐을 180도로 가열해놓고 파이를 넣어 50분간 굽는다. 시큼한 사과 주스, 육수, 사프란을 혼합한다. 파이의 장미 장식 주위에 구멍을 내고 사과 주스 섞은 것을 부은 다음 다시 덮개를 덮고 30분간 한 번 더 완전히 굽는다.

---

§ 각종 색깔을 입힌 닭고기구이 §

◉ 준비시간 : 30분+12시간

◉ 재료(6인분)

구운 영계 6마리

검은색 : 정향가루 1찻술 · 달걀 2개 · 통밀가루 2술 · 소금 1~2g

흰색 : 달걀흰자 2개 · 밀가루 2술 · 소금 1~2g

갈색 : 달걀 1개 · 통밀가루 2술 · 검은색 버찌 주스 2술

노란색 : 달걀노른자 2개 · 사프란 1~2g · 밀가루 2술 · 소금 1~2g

초록색 : 파슬리 1다발 · 달걀 1개 · 통밀가루 2술 · 소금 1~2g

| 요 · 리 · 법 |

달걀 휘저은 것에 정향가루를 넣어 12시간 동안 불린다. 불린 정향가루와 나머지 달걀 1개, 밀가루, 소금을 혼합하여 검은색이 나도록 섞는다. 흰색옷은 달걀흰자를 거품이 나도록 휘젓다가 밀가루, 소금을 넣어 얇은 반죽을 만든다. 파슬리를 잘게 다져 고운 체에 넣고 누른 다음 달걀, 밀가루, 소금과 한데 버무려 초록색 반죽을 만든다. 나머지 재료들도 똑같은 방법으로 섞어 각각의 색깔을 만든다. 색깔옷은 걸쭉해야 하므로 경우에 따라 밀가루를 조금

더 넣어 진하게 만든다. 닭 한 마리는 그대로 놔두고, 나머지 닭은 따뜻한 상태에서 각각의 색깔을 칠한다. 상에 차리기 전에 색깔옷을 조금 건조시킨다.

---

§ 새콤달콤한 폴란드식 꼬치고기 §

◉ 준비시간 : 45분 | 요리시간 : 20분

◉ 재료(4인분)

꼬치고기 1.5kg · 소금 2찻술 · 양파 1개 · 사과 1개 · 떫은 백포도주 300ml · 향초 식초 1술 · 사프란 1~2g · 생강 0.5~1g · 설탕 1술 · 소금과 후추

| 요 · 리 · 법 |

꼬치고기는 비늘을 제거하고 깨끗이 씻어 손질하여 종이행주로 물기를 닦아낸다. 고기 안팎에 소금을 뿌리고 30분간 냉장고에 넣어둔다. 양파와 사과는 껍질을 벗기고 고리 모양으로 썰어 백포도주와 식초 섞은 것에 넣고 20분 동안 삶는다. 다 끓으면 소스를 완전히 식힌 뒤 여기에 꼬치고기를 넣고 15분간 70도로 고아낸다. 꼬치고기를 꺼내어 따뜻하게 둔다. 소스에 사프란, 생강, 설탕, 소금, 후추로 조미하고 다시 한 번 펄펄 끓여 꼬치고기 위에 끼얹는다.

---

§ 육두구로 맛을 낸 풋콩 요리 §

◉ 준비시간 : 30분 | 요리시간 : 35분

◉ 재료(4인분)

굵은 콩(누에콩) 600g · 야채 국물 1/2리터 · 버터 1술 · 육두구 1~2g · 설탕 1/2찻술 · 소금과 후추

| 요 · 리 · 법 |

콩은 깍지를 벗기고, 야채 국물에 넣어 30분 동안 뭉근한 불에서 삶는다. 버터를 뜨겁게 달구어 물기를 뺀 콩을 넣고 볶는다. 육두구 간 것과 설탕을 섞어서 넣고 소금과 후추로 조미한다.

---

§ 딸기 케이크 §

◉ 준비시간 : 10분 | 요리시간 : 15분

◉ 재료(4인분)

딸기 500g · 케이크 시트 1개 · 설탕 50g · 단맛의 백포도주 100ml · 생크림 100ml

| 요 · 리 · 법 |

딸기를 씻어서 물기를 빼고 반으로 잘라 준비된 케이크 시트 위에 깐다. 설탕을 뿌리고 미리 가열해놓은 오븐에서 180도로 10분 동안 굽는다. 단맛의 백포도주를 방울지게 떨어뜨린 뒤 다시 한 번 5분간 굽는다. 진한 생크림으로 장식하고 따뜻할 때 상에 차린다.

스물네 가지 음식이 오른 독일 식탁

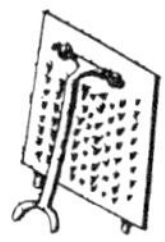

grana cassio

"나는 독일 식당에서처럼 그렇게 형편 없는 음식을 먹어본 적도, 그토록 오랫동안 기다려본 적도 없다." 16세기 초에 에라스무스 폰 로테르담이 한 말이다. 이 불평이 독일 요리에 대한 자신의 판단이나 선입견을 증명해준다고 생각하는 사람은, 프랑스의 요리 평론가인 미셸 드 몽테뉴가 아우크스부르크의 음식점에 관해 쓴 촌평을 읽어보면 놀랄 것이다. "우리는 그곳 식탁에 올라왔던 연한 고기를 그 어디에서도 맛보지 못했다."

독일 요리에 내려지는 평가는 내부적으로 분열되고 찢기고 소란스러웠던 나라의 모습을 그대로 반영할 뿐이다. 평지에서는 여전히 굶주리는 사람이 많았다. 삼포식 경작을 하고 우수한 농기구가 있어도 상황은 별로 달라지지 않았다. 잉여생산이 농부들에게 도움이 되지 못했기 때문이다. 곡물 거래는 점차 세속 귀족과 교회 귀족이나 부유한 도시민들이 감독했다. 그 대신 이들 사회 계층에서 처음으로 요리 문화가 꽃피었다.

이같은 발전의 정점에는 부유한 상업 도시들이 있었다. 이들은 이탈리아로부터 회계 지식과 금융 기술을 수입했듯이 마찬가지로 요리 기술과 식탁 예법까지 받아들여 세련되게 가꾸었다.

식문화의 중심지는 아우크스부르크였다. 벨저 가문의 두 여성이 펴낸 요리책을 보면 당시의 음식들을 일별할 수 있다. 겨우 몇십 년 전에 재발견된 《자비나 벨저린의 요리책》은 총 205가지의 자세한 요리법을 담고 있다. 새로 등장한 음식들은 전보다 가벼워졌고, 수많은 과일 요리와 야채 요리들이 식단에 올라 있다. 주식은 고기였는데, 굽고 찌고 삶고 끓이고 양념한 소스에 재어 먹었다. 향신료의 사용은 전보다 더 다양해졌다.

요리는 국제적인 양상을 띠었다. 자비나 벨저린은 보헤미아식 완두콩 요리, 영국 요리, 폴란드식 소스, 시금치를 넣은 이탈리아의 라비올리, 에스파냐 과자, 제노바식 또는 프랑스식 케이크를 소개했다.

이보다 더 국제적인 면모를 보인 것은 그녀의 친척인 필리피네 벨저였다. 황제와 자기 아버지의 의사를 거스르고 왕세자인 페르디난트 대공과 결혼한 여성이었다. 티롤 성에서 가정주부로 생활한 그녀는 날마다 스물네 가지 음식이 식탁에 오를 수 있도록 준비했다. 기억을 돕기 위해 필리피네는 모든 요리법을 쪽지에 먼저 적은 뒤 나중에 새로 옮겨 적었다. 그 결과, 300쪽에 달하는 요리책이 나왔다.

구텐베르크가 발명한 인쇄술로 공공재가 된 서적은 요리술이 발전하는 데에 아주 중요한 조건이었다. 조합 소속의 수공업자들이나 지식인들이 어느 정도 부를 쌓은 경우에는 훗날 시민계급의 음식문화라고 불린 예법이 서서히 형성되었다. 이렇게 하여 종교개혁과 나란히 '부엌과 식탁의 개혁'이 일어났다.

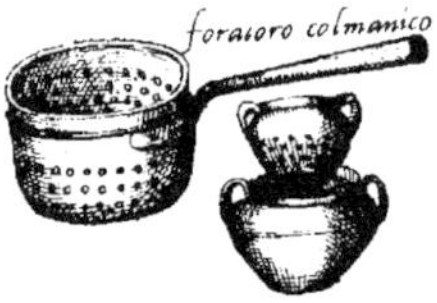

16. 루터의 가족, 교회, 부엌

"하느님은 우리가 즐겁기를 바라시며 슬퍼하는 것을 싫어하신다. 만일 하느님이 우리가 슬퍼하기를 바라신다면 우리에게 해와 달, 지상의 과실을 보내어 우리 모두를 기쁘게 하지 않으실 것이다!"

— 마르틴 루터의 비텐베르크 식탁 담화 중에서

"내 상냥하고 사랑스러운 안주인이며 설교자이고 양조자이고 정원사이며 그 외에도 다재다능한 카타리나 루터 폰 보라에게!"

— 1545년 7월 28일 루터가 아내에게 쓴 편지의 호칭

카타리나 폰 보라는 닭장 앞에서 무릎을 굽히고 앉아 옆에 있는 바구니에 달걀을 담았다.

"안녕하십니까, 사모님."

뒤쪽에서 귀에 익은 목소리가 들렸다. 그녀는 몸을 일으켜 뒤를 돌아다보았다. "안톤, 이렇게 다시 만나다니 반가워요. 새로 가신 교구에서는 잘 지내셨는지요?"

"네, 주님의 도움으로 잘 지냈습니다." 피르나 교구의 수석 목사 안톤 라우터바흐가 대답했다. "우리 교구 사람들은 아주 착실해서 어떤 때는 대판 싸움이 벌어졌으면 할 때도 있습니다. 교회 일 외에 저도 정원을 가꿉니다. 옛날에 사모님께 배우지 않았습니까."

카타리나는 잠시 15년 전 26세의 나이로 마르틴 루터 박사와 결혼하던 때를 회상해보았다. 얼마나 큰 물의를 일으킨 결혼이었던가! 환속한 수녀가 요란한 법석을 떨며 수녀원에서 종교개혁가에게 납치되어 몇 년 후 그와 결혼했던 것이다.

남편은 신학과 신앙에는 해박했으나 일상생활에 대해서는 거의 아는 바가 없었기 때문에, 카타리나는 이곳 비텐베르크의 아우구스티누스회 수도원이 있던 자리에서 유식한 남편이 흥미조차 두지 않는 일에 손을 대야 했다. 그녀는 수도원 주위에다 정원을 만들었고, 당시 신학을 공부하는 대학생이던 안톤 라우터바흐는 그녀를 도와주는 대가로 이곳에서 하숙을 하고 있었다.

"저는 말 다섯 마리, 돼지 여덟 마리, 암소 다섯 마리, 송아지 아홉 마리에 닭과 비둘기, 거위를 키우고 있어요. 최근에는 옛 수도원 앞에 냇물이 흐르는 정원을 또 하나 가꾸었어요. 그곳에 양어장도 만들었지요. 수십 마리의 꿀벌도 그곳에 살아요. 이곳 과수원에서는 사과와 배뿐만 아니라 복숭아, 자두, 살구도 자라고 있어요."

"무릇 정원은 어느 것이나 하느님이 날마다 행하시는 기적을 읽을 수 있는 하느님의 책이지." 카랑카랑한 목소리가 들려왔다.

"그래도 사람 손이 직접 닿지 않으면 안 돼요." 카타리나가 재치 있게 덧붙였다.

"박사님, 만나뵙게 되어 반갑습니다." 라우터바흐가 기뻐하며 말했다.

늙으셨군. 그가 속으로 생각했다. 끝없는 투쟁의 흔적이 얼굴에 새겨져 있어. 배도 조금 나왔고. 마르틴 루터는 라우터바흐의 시선을 느끼고 웃으며 말했다.

"이 집을 다스리는 안주인이자 나의 스승인 케테 씨가 나를 잘 보살펴주고 있다네. 자, 이리로 오게, 안톤!"

두 사람은 마르틴 루터가 매일 몇 시간씩 앉아 연구하는 서재로 들어갔다. 초록빛이 감도는 배불뚝이 유리창이 열려 있어 상쾌한 공기를 타고 새들의 지저귀는 소리가 들려왔다.

"사모님께서 언변이 좋으시군요. 박사님께 내조를 잘하시지요."

루터는 고개를 끄덕였다. "혼자 식사한다든가 옆에 케테가 누워 있지 않고 혼자 잠에서 깨는 것은 상상할 수도 없네."

"저도 곧 박사님처럼 되어야 할 텐데요." 라우터바흐가 미소지었다. "저도 신성한 결혼생활을 시작할까 합니다. 하지만 아직 교회에서 결정을 유보하고 있습니다."

"목회자에게는 아내가 있어야 하네, 안토니우스. 망설이지 말고 나처럼 결혼하게! 나는 케테를 아내로 맞으려고 했을 때 우리의 하느님께 진심으로 허락을 청했지 그 어떤 인간에게 청하지는 않았네."

"충고 감사합니다, 박사님." 라우터바흐가 말했다. "제가 결혼할 아그네스는 착실한 여자예요. 그리고 사모님처럼 당차답니다."

루터가 웃었다. "여자들은 포도나무처럼 쉽게 구부러져야 한다고들 말하지. 그래도 가정의 평화를 위해서는 여자들을 그대로 인정해주는 게 좋네."

그러는 사이 루터의 바로 옆집에 살고 있는 카타리나 멜란히톤이 남편 필립과 함께 정원으로 들어왔다.

"점심 식탁에 또 한 명의 식객이 찾아왔는가보네, 케테?"

카타리나 폰 보라는 양파 몇 개를 바구니에 담았다.

"한두 명 정도는 문제도 아니지. 언제나 수십 명이 드나들잖아. 아이들, 조카들, 마르틴의 후원자와 친구들, 하인, 게다가 대학생들까지……. 저 사람은 안톤 라우터바흐라고 학생 시절에 이곳에서 살았어."

"학생들은 적어도 도와주기라도 하잖아."

"그거야 당연한 일이지." 루터의 아내가 말했다. "마르틴은 학생들에게 수업료도 한 푼 받지 않거든. 그러니 학생들은 이곳 정원과 축사, 양어장과 양조장에서 나를 도와주면 되는 거지. 마르틴은 돈과 재물에 대한 감각이 조금도 없어. 네 남편 필립은 다르지 않아?"

카타리나 멜란히톤은 웃었다. "그 사람은 집안일에 너무 간섭이 심해. 그래서 네 남편 마르틴 같은 사람이 부럽지만, 어쩌겠어. 네가 결혼 후에 나한테 한 이야기 아직도 기억하니? 나는 박사님을 내 마음대로 할 수 있도록 길들이겠다, 하고 말이야."

카타리나 폰 보라는 팔을 허리에 받치고 몸을 펴서 옆에 있는 바구니를 집어들었다. "그래도 남편의 몇 가지 습관은 바꾸어놓았어. 그리고 마르틴이 집안일에 간섭하지 않으니 정말 좋아. 아마 그는 이렇게 말하겠지. '내가 집 짓고 엿기름을 만들고 음식 만드는 일에 신경써야 한다면 아마 나는 금방 죽고 말 것이야.' 남자들이란……."

두 여인은 약초밭에서 나와 함께 커다란 건물 안으로 들어갔다. 선제후가 루터에게 넘겨주었을 당시의 그 건물은 폐허가 된 수도원이었다.

갓 결혼한 카타리나는 침대 속의 썩은 볏짚을 바꾸는 것에 그치지 않고 목수일까지 해야 했다. 작은 방과 수사들의 독방 벽들은 대부분 뜯어내고 화덕이 여러 개 달린 널찍한 부엌을 들였다. 뒤쪽에는 빵과 밀가루와 음식을 저장하는 창고를 만들었고 그 옆에는 제빵실을 지었다. 또 방에는 커다란 난로를 들여놓았다. 카타리나는 종교개혁가인 남편의 위생 상태를 개혁하려고 특히 욕실에 신경을 썼다. 세 개의 큰 지하실은 과수원에서 딴 열매와 과일의 저장고로 쓰였다.

"자, 이제 음식을 만들자구." 루터의 아내가 말했다. "쇠고기는 벌써 어지간히 끓었고 콩도 다 불었네. 하녀들은 오래된 빵을 썰어 밀가루 경단을 만들면 되겠네……."

두 시간 후 마르틴 루터는 작은 식당에 앉아 있었다. 그가 앉은 식탁 정면의 조각 장식 팔걸이 의자 앞에는 그의 아이들이 서 있었다. "우리를 시험에 들게 하지 마옵소서. 주기도문의 이 여섯번째 소원은 무엇을 의미하느냐, 요한?"

스무 살이 다 된 루터의 아들은 길게 생각할 것도 없이 자신이 외운 것을 대답했다. "하느님은 어느 누구도 시험에 들게 하지 않으십니다. 그러나 우리는 이 기도를 통해 악마와 이 세상과 육신이 우리를 속이지 않고 불신앙과 절망, 커다란 치욕과 악에 빠지지 않도록 하느님이 우리를 보호하고 지켜주시도록 소원하는 것입니다……."

"……우리의 귀염둥이 마루셀에게는 조금 쉬운 걸로 하자. 여섯번째 십계명이 무엇이냐?"

루터 부부의 응석받이인 어린 마르가레테는 자랑스럽게 말했다. "간음하지 말라."

"그게 무슨 뜻이지, 파울?"

막내 아들한테서도 재빨리 대답이 나왔다. "우리는 하느님을 두려워하고 사랑하여 말과 행동이 순결하고 정숙해야 하며, 사람마다 자신의 짝을 사랑하고 존경해야 한다는 뜻입니다."

"됐다." 루터는 이렇게 말하고 라우터바흐에게 몸을 돌렸다. "보았는가, 나는 날마다 이렇게 교리문답으로 아이들을 시험한다네. 이제는 맛있는 음식을 먹을 시간이군. 케테, 하녀들에게 음식을 가져오라고 하시오."

커다란 파이가 담긴 대접을 두 명의 하녀가 각각 하나씩 들고 들어왔다. 마르틴 루터와 긴 식탁의 맞은편 모서리에 앉은 그의 아내가 기다란 식칼로 파이를 자르고 하녀들은 손님들의 나무 접시에 파이 조각을 담았다.

필립 멜란히톤이 일어나 짧게 기도를 했다. "그리스도여, 이 음식과 선물에 축복을 내리시어 주님이 명하신 대로 지친 육신을 먹이게 하소서. 연약한 생명을 지켜주는 것은 빵만이 아니옵고, 하늘에 계신 주님의 말씀 또한 오랜 생명을 주옵니다." 종교개혁가의 친구는 끝에 이렇게 덧붙였다. "미풍양속에 따라 첫번째 코스에서는 저희가 침묵하게 하시고 하느님의 귀한 선물을 되새기게 하소서."

모두 자신에게 주어진 콩팥 파이를 먹고 났을 때 루터가 정적을 깼다.

"케테 씨, 맛좋은 맥주를 마실 시간이오."

하녀들이 아이들을 제외하고 모든 사람 앞에 주석으로 만든 맥주 조끼를 놓는 동안 대학생 한 명이 커다란 맥주 단지를 가지고 들어왔다.

"우리가 최근에 빚은 술이라네, 안토니우스. 케테가 수도원에 아직 맥주 양조권이 있다는 것을 알아냈지. 그래서 일 년에 약 오천 리터를 빚고 있네. 나는 여행 다닐 때도 우리가 만든 저알코올 맥주를 보내오게 했다네."

라우터바흐는 맥주 맛을 본 뒤 양조의 달인 카타리나를 보며 흡족하게 고개를 끄덕였다.

"제 미래의 아내를 사모님께 보내어 배우게 해야겠습니다."

"안토니우스가 결혼할 예정이라 나한테 조언을 부탁했소." 루터가 설명했다.

카타리나 폰 보라는 하인들에게 눈짓을 했다. 이들이 김이 나는 냄비에 쇠고기, 콩, 밀가루 경단을 가지고 들어오는 동안 그녀는 조금 비웃듯이 되물었다. "안토니우스가 당신께 목회자로서의 조언을 부탁했나요, 아니면 경험 많은 남편의 조언을 부탁했나요?"

종교개혁가는 맥주를 한 모금 마셨다. "하느님의 뜻은 그분이 남자와 여자를 만드신 것에서도 알 수 있소. 남자들은 넓고 커다란 가슴과 작고 좁은 엉덩이를 가졌고 지력도 여자들보다 뛰어나오. 반면에 여자들은 작고 좁은 가슴을 가진 대신 널따란 엉덩이가 있소. 집안을 지키고, 조용히 처신하고, 가사를 돌보고, 아이를 낳아 기르라는 의미요……."

안톤 라우터바흐는 다시 집에 돌아온 것 같은 느낌이 들었다. 이제 두번째 코스부터 루터의 집에서는 토론 시간, 즉 식탁 담화가 시작되었고, 옛날 습관대로 그는 종교개혁가의 말을 기록하기 시작했다

"남자는 여자들을 다스려야 하네. 그러나 커다란 몽둥이와 도리깨와 칼을 빼들고 할 것이 아니라, 다정한 말과 다정한 표정, 온순함으로 다스려야지. 여자들이 소심해지지 않도록……."

"……저나 카타리나 멜란히톤처럼 말이군요." 카타리나 폰 보라가 말했다. 이런 식으로 이야기가 중단되는 것을 별로 좋아하지 않는 루터는 아내를 조금 놀려보기로 작정했다.

"내가 성서를 연구하다가 당신에게 줄 만한 아주 특별한 구절을 발견했소, 케테. 남편이 한 명 이상의 아내를 취할 때가 올 것이오……."

"그건 말도 안 돼요. 남자마다 자기의 아내를 두라고 바울로가 말하지 않았나요?"

이에 마르틴 루터가 의기양양하게 대꾸했다. "그것 보시오. 바울로는 자기 아내를 두라고 했지 한 명만 두라고 하지는 않았소."

"그렇다면 차라리 저는 수도원으로 다시 돌아가겠어요. 그러면 당신에게는 다시 한 사람의 아내만 있게 될 테니까요."

이런 식의 놀림을 좋아하는 마르틴 루터는 다시 본심으로 돌아왔다. "나의 자랑이며 나의 태양인 그대, 나의 유일한 아내로 있어 주오. 그러나," 루터는 다시 설교를 시작했다. "태양이 지구 주위를 돌듯이 올바른 아내는 항상 남편 생각으로 살아야 하오."

이때 라우터바흐가 처음으로 대화에 끼어들었다. "박사님께서는 니콜라우스 코페르니쿠스가 쓴 《천구의 회전에 관하여》라는 책을 읽어보셨습니까? 거기에는 지구가 우주의 중심 위치를 상실하고 태양 주위를 돈다고 적혀 있습니다. 이제는 더 이상 모든 사람이 교황만을 바라보지 않고, 오히려 하느님과 그의 아들과 성령이 중심에 서야 하는 것처럼 말입니다."

라우터바흐가 이 재치 있는 비유를 통해 기대했던 칭찬 대신 마르틴 루터는 예상 외로 흥분하며 반응했다.

"자네는 위험한 사상에 빠져 있네, 안토니우스. 성서에는 여호수아가 해더러 멈추라고 명령한 것으로 적혀 있지 지구더러 멈추라고 하지는 않았네. 그 성서를 우리가 의심해야 한단 말인가?"

예전 같았으면 루터가 이렇게 독단적으로 반론하지는 않았을 것이라고 안톤 라우터바흐는 생각했다. 그러나 그는 언쟁하려고 여기에 온 것이 아니었다. 그래서 그는 종교개혁가의 설교에 귀 기울이고 그 내용을 후세에 전하기 위해 꼼꼼히 기록하였으며, 마르틴 루터가 다음과 같은 유명한 말로 회식 자리를 마칠 때까지 케테 부인이 만든 훌륭한 음식을 즐겁게 먹었다.

"왜 그대들은 트림도 안 하고 방귀도 뀌지 않지? 음식이 별로 맛이 없었는가?"

대화와 토론이 있는 루터의 식탁

§ 콩팥 파이 §

◉ 준비시간 : 40분+1시간 | 요리시간 : 50분

◉ 재료(4인분)

호밀가루 100g · 밀가루 200g · 버터 120g · 소금물 100ml · 양 콩팥 600g · 쇠고기 육수 1/2 리터 · 모차렐라 치즈 150g · 얇게 자른 생(生)햄 200g · 달걀 1개 · 사프란 1~2g · 레몬즙 1찻술 · 소금과 후추

| 요 · 리 · 법 |

밀가루와 버터를 혼합하여 주무르다가 따뜻한 소금물을 부어 재빨리 반죽을 만들고 냉장고에 1시간 가량 넣어둔다. 콩팥은 하얀 섬유질을 떼어내고 껍질을 벗겨 쇠고기 육수에 넣고 10분간 약한 불에서 삶는다. 삶은 콩팥을 주사위 모양으로 썰면서 안쪽에 붙은 하얀 섬유질을 잘라낸다. 치즈를 얇고 납작하게 자른다. 반죽의 3분의 2를 방망이로 밀어 버터를 칠한 빵틀이나 파이틀에 앉힌다. 햄을 빵틀 바닥과 옆구리에 깐 뒤 주사위 모양으로 썬 콩팥을 넣고 얇게 썬 햄과 치즈로 덮는다. 그 위에 레몬즙을 떨어뜨리고 소금과 후추를 뿌린다. 남은 반죽을 덮개 모양으로 빚어 파이 위에 덮고 반죽 테두리는 달걀흰자를 칠하여 붙인다. 반죽 자투리를 이용하여 덮개 위에 장식을 만

들어 붙인다. 달걀노른자와 사프란을 섞어 파이에 바른다. 오븐을 180도로 예열한 뒤 파이를 넣고 50분 동안 구운 다음 따뜻한 상태로 상에 차린다.

---

§ 콩 퓌레 §

◉ 준비시간 : 10분+12시간 | 요리시간 : 45분

◉ 재료(4인분)

마른 콩(강낭콩과 풋콩 등) 250g · 세이보리 가지 1개 · 소금과 후추 · 적포도주 2술 · 양파 2개 · 유채씨 기름 2술

| 요 · 리 · 법 |

콩을 밤새 물에 담가둔다. 불린 콩을 세이보리와 함께 찬물에 넣고 불에 올려 삶는다. 다 삶아질 때쯤 소금과 후추를 넣는다. 삶은 콩을 소량의 끓는 물과 함께 믹서에 넣고 간 뒤 미지근하게 데운 적포도주를 붓는다. 양파를 고리 모양으로 썰어 노릇노릇한 색이 나도록 볶아 콩 퓌레 위에 얹는다.

---

§ 밀가루 경단 §

◉ 준비시간 : 20분 | 요리시간 : 15분

◉ 재료(4인분)

오래된 빵 6개 · 빵가루 2술 · 양파 1개 · 파슬리 1/2다발 · 버터 100g · 달걀 4개 · 우유 200ml · 육두구 1~2g · 소금과 후추 · 밀가루 200g

| 요 · 리 · 법 |

딱딱한 빵을 아주 작게 썰어 빵가루와 함께 버터에 볶는다. 곱게 다진 양파와 파슬리도 버터에 볶는다. 앞의 재료를 휘저은 달걀, 우유와 혼합하고 육두구, 소금, 후추로 맛을 낸 뒤 밀가루를 조금씩 넣어준다. 공 모양으로 빚어 뜨거운 소금물에 넣고 15분간 약한 불에서 익힌다.

---

§ 쇠고기찜 §

◉ 준비시간 : 10분 | 요리시간 : 120분

◉ 재료(4인분)

쇠고기 사태 800g · 소뼈 2개 · 물 1/2리터 · 양파 2개 · 계피 1찻술 · 카르다몸[14] 1~2g · 정향가루 1~2g · 육두구꽃 1/2찻술 · 소금 2찻술 · 파슬리 1술 · 샐비어 1찻술 · 빵가루 4술 · 사프란 10가닥 · 포도 식초 1술 · 소금과 후추

| 요 · 리 · 법 |

사태를 소뼈와 함께 끓는 물에 넣고 30분간 약한 불에서 곤다. 다 익으면 뼈를 건져내고 국물에 생긴 거품을 걷어낸다. 여기에 다진 양파, 향신료, 잘게 썬 향초들을 넣고 또 한 번 45분 동안 끓인다. 빵가루와 사프란을 포도 식초와 소량의 육수와 섞어 고기에 붓고 다시 한 번 45분간 뭉근하게 끓인다. 소금과 후추로 맛을 낸다.

14) cardamom. 인도 남부와 스리랑카가 원산지인 생강과의 식물로 씨앗에 방향성 기름이 함유되어 있어 달콤하고 매운 향을 낸다. 인도 요리, 특히 커리에 흔히 쓰이는 향신료이다. 유럽에서는 성탄절 과자를 만들 때 쓰고 리큐어에 섞어 마시기도 한다.

종교개혁이 가져온 식탁의 변화

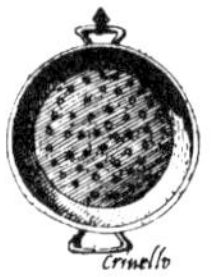

르네상스시대에 수공업 기능장, 학자, 중간층 관리들의 풍족한 생활은 남녀간의 분업을 가능하게 했다. 여자들은 가사를 위해 다른 일을 '면제' 받았다. 노동자와 농부, 일용 근로자 가정의 주부들이 주로 남는 시간을 이용해 자식과 부엌일을 돌본 반면, 부유한 계층의 여성들이 가사에 전념할 수 있게 되었다는 것은 새로운 현상이었다. 여성의 새로운 역할을 주장한 이념가의 한 사람이 종교개혁가인 마르틴 루터였다.

루터는 시민층의—이상화된 측면이 있는—점심 문화를 창시한 인물로도 알려져 있다. 루터의 집에서는 식사를 하기 전에 기도를 하고 잠시 침묵하는 시간을 가졌지만, 그밖에는 큰 소리로 이야기하며 즐겁게 식사하는 분위기였다. 그것은 루터가 대단히 좋아했던 맥주의 영향 때문이기도 했을 것이다.

이렇듯 자신의 식탁에서 유쾌한 대화와 논쟁을 즐겼던 그는 정작 독일 각지의 궁정에서 정신이 황폐해지고 도를 넘는 폭음문화가 횡행하는 것을 보고 개탄했다. "나라마다 분명 그곳 고유의 악마가 있다……. 우리 독일의 악마는 포도주 자루로서 술고래라 불러야 마땅하다. 이 악마는 술을 너무도 좋아하여 포도주와 맥주를 아무리 퍼마셔도 성에 차지 않기 때문이다. 이

그칠 줄 모르는 독일의 갈증이 최후의 심판일까지 재앙으로 남을 것 같아 걱정스럽다."

16세기의 독일이 '폭음의 시대'로 불린 것은 부당한 평가가 아니었다. 통계학자들은 당시 성인들이 하루에 평균 1리터의 포도주를 소비했음을 밝혀내었다. 여기에 일조한 것이 술자리 문화였고, 그 전통은 지금까지 대학생들의 모임이나 일반인들의 단골 술집 식탁에서 여전히 맥이 이어지고 있다. 그러나 반대 운동 또한 존재했다. 헤센 지방의 방백이었던 모리츠는 절주결사조합을 결성하여 하루에 포도주를 열네 잔 이하로 마시는 사람만 가입할 수 있게 했다.

16세기의 시민층 음식문화에서 현재까지 이어지는 전통은 두 가지가 더 있다. 요리사, 정확히 말해 주부들은 저장의 달인이었다. 그들은 음식을 훈제하고, 소스에 담그고, 건조시키고, 소금에 절였다. 생선은 종류를 막론하고 모두 소스나 소금에 절였다. 당시에는 해마다 약 3만 톤의 청어 절임이 거래된 것으로 추산된다. 채소는 식초에 절여 저장했고, 버찌는 오븐에 넣어 건조시키는 등 다양한 방법이 동원되었다. 이렇듯 '규모 있는 살림'은 공공의 자산이 되었다.

또 하나는 식탁 문화의 개선이었다. 루터주의와 칼뱅주의 덕분에 근면하고 성실한 수공업자와 시민들이 귀족의 성이나 왕궁에서 횡행하는 극도의 사치를 멀리하려는 경향이 두드러졌다.

17. 신세계의 열매

"……저는 제가 사랑의 복음을 전해준 사람들이 저주하는 소리를 들었고, 죽어가던 사람들이 에스파냐 사람들의 낙원에 들어가지 않으려고 성사를 거부하는 모습을 속절없이 바라보았습니다. 제 눈앞에서 불행한 이들의 영혼이 지옥으로 떨어지고 있었습니다! 그때 들은 비명소리가 얼마나 끔찍하던지요! 그것은 채찍질을 당하며 죽어가는 사람들, 산 채로 불에 태워지는 사람들, 그리고 고문을 당해 축 늘어진 사람들의 비명소리였습니다. 그래도 그 비명은 그렇게까지 참담하지는 않았습니다. 더욱 가혹했던 것은 탄식과 울부짖는 소리, 눈물을 글썽이며 이유도 모르는 채 하늘을 올려다보고 무언가를 찾다가 저 위에는 누가 사는지 알 수 없다는 듯한 무언의 눈길이었습니다."

— 라인홀트 슈나이더, 카를 5세 앞에 선 라스 카사스

늦은 저녁입니다. 지금 나는 우리 주인이 오랫동안 끈기 있게 가르쳐 준 글쓰기를 하고 있어요. 사랑하는 부족 형제들에게 이렇게 편지를 쓰며 나의 생각을 전합니다. 다시 내가 고향을 볼 수 있을지 어떨지 모르기 때문입니다. 나는 축축한 방에 있는 곰팡내 나는 볏짚단이 아니라 탁 트인 하늘 아래에서 부드러운 짐승 털을 침대 삼아 자고 싶어요. 온화한 밤과 고향의 별빛이 그립습니다. 하루 빨리 고향으로 돌아가 여러분과 함께 평화의 식민지를 세웠으면 좋겠어요. 하지만 지금은 앞날을 미리 얘기하기보다는 내가 겪은 일들을 이야기할까 합니다. 내가 돌아가지 못할 경우 선량한 수사들이 여러분에게 이 글자들을 가르쳐주어 여러분 가운데 한 사람이라도 이 편지를 읽기 바라는 마음에서입니다.

내가 수사와 처음 만난 것은 열한 살 때였습니다. 바람에 부푼 돛에 십자가가 그려진 거대한 배가 해안으로 들어오고, 피부가 하얀 신들이 보트에 탄 우리에게 인사를 하던 모습이 아직 눈에 선합니다. 그 후의 일들은 기억 속에 편린으로 남았지만 이 장면은 지금껏 잊혀지지 않습니다. 우리 부족장은 무장한 백인들에게 둘러싸여 손이 묶여 있었고, 추장과 남녀들은 한 에스파냐인의 발 앞에 놓인 접시에 진주와 금을 던지고 있었습니다. 어느 백인의 목에 꽂히던 화살, 불타는 우리 부락의 오두막들, 그리고 마지막으로 머리가 잘려나가기 전 기다란 흰색 수도복을 입은 남자에 의해 입에 은십자가가 물려지고 머리에 성수가 뿌려지던 남자들이 떠오릅니다.

나를 포함해 어린아이들은 무사했습니다. 우리는 일을 해야 했어요. 나는 한 백인에게 넘겨졌는데, 젊은 사람이라 우리 추장처럼 수염이 많지 않았습니다. 이름은 바르톨로메 데 라스 카사스였습니다. 백인들이 '인디오들의 반란 진압'이라고 일컫는 이 학살 사건에 참여한 대가로 그는 '엥코미엔다', 즉 비옥한 땅과 살아남은 부락 사람들을 노동력으로 얻었습니다.

나는 라스 카사스를 철저히 증오했습니다. 그가 2년 동안 고국에 갔다가 다시 돌아와 이제는 신부가 되었다고 말했을 때는 전보다 더 미워했지요. 하지만 내 마음은 서서히 변해갔습니다. 우리들과 마찬가지로 정복자들 중에는 선한 사람과 악한 사람이 있다는 것을 나는 깨달았습니다. 나는 우리 주인이 우리들의 풍습과 전통, 우리들이 먹는 과일과 우리가 키우는 짐승들에 흥미를 보인다는 것을 알았어요. 그것은 단지 그렇게 해서 이득을 얻기 위해서가 아니란 것도 알았습니다. 라스 카사스가 자신이 섬기는 선량한 하느님과 낙원, 우리를 위해 십자가에서 죽으신 구원자에 대해 이야기해주는 동안 나는 그의 언어를 배웠습니다. 우리가 그의 종교에 대해 품고 있던 의심을 그가 진지하게 받아들이기 시작했다는 것도 알 수 있었어요. 그건 그가 자신의 신앙을 잃어버렸다는 말이 아니라, 정복과 그리스도교의 전파를 융합하는 방식에 그가 점차 비판을 가하기 시작했다는 뜻입니다.

물론 그 즈음 섬에 들어온 도미니쿠스회 수사들—이들은 정복자들을 따라온 수도복 입은 사람들과는 너무나 달랐어요—이 아니었다면 라스 카사스나 나는 변하지 않았을 것입니다. 아마 1510년 만성절이었을 겁니다. 그때 주인이 눈을 반짝이며 오두막으로 와서 당장 교회에 가자고 말했습니다. 교회 안의 나무 의자에는 주름진 얼굴에 수염 난 수사가 십자가 상을 들고 앉아 하느님이 어떻게 세계를 창조하셨고, 자기 아들을 어떻게 우리에게 보내셨으며, 그 아들이 어떻게 십자가에 못박혔는지를 손짓과 발짓으로 설명했습니다. 그리고 그분이 가난한 자들의 하느님이며 우리의 하느님이기도 하다고 말했습니다.

이것이 내가 페드로 수사에게 교화되어 그 낯선 종교와 화해하게 된 시작입니다. 우리 주인도 호기심 가득한 얼굴로 내 옆에 앉아 있었습니다. 그는 점차 에스파냐 기사 친구들을 멀리하고 수사들을 새로운 친구로 사귀었어요. 그 중에서도 훗날 우리를 이곳 차가운 유럽으로 데리고 온 안토니오 몬테시노 수사는 우리의 형제가 되었고, 용감하게도 우리의 새 지배자들의 양심에 처음으로 호소한 영웅이 되었습니다.

1511년 12월 4일, 역시 내 기억 속에 깊이 각인된 날입니다. 도미니쿠스회의 수사 안토니오 몬테시노는 이스파뇰라 섬의 모든 유력자들을—이들은 우리 섬의 이름을 빼앗고 그들의 고향 이름을 붙였습니다—산토 도밍고 성당에서 열리는, 그의 말에 따르면 아주 중요한 설교에 초대했습니다. 몬테시노는 설교단에 올라가 '나는 광야에서 외치는 목소리'라는 성서 속의 구절을 강론하기 시작했습니다.

그는 100명 남짓한 우리 '인디오'들을—우리는 더 이상 고유의 부족 이름을 가질 수 없었지요—의도적으로 성당 뒷자리에 앉게 했습니다. 그의 말을 알아들을 수 있는 사람도 별로 없었는데 말입니다. 그러나 나는 그의 설교 내용을 낱낱이 기억합니다. "당신들은 모두 엄청난 죄악을 짓고 있습니다. 아무 죄 없는 저 사람들을 학대하고 박해한 대가로 당신들은 구원받지 못할 대죄 속에서 살고 또한 그렇게 죽을 것입니다." 설교단에서 호령하던 그는 우리를 가리켰습니다. "말해보시오. 당신들은 무슨 권리와 권능으로 저 인디언들을 잔인하고 참혹하게 노예로 부리고 있습니까? 어떻게 저들을 억압하고 괴롭힐 수 있으며, 가혹한 노동으로 병이 나게 하고 죽게 할 수 있습니까? 아니, 똑바로 말합시다. 당신들은 황금 때문에 살인을 저지르고 있습니다. 저들은 인간이 아니란 말입니까? 저들에게는 이성을 지닌 영혼이 없단 말입니까? 당신들은 저들을 내 몸처럼 사랑해야 하는 것 아닙니까?"

설교가 끝나자 참석자들은 격분하여 설교를 철회하라고 요구했습니다. 그러나 안토니오 수사는 그 다음 주일에 다시 사람들을 불러 "내가 알고 있는 처음에 대해 다시 이야기하고 내 말이 진실임을 증명하겠노라!"라는 구절에 대해 설교했습니다. 내가 우리 부족을 생각할 때마다 많은 위로를 얻었던 〈욥기〉에 나오는 구절입니다.

이렇게 해서 나는 처음으로 이 종교가 지닌 위력을 실감했습니다. 우리

주인도 똑같은 경험을 했습니다. 그는 변함없이 수사들과 대화를 지속했는데도 고해를 마친 뒤에는 다른 식민지 경영자들과 마찬가지로 사죄를 받지 못했어요. 결국 주교가 나서서 신부들의 엄격한 처사를 금지시켰지만, 우리 주인의 마음속에는 한 톨의 씨앗이 심겨 거기에서 전혀 새로운 의식이 싹텄습니다. 노예 소유자와 신부, 서로 어울리지 않았지요. 바르톨로메 데 라스 카사스는 결정을 내려야 했습니다. 그것이 쉽지 않았지만 1514년 8월, 그는 주일 설교에서 우리를 앞에 두고 자신의 엥코미엔다를 포기하고 우리를 해방시키겠다고 말했습니다. 그것은 약속이었을 뿐 그 이상은 아니었습니다. 나의 부족 형제들은 오랫동안 자유를 누리지 못할 것이기 때문입니다.

우리 주인은 우리들의 권리를 위해 싸우려고 안토니오 수사와 함께 에스파냐로 돌아가면서 나에게 함께 가겠느냐고 물었습니다. 에스파냐어를 익히고 그리스도교 신앙을 받아들인 인디오라면 좋은 본보기가 될 수 있다는 것이었지요. 나는 두려웠지만 그의 말에 따르기로 했습니다. 출발할 당시 우리는 두 명의 유럽인과 세 명의 인디오, 모두 다섯 명이었습니다. 인디오 동행인 두 사람은 새로운 땅에 도착하자마자 열병으로 죽고 나만 남았습니다. 우리는 벌써 배에서부터 우리 주인이 경고했던 병에 시달렸습니다. 먹지도 못하고 시원한 바닷바람을 쐬어야 겨우 구역질이 가라앉았습니다. 그러나 뱃사람들은 우리에게 갑판 아래에 있는 그물침대로 가 있으라고 했습니다. 공기도 전혀 통하지 않고 심한 악취가 나는 곳이어서 우리는 백인들이 이곳에서 어떻게 견뎌냈는지 알 수가 없었습니다. 그래도 마침내 땅에 발을 딛게 되자 우리는 무척이나 기뻤습니다.

에스파냐는 참 신기한 나라이고 이곳에 사는 사람들은 더욱 이상합니다. 해안에 도착하자마자 그들은 우리를 빙 둘러싼 채 만지고 쓰다듬었습니다. 내 피부를 문질러 색깔이 없어지는지 어쩌는지를 보려는 사람도 많았습니다. 그런데 그 사람들의 피부는 거의 볼 수가 없었어요. 옷으로 몸을 감싸고 있기 때문인데, 우리 고향에 있던 백인들보다 더 많이 입고 다닙니다. 또 여자들은 겨우 얼굴만 내놓고 다니는데, 그것마저 시원한 바람을 일으키는 작은 부채로 가리고 다닌답니다. 뿐만 아니라 이곳 여자들은 우리 고향 여자들과는 다릅니다. 허리는 아주 잘록하고 엉덩이가 넓습니다.

우선 나는 세비야라는 도시에서 큰 건물에 살고 있는 우리 주인의 식구들에게 소개되었습니다. 도시란 주택이 모여 있는 거대한 공간을 말하는데, 나무보다 더 높은 집도 많고 돌로 지어 안이 어둡습니다. 네모난 구멍 몇 개를 통해 빛이 조금 들어올 뿐입니다. 이곳 사람들은 노천 화덕이란 것은 알지 못하고, 집 안에서 벽으로 둘러친 화덕을 쓰고 있습니다. 연기는 기다란 원통을 통해 밖으로 빼냅니다.

이 부엌이 처음 몇 주 동안 나의 거처 겸 일터였습니다. 우리 주인은 내가 자신의 요리사와 조수, 하녀들에게 우리 고향의 요리법을 가르쳐주게 할 작정이었습니다. 가장 쉬웠던 것은 이곳에서 '인디언들의 닭' 이라고 부르는 칠면조 요리와 옥수수 케이크였습니다. 아보카도나 감자 같은 열매는 처음에 대단히 의심을 받았습니다. 그러나 열심히 설득한 끝에 나는 아보카도로 만든 맛좋은 크림과 간단한 감자 요리를 만들 수 있었습니다. 처음에 우리 주인은 친구들을, 그 다음에는 이 나라의 유력자들을 '인디언 식사' 에 초대하여 자신의 견해를 피력했습니다. 적어도 우리 고향의 음식만큼은 언제나 큰 찬사를 받았답니다. 결국 우리는 궁정에까지 초대되어 갔는데, 그곳까지 가는 길은 참으로 고역이었습니다. 백인들 집이 아무리 크다고 해도 그 사이에 난 길들은 형편없다는 것을 여러분은 아셔야 합니다. 거리에는 사람들과 짐수레가 북적거리고 특히 악취가 끔찍하게 납니다. 이곳 사람들은 필요 없는 물건만 집 밖으로 내던지는 것이 아닙니다. 오물까지 건물 위쪽의 구멍에서 쏟아져 나옵니다. 거리를 흐르는 작은 개천들은 이것을 전부 쓸어내지 못합니다. 어쨌든 나는 백인 남자들이 왜 발에 가죽신을 신고 다니는지 이제야 알 것 같습니다.

이렇게 길거리에서 고생하며 우리는 마침내 벽으로 둘러싸인 건물에 당도했습니다. 왕이나 황제라고 불리는 그들의 추장이 사는 곳인데, 우리 고향이었다면 몇 부족이 문제없이 들어가 살 수 있는 곳입니다. 물론 우리는 왕을 직접 알현한 것이 아니라, 대재상인 메르쿠리노 데 가티나라를 만났습니다. 그 이름이 하도 신기하여 기억해두고 있었지요. 그러나 그들 이름이 우리에게 신기하듯 어쩌면 우리들 이름도 백인들에게 똑같이 이상하게 들릴지도 모릅니다…….

어쨌든 그 재상은 우리 모두가 수사들의 도움을 받으며 자유민으로 살 수 있는 광활한 땅을 얻어 그곳에서 평화의 식민지를 세울 수 있게 될 것이라고 말했습니다. 나는 우리가 이 기회를 얻을 수 있도록 하느님께 기도하고 있습니다. 또 우리가 큰 성공을 이루어냈다는 것도 전해 들었습니다. 우리의 칠면조 요리와 사탕수수 술이 그사이 에스파냐 궁정만이 아니라 다른 부유한 상업 도시들에서도 인기 있는 음식과 음료가 되었다는 것입니다…….

1520년 5월 19일 카를 5세는 라스 카사스가 제안한 '평화적 정복'의 차원에서 두 탁발수도회에 600킬로미터에 이르는 비옥한 해안 지방을 하사하였다. 1년 후 라스 카사스가 70명의 에스파냐 농부들과 함께 도미니쿠스회와 프란체스코회의 사업에 동참하기 위해 도착했을 때 이 계획은 음모로 좌절되었다. 관할 총독은 해당 지역을 노예매매를 위한 지역으로 허가해주었고, 그 후 이어진 노예들에 대한 약탈 행위는 반란을 초래하였으며, 이 반란은 정복자들이 대대로 써온 방식에 따라 피바다를 이루며 진압되었다. 바르톨로메 데 라스 카사스는 계속해서 전력을 다해 원주민들의 권익을 위해 투쟁하여 유럽의 경고자이자 양심이 되었다.

정복자 유화를 위한 식단

§ 칠면조 요리 §

◉ 준비시간 : 30분 | 요리시간 : 2시간 10분

◉ 재료(8인분)

살구 반쪽 말린 것 200g · 건포도 100g · 떫은 셰리 100ml · 칠면조 간 또는 송아지 간 1개 · 돼지고기 200g · 생(生)햄 200g · 구이용 소시지 8개 · 돼지기름 2술 · 잣 50g · 흰콩(통조림) 200g · 떫은 백포도주 100ml · 소금과 후추 · 계피 1/2찻술 · 향초 묶음(파슬리, 백리향, 오레가노, 월계수잎) · 칠면조 3kg · 닭고기 육수 1/2리터 · 조리용 실 · 은박지

| 요 · 리 · 법 |

살구 말린 것과 건포도를 셰리에 넣어 5분간 약한 불에서 끓인 뒤 살구를 작은 조각으로 썬다. 칠면조 간과 돼지고기는 얇고 납작하게 저미고 햄은 작은 주사위 모양으로 썬다. 소시지는 반으로 가른다. 뜨거운 돼지기름에 위의 고기들을 넣고 재빨리 익힌 뒤 여기에 살구, 건포도, 잣, 흰콩을 넣어 잠깐 동안 가열한다. 고기가 다 익으면 백포도주를 붓고 소금, 후추, 계피, 향초 묶음을 넣어 맛을 낸다. 칠면조는 안팎에 소금과 후추를 문질러 바르고 앞의 고기들을 뱃속에 넣어 조리용 실로 틈새마다 꿰맨다. 뜨거운 돼지기름에 칠면조를 넣고 강한 불에서 골고루 익힌 뒤 은박지에 싸서 오븐에서 220도로 약 2시간 동안 푹 익힌다. 익는 동안 닭고기 육수, 백포도주, 고기에서 나온 기

름을 계속 부어준다. 다 익으면 은박지를 벗기고 칠면조가 갈색이 되도록 굽는다. 잘라서 상에 내기 전에 10분간 덮개로 덮어둔다.

---

§ 아보카도 크림 §

◉ 준비시간 : 10분

◉ 재료(4인분)

아보카도 1개 · 서양갓냉이 1/2술 · 차이브 1술 · 파슬리 1술 · 레몬즙 1술 · 저지방 생크림 2술 · 마요네즈 2술 · 얇게 저민 정어리 1마리 · 소금과 후추 · 타바스코 · 토스트 빵 8장 · 마늘 2쪽

| 요 · 리 · 법 |

아보카도는 껍질을 벗기고 과육을 주사위 모양으로 썰어 향초, 레몬즙, 생크림, 마요네즈, 정어리와 함께 믹서에 넣고 간다. 소금과 후추, 적당량의 타바스코 소스로 맛을 낸다. 토스트를 굽고 빻은 마늘을 얹은 위에 아보카도 크림을 펴바른다.

---

§ 가지찜 §

◉ 준비시간 : 25분 | 요리시간 : 15분

◉ 재료(4인분)

가지 3개 · 레몬 1/2개 · 올리브유 2술 · 아몬드 껍질 벗긴 것 100g · 풍조목 1술 · 건포도 2술 · 소금 · 후추 · 저지방 생크림 1/4리터 · 버터 1술 · 완숙 달걀 3개 · 빵가루 2술 · 버터 1술

| 요 · 리 · 법 |

가지는 껍질을 벗긴 뒤 레몬즙으로 문질러 소금물에 넣고 10분간 삶아 작게 조각으로 자른다. 프라이팬에 올리브유를 두르고 가열한 뒤 가지, 잘게 썬 아몬드, 풍조목, 건포도, 소금, 후추, 생크림 절반 분량을 넣고 뚜껑을 덮어 5분간 익힌다. 내열 용기에 버터를 바르고 가지의 절반 분량을 넣는다. 그 위에 삶은 달걀을 납작하게 썰어서 펴얹고 다시 가지로 덮은 다음에 남은 생크림, 빵가루, 버터 조각을 얹는다. 미리 가열한 오븐에서 200도로 15분 동안 찐다.

---

§ 감자와 마늘로 만든 크림 §

◉ 준비시간 : 60분 | 요리시간 : 15분

◉ 재료(4인분)

붉은 고추 1개 · 토마토 1개 · 감자 250g · 양파 1개 · 마늘 4쪽 · 커민 1/2찻술 · 올리브유 3술 · 소금과 후추 · 통밀빵

| 요 · 리 · 법 |

고추를 반으로 갈라 씨를 뺀다. 빵 굽는 철판에 고추의 겉면이 위를 향하도록 놓고 검은 기포가 생길 때까지 오븐에서 200도로 50분간 굽는다. 덮개를 덮어 서늘한 곳에 놓아둔 뒤 고추의 표피를 벗기고 여러 조각으로 자른다. 토마토는 껍질이 잘 벗겨지도록 껍질에 살짝 칼집을 내고 끓는 물에 데친 뒤 꺼내 껍질을 벗긴다. 감자는 껍질을 벗겨 주사위 모양으로 썰고 껍질을 벗긴

통양파와 함께 소량의 소금물에 넣고 15분간 삶는다. 감자가 다 익었을 즈음 고추와 토마토를 넣고 살짝 끓인다. 마늘쪽과 커민을 올리브유에 넣고 잠깐 볶은 뒤 물기를 뺀 위의 채소와 함께 믹서에 넣고 간다. 소금과 후추로 맛을 낸다. 통밀빵과 함께 먹으면 좋다.

---

§ 건포도를 넣은 옥수수 케이크 §

◉ 준비시간 : 20분+2시간+12시간 | 요리시간 : 30분
◉ 재료(8인분)
건포도 100g · 브랜디 100ml · 이스트 40g · 옥수수 가루 200g · 밀가루 500g · 달걀 3개 · 설탕 150g · 버터 150g · 아니스주(페르노드) 100ml · 달걀노른자 1개 · 왕설탕 1술

| 요 · 리 · 법 |

건포도를 12시간 동안 브랜디에 담가둔다. 이스트에 100ml의 따뜻한 물과 소량의 소금, 설탕 2술을 넣어 휘젓는다. 옥수수 가루와 밀가루를 섞고 여기에 달걀, 설탕, 부드러운 버터, 아니스주, 용해된 이스트를 넣어 단단한 반죽이 되도록 갠다. 젖은 행주로 덮어 따뜻한 곳에 2시간 가량 놓아두어 부풀게 한다. 케이크틀에 밀가루를 바르고 반죽의 절반 분량을 틀 크기만큼 밀어 틀에 잘 앉힌다. 건포도를 위에 뿌리고 나머지 반죽으로 덮는다. 달걀노른자를 반죽에 바르고 왕설탕을 뿌린다. 미리 가열한 오븐에서 200도로 30분간 구워 낸다.

신대륙 작물의 대유행

신대륙의 발견은 유럽인의 시야만 넓힌 것이 아니라 요리의 종류까지 다양하게 만들었다. 아메리카 대륙에서 들어온 식량으로는 옥수수, 타피오카[15], 고구마, 감자, 각종 콩, 고추, 토마토, 땅콩, 피칸, 아보카도, 파인애플, 코코아, 자메이카 후추, 해바라기, 바닐라, 칠면조 등 헤아릴 수 없이 많다. 물론 이 모든 것이 일방통행이었던 것은 아니다. 많은 농작물이 유럽인에 의해 신대륙으로 건너가기도 했고, 더 유리한 재배 조건 때문에 유럽으로 들어와 인기 품목이 된 것도 있다. 그 한 예로 알렉산드로스가 인도에서 가져온 사탕수수와 감귤류를 들 수 있다. 바나나도 1516년 프란체스코회의 수사를 통해 인디오들을 위한 '부족의 식량' 으로 카리브 해 섬으로 유입되었다.

새로운 식량들은 대부분 아무 문제 없이 보급되었다. '인디언들의 닭' 인 칠면조는 이미 16세기 중반에 거의 모든 군주 궁에서 사육되었다. 수용 속도가 가장 빨랐던 것은 옥수수일 것이다. 옥수수는 16세기에 벌써 에스파냐

15) tapioca. 카사바(cassava) 뿌리에서 채취한 식용 녹말. 카사바 뿌리의 껍질을 벗기고 짓이겨 녹말을 물로 씻어내 침전시킨 뒤 말려서 타피오카를 만든다. 동남아시아의 주요 녹말 자원으로 녹말당, 과자 제조와 방직용 풀로 쓰인다.

남부와 이탈리아 북부 지방에서 빈민들의 음식이 되어 늘 부족하고 비싸기만 했던 밀을 대신했고, 17세기에는 서유럽 전역에서 기장을 대신했다. 옥수수는 미국에서의 대규모 경작 덕분에 오늘날 세계 식량에서 핵심적 위치를 차지하고 있으며, 이로써 현대 유전 생물학의 관심거리로도 자리잡았다. 고추도 빠른 속도로 확산되어 이미 16세기에 남유럽에서 먹었다는 기록이 있다. 고추 중에서 작고 매운 것들은 수입품인 '검은 후추' 대용으로 빈민과 시민층의 정원에서 재배되었다.

신대륙에서 나온 그밖의 작물들이 구대륙인 유럽에서 제대로 대접받기까지는 오랜 시간이 걸렸다. 정복자들이 '작은 송로버섯' 이라고 선전한 감자(이탈리아어 '타르투폴리' 가 어원)가 대중의 음식이 되기까지는 250년이 더 흘러야 했다. 프로이센 사람과 독일인들은 7년전쟁으로 인한 기근과 프리드리히 대왕의 강제 정책에 따라 처음으로 감자를 재배했다.

마찬가지로 오랜 유입 기간을 거친 것이 코코아이다. 이탈리아인 벤조니는 코코아가 "사람보다는 돼지에게 어울리는 쓴맛의 음료"라고 적었다. 그러다가 음료에 감자당(甘蔗糖, 사탕수수 설탕)을 넣어 단맛을 낼 수 있다는 데에 생각이 미치자 코코아는 본격적으로 퍼져나갔다. 중독성 물질인 담배를 들여올 때 유럽인들은 실로 풍부한 상상력을 발휘했다. 영국의 셰익스피어 시대에 흡연자들은 '페스트를 예방하는 방향제' 라며 담배를 옹호했고, 독일인들은 담배 덕분에 해충이 줄어든 것을 확인했다고 주장했다. 흡연이 최고로 대접받기 시작한 것은 프로이센의 프리드리히 빌헬름 1세와 그의 아들 프리드리히 2세처럼 담배를 피우는 왕들이 영리하게도 그 '기호품' 에 높은 세금을 매기면서부터였다.

18. 요리장의 죽음

"내 명예가 실추됐어요. 이건 참을 수 없는 치욕입니다."

— 루이 14세의 연회에서 경미한 사고를 낸 뒤 프랑수아 바텔이 한 말

"그 머리 하나면 충분히 한 나라 정부의 모든 문제를 해결할 수 있을 만큼 빼어난 재능을 가진 이 남자는 그 치욕을 견딜 수 없었다. 그는 칼로 제 몸을 찔렀다!"

— 마담 드 세비녜의 편지 중에서

집사 바텔은 흥분했다. "사향액이 어디에 있지? 용연향은?" 그는 놀란 나머지 말문이 막혔다. "그 귀한 향신료 없이 어떻게 전하께 신의 포도주를 올리지? 분명히 많이 있었는데."

왕은 샹티이의 그랑 샤토를 방문하겠다고 5년 전부터 통고했다. 1671년 4월 24일, 바로 오늘이 왕이 오는 날이다. 요리사 61명, 식품 구매인 31명, 제빵사 22명, 접대인 97명과 식탁 장식가들을 거느리고 콩데 공작의 살림을 책임지고 있는 프랑수아 바텔은 성의 의전 담당관인 구르빌을 보며 손짓을 했다.

"구르빌, 도와줘요. 포도주에 쓸 용연향과 사향액이 없습니다."

구르빌은 그의 천재적인 요리 솜씨를 알고 있었다.

"진정하시오, 바텔. 충분한 양을 따로 준비하라고 당신이 어제 직접 지시하지 않았소."

요리장 바텔은 손수건으로 이마의 땀을 닦았다.

"고맙소, 구르빌. 그런데 그걸 어떻게 잊어버릴 수가 있지? 도대체 내가 정신을 어디에 두고 다니는지 모르겠군요. 그런데 말이오, 내가 필요한 것은 달걀 크기의 양송이인데 식품 구매인들은 밤톨만한 것을 사왔어요. 뒤바리 부인은 속을 넣은 양송이를 무척 좋아한단 말이오."

"잠깐만 기다려봐요. 구매담당 여남은 명이 이제 돌아왔으니까, 다 잘될 겁니다." 그는 바텔의 코 밑에 향료병을 가져다 댔다. "이걸 맡으면 마음이 진정될 거요."

그러나 요리사는 상쾌한 향기를 맡고 있을 시간이 없었다. 구매인 두 명을 발견한 그는 곧장 그들에게 달려갔다. 의전 담당관은 고개를 절레절레 흔들었다. 왕의 일행 규모가 예고된 것보다 더 크다는 것까지 말해주었으면 아마 바텔은 완전히 실신했겠는 걸, 하고 그는 생각했다.

기진맥진했지만 조금은 마음이 흡족해진 집사 바텔은 몇 시간 후 샹티이의 대형 연회장 입구에 섰다. 식전에 마실 포도주와 전채요리는 무사히 도착한 것 같았다. 수프 코스가 끝난 뒤—메뉴로는 거북 수프, 여왕 수프, 쇠고기 수프, 상추 수프가 나왔다—수프를 매우 좋아하는 왕은 시종을 시켜 바텔에게 반지까지 보냈다.

왕과 일행이 성의 정원에서 몰리에르의 《타르튀프》를 관람하는 동안—

교회에서 공연을 금지하려 했기 때문에 루이 14세가 좋아한 연극이었다— 의전 담당관과 요리장은 주코스의 준비 상황을 감독했다.

100여 벌의 금접시가 차려지고 왕의 연회석에는 당연히 금제 식사 도구만이 놓였다. 모든 음식은 은대접과 은쟁반에 담겨 날라졌고, 손님들마다 다양한 음료용으로 준비된 크리스털 잔을 여러 개씩 받았다. 얼마 후 수를 놓은 녹황색 비단 커튼이 쳐지고, 크리스털 샹들리에에 꽂힌 수백 개의 초가 켜지면서 플랑드르산 고블랭 벽걸이에 묘사된 전투 장면이 깜박이는 불빛을 받아 으스스한 분위기를 생생하게 되살려냈다.

그때 아랫사람 한 명이 바텔의 귀에 대고 무언가를 속삭였다. 얼굴이 하얗게 질려 고개를 젓던 그는 벽에 의지해서야 겨우 몸을 가누었다. 의전 담당관이 이 모습을 보고 급히 달려와 물었다.

"왜 그래요, 프랑수아?"

"송아지 안심이……." 요리사가 나직하게 말했다. "연회석 두 곳에 송아지 안심이 없어요." 구르빌은 바텔을 진정시키려고 애썼다. "예정보다 많은 인원이 와서 그래요. 하지만 그 사람들 식탁에도 훌륭한 음식이 많지 않소. 양의 허벅지 고기, 혀찜, 굴을 넣은 수탉, 후추 소스를 친 꿩……."

"나는 상차림 순서를 외우고 있소." 바텔이 그의 말을 끊었다. "하지만 내가 계획한 요리는 완벽해야 해요. 특히 전하가 손님으로 올 때는 말할 것도 없어요. 내 명예가 실추됐어요. 이건 참을 수 없는 치욕입니다. 어떻게 하면 좋지요?"

"그냥 가만히 있으면 돼요." 의전 담당관이 대답했다. "뭔가 이상이 있는 걸 눈치챌 사람은 우리 둘밖에 없을 테니까." 바텔은 고개를 저었다. "그럴 수 없어요. 머리가 어지러워요. 열이틀 동안 잠 한숨 못 잤어요. 필요한 지시를 내리게 나 좀 도와줘요."

구르빌은 또 어떤 부족 사태가 발생할 경우에 대비해 요리장을 도울 태세에 들어갔다. 그러나 연회가 정확하게 예정대로 진행되어 그럴 필요가 없었다. 주코스와 후식 중간에 구르빌은 자신의 주인에게 이 이야기를 전했다. 콩데 공작은 좋은 생각이 떠올랐다. "바텔을 불러오게. 내가 위로해줘야겠네. 내일 또 한 번 최선을 다해야 할 사람 아닌가!" 왕이 앉은 연회석에 요리장이 나타났다. 왕은 후식 찌꺼기가 묻은 손가락을 핥고 있었다.

"아, 경이 데리고 있는 그 유명한 바텔이구려, 콩데 공! 그대가 만든 크림케이크가 일품이오. 마르치판을 넣은 것 같던데, 맞소?"

요리장은 허리를 깊숙이 구부렸다.

"이 나라 최고 식도락가의 미각은 아무도 못 당하겠습니다." 공작도 찬사에 한마디 거들었다.

"모든 것이 완벽합니다. 여기 국왕 전하의 연회석에서 저희는 훌륭한 음식을 들었습니다."

바텔은 당황하여 고개를 저었다.

"전하, 그리고 공작님, 두 분의 호의에 몸 둘 바를 모르겠습니다. 그러나 연회석 두 곳에 안심구이가 빠졌다는 것을 신은 알고 있습니다."

"괘념하지 마시오." 태양왕이 상냥하게 말했다. "우리의 콩데 공이 그토록 격찬한 훌륭한 뱀장어 파이로 내일 다시 나를 만족시켜 주시오."

왕과 신료들은 성에서 나와 슬슬 정원으로 자리를 옮겼다. 남자들은 붉은색 또는 갈색의 장딴지 바지와 기다란 우단 상의 차림이었다. 상의는 금박 테두리를 두르고 옷에 보석을 박아넣거나 진주로 수를 놓은 탓에 뻣뻣하여 몸을 움직이기가 거북할 정도였다. 남자들과 동행한 여자들은 허리가 잘록하고 머리는 높게 올렸으며, 목둘레가 깊게 파이고 아랫부분을 부풀린 비단 치마를 입고 그 위에는 금사와 은사로 수를 놓은 연회복을 입고 있었다.

왕과 일행은 높은 울타리와 하얀 대리석 조각상들을 지나 정원에 있는 사각형 노천 광장으로 이동했다. 횃불이 켜지면서 신상(神像)들이 붉은색과 푸른색으로 빛났다. 사방에서 폭죽과 원형 불꽃을 쏘아올리는 것이 보였다. 그러나 당초 계획했던 불꽃놀이가 진행되고 있지 않음을 눈치챈 사람은 집사 바텔과 같은 내부인뿐이었다.

"저것까지 말썽이군." 요리장은 짜증이 났다. "내일은 아무 일도 없어야 할 텐데." 그러나 손님들은 성대하게 연회를 즐겼고, "태양왕 만세!"라는 전통적인 구호를 끝으로 이날 밤은 막을 내렸다.

다음날 아침 바텔은 또다시 새벽 네 시에 일어났다. 그는 모든 것을 챙기고 다시 한 번 꼼꼼하게 감독할 작정이었다. 어시장에서 돌아오던 식품 구매인 한 명이 상자 두 개를 나르고 있었다. "그게 전부요?" 바텔이 물었다. "뱀장어는 어디에 있지요?"

"이게 전부입니다." 남자는 이렇게 말하고 주방 안의 준비실로 들어갔다. 그럴 리가 없어, 절대 그럴 리가 없어. 바텔의 머리에서 망치 소리가 났다. 그는 급하게 주방 안을 돌며 고기, 닭, 채소들을 찾아냈으나 생선은 없었다. 마침내 그는 구르빌과 마주쳤다. "이 치욕을 어떻게 합니까." 그가 맥없이 말했다. "전하가 원하는 파이에 쓸 생선, 뱀장어가 없어요."

"아직 시간이 있지 않소." 구르빌이 말했다. "조금만 더 기다려봅시다. 뱀장어가 있건 없건 당신은 변함없이 이 나라 최고의 요리사요." 그는 웃으며 바텔을 놀려댔다.

그러나 바텔은 전혀 웃을 기분이 아니었다. 그는 한 시간을 더 기다리면서도 생선을 파리의 어시장뿐 아니라 여러 항구에 주문하라고 자신이 직접 지시한 사실을 잊고 있었다. 항구에서 생선이 오려면 오전이나 되어야 했다.

바텔은 일곱 시가 되자 자기 방으로 들어가 칼을 꺼내어 문에 수평으로 대고 자기 몸을 여러 차례 찔렀다. 세번째 찔렀을 때 그는 절명했다.

거의 같은 시각, 성의 의전 담당관은 주인에게 요리장의 고충을 이야기했다. "바텔의 변덕이라면 질색이야. 그자는 천재이기는 해도 미모사요." 콩데 공작은 화가 나서 말했다. "나는 왕에게 가봐야겠소."

왕의 침실 앞에는 벌써 여남은 명의 귀족이 모여 있었다. 베르사유에 있을 때보다 수가 적었던 것은 왕의 이런 사적인 외유에 외교 사절들은 참석하지 않기 때문이었다. 콩데 공작은 자신의 시종 한 명에게 질문하듯이 눈길을 던졌다. 시종은 고개를 끄덕였다. 밤을 함께 보낸 왕의 애인이 방을 나갔다는 뜻이었다.

문 옆에 있는 대형 괘종시계가 여덟 번 둔중한 소리를 냈다. 왕의 시의가 문을 열자, 모여 있던 귀족 전원이 그의 뒤를 따라 방으로 들어가 깃털 장식 모자를 흔들며 몸을 깊숙이 구부렸다. 특별히 이번 행사를 위해 샹티이로 가져온 침대에는 아직 커튼이 쳐져 있었다.

수석 궁녀가 하늘색 비단 커튼을 조금 옆으로 젖혀 틈새를 만들고 왕에게 다가갔다. 왕에게 입맞춤하여 잠을 깨울 수 있는 우선권을 가진 그녀는 왕의 수면용 두건을 벗겼다. 시의가 맥박을 쟀고, 고해 신부는 왕의 폭음과 여자 관계에 관한 의례적인 잔소리를 늘어놓은 뒤 축복 기도를 내렸다. 마침내 두 명의 시녀가 양옆에 쳐진 침대 커튼을 뒤로 잡아당기니 높은 침대에 누워 있던 왕의 모습이 만인 앞에 드러났다. 천장이 높은 방안에서 또 한 번 깃털 모자 돌리는 소리가 분주했다.

콩데 공작은 의자 위에 놓인 향수 뿌려진 비단 내의를 왕에게 건넸다. 왕은 자신의 양옆에 서 있는 두 명의 공작에게 옷을 입히게 했다. 궁의 수석미용사가 현란한 곱슬이 달린 기다란 가발을 한 백작의 손에 쥐어주자 그는 왕의 머리에 그 가발을 조심스럽게 씌웠다. 로슈푸코 공작이 왕에게 거울을 비춰주는 동안 궁녀들은 향수를 뿌리고 화장분을 발라주었다. 이런 절차를 거치며 옷을 하나씩 차례로 입은 루이 14세는 끝으로 비단으로 된 금사 자수 바지를 입고 그 위에 푸른색 훈장대를 둘러 마침내 왕의 차림새를 갖추었다. 그는 고개를 끄덕이며 자신을 초대한 주인과 팔짱을 낀 채 귀족들을 거느리고 성의 예배당으로 향했다.

왕 일행이 예배를 보는 동안 식품 구매인 한 명이 구르빌에게 요리장을 보았느냐고 물었다. 그동안 항구에서 생선이 다량으로 도착했으니 어느 것을 쓸 것인지 바텔이 골라야 한다는 것이었다. 의전 담당관은 웃으며 고개를 저었다.

"우리의 고지식한 비관주의자는 아마 어디론가 숨어버렸을 거요. 내가 데려오겠소." 구르빌이 말했다. 바텔의 방으로 간 그는 죽어 피를 흘리고 누워 있는 요리장을 발견했다.

"애석한 일이오." 콩데 공작이 바텔의 변고를 알리자 태양왕이 말했다. "그대를 즉시 베르사유로 보내 내 요리사 한 명이 그대를 거들 수 있게 하겠소."

"그리 안 하셔도 됩니다, 전하." 성의 주인이 말했다. "오늘 연회를 위해 바텔은 만반의 준비를 철저히 해놓았습니다. 그 같은 불상사 때문에 하루를 망치는 일은 없어야 할 것입니다."

"구르빌은 바텔의 빈 자리를 메우려고 노력하여 훌륭하게 뒷처리를 했다. 손님들은 멋진 식사를 즐기며 아침을 먹고, 만찬을 들고, 산책을 하고, 사냥도 했다. 사방이 수선화 향기로 가득했고 모든 것이 훌륭했다."

— 목격자인 마담 드 세비네의 편지 중에서

루이 14세를 위한 향연

§ 신의 포도주 §

◉ 준비시간 : 10분+3시간

◉ 재료(4인분)

레몬 2개 · 사과 2개 · 부르고뉴산 적포도주 700ml · 슈거파우더 50g · 정향꽃 6개 · 오렌지꽃 1/2찻술 · 시나 1술

| 요 · 리 · 법 |

레몬과 사과는 껍질을 벗겨서 얇고 납작하게 저민다. 적포도주, 슈거파우더, 정향, 오렌지꽃, 시나와 함께 섞어 뚜껑을 덮고 최소한 3시간 동안 냉장고에 넣어둔다. 건더기는 체로 걸러내고 차가운 상태로 내놓는다.

---

§ 고기를 넣은 양송이 요리 §

◉ 준비시간 : 20분 | 요리시간 : 30분

◉ 재료(4인분)

달걀 2개 · 송아지고기 소시지 50g · 돼지고기 소시지 50g · 파슬리 곱게 다진 것 1술 · 전호(처빌) 곱게 다진 것 1/2술 · 소금과 후추 · 양송이 큰 것 24개 · 베이컨 5장 · 버터 1술

달걀을 완숙하여 노른자는 으깨고 흰자는 곱게 다진다. 노른자의 절반 분량을 송아지고기 소시지와 파슬리 2분의 1술과 함께 섞고 소금과 후추로 간을 한다. 돼지고기 소시지도 같은 방식으로 준비한다. 곱게 다진 달걀흰자는 전호와 섞어 소금과 후추로 간을 한다. 양송이를 씻어 줄기를 돌려 떼어내고 양송이 머릿부분에 고기 내용물을 넣는다. 내열 용기에 베이컨을 깔고 그 위에 고기 양송이를 앉힌다. '채식주의자' 용으로는 또 다른 내열 용기에 버터를 바르고 양송이를 넣는다. 양송이마다 머릿부분에 버터 조각을 채워넣고 미리 가열한 오븐에서 180도로 30분간 굽는다.

---

§ 뱀장어 파이 §

◉ 준비시간 : 40분 | 요리시간 : 50분
◉ 재료(4인분)
밀가루 200g · 버터 80g · 소금물 100ml · 싱싱한 뱀장어 800g · 양송이 200g · 삶은 아스파라거스 200g · 달걀 2개 · 파슬리 1술 · 소금과 후추 · 버터 1/2술 · 흰색 포도즙 1술 · 달걀 1개 · 떫은 백포도주 2술 · 달걀노른자 1개 · 육두구 1~2g

| 요 · 리 · 법 |

밀가루에 버터를 넣고 주무르다가 따뜻한 소금물을 부어 반죽을 만든 뒤 잠시 놓아둔다. 가죽을 벗긴 뱀장어와 양송이를 얇게 저미고, 아스파라거스는 4cm 길이로 자른다. 달걀을 삶아 껍질을 까고 딱딱한 노른자는 파슬리와 함께 으깬다. 재료를 전부 섞어 소금과 후추로 간을 한다. 반죽의 3분의 2를 얇게 밀어 버터를 바른 납작한 케이크틀에 펴넣는다. 그 위에 뱀장어 내용물을 얹고 포도즙을 떨어뜨린다. 나머지 반죽을 밀어 덮개를 만들고 달걀흰자를 묻혀 파이에 붙인다. 반죽 자투리로 장미 모양을 떠서 덮개 중앙에 붙이고 거품기로 저은 달걀노른자를 바른다. 미리 가열해놓은 오븐에 넣고 200도로 30분 동안 굽는다. 백포도주에 달걀노른자를 넣어 휘젓고 육두구, 소금, 후추로 맛을 낸다. 파이에 달린 장미 장식을 떼어내고 그 속에 포도주 혼합물을 부은 뒤 다시 덮어 20분간 한 번 더 굽는다.

---

§ 마리네이드 소스로 맛을 낸 송아지 안심구이 §

◉ 준비시간 : 10분+24시간 | 요리시간 : 130분

◉ 재료(4인분)

베이컨을 섞은 송아지 안심 1kg · 올리브유 4술 · 백포도 식초 1술 · 소금과 후추 · 양파 1개 · 정향꽃 2개 · 월계수잎 1장 · 오렌지 껍질 1/2찻술 · 레몬 껍질 1/2찻술 · 로즈메리 가지 1개 · 밀가루 1/2술 · 버터 1/2술 · 아스파라거스 끝부분 200g

| 요 · 리 · 법 |

정육점에서 송아지 안심과 베이컨을 섞어서 사온다. 올리브유, 식초, 소금, 후추, 정향과 월계수잎을 꽂은 양파, 오렌지 껍질, 레몬 껍질, 로즈메리를 함께 섞어 마리네이드 소스를 만들고 고기를 24시간 동안 재워 둔다. 고기의 물기를 빼고 소금과 후추로 간을 하여 회전 꼬챙이에 꿰어 숯불에서 120분간 굽는다. 굽는 동안 마리네이드 소스를 계속 부어준다. 남은 마리네이드는 체로

내용물을 거르고 고기에서 받아낸 고기즙과 한데 섞어 살짝 데운다. 밀가루에 버터를 넣고 개어 데운 소스에 부어 되직하게 만든 다음 소금과 후추로 간을 하고 다시 10분간 약한 불에서 가열한다. 잘라낸 송아지고기에 소스를 끼얹고 아스파라거스로 장식한다. 국수와 함께 먹으면 어울리는 음식이다.

---

§ 크림 케이크 §

◉ 준비시간 : 20분+2시간 | 요리시간 : 70분

◉ 재료(4인분)

달걀 5개 · 설탕 300g · 물 5술 · 밀가루 250g · 소금 1~2g · 레몬 껍질 1/2찻술 · 베이킹파우더 7g · 버터 1/2술 · 생크림 500ml · 달걀노른자 4개 · 마르치판 50g · 슈거파우더 20g

| 요 · 리 · 법 |

달걀노른자, 설탕, 물을 섞어 거품이 나게 젓는다. 달걀흰자는 거품이 딱딱해질 때까지 휘젓는다. 밀가루, 소금, 곱게 다진 레몬 껍질, 베이킹파우더를 한데 섞고, 달걀노른자 크림을 넣은 뒤 마지막에 달걀흰자 거품을 조심해서 섞는다. 케이크틀에 버터를 바르고 밀가루를 뿌려 위의 재료를 넣은 뒤 예열한 오븐에서 160도로 50분간 굽는다. 케이크 속에 넣을 생크림은 팬에서 5분간 약한 불로 끓인다. 달걀노른자는 휘젓고 마르치판은 으깬다. 생크림 일부를 조금 식혀 달걀노른자, 마르치판과 혼합하여 끓는 생크림 속에 넣고 계속 저어주면서 다시 10분간 가열한 뒤 차게 식힌다. 차가워진 케이크를 반으로 갈라 생크림을 채워 넣고 다시 10분 동안 굽고 슈거파우더를 뿌린다.

태양왕의 요리사들

1664년 5월 7일, 베르사유. 루이 14세는 자신이 총애하는 라발리에르 공작녀에게 조촐한 식사(600명 분의 음식)를 마련하여 연회를 열었다. 당시 베르사유 궁은 건축 공사를 위해 파놓은 구덩이와 몇몇 울타리뿐이었다. 그러나 날씨를 다스리는 신은 태양왕에게 웃음을 보냈다. 야외 주방이 설치되고, 얼음 보관 상자, 음식을 데우는 화덕, 네 바퀴가 달린 이동용 음식 운반대, 연극 소품을 담은 수레가 나왔다. 오를레앙 공작에게 소속된 희극배우들은 고대 그리스 극에서 영향 받은 연극을 공연했다. 그리스 사냥꾼 차림의 사람들이 새끼염소고기와 양고기를 나르며 접대했고, 돼지고기와 파이는 몸매가 좋은 '시골 처녀들'이 날랐는데, 이것이 식도락만을 고려한 것이라고는 할 수 없었다. 행운의 여신은 직접 풍요의 뿔을 비워 내용물을 손님들에게 쏟아부었다. 잔치는 엿새 동안 계속되었다. 드디어 세계 최고의 명성을 자랑하는 요리가 신고식을 치른 것이다.

더불어 요리사들, 즉 '집사'들의 명성도 알려지기 시작했다. 집사는 100명에 이르는 주방 사람들을 통솔하였다. 그러나 베샤멜, 바텔, 드 라바렌, 드륀, 마시알로 같은 요리장들은 무엇보다 요리 분야에서 창조력을 발휘했고 자신의 작품을 종합 예술로 이해했다. 1674년에 쓴《고급 요리에 관한 논문》에는 이런 강령적인 대목이 나온다.

"요즈음에는 음식을 쟁반 가득 채워 내놓는 것은 예법에 맞지 않는다……. 중요한 것은 상등품 고기의 선택, 정교한 요리법, 세련되고 청결한 상차림이다."

그런데 프랑스 최고의 음식을 먹었던 루이 14세가 이런 근대적인 규범을 별로 중시하지 않았다는 것은 역사의 아이러니였다. 그는 수프와 한물간 걸쭉한 소스를 좋아한 대식가였다.

새로운 식사 규범과 근대적인 요리법이 자리잡게 된 것은 무엇보다 1651년에 나온 프랑수아 드 라바렌의 《프랑스 요리》라는 책 덕분이었다. 이 책은 1750년까지 50쇄 이상을 거듭하며 발간되었는데, 이는 라바렌이 '적은 비용으로 차릴 수 있는 수천 가지 음식과 채소'를 기술한 덕분이었다.

17세기 말에는 샤르트르 공작과 오를레앙 공작 및 기타 프랑스 귀족들 밑에서 요리사로 일한 프랑수아 마시알로의 《왕실과 서민의 요리》가 나왔다. 그는 송로버섯과 그물우산버섯 등 여러 식용 버섯을 요리에 사용하여 섬세한 조미의 대가임을 보여주었다. 그는 또 자신이 만든 소스에 처음으로 초창기의 샴페인을 사용하였고, 빵가루 대신 달걀을 넣어 소스를 걸쭉하게 만들었으며—요즘에는 당연하지만—육즙으로 맛을 냈다. 그는 책의 서문에 이렇게 적었다.

"프랑스 요리가 이 세계 어느 곳의 요리에도 뒤지지 않는다고 자신있게 말할 수 있다." 지금은 오히려 프랑스가 고급 요리를 향해 나가고 있다고 말할 수 있을 것이다.

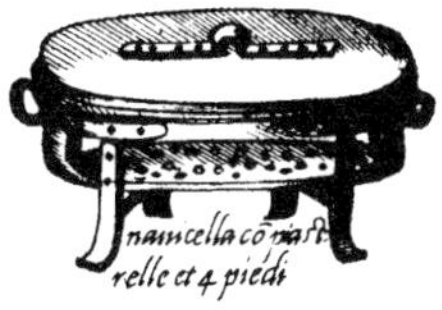

19. 상트페테르부르크의 하루

"차르 폐하는 르포르 장군에게 연회를 준비하라고 지시했다. 그는 식사를 하면서도 그 자리에 참석해 있던 외국인 사절에는 아랑곳없이 귀족들과 몇 가지 문제를 논의했다. 그런데 그 회의는 싸움이 아닌가 혼동할 정도였다. 사람들은 말을 가려서 하지도 않았고 손짓까지 해가며 이야기했다. 저마다 차르 폐하의 목전에서 지나칠 만큼 과격하고 격렬하게 자기 의견을 고집했기 때문이었다…….

식사가 끝나고 춤이 시작되었다. 차르 폐하는 기쁘고 환한 얼굴로 함께 원무를 추었다. 악사들은 차르 폐하의 홍취를 보여주기 위해 그가 제일 좋아한다고 했던, 프리드리히 아우구스트의 궁에서 춤출 때 흘러나온 선율을 연주해야 했다…….

그곳을 몰래 빠져나간 두 젊은 여성은 차르 폐하의 명령을 받은 병사들에 이끌려 되돌아왔다. 25발의 예포가 다시 축배 연설의 시작을 장엄하게 알렸다. 흥겨운 축제는 새벽 다섯 시 반까지 계속되었다."

— 오스트리아 사절단의 비서 요한 게오르크 콜프의 일기 중에서

1710년 7월 17일, 모스크바.
친구 제라르에게.

이곳 상트페테르부르크 궁전은 아직도 조용하다네. 장교 몇 명이 나와 함께 차르가 잠에서 깨어나기를 기다리고 있네. 아마 11시 전에는 힘들 거야. 그래서 자네한테 편지 쓸 시간이 생겼네.

자네는 친구들과 함께 이곳 러시아에 돈을 투자해야 하는지의 여부를 알고 싶다고 했지. 그건 자네의 표현대로 거구의 '북극곰'을 불신하는 것일세! 내가 생각하기에 러시아는 무한한 기회의 땅이야. 그 기회를 잡으려면 이 나라의 특성과 정신을 알아야 하네.

그런데 그것을 표트르만큼 훌륭히 대변하고 있는 인물도 없어. 내가 지극히 평범했던 어제의 일들을 이야기한다면 아마 자네는 차르와 이 나라를 더 잘 이해하게 될 걸세…….

여느 때와 마찬가지로 어제도 11시 무렵에 하루 일과가 시작되었네. 우리 장교들은 소리만 듣고도 차르가 일어난 것을 알지. 그는 모든 조례를 생략하고 스스로 옷을 입는다네. 무언가가 없으면 큰소리로 욕을 하고 저주를 퍼붓지. 그가 커다란 층계를 쿵쿵거리며 내려오면 시종들은 갖가지 색깔의 철갑상어알이 굵직하게 박힌 구운 빵을 은쟁반에 들고 급하게 나타난다네. 우리 유럽 장교들은 이 시간대에는 술을 마시지 않지만—이를 두고 차르는 늘 우리를 비웃더군—차르와 러시아 근위병들은 철갑상어알을 얼음에 재워 둔 보드카와 함께 입에 털어넣는다네.

표트르는 이 시각이면 정신이 맑은 상태라 이것저것 닥치는 대로 묻네. 참석자 전원의 사적인 근심까지 알고 있는 그는 욕을 하며 미친 듯이 떠들다가 칭찬을 하고 상도 내리고 그런다네. 차르는 내게 모순의 화신인 것처럼 생각될 때가 많아. 처음 만났을 때도 그랬지.

1690년 4월 30일, 기억에 남는 날이었어. 차르가 도저히 믿을 수 없는 행동을 했기 때문이야. 그는 모스크바 인근의 외국인 주거지에 사는 스코틀랜드의 육군 소장 고든 장군 집에서 저녁을 들겠다고 통고했네. 러시아 귀족들과 수도원 및 교회의 고위 성직자들은 분개했지. 전제군주에다 지상 최고로 신성한 차르가 이교도인 외국인 집에 손님으로 가다니!

몇 시간 동안의 참기 힘든 긴장과 기다림 끝에 기다란 갈색 머리와 멋진 콧수염과 주걱턱, 그리고 늘 신경질적으로 깜박거리는 눈에다 키는 2미터가 넘는 거인이 들어섰네. 표트르는 화려함에 눈이 부신 것 같았어. 유럽의 호화 가구를 그는 한 번도 본 적이 없거든. 특히 그는 여자들한테 충격받고 넋이 나가 있었네. 팔과 어깨를 다 드러내고 목둘레가 깊이 파인 옷을 입은 여성들을 러시아 남자들은 기껏해야 어슴푸레한 침실에서나 볼 수 있었으니까. 그들의 늘씬한 몸매도 차르에게는 기적과 같았어. 그는 코르셋이라는 말을 한 번도 들어본 적이 없었네.

표트르는 칼과 포크의 사용법을 몰라 애를 먹더니 결국 그릇에 허겁지겁 손을 뻗더군. 그러면서도 그는 모든 대화에 열심히 귀 기울였어. 하지만 직접 무언가 말을 할 때는 대개 수줍어했네. 그러나 나는 그가 대화 내용을 모조리 다 듣고 무언가를 배우려 한다는 것을 알 수 있었지……. 그의 수줍음은 옆자리에 앉은 여성에게 이르렀을 때 끝이 났네. 그는 우리의 친구 르포르의 애인인 안나 몽스와 열을 내며 이야기를 나누었어. 르포르는 군소리 없이 그 모습을 바라보더군. 계획이 떠오른 것이겠지. 르포르에게는 애인보다 차르의 총애가 더 소중했던 거야. 그는 지금 표트르의 군대에서 최고위직에 있네…….

내가 늘상 경험하는 것이 벌써 여기에서도 드러나고 있어. 표트르는 수줍음, 아니 소심함이 동물적인 야성과 짝을 이룬 사람이야. 그 두 정서는 어제 점심때처럼 순식간에 뒤바뀔 수 있어. 어제 차르는 장교들과 이야기를 끝내기가 무섭게 말을 대기시키게 했어. 우리도 당연히 함께 가야 했지. 차르는 먼저 당시 그의 최대 관심사이던 새 항구로 말을 몰았네. 러시아는 소매 두 개를 꿰매붙인 거인이라고 그가 말한 적이 있어. 전 세계에서 배들이 이곳으로 들어오면 적어도 팔 하나는 자유로워진다고 그는 믿었지…….

차르는 이리저리 말을 몰고 다니며 부두 노동자들에게 욕설을 퍼붓고 닦달을 하며 채찍질을 했네. 그가 볼 때는 모든 행동들이 너무 느려터졌던 거야. 그러더니 그는 바퀴가 부러진 수레를 길에서 치우려고 직접 바지와 상의를 벗고 달려들었어. 이런 식으로 그는 그의 채찍을 두려워하는 사람들을 이해시키고 탄복시켰네.

그의 식성을 아는 노동자들은 전통적인 생선 수프 요리인 '우하'를 만들어 김이 나는 냄비에 담아 그에게 대접했네. 그러고는 자랑스러워했어. 자기들과 함께 앉아 있어도 표트르는 그들을 칭찬하고 벌주고 미친 듯이 날뛰다가 뺨도 쓰다듬을 수 있는 '아버지 차르'였거든.

이런 군주를 이해하려면 그의 어린 시절을 알아야 하네. 열 살에 차르가 된 그는 처음에는 황족들의 노리개였어. 한쪽 파벌이 정신박약아인 형 이반 대신 표트르를 제위에 앉혔네. 그러자 반대파는 섭정여제인 표트르의 어머니가 이반을 살해했다는 소문을 퍼뜨려 러시아의 엘리트 군인들인 근위대를 선동했어.

1682년 5월 17일, 붉은 옷을 입은 사나운 남자들이 "여제와 그 가족을 죽여라"라고 외치며 크렘린 궁의 대형 바깥 계단을 통해 쳐들어왔어. 거기서 그들은 오른손에는 표트르를, 왼손에는 죽었다던 이반을 데리고 서 있는 여제와 맞닥뜨렸어. 근위대는 한순간 주춤하더니 술에 취한 듯이 계속 난리를 피웠네. 이반이 살아 있다는 사실에는 이제 관심도 없었던 거야. 그들은 봉급 인상과 더 많은 특권을 요구하며 고래고래 소리를 질렀네. 표트르의 숙부가 여제를 보호하며 앞으로 나섰어. 그러자 한순간에 그의 목이 표트르 발 앞으로 굴러떨어졌어. 어린 표트르는 어머니와 함께 달아나 궁전 예배당으로 몸을 숨겼네. 근위병들은 계속 궁에서 난동을 부리고 이반을 제위에 앉혔어. 그러나 사실은 반란을 지휘했던 표트르의 이복 누이 소피아가 실권을 잡고 어린 표트르를 모스크바 근교의 여름 별장으로 내쫓았네.

이때가 우리 외국인들에게는 기회였어. 표트르는 자신을 그곳에 가둔 '과거의 러시아'를 청산하고 싶어했어. 자신의 처지를 이렇게 만들고 그 끔찍한 사건을 일으킨 것도 그는 과거의 러시아라고 생각했지.

표트르는 유럽의 군인들을 성으로 데려왔고, 신분을 숨긴 채 외국 여러 도시를 여행하고 항해술을 배웠네. 그러면서 러시아의 독자적인 함대를 만들겠다는 그의 꿈이 피어났어. 그는 가는 곳마다 새롭고 신기한 문물들을 보면서 신들린 사람처럼 공부했어. 그가 러시아 사람들에게 선물하고 싶었던 것, 필요하다면 억지로라도 강요하고 싶었던 것은 문명이었네.

여느 날처럼 어제 항구로 새 러시아 함대를 보러 갔을 때도 그랬어. 수병들이 영국에서처럼 호각을 불며 분열 행진을 하지 않고 신나게 환호하며 그를 영접하자 표트르는 화가 났어. 그는 수병들을 줄사다리 위로 몰아대고는 고소 공포증의 낌새가 보이는 병사들을 모조리 두들겨 팼네. 결국 그는 가장 날쌘 병사와 경주하며 돛대 꼭대기까지 올라갔어. 당연히 그가 먼저 올라갔지. 올라가서 아래를 내려다보고 이렇게 소리쳤네. "유럽에서는 이렇게들 한다."

내가 이 말을 처음으로 들은 것은 1698년 9월 5일이었어. 근위대가 반란을 일으키자 표트르는 유럽 여행을 중단하고 돌아왔네. 그리고 너울거리는 수염을 기르고 긴 카프탄을 입은 러시아 귀족들을 크렘린 궁으로 초대했어.

루이 카라바크, 〈폴타바 전투의 표트르 대제〉, 1718, 캔버스에 유화, 에르미타쥐박물관, 상트페테르부르크, 러시아.

손님들은 고기를 넣은 전통적인 밀전병인 피로슈키를 맛있게 먹고 있었어. 시종들이 모든 참석자들을 접대했네. "그대들에게 줄 선물을 가지고 왔소." 밝은 목소리로 이렇게 말한 표트르는 아주 다정한 표정으로 커다란 가위를 꺼내더니 한 장군을 향해 뛰어갔네. 그가 어떻게 손을 쓰기도 전에 표트르는 장군의 수염을 자르고 그의 카프탄을 무릎 길이까지 잘라버렸어. 차르는 미친 듯이 웃으며 소리질렀어. "유럽에서는 이렇게 한다."

귀족들은 덜덜 떨며 그 공포를 견디어냈네. 하느님이 최후의 심판일에 수염도 없는 자신들을 어떻게 알아보실까? 수염은 남성성의 상징 아니던가? 그들 대부분은 이 차르가 사탄이 보낸 사람이라는 성직자들의 말이 옳다는 확신이 들었네.

그러나 표트르가 러시아의 개화를 시작한 날은 이걸로 끝나지 않았어. 그는 대리인들에게서 반란 근위병들 중 52명만 처형되었다는 이야기를 들었네. 차르는 말을 대령시키고는 우리 유럽 장교들에게 따라오라고 손짓했어. 감옥에서 그는 누더기를 입은 죄수들을 앞에다 불러놓고 호령했어.

"너희들이 또 내 목숨을 노렸겠다, 이 개자식들!"

그는 목수일을 배워서 다룰 줄 알게 된 도끼를 들고 근위병 다섯 명의 목을 쳤네. 그는 르포르와 내게도 똑같이 따라하라고 하더군. 우리는 물론 점잖게 사양했지. 그랬더니 그는 혼자서 처형을 계속했다네. 스무 명도 넘는 죄수들의 목을 치고 난 그는 땀과 피로 범벅이 된 채 우리에게는 눈길도 주지 않고 말에 올라탔어.

"러시아를 길들이기에는 당신네 유럽인들은 너무 약해빠졌어."

다시 어제 일을 얘기하겠네. 오후가 한참 지나서야 우리는 다시 궁으로 돌아왔고 파티가 시작되었어. 프랑스 의상을 입도록 규정되어 있었고 요리도 프랑스식으로 나왔지. 식사 때와 마찬가지로 표트르는 이 파티에서도 적응하지 못했어. 그는 먹음직한 토끼구이를 연달아 게걸스럽게 입에 퍼넣고는 러시아 맥주 크바스를 잔뜩 들이키며 음식을 삼켰지. 시간이 갈수록 파티에서 유럽식 체면치레는 사라졌네.

장군 두 명이 서로 치고받고 싸우니까 표트르가 직접 끼어들었어. 노브고로트 출신의 한 귀족은 치통이 있다고 했어. 차르는 신이 나 어쩔 줄 모르면서 은집게를 가져와 격렬히 저항하는 그 귀족의 썩은 이를 잡아뺐네. 시종은 그 이를 깨끗이 닦더니 러시아 귀족들의 이가 수천 개나 들어 있는 가죽 자루에 집어넣었어. 자정 직전에 고위 귀족들이 식탁 밑에서 잠이 들고 나서야 차르는 집무실로 돌아갔네.

그곳에는 수많은 책과 서류와 제국 각지에서 올라온 보고서들 틈에 호두를 넣은 일종의 곡물죽인 구르예브식 카샤가 차르를 위해 준비되어 있었네. 자신이 좋아하는 음식을 볼이 미어터지도록 먹는 동안 그는 앞에 있는 서류들을 모조리 검토했네. 옆에서는 관리들이 앉아 차르가 설명이 필요할 때마다 울리는 종소리가 나기를 기다리고 있었지. 그는 먼저 유럽에서 나온 기술과 수학 관련의 새 책들을 열심히 읽으며 메모장에 이렇게 기록했네.

"라이프니츠의 영구 운동기관에 대해 물어볼 것!"

다음으로는 러시아 어업에 관한 메모를 들여다보며 우카스(차르의 칙령)를 받아쓰게 했네.

"고래잡이를 장려하라!"

그는 종을 울려 관리를 부른 뒤 앞으로는 프랑스 신문을 더 많이 보게 하라고 못마땅한 투로 명령했어. 마지막으로는 농부의 아이들이 볼 새 교과서의 구상에 노심초사하며 아이들이 글을 읽고 쓸 줄 알아야 한다고 말했네.

아 참, 우리 유럽인 중 한 명은 항상 차르 곁에 앉아 그의 눈이 감기지 않도록 열심히 지키고 있어야 하네. 그렇게 하지 않으면 그는 꽤 거칠게 흔들어야 잠에서 깬다네. 어제는 내가 당번이 되어 새벽 다섯 시까지 차르와 함께 제국의 확장 정책을 논의했네. 흑해와 발트해까지 진출한 그는 중국과 인도와 몽골을 넘어 계속 바다로 나아갈 생각을 하고 있지. 그는 나하고 이야기하면서도 계속 보고서를 읽으며 거기에 지시 사항을 적어넣었네. 동이 틀 무렵에야 그는 야전침대에 몸을 뉘였어…….

지금 차르의 방에서 다시 시끄러운 소리가 들려오네. 글을 마쳐야겠어. 러시아 사람들이 벌써 대제라고 부르는 표트르 덕분에 러시아는 분명히 다른 나라로 탈바꿈했네. 자네와 자네 친구들이 투자해볼 만한 나라임에 틀림없네…….

표트르 대제를 위한 별미

§ 피로슈키(고기를 넣은 밀전병) §

◉ 준비시간 : 20분+20분 | 요리시간 : 30분

◉ 재료(4인분)

밀가루 400g · 버터 100g · 달걀 2개 · 발효 생크림 180g · 소금 1/2찻술 · 쇠고기 300g · 양파 1개 · 볶음용 기름 1술 · 육두구 1~2g · 소금과 후추 · 완숙한 달걀 2개 · 작은 얼음조각 · 액상 버터 2술

| 요 · 리 · 법 |

밀가루에 버터를 넣어 주무르다가 휘저은 달걀, 발효 생크림, 소금을 넣고 반죽을 만든 뒤 덮개를 덮어 20분 이상 놓아둔다. 쇠고기는 주사위 모양으로 썰고 양파는 잘게 다져서 기름을 두르고 볶는다. 조금 식혔다가 고기를 다지고 육두구, 후추, 소금을 충분히 뿌려 강한 맛을 낸다. 완숙한 달걀도 다져서 고기에 넣는다. 반죽을 아주 얇게 밀어, 가로 세로 10cm로 사각형 피를 뜬다. 피 중앙에 고기 내용물 2술을 얹고 작은 얼음조각 한 개를 넣는다. 사각형 피를 삼각형으로 접고 테두리를 잘 눌러 붙인다. 피로슈키에 액상 버터를 바르고 미리 가열한 오븐에서 220도로 10분간 굽는다. 시간이 되면 오븐 온도를 180도로 낮춰서 다시 한 번 20분 동안 완전히 구워낸다.

§ 토스트빵과 보드카를 곁들인 철갑상어알 §

◉ 준비시간 : 10분

◉ 재료(4인분)

러시아 철갑상어알(세브루가)[16] 40g · 토스트빵 8장 · 크렘 프레슈 100g · 보드카

| 요 · 리 · 법 |

철갑상어알, 버터를 바른 토스트빵과 크렘 프레슈를 시원한 쟁반에 함께 차려 준비한다. 보드카 한두 잔과 마시면 좋다.

---

§ 바다생선으로 만든 우하(생선 수프) §

◉ 준비시간 : 10분 | 요리시간 : 25분

◉ 재료(4인분)

감자 2개 · 당근 작은 것 1개 · 양파 1개 · 파슬리 뿌리 1/2개 · 소금물 1리터 · 대파(흰 부분만) 1개 · 월계수잎 2장 · 후추알 8개 · 사프란 1~2g · 바다농어 800g · 이논드 1술 · 납작하고 얇게 썬 레몬 4개

| 요 · 리 · 법 |

감자는 작은 주사위 모양으로 썰고, 당근은 납작하고 얇게, 양파는 고리 모양으로, 파슬리 뿌리는 작은 조각으로 썰어 소금물에 넣고 10분간 약한 불에

16) 보통 벨루가(Beluga), 오세트라(Osetra), 세브루가(Sevruga)로 구분하는 철갑상어 중에서 가장 흔한 종류인데 단백질과 지방이 매우 많다.

서 삶는다. 파를 작은 고리 모양으로 썰어 월계수잎, 후추알, 사프란과 함께 앞의 재료에 한데 섞어 5분간 가열한다. 생선을 먹기 좋은 크기로 잘라서 넣고 다시 한 번 10분 동안 약한 불에서 끓인다. 프라이팬을 불에서 내리고 월계수잎과 후추알은 건져낸 뒤 뚜껑을 덮고 생선 수프를 5분간 뭉근하게 곤다. 다진 이논드와 레몬 썬 것을 수프 접시에 펴 담고 그 위에 생선 수프를 붓는다.

---

§ 구르예브식 카샤 §

◉ 준비시간 : 30분 | 요리시간 : 70분

◉ 재료(4인분)

개암 열매(껍질을 벗겨 간 것) 250g · 호두(껍질을 벗겨 간 것) 250g · 생크림 3/4리터 · 거칠게 빻은 밀 100g · 우유(필요할 때에만) · 설탕 4술 · 버터 2술 · 계피 1찻술 · 카르다몸 1~2g · 딸기잼 300g · 팔각(스타아니스)[17] 1~2g

| 요 · 리 · 법 |

곱게 간 개암 열매와 호두를 물 200ml와 함께 절구에 넣고 빻는다. 생크림을 파이틀에 넣고 180도로 가열한 오븐에 넣는다. 표면에 강한 거품이 생기고 갈색으로 변하기 시작하면 거품을 걷어낸다. 이를 10번쯤 반복한 뒤 거품을

17) 예부터 중국에서 돼지고기나 오리고기 요리를 만들 때 많이 쓰는 향신료로, 별모양을 닮아 스타아니스라고도 한다. 요리 주재료의 나쁜 냄새를 없애주고 독특한 향기로 맛을 살려준다. 오향장육과 같은 찜에 주로 쓰이며 통째로 넣어 음식과 함께 끓인다.

따로 받아놓는다. 남아 있는 생크림을 프라이팬에 넣고 거칠게 빻은 밀과 함께 섞어서 젓는다. 필요할 경우 우유를 넣고 30분 동안 저으면서 걸쭉한 죽 상태가 될 때까지 끓인다. 여기에 개암 열매, 호두, 설탕, 버터, 계피, 카르다몸 간 것을 넣어 잘 젓는다. 케이크틀에 버터를 바르고 곡물죽부터 앉히고 그 위에 생크림 거품을 얹는 과정을 반복한다. 마지막에서 두번째에 앉힌 곡물죽에 딸기잼과 팔각 간 것을 섞어 넣는다. 미리 가열한 오븐에 넣어 축축하고 단단한 케이크로 변할 때까지 180도로 40분 가량 굽는다. 상에 차리기 전에 쟁반에 쏟아부어 딸기잼을 바른다. 따뜻한 채로 내놓거나 차게 해서 상에 올린다.

---

§ 토끼구이 §

◉ 준비시간 : 25분 + 36시간 | 요리시간 : 85분

◉ 재료(4인분)

파슬리 뿌리 1개 · 당근 1개 · 셀러리 줄기 1개 · 양파 1개 · 소금 2술 · 자메이카 후추알 10개 · 월계수잎 5장 · 정향 열매 4개 · 카르다몸 3톨 · 포도 식초 200ml · 물 400ml · 마늘 4쪽 · 토끼 1마리(약 1.5kg) · 후추알 4개 · 정향꽃 2개 · 두송 열매 10개 · 베이컨 50g · 소금 · 버터 40g · 발효 저지방 생크림 100g

| 요 · 리 · 법 |

파슬리 뿌리, 당근, 셀러리는 작은 주사위 모양으로 썰고 양파는 고리 모양으로 썰어 소금, 자메이카 후추알, 월계수잎, 정향 열매, 카르다몸과 함께 물과 식초를 섞은 식초물에 넣어 15분간 끓인다. 마늘을 다져서 넣은 후 마리

네이드 소스를 차게 식힌다. 준비된 토끼고기를 소스에 넣어 36시간 동안 재워 둔다. 토끼고기를 꺼내어 물기를 잘 닦는다. 후추, 정향, 두송 열매를 절구에 넣어 빻은 다음 베이컨을 길쭉하게 썰어 향신료에 굴려 묻힌다. 꼬챙이를 이용해 토끼고기에 베이컨 썬 것을 꽂아놓고 안팎을 소금과 버터로 문지른 뒤 예열한 오븐에서 200도로 15분간 굽는다. 온도를 180도로 내려 다시 60분간 구우면서 고기에서 나온 즙과 마리네이드 소스를 계속 끼얹어준다. 시간이 다 되면 토끼고기에 발효 생크림을 바르고 10분간 완전히 굽는다. 껍질을 벗겨 주사위 모양으로 썬 감자를 고기와 함께 익힐 경우에는 토끼고기가 다 구워지기 30분 전에 오븐에 넣도록 한다. 토끼고기 즙으로 익힌 감자와 버터에 볶은 새콤한 사과를 곁들여 먹으면 맛이 좋다. 음료로는 호밀빵, 이스트, 설탕, 건포도로 만든 러시아인들의 맥주인 크바스가 어울린다. 토끼고기를 베이컨으로 말아 요리한 토끼찜도 만들어보았는데, 결과는 아주 만족스러웠다.

철갑상어알과 보드카의 나라

차르가 지배한 러시아는 음식에서도 유럽의 그 어느 곳보다 극과 극이 대립한 나라였다. 모스크바와 상트페테르부르크 같은 곳에서는 호화로운 진수성찬으로 생활한 반면, 인구의 대다수는 빈약한 음식으로 연명했다. 이들의 주식은 대개 곡물, 그 중에서도 거친 호밀이었다. 농부의 아내들은 호밀로 구운 검은 빵을 식사 때마다 상에 차렸다.

그밖에 '카샤'라고 하는 메밀죽도 있었다. 또 다른 주식의 하나인 양배추는 여름에는 날것으로, 겨울에는 소금과 식초에 절여 먹었다. '양배추 수프와 메밀죽은 우리의 어머니!'라는 오래전 속담이 오늘날까지 입에 오르내리고 있다.

전쟁과 상업으로 여러 곳을 여행한 상류층 사이에서는 슬라브와 북유럽과 비잔틴의 요소들이 혼합된 음식이 발전하여 17세기와 19세기에 걸쳐 러시아 요리로 자리잡았다. 슬라브식으로는 보리, 사탕무, 양배추, 버섯, 야생꿀, 호두, 야생동물이 있었고, 북방식으로는 생선, 훈제 고기, 발효 생크림, 도수가 높은 술이 있었다. 비잔틴의 영향은 철갑상어알, 양고기, 메밀, 말리거나 설탕에 절인 과일, 그리고 감각적인 식사 분위기로 나타났다.

19세기가 되면서 프랑스 요리가 현대적인 음식으로 각광받았지만, 식단은 철저히 러시아적인 특성을 유지했다. 식사는 언제나 '사쿠스카' 라는 이름의 가벼운 전채 요리 뷔페로 시작되었는데, 고기 경단, 닭간, 콩팥, 소시지, 피로슈키 등으로 구성되었다. 그밖에 각종 고기파이, 절인 채소나 버섯, 뱀장어나 청어 같은 생선도 나왔다.

그러나 무엇보다 핵심은 러시아 요리에서 신분의 상징으로 통한 철갑상어알과 보드카였다. 당시 러시아에서는 매년 1,000만 킬로그램의 철갑상어알이 생산되었다. 살롱에서는 구운 흰빵에 여러 색깔의 철갑상어알을 발라 대접하는 것이 품위 있는 접대로 인식되었다. 그 전에 손님들은 이미 여러 잔의 보드카를 마신다기보다는 입에 들어부었다. 보드카에도 여러 종류가 있어서 투명한 것을 마시거나 송로버섯, 들소풀, 구스베리, 후추를 넣어 만든 것을 마셨다.

외국 외교관들은 신임 사절이 부임하면 이 '사쿠스카' 를 주요리로 생각하지 말라고 경고했다. 본격적인 식사는 이 전채 요리가 끝난 뒤 각종 수프가 잇달아 나오면서 시작되기 때문이다. 수프를 먹고 나면 생선코스가 이어지고 마지막으로 야생동물 요리와 고기 요리가 나왔다. 이 모든 요리들은 유럽 각지의 궁정 요리와 별로 다르지 않았다. 러시아의 지방 요리들은 기껏해야 요구르트 소스, 샤실리크(양고기 구이), 양배추, 식초에 절인 참소리쟁이 등이 식탁 한구석에 자리를 잡았을 뿐이다. 그 대신 후식이 끝난 뒤에는 펄펄 끓는 사모바르에서 받아낸 차를 마심으로써 전형적인 러시아 음식으로 끝을 맺었다.

20. 절대 권력의 제국에서

"오만한 로마여, 티투스와 트라야누스를 자랑하지 말라.
아우구스트는 저들보다 더 많은 이에게 선정을 베풀었도다!
작센공국 전체와 온 세계가 인정할지니
그는 일개 국왕이 아닌 아버지로 불려야 할 것이다.
어떤 것이 현명하고 관대한 치세인지,
어떻게 백성을 평화시에도 전쟁에 대비시키는지,
어떻게 학문을 융성하게 하여 예술로 만드는지,
어떻게 오만한 적들을 쳐부수고 자신도 극복하는지,
어떻게 복수의 달콤함을 외면할 수 있는지,
어떻게 나라의 번영을 헛된 명성욕보다 중히 여기는지,
아우구스트는 이 모든 것을, 아니 그 이상을 증명하였도다.
고대에는 헤라클레스가 칭송한 것들이도다!"

— 1733년 궁정 고문 항켄이 아우구스트 강성왕에게 바친 찬사 중에서

"속을 넣은 그 달걀, 맛있지 않습니까?" 세르게이 톨스토이가 몸을 돌리자 낯선 남자가 눈앞에 서 있었다. 남자는 콧수염을 비비 꼬며 느릿하게 물었다. "목공소에서…… 오셨습니까?"

"아버님이 보내셨습니다." 세르게이가 고개를 끄덕였다. "그쪽은……."

"겔른하우젠이라고 합니다. 하인리히 폰 겔른하우젠 남작입니다. 작센 사람으로 러시아 공사관에서 근무하며 지금은 귀하를 모시도록 되어 있습니다. 귀하는 성함이 톨스토이이고 표트르 황제가 이 결혼식의 참관인으로 보내신 분이지요? 차르의 비밀고문 겸 법률고문인 분과 친척이십니까?"

"돌고 돌아 먼 친척이 됩니다. 하지만 저는 지극히 평범한 러시아 귀족입니다……."

"그래도 비밀 임무 수행차 항상 외국에 다니시지 않습니까?" 독일인이 그의 말을 끊었다. "업무 얘기는 나중에 하고 이 사쿠스카 좀 더 드십시오. 드레스덴에서 요즈음 인기가 많습니다. 요리법은 선제후 아우구스트가 폴란드 왕관을 가져올 때 함께 가지고 왔지요. 작센 사람들은 그의 애인 중 누가 요리법을 알려주었을까 하고 추측이 분분합니다. 세련된 루보미르스카 백작녀인지, 아니면 다혈질인 바르샤바의 술집 여주인 레나르인지……."

두 사람은 새로 조성된 드레스덴의 거대한 츠빙거 궁의 정원을 천천히 걸었다. 1719년 9월에 준공된 궁전이었다. 준공 날짜는 선제후의 왕자 아우구스트와 합스부르크 황실의 딸 마리아 요제파의 결혼식 날로 정해져 있었다. 곳곳마다 수많은 손님들이 음식을 들 수 있는 간이 음식대가 있었고, 식사가 끝나면 손님들은 관람석으로 올라가 행사를 지켜볼 수 있었다. 바로 얼마 전까지 정원의 사각형 공간 안에서는 빈식의 승마 발레가 펼쳐졌지만, 세르게이는 이것보다 목창이 부러지고 한 남자가 높다랗게 아치를 그리며 안장에서 떨어져나가는 기사들의 무술 경기에 더 열광했다.

"국왕께서는 무슨 일이 있어도 준공식을 결혼식 날짜와 맞추려고 했습니다. 그래야 세계 각국에서 군주와 외교관들이 참석할 테니까요. 그래서," 겔른하우젠은 세르게이에게 가까이 다가가 귀에다 대고 은밀히 속삭였다. "왕은 아직 완공되지 않은 궁전의 일부를 나무로 똑같이 만들어 칠을 하게 했습니다."

"적어도 축제와 여자에 관해서 아우구스트는 유럽 군주들 가운데 일등이 되고 싶어하지요." 세르게이가 비웃었다. "왕을 과소평가하지 마십시오." 작센인이 대답했다. "국왕께서 거창한 축제를 열기 좋아하고 몸소 의전관 역할을 하는 것에 취미가 있기는 합니다. 그저께 선제후 왕자와 신부의 입성 행렬을 보시지 못한 게 참 유감입니다. 두 분께서는 황금 배를 타고 엘베 강을 내려와 엘베 강 초원지에서 십 개 연대의 영접을 받았습니다. 초원 중앙에는 진홍색 예복에 다이아몬드로 치장을 한 아우구스트 강성왕이 번쩍거리는 비단 제복을 입은 투르크 근위병들의 호위를 받으며 서 있었지요. 왕은 축제와 예식에 대한 조예가 깊으며 그 의미 또한 잘 알고 계십니다. 유럽에서는 한 민족의 부와 비중이 궁전의 광채와 화려함으로 평가되고 있어요. 주목을 끈다는 것은 돈을 국내로 벌어들인다는 뜻이기도 합니다. 귀하가 이곳에서 보시는 옷과 장식, 가구들은 작센공국에서 만든 것으로 모두 살 수 있는 것들입니다. 몇몇 공방에서는 전시 물품을 구경하고 상품을 주문할 수 있는 정자까지 축제장에 세웠습니다."

"그 물건들이 생산되는 공방을 둘러볼 수 있습니까?" 세르게이가 물었다. "차르께서 될 수 있으면 많은 곳을 둘러보라고 지시하셨거든요."

"국왕 전하께 허락을 받아야 합니다." 겔른하우젠이 말했다. "허락이 없으면 외국 첩자로 오해받기 십상이고, 그런 첩자들은 이곳 작센에서도 즉결 처분됩니다."

"하지만 차르께서 무엇을 알고 싶으신지 귀하도 아시지 않습니까. 자기 제조의 비법 말입니다." 겔른하우젠은 고개를 끄덕였다. "차르의 명령을 저도 알고 있습니다. 하지만 그 이야기를 하자면 깁니다. 우선 무엇 좀 먹읍시다. 저 앞에 괜찮은 폴란드식 오이 수프가 있군요."

정원 벤치에 앉아 나무 대접에 담긴 수프를 먹은 뒤 작센인이 이야기를 시작했다. "1700년 초였을 겁니다. 제가 모스크바에서 돌아와 러시아 영사관 근무를 시작했을 때니까요. 그때 저는 '황금 만드는 사람을 찾아내어 러시아로 데려오라' 는 그 간결하기로 유명한 차르의 명령을 받았습니다. 그래서 이리저리 수소문한 끝에, 요하네스 쿵켈이라는 유명 연금술사의 제자인 요한 프리드리히 뵈트거가 황금을 만드는 사람이라는 걸 알아냈습니다. 그런데 이 사람이 비텐베르크에서 의학 공부를 마친 뒤 갑자기 사라졌어요. 궁에 있는 정보원 말에 따르면, 선제후가 이 사람을 납치해 쾨니히슈타인 요새로 데려갔다는 것입니다. 만일 수학자이자 물리학자인 치른하우스 백작이 뵈트거의 재능을 알아보고 그의 관심을 다른 곳으로 돌리지 않았다면 아마 뵈트거는 지금까지도 금을 만들어내려고 헛고생을 하고 있을 겁니다. 이들 두 사람은 철이 함유된 점토로 실험을 하면서 아주 단단한 도기를 만드는 데 성공했고, 이어서 중국 것보다 단단하고 오래 가는 백자까지 만들었습니다. 뵈트거는 1710년에 드레스덴 자기 공방의 책임자가 되었지만 요새에서 풀려난 것은 그로부터 4년 뒤였어요. 그리고 요 몇 달 전에 죽었습니다. 하지만 이 '흰색 황금' 을 만드는 재료의 혼합 비율은 여전히 이 나라의 일급 비밀 중 하나입니다. 저는 무슨 일이 있어도 아우구스트 선제후께 그 부탁은 할 수 없습니다."

"언제 선제후를 만나뵐 수 있습니까? 미리 손을 좀 써놓으셨습니까?" 세르게이가 물었다. "기다리십시오. 우선 저 커다란 천막으로 들어가십시다."

두 사람은 점점 늘어나는 군중을 뚫고 나아갔다. "일반인도 이런 축제에 올 수 있다는 말이 맞습니까?" 러시아인이 물었다. "네. 드레스덴의 수공업자와 시민들은 이런 축제에 참여하는 것으로 보상을 받고 있습니다. 물론 선택되고 후원을 받는 사람들이지만, 이들도 아무데나 다 들어갈 수 있는 것은 아닙니다. 축제장에는 입장할 수 있지만 성 안에는 불가능합니다. 그래도 이런 묘안들 때문에 국왕은 백성들 사이에서 인기가 대단히 많습니다."

천막 입구에서는 병사 몇 명이 서서 도착하는 모든 사람들을 꼼꼼히 검문하고 초대권을 검사하고 있었다. 하인리히 겔른하우젠은 인장이 찍힌 문서를 보이고 들어갔다. "먼저 주인한테 가봅시다." 하인리히가 짓궂게 말했다. "또 먹는단 말입니까?" 러시아인이 앓는 소리를 했다. "꼭 표트르 황제 같군요." 겔른하우젠은 싫다는 사람의 팔을 잡고 앞쪽에 있는 바로 밀었다. 그곳에서는 몸무게가 족히 100킬로그램은 나가는 남자가 손님들을 접대하고 있었다. 그는 도축용 칼을 들고 꼬치에 꿰어 구워진 오리고기를 조각으로 잘라 작은 대접에 놓고 그 위에 김이 나는 소스를 끼얹었다. 겔른하우젠을 보자 그가 웃으며 손짓을 했다. "이리 오시오, 작센의 러시아 양반. 같이 오신 분도 꼭 이 비육 오리고기 맛을 보셔야 합니다. 절인 버찌 소스와 함께 먹으면 대단히 맛있어요……."

"정말 먹고 싶지 않다니까요." 세르게이가 거절했으나 동행한 작센인은 그를 팔꿈치로 치며 옆으로 밀고 쉿 소리를 냈다. "드셔야 합니다……."

"……아마 우리 사촌 페터도 맛있다고 할 거요." 거인은 또 다른 음식점 주인에 대해 큰 소리로 이야기했다. "저 사람은……." 러시아인이 저도 모르게 이렇게 말했다. "작센 선제후이자 폴란드 왕이신 아우구스트입니다." 겔른하우젠이 속삭이며 덧붙였다. "며칠 후 전하를 알현하려거든 이 게임을 같이 하시오."

“감사합니다. 주인 양반. 정말 맛있군요.” 한 입 맛을 본 톨스토이는 만족스럽게 고개를 끄덕이는 주인과 작별을 하며 이렇게 말했다.

“저 분이 왜 아우구스트 강성왕이라고 불리는지 이제야 알겠습니다.” 러시아인이 하인리히에게 말했다. “국왕께서는 오히려 최근에 살이 빠졌습니다. 지금보다 훨씬 살이 쪘던 때를 저는 알고 있지요.” 작센인이 말했다. “사람들은 그가 병이 났느니 혹은 여자들과 전처럼 잠자리를 많이 하지 않느니 하며 수군거립니다.”

“그의 별명도 그래서 붙여진 것이로군요.” 세르게이가 덧붙였다. “사람들이 그를 ‘황소가 된 정력가’ 나 ‘호색한’ 으로 부른다는 말을 들었습니다.”

“진실과 악의적으로 날조된 이야기를 구분하셔야 합니다, 톨스토이. 아우구스트는 한때 바람둥이였고 지금도 어느 정도는 그렇습니다. 형의 압력으로 자신은 원하지 않았던 크리스티아네 에버하르디네와 결혼을 하고 본처 외에 계속 정부를 두었으니까요.”

“하지만 그것이 강제 결혼에 대한 반발로만 그런 것은 아니지 않을까요?” 세르게이가 짐작하며 말했다. “유럽의 대군주가 되려면 프랑스 왕에 필적해야 하니까, 아니 가능하면 그를 능가해야 하니까 그런 것인지도 모릅니다. 제가 드레스덴 사람으로 말씀드리는 것이지만, 이것이 작센과 그 군주가 안고 있는 문제입니다. 작센은 강대국들과 힘을 겨루기에는 너무 작은 나라입니다. 프로이센 같은 중견국과 견주기도 힘듭니다. 실질적인 권력이 없을 때 사람들은 그것을 사치와 화려함으로 보상하려고 하지요.”

“그리고 생식력으로도요.” 러시아인이 비웃으며 덧붙였다.

“그 문제에서도 아우구스트는 사람들이 생각하는 것보다는 정도가 덜합니다. 그에게는 내일 결혼하는 적법 후계자가 있고 그밖에 일곱 명의 서출들이 있습니다. 왕은 이들에게도 모두 신경을 씁니다. 아우구스트는 이들을 전부 자식으로 인정했고 훌륭한 아버지 노릇을 하고 있습니다. 재위 중에 그는 네 명의 공식적인 정부를 두었고 연애도 대여섯 번 했을 겁니다. 그래도 그건 유럽 군주들의 평균치보다 많지 않습니다……."

"하지만 아우구스트가 무려 삼백 예순 네 명의 자식을 낳았다고 하지 않습니까."

"글쎄요, 일 년의 날수에 해당하는 그 숫자가 참 당혹스럽지요. 저는 이 소문이 작센의 루터 교회에서 나왔으리라고 확신합니다. 왜냐하면 아우구스트가 신교에서 구교로 개종하던 바로 그때에 소문이 나왔거든요. 그렇게 개종해야만 폴란드 왕위를 얻을 수 있었기 때문이지요……."

겔른하우젠은 다시 러시아인의 팔을 잡아 끌었다. "그런 소문이 후대에까지 아우구스트의 모습으로 각인되리라는 것을 저는 알고 있습니다. 하지만 그는 '침대 위의 정력가' 이상으로 경제도 진흥시키고 예술품도 만들게 했습니다. 이리로 오십시오." 프랑스 정자를 지나자 갑자기 두 사람 앞에 물의 세계가 펼쳐졌다. 분수와 인공 폭포에서 뿜어져나온 물이 위아래로 오르내렸고, 돌고래와 그리스의 바다 신들은 그 흐름을 향해 물기둥을 던지는 것 같았으며, 커다란 벽감 속에서는 돌로 만든 요정들이 그 모습을 지켜보고 있었다. 그곳에서도 물이 솟아오르면서 종유석과 비슷한 환상적인 형상이 위로 솟구쳐올랐다. "아우구스트 강성왕은 배우일지도 모릅니다. 하지만 어떤 배우가 이렇게 장엄한 광경을 만들어냈던가요?"

39년 동안 통치한 아우구스트 강성왕은 재위 말기에 몸무게가 겨우 70킬로그램밖에 나가지 않았다. 서서 걷는 것도 점차 힘들어지고 자주 질병에 걸렸지만, 그는 평소의 생활 습관을 버리지 못하고 끊임없이 축제를 열고 지나치게 먹고 마셨다. 폴란드로 떠난 마지막 여행길에서 쓰러진 그는 1733년 2월 1일에 세상을 떠났다.

아우구스트 강성왕을 위한 음식

§ 포도주 크림 §

◉ 준비시간 : 5분 | 요리시간 : 20분

◉ 재료(4인분)

달걀노른자 8개 · 레몬즙 2술 · 설탕 150g · 모젤 포도주 300ml · 레몬 1개

| 요 · 리 · 법 |

달걀노른자를 휘젓다가 레몬즙, 포도주 2술, 설탕을 넣고 잘 젓는다. 포도주를 약한 불에서 데우다가 계속 저으면서 달걀에 넣어준다. 끓이지 말고 뜨겁게 중탕으로 덥히면서 되직한 크림이 될 때까지 거품기로 잘 저어준다. 다 되면 식혔다가 레몬을 얇게 잘라 장식하고 차게 하여 상에 차린다.

---

§ 사쿠스카(속을 넣은 달걀) §

◉ 준비시간 : 30분 | 요리시간 : 10분

◉ 재료(4인분)

완숙한 달걀 8개 · 청어(소스에 절인 것) 4토막 · 잎양파 1개 · 사과 1개 · 삶은 감자 1개 · 풍조목 1/2술 · 해바라기씨 기름 3술 · 디종 겨자 1찻술 · 소금과 후추 · 파슬리 다진 것 1술 · 빨간

피망 잘게 썬 것 1찻술

| 요 · 리 · 법 |

완숙한 달걀을 반으로 자르고 노른자를 꺼낸다. 청어, 잎양파, 사과, 삶은 감자, 풍조목을 한데 섞어 곱게 다진다. 식혀둔 달걀노른자를 포크로 곱게 으깨어 해바라기씨 기름을 넣고 연한 노란색의 크림으로 변할 때까지 휘젓는다. 겨자, 소금, 후추로 양념을 하고 나머지 재료들과 섞어 달걀 속에 채워 넣는다. 달걀의 절반 분량에는 곱게 다진 파슬리를 뿌리고 나머지 절반에는 잘게 썬 빨간 피망을 뿌린다. 남은 내용물은 빵에 발라 먹어도 좋다.

---

§ 쇠고기를 넣은 오이 수프 §

◉ 준비시간 : 20분 | 요리시간 : 130분

◉ 재료(4인분)

쇠고기 800g · 대파 1개 · 당근 1개 · 셀러리 줄기 1/4개 · 파슬리 가지 1개 · 양파 1개 · 월계수잎 1장 · 정향꽃 1개 · 소금 1/2술 · 오이 피클 500g · 요구르트 또는 저지방 발효 생크림 250ml · 소금과 후추 · 오이 피클액 · 이논드 1술

| 요 · 리 · 법 |

쇠고기는 파, 당근, 셀러리, 파슬리, 월계수잎과 정향꽃을 꽂은 양파, 소금과 함께 찬물 1리터에 넣고 끓이다가 불을 약하게 줄여 120분 동안 뭉근하게 삶는다. 파슬리와 양파는 빼버리고, 고기의 4분의 1 분량과 채소들은 주사위

모양으로 썰고, 오이 피클은 강판에 굵게 갈아 전부 고기 국물에 다시 넣어 살짝 끓인다. 요구르트나 저지방 발효 생크림을 넣고 소금, 후추, 피클액을 조금 넣어 맛을 낸 뒤 다진 이논드를 뿌린다. 남은 고기는 다른 요리에 사용한다.

---

§ 절인 버찌 소스를 얹은 비육 오리고기 §

◉ 준비시간 : 10분 | 요리시간 : 90분
◉ 재료(6인분)
오리 1마리(약 2kg) · 소금과 후추 · 절인 버찌 500g · 적포도주 200ml

| 요 · 리 · 법 |

오리고기는 안팎에 소금과 후추를 뿌린다. 오븐을 220도로 가열하고 즙을 받을 용기에 물 한 잔 분량을 붓는다. 오리고기를 구이판에 올려서 80분간 구우면서 가끔씩 물을 뿌려준다. 절반 정도 구워지면 뒤집는다. 즙을 받는 용기의 물이 증발하지 않도록 한다. 오리고기를 꺼내어 은박지에 싸서 10분간 놓아둔다. 씨를 뺀 버찌를 적포도주에 넣고 5분 동안 약한 불에서 끓인다. 용기에서 만들어진 소스를 프라이팬에 붓고 기름기를 없앤 뒤 버찌 소스를 붓고 다시 살짝 끓인 다음 소금과 후추로 맛을 낸다. 잘라놓은 오리고기 주위에 소스를 끼얹는다.

독일과 폴란드의 로코코 요리

독일의 로코코 요리는 주로 프랑스 요리였다. 이를 위해 비싼 돈을 주고 프랑스에서 '요리장' 들을 데려오려는 경우가 많았다. 독일의 각 제후국들은 특히 장식에 많은 신경을 썼다. '코코아' 는 마이센 자기 찻잔에 담아냈고, 식기는 세브르산이 아닌 프랑켄탈과 님펜부르크산을 썼으며, 우아한 유리잔도 튀링겐에서 만든 것이었다.

아우구스트 강성왕은 드레스덴에서 호의호식하며 생활했다. 그는 태양왕처럼 미식가였을 뿐만 아니라 대식가이기도 했다. 당연히 음식에 대한 열정을 여자들에 대한 열정으로 연결시켰다. 그는 아우로라 폰 쾨니히스마르크 백작녀를 애인으로 두었을 때는 프랑스 요리를 좋아하는 그녀의 식성을 공유했다. 그 부산물로 남은 것이 굴과 송로버섯을 넣은 닭고기인 '풀레 오로라' 였다. 터키 애인 파티마를 위해서는 특별히 이스탄불에서 과자 제조인을 데려오게 했고, 폴란드 애인 루보미르스카는 '사쿠스카' 요리법을 전해주었다. 속을 넣은 달걀 요리인 사쿠스카는 동유럽과 중유럽의 일부 지역에서 지금도 부활절의 중요한 아침 식사이다. 아우구스트 강성왕은 이 음식이 남성의 정력을 높여준다고 믿었다.

왕실의 바람둥이 이야기는 그만하고 드레스덴 궁정으로 가보자. 1754년 8월 21일, 이곳에서는 바이에른 선제후의 딸로 작센공국으로 출가한 마리아 안토니아가 주최한 요리 경연대회가 열렸다. 출품된 음식으로는 러시아식 자고 파이, 오이와 닭가슴살을 곁들인 양넓적다리 요리, 송로버섯과 양송이를 넣은 송아지고기 스튜—이 요리에는 '고양이 울음소리'라는 기발한 이름이 붙여졌다—흰색 소스를 얹은 칠면조찜 등이 있었다. 후원자였던 마리아 안토니아는 수란을 넣은 비스킷 수프를 선보였고, 그녀의 장군 중 한 명은 피헬슈타이너[18]까지 준비했다. 이는 독일의 지역 요리가 더 이상 다른 나라 요리에 뒤지지 않는다는 것을 의미했다.

당시 유럽 각국의 궁정에는 국가적인 요리라는 것이 없었다. 이 시대에 국민 사상이라는 것이 아직 제 목소리를 내지 못한 것과 마찬가지였다. 루이 14세 때부터 프랑스에서 영향을 받은 유럽식 요리가 존재했지만 이것도 국제적인 요리였고, 여기에 각 나라의 지역 요리가 섞여 들어갔다.

폴란드 요리에서는 무엇보다 재료를 경제적으로 활용했다는 것이 특징이었다. 혹독한 겨울을 이겨내기 위해 요리사들은 저장의 달인이 되었다. 이들은 재료를 달거나 신 소스에 절여 저장하고, 말리거나 가루로 만들어 나중에 생선이나 고기와 함께 조리했다. 채소 중에서 두 가지를 꼽으라면 오이와 버섯을 들 수 있다. 오늘날에도 미식가들은 폴란드식 오이 요리와 버섯 요리를 즐겨 먹는다.

18) 각종 고기를 주사위 모양으로 썰고 감자, 양파, 향초를 섞어 냄비에 넣고 끓인 바이에른 지방의 찜요리.

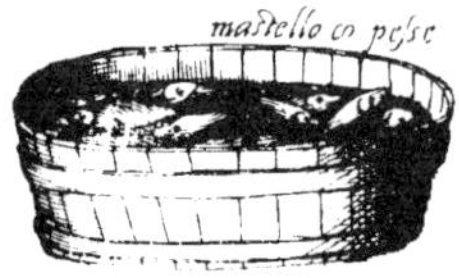

21. 퇴각과 영광의 갈림길에 선 대제

"정치적인 구상에 따라

호전적이고 현명하게 공격하였다.

누구도 그것을 예상하지 못하였으니

추진력이 난관을 극복하였고

유쾌함이 출정길에 함께하였다!"

— 프리드리히 2세의 슐레지엔 침공을 두고 1741년 1월 28일 볼테르가 쓴 글

자정이 훨씬 지났는데도 슐레지엔의 작은 마을 뢰벤에 있는 여각에는 아직도 불이 환하게 밝았다. 프로이센 보병들은 피곤하고 언짢은 얼굴로 문 앞에 서 있고 작은 주방 안에서는 사람들이 분주하게 움직였다. 식당 안에는 무척이나 지저분한 장교복을 입은 젊은 남자가 홀로 식탁에 앉아 있었다. 그는 더러움 따위에는 개의치 않고 손으로 꽃게를 잘라 홀짝거리며 게걸스럽게 먹은 뒤 바지에 손가락을 닦았다.

"서기를 불러오라."

그는 문 앞에 서 있는 시종에게 호령했다.

"주인한테는 다음 코스를 빨리 가져오라고 일러라."

하녀가 김이 나는 냄비를 들고 나타나 국자로 수프를 떠서 나무 대접에 담았다. 젊은 남자는 맛을 보더니 놀라 움찔하며 바닥에 내용물을 뱉었다.

"제기랄, 뜨겁기는."

남자가 욕을 했다.

"그리고 왜 이리 쓰지? 여기서는 수프에 무슨 맥주를 넣는 거야? 하긴 오늘도 쓰라린 날이었지." 그는 혼자서 중얼거렸다. 그사이 소리없이 식당으로 들어온 서기는 옆 식탁에 앉아 종이와 펜을 준비했다.

프로이센 왕이 된 지 아직 일 년도 채 안 된 프리드리히 2세는 일어나 뒷짐을 졌다.

"받아적어라. 1741년 4월 10일……." 그는 말을 끊었다. "아니, 벌써 4월 11일이군. 그리고 여기가 어디지?"

"브레슬라우 인근의 뢰벤입니다." 서기가 대답했다. 아직 서른 살도 안 된 왕은 은지팡이를 짚고 편지를 구술했다.

"1741년 4월 11일, 슐레지엔 오지 마을의 어느 곳.

친애하는 볼테르,

주사위는 던져지고 우리는 게임에 졌습니다. 하느님은 내게 가혹한 벌을 내리셨어요. 어제 오스트리아 여제의 군대와 맞부딪쳤습니다. 병력은 우리가 우세했지만, 적은 우리의 오른쪽 날개를 돌파하고 내 기병들을 패주시켰습니다. 슈베린 사령관이 당장 후퇴하자고 요청하여 결국 우리는 어느 망할 놈의 작은 마을에 있는 여각에 도착했습니다."

왕은 다시 식탁에 앉았다. 그렇게 간단한 일이 아니었어. 그사이 미지근해진 수프를 떠먹으며 그는 생각했다. 그것은 도주 이상도 이하도 아니었지. 운도 억세게 좋았고. 왕은 시인했다. 그를 따르던 병참 부대는 길을 잃고 잘못하여 적진이 있는 오펠른으로 들어갔다. 그리고 그곳에서 오스트리아 점령군의 포격을 받았다. 만일 그들이 프리드리히를 통과시킨 뒤 포로로 잡았더라면 사태가 어떻게 될지는 아무도 알 수 없었다. 프리드리히는 다시 일어났다.

"계속 받아적어라. 아직 일 년도 흐르지 않았는데, 재위 초에 새로운 군대 규정을 만들고 유럽의 여러 군왕에게 편지를 쓰는 틈틈이 독주곡을 작곡하고 그대를 위해 시를 짓던 때의 흥분은 아득히 먼 곳으로 가버린 느낌입니다. 물론 내가 자책할 것은 없습니다. 처음 몇 달 동안 많은 일을 했으니까요. 우선 나는 군비를 강화하여 16개 대대, 5개 기병 소대, 1개 친위대를 증강했습니다. 새 학술원의 기초를 닦고 무역과 산업을 담당할 새 관청도 설립했습니다……."

하녀가 들어와 바구니에 담긴 빵과 주석 접시에 놓인 두꺼운 간(肝)소시지를 가져오자 왕은 구술을 멈추었다. 프리드리히는 아직도 시장기가 있는 것을 느끼고 고기를 몇 조각 입에 넣었다. 이런 내 모습을 볼테르가 보면 경악을 하겠지. 그는 생각했다. "따뜻한 음식이 더 먹고 싶다고 주인에게 전하라." 그는 하녀에게 명령했다. 전보다는 덜 게걸스럽게 먹으면서 그는 당시 처음으로 철학자 볼테르를 만났을 때 겪은 갈등을 떠올렸다. 아직 왕세자였을 무렵 그는 《반마키아벨리론》을 저술하였고 볼테르는 이 책을 교열하여 익명으로 출판할 예정이었다. 물론 유럽의 교양인이라면 누구나 이 《반마키아벨리론》의 배후에 어떤 명석한 두뇌가 숨어 있는지를 금방 알았을 것이고, 그 역시 그렇게 되도록 할 마음이었다. 하지만 그는 왕으로서 철학자로만 만족할 것이 아니라 권력정치가가 되어야 했다.

"당시 나는 그대에게 내 《반마키아벨리론》의 발행을 막지 못하겠으면 적어도 몇 가지 표현을 완화해달라고 부탁했습니다. 왜냐하면 '국가 제1의 종'이 되려는 사람은 국시를 외면해서는 안 되기 때문입니다. 그리고 프로이센 왕의 입장에서 그것은 무엇보다 지속적인 영토 확장을 의미합니다. 자국 내에 산재한 수많은 타국 영토들을 묶어 하나의 국가로 만들기 위해서이지요. 합스부르크가의 황제 카를 6세가 사망했을 때 이 죽음은 내가 품고 있던 모든 평화적인 계획을 바꾸어놓았습니다. 내게는 화약, 군사, 참호가 여배우와 발레, 연극보다 더 중요해졌습니다."

프리드리히는 구술을 멈추고 마지막 남은 간소시지를 먹었다. 그는 외무장관 포데빌리스와 총사령관 슈베린의 당혹해하는 얼굴을 떠올렸다. 1740년 10월 26일 두 사람을 불러 슐레지엔을 점령하겠다고 천명했을 때였다. 이들은 우선 협상부터 하고 동맹국을 찾아볼 것을 제안했다. 그러나 프리드리히는 의논도 하지 않고 이렇게 말했다. "유리한 상황에 있으면 그 기회를 이용해야 합니다. 그렇지 않습니까? 우리에게는 만반의 태세를 갖춘 군대와 든든한 국고와 기세등등한 왕이 있습니다."

어쩌면 나는 기가 꺾였는지도 몰라. 프리드리히는 우울해졌다. 이제 항복하고 퇴각해야 하나? 그는 다시 왔다갔다 하며 구술을 계속했다.

"후세 사람들은 내가 언젠가 그대에게 자조적으로 썼던 말, 내가 전쟁을 일으킨 것은 신문에 내 이름이 나는 걸 보고 싶은 마음 때문이라는 것을 두고 나를 비난할까요? 지금도 나는 상황이 우리에게 대단히 유리했다고 확신합니다. 유럽의 모든 강국들은 합스부르크가의 약체화에 관심을 보였고, 빈의 옥좌에는 나약한 여자가 앉아 있었습니다. 나는 행동부터 하고 그 다음에 협상할 수밖에 없었습니다."

프리드리히는 잠시 말을 멈추고 킁킁거리며 냄새를 맡았다. 몸종이 식탁에 올려놓은 김이 나는 대접에서 맛있는 냄새가 난다는 걸 알아차렸다. "이

슈트리가우 전투에 참가한 젊은 프리드리히 대왕.

건 어떻게 가져왔느냐?" 이렇게 물은 그는 나무랄데 없는 옷차림을 한 시종의 빰을 쓰다듬었다. "밤을 넣은 텔토브 순무로 제가 좋아하는 음식입니다. 힘든 하루를 보낸 뒤 이튿날 아침을 상쾌하게 만들어줍니다." 이 음식은 프리드리히가 12월에 장교들과 헤어질 때도 먹은 것이었다. "여러분, 우리는 오이겐 왕자 밑에서 세상의 탄복을 받았던 군대를 공격할 것이오. 나와 함께 영광을 만나러 떠납시다."

전쟁은 그렇게 희망적으로 시작되었다. 이틀 만에 글로가우 요새가 포위되었고 브레슬라우는 성문을 열었다…….

"…… 친애하는 볼테르, 그대는 대전투 전날 밤에 쓴 것 치고는 그리 나쁘지 않은 시들을 여러 편 받았습니다. 그러나 빈에 있는 고집불통의 여자는 패배에 순응할 생각은 전혀 하지 않고 계속 군대를 동원했습니다. 그녀의 총사령관 나이페르크는 내가 있는 곳을 통과하여 퇴각로까지 차단하려고 했습니다. 하지만 나는 그의 계획을 간파하고 어제 몰비츠에서 그를 저지할 수 있었습니다. 우리는 병력에서도 우세하여 이만 이천의 군사로 만 팔천의 오스트리아 병력에 맞섰습니다. 그러나 전운이 따라주지 않더군요. 인생이란 그런 것인가 봅니다.

장차 내 앞에 어떤 운명이 펼쳐질지 모르지만 앞으로도 나는 진실한 시민으로, 회의적인 철학자로, 그리고 그대의 참된 친구로 남을 것입니다. 아직은 국왕인 프리드리히로부터."

왕은 여각 바깥에서 시끄러운 소리가 나는 것을 들었다. 벌써 오스트리아군이 온 것일까? 그는 긴장한 채 지팡이의 손잡이를 힘껏 움켜쥐었다.

문이 요란하게 열리고 프리드리히의 부관이 유리 대접을 들고 나타났다. "전하께 곡물 푸딩을 가져왔습니다." 부관은 심각하게 말하더니 이내 온 얼굴에 환한 웃음을 띠기 시작했다. "또 한 가지 소식이 있습니다. 전하의 보병 연대가 적과 결사적으로 맞서 싸워 물리쳤습니다. 전하께서 압도적인 승리를 거두셨습니다."

아직 그 누구도 대왕이라고 불러주지 않는 젊은 프리드리히는 멍하니 푸딩 한 숟가락을 먹었다. 그리고 서서히 사태를 파악했다. 피곤과 괴로움은 모두 달아나고 용기가, 아니 조금은 들뜬 기분까지 되돌아왔다. "내일 감사 예배를 드릴 것이다. 그리고……." 그는 빈의 호프부르크 궁에 있는 적수를 생각했다. "야전 군목은 이 성서 구절을 설교하라. '여자가 남을 가르치거나 남자를 지배하는 것을 나는 허락치 아니하니 오직 조용히 있을지니라!'"

프로이센의 프리드리히 2세는 훗날 이날 밤의 절망감을 웬만해서는 떠올리고 싶지 않았다. 이후로도 그는 빈에 있는 이른바 나약한 여인과 오랫동안 전쟁을 더 치르며 계속 애증 관계에 묶여 있어야 했다.

운명의 신 앞에 선 젊은 프리츠의 선택

§ 프리드리히 대왕의 가재 요리 §

◉ 준비시간 : 15분 | 요리시간 : 35분+약 2시간

◉ 재료(4인분)

파줄기(흰 부분만) 2개 · 당근 2개 · 잎양파 3개 · 버터 2술 · 쇠고기 육수 2리터 · 떫은 백포도주 1/2리터 · 레몬즙 1찻술 · 캐러웨이 1/2찻술 · 칠리 가루 1~2g · 파슬리 가지 1개 · 이논드 가지 1개 · 가재 1.5kg · 이논드 100g · 펌퍼니켈(거친 호밀가루로 만든 검은 빵) 8개 · 버터

| 요 · 리 · 법 |

야채를 씻은 뒤 납작하고 얇게 썰어 버터에 볶는다. 여기에 쇠고기 육수와 백포도주를 붓고 레몬즙, 캐러웨이, 칠리 가루, 이논드 및 파슬리 가지로 양념하여 30분간 끓인다. 체에 밭쳐 내용물은 걸러내고 즙을 다시 살짝 끓인 다음, 깨끗이 손질한 가재를 일인분씩 머리부터 끓는 즙에 넣고 5분 동안 삶는다. 대접에 이논드를 뿌리고 가재를 거품국자로 즙에서 떠내어 이논드 위에 놓는다. 즙을 반으로 줄어들 때까지 끓여 가재 위에 끼얹고 조금 식혀 미지근해지면 펌퍼니켈, 버터와 함께 상에 차린다.

꽃게를 이용해도 좋다. 이때는 요리시간이 20분 정도 걸린다. 통조림에 든 가재 살을 이용해도 맛이 좋다.

§ 집에서 만드는 간소시지 §

◉ 준비시간 : 30분 | 요리시간 : 150분

◉ 재료(12인분)

돼지 삼겹살 250g · 돼지 턱살 250g · 월계수잎 1장 · 돼지 간 500g · 양파 1개 · 끓여서 졸인 버터 1술 · 송아지 허파 250g · 육수 · 절임용 소금 · 소금과 후추 · 소독한 유리잔

| 요 · 리 · 법 |

돼지 삼겹살과 돼지 턱살을 월계수잎과 함께 적은 분량의 물에 넣고 삶는다. 약 60분간 삶아 고기가 알맞게 부드러워지면 꺼내어 잘게 썬다. 돼지 간에 붙은 힘줄과 껍질을 제거하고 끓는 물을 부은 뒤 작은 조각으로 썬다. 잘게 썬 고기와 다진 양파를 한데 섞어 버터에 볶아놓는다. 이렇게 준비된 재료에 송아지 허파를 섞은 뒤 고기 분쇄기에 넣고 가장 미세한 단계로 맞춰 여러 번 곱게 갈아낸다. 갈아낸 재료에 육수를 조금 부으면 내용물이 좀더 부드러워진다. 여기에 절임용 소금, 소금, 후추를 듬뿍 넣어 양념한다. 깨끗하게 소독해놓은 유리잔에 양념한 고기의 4분의 3을 채워 넣고 잘 눌러준 뒤 덮개를 덮는다. 깊고 우묵한 프라이팬에 석쇠를 놓고 그 위에 유리잔을 올려놓은 뒤 물을 채운다. 이때 물은 유리잔 높이의 4분의 3 정도가 적당하다. 프라이팬 뚜껑을 덮고 90분 동안 약한 불에서 가열한다. 고기가 다 익으면 행주에 올려놓아 식히고 또 다른 행주로 덮어둔다. 차게 식힌 뒤 빵과 함께 내어놓는다.

구하기 힘든 고기 부위가 있을 수 있으므로 정육점에 제때에 문의하는 것이 좋다.

§ 맥주 수프 §

◉ 준비시간 : 15분 | 요리시간 : 20분

◉ 재료(4인분)

양파 2개 · 라드 1술 · 쇠고기 육수 1리터 · 마요라나 가지 1개 · 소금과 후추 · 계피 1~2g · 말츠 맥주 또는 복 맥주[19] 1/2리터 · 호밀빵 100g · 주사위 모양의 베이컨 50g · 끓여서 졸인 버터 1술

| 요 · 리 · 법 |

양파는 껍질을 벗겨 납작하고 얇게 썬다. 프라이팬에 라드를 넣고 양파를 갈색이 되도록 볶는다. 준비해놓은 쇠고기 육수를 붓고 마요라나 가지를 넣어 15분간 약한 불에서 끓인다. 마요라나를 건져내고 육수에 맥주를 넣은 뒤 데우는 정도로 다시 한 번 살짝 끓인다. 수프의 맛은 소금, 후추, 계피를 이용한다. 호밀빵은 작은 주사위 모양으로 자른다. 졸인 버터에 호밀빵과 베이컨을 넣고 바삭해질 때까지 볶는다. 수프 접시에 볶은 빵과 베이컨을 먼저 담고 뜨거운 맥주 수프를 부은 뒤 먹기 직전에 낸다.

맥주 수프의 맛은 맥주의 종류가 좌우한다. 어떤 맥주를 넣느냐에 따라 수프가 내는 쓴맛의 정도가 달라질 수 있다. 일반적으로 여기서 이용한 말츠 맥주처럼 부드러운 맛의 맥주를 이용하면 맥주 수프 고유의 맛을 가장 잘 즐길 수 있다.

19) 말츠(Malz) 맥주는 비알코올성 맥아 음료이다. 맛과 향, 겉모습은 맥주와 매우 유사하며, 맥아, 홉 등의 맥주 원료로 담가 발효시킨 후 알코올을 제거하는 일련의 과정을 거쳐 생산된다. 말츠 맥주의 알코올 함량은 1% 미만이다. 이에 비해 복(Bock) 맥주는 알코올 도수가 높고 맥아가 많이 함유된 진한 맛의 맥주이다.

§ 밤으로 장식한 텔토브 순무 §

◉ 준비시간 : 20분+30분 | 요리시간 : 20분
◉ 재료(4인분)
햇밤이나 냉동밤 600g · 버터 1술 · 설탕 1찻술 · 야채 국물 200ml · 텔토브 순무 또는 다른 종류의 하얀 순무 1kg · 버터 2술 · 설탕 2찻술 · 야채 국물 300ml

| 요 · 리 · 법 |

밤은 잘 드는 칼을 이용해 길이 방향으로 잘라 물에 넣고 10분간 삶은 뒤 물을 따라버리고 껍질을 벗긴다. 경우에 따라서는 껍질을 벗겨 냉동한 밤을 이용해도 좋다. 야채 국물에 넣고 15분 동안 약한 불에서 익힌 뒤 물기를 뺀다. 설탕을 뜨거운 버터에 넣고 캐러멜이 되도록 볶은 다음, 밤을 넣고 설탕과 버터가 골고루 묻을 때까지 굴려준다. 씻어서 손질한 순무를 통째로 야채 국물에 넣어 15분간 삶은 뒤 물을 따라버리고 버터와 설탕에 넣고 캐러멜이 되도록 볶는다. 순무를 접시 중앙에 놓고 밤은 순무 주위에 둥글게 늘어놓아 장식한다.

---

§ 과일 소스를 곁들인 곡물 푸딩 §

◉ 준비시간 : 15분 | 요리시간 : 100분
◉ 재료(4인분)
나무딸기 500g · 슈거파우더 100g · 우유 1/2리터 · 설탕 3술 · 소금 1~2g · 거칠게 빻은 밀 125g · 버터 50g · 달걀 3개 · 레몬 껍질 1/2찻술 · 굵게 간 아몬드 2술 · 버터 1찻술 · 빵가루 1술

| 요 · 리 · 법 |

나무딸기에 슈거파우더를 넣고 10분간 끓인 뒤 체에 넣고 문지른다. 우유, 설탕, 소량의 소금을 한데 넣고 끓이다가 거칠게 빻은 밀을 넣고 계속 저어 주면서 5분간 약한 불로 가열한다. 조금 식혔다가 버터, 달걀노른자, 으깬 레몬 껍질을 넣는다. 달걀흰자를 휘저어 딱딱한 거품으로 만들고 아몬드와 함께 섞어 넣어준다. 깔때기 모양의 빵틀에 버터를 바르고 빵가루를 뿌린 뒤 곡물죽을 넣고 은박지로 덮는다. 오븐에 넣고 180도의 온도에서 90분 동안 중탕하여 굳힌다. 접시에 꺼내어 따뜻한 상태로 상에 차린다. 나무딸기 소스는 따로 차려 낸다.

늙은 프리드리히의 탐식

pignatta

"식탁에는 언제나 적은 양의 음식만 올라왔고, 게다가 맛도 형편없었다." 프리드리히 2세의 누이이자 훗날 바이로이트 변경백 부인이 된 빌헬미네 공주가 아버지의 점심상을 놓고 한 푸념이다. 실제로 군인왕 프리드리히 빌헬름 1세는 자신의 주방에서 토종 재료들만 사용하라고 명령했고, 1740년까지 프로이센 요리는 '맛없고 단조롭고 빈약'하다고 알려져 있었다.

프리드리히 2세가 왕위에 오르면서 요리도 돌변하였다. 그는 수라상 차림에 (손님 접대 비용까지 포함하여) 하루에 30탈러만 쓰게 하는 재정적인 어려움까지 요리사들에게 안기면서도 재위 초기에는 사교와 맛있는 음식을 즐겼다. 그래서 식탁에는 주로 왕실 정원사와 수렵꾼들이 무료로 제공한 음식들이 올라왔다. 물론 프리드리히는 볼테르에게 잘 보이려고 돈주머니를 조금 풀어놓기도 했다.

1762년 이후 '나이 든 프리츠'는 사람들과의 교제를 멀리하고—그사이 재정적인 압박에서 벗어난—요리에 더더욱 관심을 보였다. 식비는 예산 순위에서 제일 윗자리를 차지했고, 요리장 노엘은 프로이센 장관 급여와 비슷한 연봉 1,000탈러를 받았다. 프리드리히는 노엘에게 채소 파이를 맛있게 만들어준 데 대한 사례로 송가를 지어 바쳤다. 또 통풍 때문에 절식하라고 충고하는 시의들의 말은 듣지 않으면서도 이들을 위해 플루트 연주곡을 작곡했다. 뿐만 아니라 성실한 노엘이 까주는 굴을 약 100개나 먹는 날도 많았다. 그러니 그가 좋아했던, 파르마산 치즈와 터키밀을 반반씩 섞어 만든 치즈 케이크는 튼튼한 위장을 지닌 골수 프리드리히 팬들에게만 권하고 싶다.

나이가 든 후 프리드리히는 상수시 궁에서 요리장에게 이렇게 말했다.

"노엘, 이런 것을 자꾸만 차리면 탐식의 죄를 지을까 두렵네. 결국 우리 두 사람은 지옥에 가게 될 걸세."

이에 재치있는 프랑스인은 이렇게 대답했다.

"괜찮습니다. 전하와 제가 불을 두려워하지 않는다는 것을 온 세상이 다 알고 있으니까요."

전체적으로 프리드리히 대왕은 프로이센의 요리 발전을 위해—자신의 식탁을 제외하면—그다지 노력하지 않았다. 물론 그가 새로운 농경법과 농산물을 장려한 사실을 잊으면 안 될 것이다. 그 중 가장 유명한 것이 감자의 도입이다. 또 그는 담배와 커피 같은 기호품도 장려했다. 국가 재정의 복구를 위해 그는 담배와 커피를 전매로 비싼 가격에 팔게 했다. 그러나 기대했던 결과는 나타나지 않았다. 담배와 커피 밀수가 활개를 쳤고 국고 부담은 줄어들지 않았다. 그에 따라 정부는 다시 전매 제도를 폐지했다. '늙은 프리츠' 도 경제 규제가 암시장만 활성화한다는 것을 경험했던 것이다.

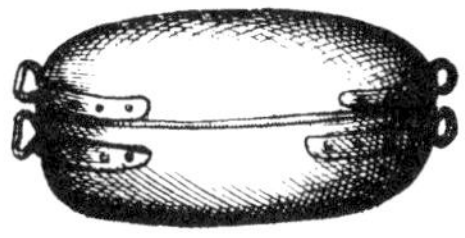

Conserua mezana

22. 마리아 테레지아의 독백

"……따뜻한 음식, 구운 파이, 케이크 등과 함께 요리가 40벌의 식기에 차려져 나왔고, 갖가지 가금류도 식탁 위에 올라 손님들에게 대접되었다. 그런데 우스꽝스럽게도 불쌍한 거위 한 마리가 두려운 마음에 식탁 위에 알을 낳아 버렸다."

— 1756년 케벤휠러 백작은 황제 폐하 부부와 당시 인기가 높았던 농민춤을 춘 마을 사람들에게 앞의 음식들을 대접했다.

무슨 일인가로 불안해지면 나는 먹어야 해. 그러면 고문들은 내게 은밀히 귀엣말을 하지만, 감히 나한테 뭐라고 할 사람은 프란츠 외에는 없어. 내가 특별히 좋아하는 엉겅퀴 수프는 여기 인스브루크에서 밤에 집무를 보거나 잠이 안 올 때 언제나 요리사들이 만들어주잖아.

오늘 극장에서 프란츠가 밖으로 나갔을 때는 참을 수 없었어. 자신은 괜찮다고 하면서, 얕은 내도 깊게 건너야 한다고 했지. 남편은 속담 인용하는 것을 좋아하니까.

그렇지 않아도 프란츠 때문에 조금 걱정이야. 어젯밤에는 갑자기 잠에서 깨더니 말을 제대로 하지 못했는데, 내가 품에 안아주었더니 다시 안정을 되찾았어. 의사 말에 따르면 뇌졸중이지만 심각하지는 않다고 했지.

요 근래 정말 신경을 쓸 일이 너무 많았어. 폴디는 무슨 일이 있어도 이탈리아에 있는 신부를 데려오겠다며 고집을 부리고 브레너 국경을 넘어 떠났다. 그래, 예쁜 갈색 눈의 마리 루이제한테 반한 거겠지. 다른 아이들도 모두 제짝을 만나 행복하게 잘살 거야. 프란츠와 내가 그랬던 것처럼……. 에스파냐와 맺은 정략 결혼은 잘한 일이었어.

"행복한 오스트리아여, 결혼하라."

온 유럽에서 이렇게 비웃고들 있지만, 베를린의 그 사악한 인간처럼 전쟁만 일삼기보다는 결혼하는 편이 훨씬 낫지. 나라가 안정된 지금에는 더욱 그렇고 말고.

이곳 인스브루크에서 열린 결혼식은 근사하게 치를 수도 있었건만, 폴디가 알프스에서 감기에 걸리는 바람에 결혼식을 끝까지 버텨내지 못하고 바로 자리에 누워버렸어. 전에도 아이들한테 그랬듯이 나는 폴디의 침대 곁에 앉아 있었지. 그랬더니 카우니츠가 정무를 가지고 병상으로 다가오더군. 쾌활한 프란츠가 옆에서 재미난 이야기를 들려주지 않았으면 나는 우울해졌을 거야. 그런데 이제 폴디가 거의 회복되니까 프란츠가 병이 났어. 하지만 걱정할 것은 없다고 의사들이 말했지.

나는 프란츠 없이는 살 수 없어. 그가 있었기에 사는 것처럼 살았고 웃으며 지내왔어. 남편과 함께 나는 늘 지루하고 답답한 궁정 예법에서 도망쳐 나왔어. 한번은 아주 재미난 일이 있었지. 남편과 나는 궁을 몰래 빠져나와 포도원으로 갔어. 풀밭에 앉아 있다가 프란츠는 내게 포도 몇 송이를 가져다 주었어. 그때 포도원 주인이 오더니 우리에게 욕을 하며 당장 5굴덴을 내

마리아 테레지아의 쾌유를 기원하는 메달, 복제화.

지 않으면 경찰을 부르겠다고 협박했어. 우리도 그렇게 하고 싶었지만, 황제와 여제가 언제 지갑을 가지고 다니던가. 포도원 주인은 더 큰 소리로 욕을 하며 경찰을 불렀어. 프란츠는 잔뜩 화가 나서 정말 여제를 잡아가게 할 거냐고 했지. 그랬더니 포도원 주인은 펄펄 뛰며 말했어.

"날 우롱하지 마슈."

그렇게 화가 나서 군인들을 데리러 간 그는 안 그래도 필사적으로 우리를 찾고 있던 근위대병 두 명과 함께 돌아왔어. 재미난 경험이었는데…….

바깥이 꽤 시끄럽네. 프란츠에게 무슨 일이라도 난 걸까? 내가 내다보면 웃음거리만 되겠지.

극장에서 사람들이 돌아오고 있는 거야. 프란츠가 아니었으면 나는 극장에도 오페라에도 자주 가지 못했어. 프란츠는 배우들한테 빠져 있었지. 어떤 때는 여자 배우들한테도 그랬어. 프란츠도 남자이니까. 사람들은 늘 그가 다른 여자들을 집적거리는 것을 내가 모르는 줄 알고 있어. 처음에는 나도 약간 속이 상했지만, 그가 딴 마음을 먹고 그랬던 것은 아니야. 프란츠에게 예쁜 여자가 눈에 띄면 여자들이 그를 꿰차고 달아났어.

나는 프란츠의 사소한 '바람기'는 그냥 내버려둘 거야. 언제나 다시 돌아오니까. 그가 나를 품에 안고, 나를 원하지는 않아도 최근의 풍문을 들려줄 때가 참 좋아. 나는 남자에게 추파를 던져서 마음을 약하게 만드는 여자들한테도 책임이 있다고 생각해. 그래서 그것을 막아보려고 '순결위원회'라는 것까지 만들지 않았는가. 그리고 그런 단정치 못한 여자들 몇 명을 수도원으로 들여보냈지만 그다지 효과가 없었어.

빈 사람들은 이것을 이해하지 못했어. 그리고 비밀경찰은 사람들이 부르고 다닌다는 조롱시까지 내게 알려주었지.

"레슬 부인, 프란츠를 단속해요. 샨츨에 사는 카틀에게 간다네."

하지만 프란츠에 대한 빈 사람들의 험담은 이것으로 끝나지 않았어. 프랑스식으로 행동하는 외국인이라느니, 약골이라느니 하면서 그를 놀려댔어.

또 내가 힘든 하루를 보낸 뒤 시녀에게 슬리퍼를 가져다 달라고 하면서 심각하게 말했다지.

"아 참, 슬리퍼[20] 말이 나와서 얘긴데 우리 남편이 어디 있는지 아는가?"

그래, 그렇게 말했을지도 모르지. 나도 농담은 잘하니까. 하지만 그런 뜻으로 말한 것은 절대 아니었어. 프란츠는 공처가가 아니야. 그 사람 없으면 나는 아무것도 아니야. 모든 게 다시 잘되겠지…….

내가 프란츠의 사소한 연애에 질투한 것보다는 오히려 프란츠가 카우니츠를 더 질투했다고 생각해. 그래, 프란츠의 마음은 충분히 이해할 수 있어.

20) 독일어에서 '슬리퍼'라는 낱말에는 '남편을 쥐고 흔드는 여자'의 뜻이 담겨 있다.

남편 말보다는 재상 카우니츠의 말을 더 들었으니까. 언젠가 정무 보고가 끝나고 내가 재상에게 손을 내밀어 입맞추게 했을 때 프란츠가 얼굴이 벌개져서 한마디 말도 없이 추밀원실을 나갔던 일이 생각나는군. 게다가 그는 아이들까지 동원하여 나에게 맞섰어. 마리안과 그때 겨우 열두 살이 된 요제프가 나에게 와서 아빠한테 화내지 말라고 말했지. 그리고 프란츠는 지금 자기 방에 틀어박혀 있다고 했어. 하지만 나도 양보할 수는 없었어. 카우니츠가 없었다면 프로이센의 그 악당을 물리칠 수 없었을 것 아닌가. 결국 프란츠도 그걸 깨닫고는 내게 편지를 썼잖아. "Ma vivasite fig mir Regt an et je vous dret ne lavoyre pas fay pour bocoup." 그는 글을 쓸 줄 몰랐고, 독일어와 프랑스어가 뒤섞인 그의 글은 어차피 나 말고는 이해할 사람도 없었지. 편지를 카우니츠에게 보여주면서—프란츠가 또 자제력을 잃었고, 그런 일이 없었다면 더 좋았을 것이라는 내용을—번역해주자 카우니츠는 자신에게는 그런 변이 일어나지 않았다고 자신 있게 말했어.

나는 쪽지를 문 아래로 밀어넣어서 프란츠를 방에서 끌어냈지. 그가 좋아하는 송로버섯과 소 혀를 곁들인 영계가 차려져 있다고. 그러자 프란츠는 냉큼 밖으로 나왔어. 그런데 이 요리법이 궁정 주방에서 어떻게 온 나라로 퍼지게 되었는지 모르겠네. 지금은 전부 이것을 '마리아 테레지아의 영계'라고 부르잖아.

프란츠에게 먹을 것을 만들어줄까? 그가 좋아하는 시금치 케이크를 만들어주면 분명 몸에도 좋을 텐데. 아니, 그냥 자게 내버려두는 편이 더 나을지 몰라. 자고 나면 다시 괜찮아질 거야. 아직은 건강하니까.

우리가 만너스도르프에 사는 푹스 백작부인 집에 갔던 때가 그리 오래되지 않았군. 그때 우리는 모두 슬로바키아 민속의상을 입어야 했지. 성 요한 절의 불꽃 주위를 돌면서 춤을 추다가 프란츠가 제일 먼저 그 위를 뛰어넘었어. 그 뱃살에도 아랑곳없이 말이야. 그때 더 신경을 썼어야 하는 건데 그랬어.

최근에 카우니츠가 프로이센 첩자한테서 찾아낸 편지를 내게 보여주었어. 거기에는 나에 관해 이렇게 적혀 있더군. "마리아 테레지아는 수많은 출산을 거치고 게다가 진수성찬을 즐기는 식성 때문에 지독한 뚱보가 되어 몸이 굼뜨게 되었다." 이 무슨 방자한 말인가. 그래, 나는 아이를 열여섯 명이나 낳았다. 그러면 당연히 골반이 넓어질 수밖에. 조금 풍채가 있기는 하지만, 뚱보라니? 내 비록 많이 먹어서 걱정도 되지만 그건 지극히 정상이야. 프란츠도 미식가이기는 마찬가지인걸.

신혼 초에 오전 느지막한 시간이 되면 나는 프란츠를 찾아 빈 시내를 뒤지고 다닌 적이 많았어. 그러면 거의 언제나 빈의 일류 커피집인 콜쉬츠키 집에서 찾아내고는 했지. 그곳의 작은 별실에는 항상 프란츠를 위한 탁자가 마련되어 있었어. 프란츠는 국사에는 신경쓰지 않고 남자들과 앉아 신문, 잡지를 읽고 커피 마시는 것을 좋아했어.

내가 나타나면 젊은 콜쉬츠키는 날듯이 다가와서 나도 한잔 하겠느냐고 물었지. 그리고는 빈이 포위되었을 때 오스트리아를 위해 터키인들을 염탐했던 자기 아버지가 1683년의 대승리 직후 슈베하트 사람들이 커피 콩을 강에 쏟아버리는 걸 말렸다고 했어. 그들은 커피를 낙타 사료로 생각한 거야. 이후 그의 아버지는 이곳 슈테판 성당 바로 옆에 커피집을 열었고, 승전을 기념하는 '키페를' 이라는 반달 모양 과자를 커피에 곁들여 팔았다고 했어. 나는 언제나 동방 과자인 터키 케이크를 내오게 했어. 프란츠와 나는 이렇게 콜쉬츠키 집에서 둘이서만 오붓하게 두번째 아침 식사를 즐겼지.

프란츠가 그랬어. 자기는 궁정 주방에서 내오는 터키 커피는 좋아하지 않지만 그 커피집 것은 좋아한다고. 그래서 콜쉬츠키를 불러 커피맛의 비결을 물어보았지. 그는 웃으며 자기 아버지가 터득한 방법을 들려주었어. 빈 사람들은 터키인들처럼 잔에 원두 가루를 넣고 바로 물을 붓는 것을 좋아하지 않기 때문에 여과기에 밭쳐 받아내고 가루는 버린다고. 쓴맛을 부드럽게 하려고 꿀과 우유를 조금 첨가했다고도 했어. 그 후로 궁정에서도 '키페를을 곁들인 밀크커피'를 내놓고 있지. 그런데도 프란츠는 여전히 콜쉬츠키 커피집을 드나들고 있잖아. 나야 거기 갈 시간이 더 없어졌지만 말이야. 콜쉬츠키 커피집에 안 간 지가 얼마나 되었을까? 프란츠가 건강해지면 다시 한 번 가봐야겠군…….

또 시끄러운 소리가 나네. 이제는 더 이상 못 참겠는걸. 대체 무슨 일일까? 프란츠에게 무슨 일이 생겼나? 왜 나를 프란츠 방으로 들여보내지 않는 거야. 세상에, 저이가 꼼짝도 안하고 누워 있네. 왜 남편한테 못 가게 하는 거지? 프란츠와 함께 극장에서 돌아온 요제프도 와 있네. 요제프가 울고 있잖아.

맙소사, 남편은 이제 겨우 쉰일곱밖에 안 됐고 나는 마흔여덟인데……. 이렇게 남편을 데려가실 수는 없습니다. 그건 옳지 못해요…….

프란츠 요제프 폰 로트링겐은 황제 프란츠 1세로서 1765년 8월 18일 여제 곁에서 세상을 떠났다. 마리아 테레지아는 병실에서 쓰러졌다가 이후 몇 시간 동안이나 남편의 시신 곁에 무릎을 꿇고 앉아 있었다. 이튿날 그녀는 머리를 짧게 잘랐다. 마리아 테레지아는 남편이 떠나고 15년간 살다가 자신도 세상을 등질 때까지 공식석상에서는 검은 상복만 입었다. 그녀는 다시 전권을 손에 쥐고 빈틈없이 성실하게 국사에 임했지만 기쁨을 맛보지는 못했다.

미식가 황제부부의 야식

§ 마리아 테레지아의 영계 §

◉ 준비시간 : 5분+15분 | 요리시간 : 60분

◉ 재료(4인분)

영계 1.5kg · 소금과 후추 · 쌀 400g · 버터 2술 · 얇게 썬 송로버섯 4조각 · 소 혀(삶아서 얇게 자른 것) 4조각 · 잎양파 1개 · 버터 30g · 밀가루 30g · 우유 500ml · 소금과 후추 · 육두구 1~2g

| 요 · 리 · 법 |

영계는 안팎에 소금과 후추를 뿌린다. 2리터의 소금물을 끓이다가 영계를 넣고 약한 불에서 40분 동안 부드러워지도록 삶는다. 가슴살과 다리살은 뼈를 발라내고 껍질을 벗겨 따뜻하게 해서 놓아둔다. 닭의 나머지 부위는 잘게 썬다. 쌀을 버터에 넣고 볶다가 영계 육수를 붓고 15분간 끓인다. 다 익었을 즈음 잘게 썰어놓은 닭고기를 넣는다. 육수가 너무 많으면 따라낸다. 밥을 접시 한가운데에 퍼서 놓고 주위에 송로버섯, 따뜻한 소 혀, 닭가슴살과 다리살을 교대로 배열한다. 기호에 따라 다음과 같이 흰색 소스를 만들어 함께 차려도 좋다. 잘게 다진 양파를 버터에 볶다가 밀가루를 넣고 색이 변하지 않도록 주의하면서 계속 볶는다. 프라이팬을 불에서 내리고 거품기를 이용

해 찬 우유를 밀가루 속에 흘려넣는다. 계속 저으면서 소스를 데우다가 15분간 약한 불에서 끓인다. 소금, 후추, 육두구로 맛을 낸다.

---

§ 엉겅퀴 수프 §

◉ 준비시간 : 60분 | 요리시간 : 30분

◉ 재료(4인분)

엉겅퀴 6개 · 레몬즙 1찻술 · 생선살(대구) 200g · 소금과 후추 · 육두구 1~2g · 양파 1개 · 정향꽃 4개 · 버터 1술 · 피스타치오 열매 20g · 노란콩 50g · 파슬리 가지 1개 · 로즈메리 가지 1개 · 육두구 1/2찻술 · 생선 소스 2술 · 토스트빵 50g · 버터 2술

| 요 · 리 · 법 |

엉겅퀴는 줄기와 위쪽 이파리의 3분의 1을 잘라낸다. 소금물에 레몬즙을 조금 타서 끓이다가 엉겅퀴를 넣고 30분 가량 삶는다. 삶은 물을 그릇에 받아 한쪽에 놓아둔다. 엉겅퀴 4개는 제일 안쪽에 있는 이파리들을 떼어낸다. 나머지 엉겅퀴는 이파리를 전부 떼어내고 바닥쪽을 잘게 썬다. 생선살에 소금과 후추, 육두구를 뿌리고 정향을 꽂은 양파와 함께 버터에 볶는다. 볶은 생선살을 다져서 엉겅퀴 속에 채워 넣고 그 위에 다진 피스타치오를 골고루 뿌린다. 양파를 콩, 파슬리, 로즈메리, 육두구, 생선 소스와 섞은 후, 엉겅퀴 삶아낸 물 1리터에 넣고 20분간 끓인다. 여기에 엉겅퀴 썬 것과 다진 파슬리를 넣고 소금과 후추로 간을 한 뒤 내용물을 채워 넣은 엉겅퀴와 구운 빵 위에 끼얹어 내어놓는다.

§ 터키 케이크 §

◉ 준비시간 : 30분+1시간 | 요리시간 : 40분

◉ 재료(4인분)

밀가루 250g · 아몬드 간 것 150g · 슈거파우더 150g · 소금 1g · 버터 150g · 달걀 2개 · 대추 150g · 무화과 150g · 포도 150g · 건포도 50g · 피스타치오 열매 50g · 레몬 1개 · 꿀 4술 · 계피 1/2찻술 · 생강 1~2g · 육두구 1~2g · 정향가루 1~2g

| 요 · 리 · 법 |

밀가루, 아몬드, 슈거파우더, 소금, 액상 버터, 달걀 휘저은 것을 한데 섞어 반죽을 만들어 1시간 동안 냉장고에 넣어둔다. 대추와 무화과는 얇게 저며 놓는다. 포도를 반으로 가른 뒤 건포도, 피스타치오 열매, 레몬즙, 꿀과 함께 섞어서 계피, 생강, 육두구, 정향가루를 뿌린다. 빵 굽는 틀에 버터를 바르고 반죽의 4분의 3을 앉힌다. 그 위에 과일 섞은 것을 골고루 펴얹고 나머지 반죽을 마저 앉힌다. 미리 가열해둔 오븐에서 180도로 40분간 굽는다. 저민 대추와 무화과로 장식하여 내어놓는다.

---

§ 시금치 케이크 §

◉ 준비시간 : 20분+2시간 | 요리시간 : 40분

◉ 재료(4인분)

밀가루 100g · 버터(또는 버터와 돼지비계를 반씩 섞어 사용해도 무방) 50g · 소금물 50ml · 시금치 500g · 빵가루(흰색) 50g · 파르마산 치즈 간 것 1술 · 버터 50g · 육두구 1/2찻술 · 소금과 후추 · 달걀노른자 2개

| 요 · 리 · 법 |

밀가루에 차가운 버터를 넣어 섞다가 소금물을 부어 재빨리 반죽을 만든 다음 2시간 동안 서늘한 곳에 놓아둔다. 다듬어 씻어놓은 시금치를 10분간 소금물에 삶아 물은 따라버리고 굵게 으깬다. 여기에 빵가루, 파르마산 치즈, 액상 버터, 빻은 육두구 열매, 소금, 후추, 휘저은 달걀노른자를 잘 섞는다. 케이크틀에 버터를 발라 반죽을 앉히고 그 위에 시금치를 골고루 얹은 뒤 미리 가열한 오븐에서 180도로 40분간 구워낸다.

다양한 문화를 흡수해 발전시킨 빈의 요리

"이곳에서는 맥주 양조자들이 학자들보다 훨씬 많이 대접받고 있습니다."

아브라함 아 산타 클라라는 슈테판 성당의 연단에서 이렇게 호령하며 뚱뚱한 신도들을 화가 나서 바라보았다. 능변의 설교가는 빈 사람들과 그들의 식사 습관을 알고 있었던 것이다.

"절제는 추방되어버렸습니다. 잡탕 수프, 가재 수프, 닭고기 수프, 정어리 수프, 맑은 수프, 진한 수프, 걸쭉한 수프, 폴란드식 수프, 프랑스식 수프, 야채 수프……. 대체 입 하나에 수프가 몇 가지나 됩니까."

아브라함의 설교는 바로크시대의 빈이 요리술을 발견했음을 보여준다. 거기다가 수프가 집중 성토되고 있는 것이 특이하다. 17세기 말에 수프는 주식이었다. 요즈음 우리가 먹는 고기 수프 같은 것들은 환자식으로 치부되었다. 당시 오스트리아의 요리사들은 대접 바닥에 주로 빵을 썰어 놓고 그 위에 삶은 고기나 구운 고기를 얹은 뒤 전체를 장식하고 국물을 부었다. 궁정 주방에서는 요리사가 한두 가지의 고기나 생선을 재료로 하여 구이요리, 경단, 소시지 등을 동시에 만들어 수프 그릇에 담는 것을 예술로 생각했다. 수프를 좋아했던 마티아스 황제는 오전마다 수탉 수프를 차리게 했다.

빈 궁정에서 홍청거리고 먹고 있을 동안 아브라함 아 산타 클라라의 경고는 황제 레오폴트의 심사를 무척이나 괴롭혔다. 그래서 그는 감독 관청을 만들어 신하들이 먹는 음식이 지나치게 사치스럽지 않은지 감시하도록 했다. 심지어 시종들까지 주인의 사치를 고발할 경우 보상을 받았다.

귀족과 시민계급 간에 존재하던 요리상의 '신분적 차이'는 두 세대가 흐른 뒤에는 많이 희미해졌다. 레오폴트 황제의 손녀 마리아 테레지아가 다스린 빈은 '서민 요리' 애호가들의 메카가 되었다.

마리아 테레지아는 '도깨비'라는 음식점에서 일하는 빈의 최고 유명 요리사 에바 뮐바우어와 몇 시간 동안이나 요리에 관해 이야기하는 것이 자신의 품위를 떨어뜨린다고는 생각하지 않았다. 그녀는 때때로 궁정 주방 사람들을 불쾌하게 만들면서도 그 음식점에서 만든 요리를 가져오게 했다.

빈의 특별한 매력은 요리에서도 국경을 맞대고 있었다는 점이다. 보헤미아 출신의 수많은 하녀들은 음식에다 그들의 특색을 표현했고, 모라비아, 크로아티아, 슬로베니아, 헝가리 출신 귀족들은 본국의 요리사들을 빈으로 데려왔다.

훗날 합스부르크가의 영토가 된 지역을 오랫동안 점령하고 요리에서도 영향을 주었던 터키도 미식의 나라로 빼놓을 수 없는 곳이다. 고추와 향신료가 들어가지 않은 헝가리 요리를 상상할 수 있을까? 빈을 커피 문화의 중심지로 만들어준 커피라는 노획물뿐만 아니라 바로 이 부분에서도 터키인들은 유럽의 문명화에 커다란 기여를 했다.

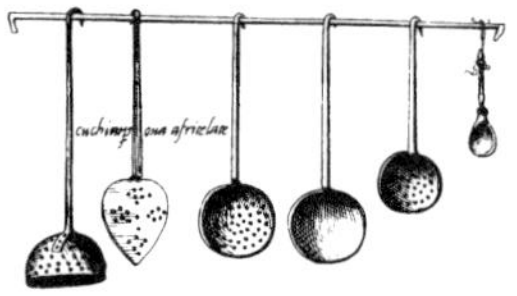

23. 제국 총리대신의 초대

"손님의 수는 열둘을 넘지 말아야 한다. 모든 손님이 대화에 참여해야 하기 때문이다……. 남자들은 재치를 발휘해야 하지만 불손하지 말아야 하고, 여자들은 사랑스럽고 우아해야 하지만 지나치게 교태를 부려서는 안 된다……. 차리는 음식은 공들여 선택해야 하지만 가짓수가 많아서는 안 되고, 포도주는 최고급이어야 한다……. 손님들이 시간을 두고 천천히 음식을 즐길 수 있게 하라. 그날의 목적지에 도착한 여행객이 된 기분을 만끽하도록 해야 한다. 커피는 뜨거워야 하고, 리큐어를 신중히 선택하여 주인의 고급스러운 취향을 증명해야 한다."

"새로운 음식의 발견은 새로운 천체의 발견보다 인류에게 더 값진 일이다."

— 장 앙텔므 브리야 드 사바랭의 《미각의 생리학》 중에서

파르마 공작의 궁 앞으로 마차들이 들어왔다. '제국의 총리대신' 장 캉바세레스는 조촐한 저녁 식사에 손님들을 초대했다. 하얀 제복을 입은 시종들이 문을 열고 열두 명의 손님을 거울의 방으로 안내했다. 100개의 양초가 켜진 크리스털 샹들리에 밑에 타원형 식탁과 여남은 개의 의자가 놓여 있는 것이 보였다. 완벽한 격식을 갖춘 식탁 장식들은 캉바세레스의 연회를 자주 담당해온 거장 앙투안 마리아 카렘의 손길이 닿았음을 보여주었다. 카렘은 먼저 달팽이 요리부터 내오고, 다음으로 도금양을 먹인 코르시카산 메추라기를 차리게 했다. 곧이어 피레네 산맥에서 잡은 티티새, 마렝고 영계, 마인츠산 햄, 기름기가 많은 사슴고기 스튜, 사과 푸딩, 스트라스부르의 거위간 파이, 암스테르담산 큐라소와 슈바르츠발트산 리큐어가 나왔다.

이 산해진미를 앞에 놓고 공작과 백작들은 식사 중에는 침묵해야 한다는 주인의 괴벽에 항복했다. 잡담 때문에 식사의 즐거움을 빼앗기면 안 된다는 것이 그의 주장이었다. 코스 중간마다 있는 휴식 시간에 손님들은 겨울정원을 거닐거나 흡연실로 가서 담배를 피웠다.

탈레랑 페리고르 공작 샤를 모리스는 높은 창문 옆에 서서 생각에 잠긴 채 밤을 응시하고 있는 것 같았다.

"당신 표정은 늘 그렇게 속을 알 수가 없군요, 탈레랑." 한 남자가 멋진 포도주잔을 들고 다가왔다. "오늘 큰 영광을 입으셨습니다."

"무슨 말씀이신지요, 푸셰?" 외무장관은 어리둥절해서 물었다.

"탈레랑 달팽이 요리 말입니다. 귀하의 성함이 진미 요리를 장식하지 않았습니까. 장담하건대, 곧 유럽의 모든 궁정에서 이 요리법을 시험해볼 것입니다."

"사람들이 나를 외교관이 아닌 식도락가로 기억하겠군요." 탈레랑은 우울하게 말하고는 이내 웃었다. "사실 제가 요리사 하나는 잘 두었습니다. 이따금 요리에 내 이름을 붙여서 기분을 맞춰줍니다."

"카렘은 정말 요리의 거장입니다." 치안장관 푸셰가 맞장구를 쳤다. "귀하가 오늘 만찬에 그 요리사를 빌려주었으니 캉바세레스는 행복하다고 할 수 있지요."

하인이 불이 붙여진 파이프를 쟁반에 담아 가져오자 두 남자는 파이프를 들고 연기를 깊숙이 들이마셨다.

"아 참, 새 작위를 받으셨는데 아직 제가 축하도 못 드렸군요. 오트랑트 공작에 봉해지셨지요." 오랫동안 총애를 잃었다가 나폴레옹에 의해 다시 치안장관에 임명되고 공작에까지 봉해진 푸셰에게 탈레랑이 말했다.

"주시는 분도 하느님이요, 거두시는 분도 하느님입니다." 제국 내의 모든 첩자를 꿰뚫고 있는 경찰총수가 말했다.

"그런데 탈레랑, 당신을 빼고는 모두 백작, 공작, 선제후들만이 우리 총리대신과 식사를 한다는 게 이상하지 않습니까? 십 년 전만 해도 그들은 모두 평범한 군인, 은행가, 무기상에 지나지 않았습니다."

"무훈에 빛나는 군인, 성공한 은행가, 노회한 무기 밀매업자들이지요, 푸셰." 외무장관이 비웃으며 말했다. "사람은 작위와 훈장으로 사로잡을 수 있다는 우리 군주의 신념에 따른 것이겠지요. 게다가 저도 최근에 베네방 공이 되었습니다."

겉모습에서도 확연히 차이가 나는 두 남자는 다시 침묵했다. 지팡이를 짚고 있는 작은 키의 외무장관은 옷자락이 긴 은회색 상의를 입었고, 비단 셔츠 위에는 짧은 조끼인 파란색 '질레'를 입고 있었다. 반면에 키가 크고 뼈가 툭툭 불거진 치안장관은 허리선 길이의 '스펜서'를 입었는데, 양 팔꿈치가 닳은 가죽 재킷이었고, 그 위에는 볼품없는 예복을 걸치고 있었다.

"옷을 맞추러 보 브러멜한테 한번 가셔야겠습니다." 탈레랑이 조언했다. "나폴레옹은 장관들이 옷 잘 입는 것을 중요하게 생각하지 않습니까."

"그가 장관들의 업무 결과를 더 중시하는 한, 나는 이곳 파리에서 패션의 제왕 행세를 하는 그 건방진 영국인한테는 가지 않을 생각입니다." 푸셰가 투덜거렸다. "게다가 빚을 잔뜩 지고 있는 그 브러멜은 비싼 옷만 좋게 보는 것 같은 의심이 듭니다. 그리고 우리 프랑스 재단사들이 새로운 공작이나 백작, 귀족들에게 비싼 옷을 팔고 나면 수수료를 받아 챙기고 있어요……."

"이 나라의 최고 권력자 두 분이 여기에 계셨군요. 물론 인기 많은 우리의 폐하를 제외하고 말씀입니다만."

저음의 목소리가 두 사람의 대화를 끊어놓았다. 굵고 낮은 목소리의 주인공은 키가 2미터나 되어 이날 저녁 모임에서 가장 키가 클 듯한 남자였다.

"내 생각에는 당신의 영향력이 우리보다 더 큰 것 같소이다. 푸셰 치안장관은 경찰 조직으로 공포감을 심어주고, 나는 돈과 언변으로 조약을 맺지만, 당신의 혀는 맛을 놓고 판결을 내립니다. 사람들에게 새로운 감각의 세계를 열어주지 않습니까."

"늘 그렇게 과장된 말씀만 하시는군요, 탈레랑." 앙텔므 브리야 드 사바랭이 겸손해했다.

"저는 사람들이 어차피 해야 하는 일, 즉 먹는 일을 가치있고 신중하게 하라고 가르칠 뿐입니다."

"하지만 당신은," 푸셰가 말을 꺼냈다. "혁명 이후 자신의 신조에 충실했던 몇 안 되는 사람 중의 한 분입니다. 당신이 국민의회에서 일어나 의원들의 양심에 호소했던 말이 아직도 기억에 또렷합니다. '모든 사람이 배불리, 그리고 좋은 음식을 먹을 수 있는 법규를 세웁시다.'"

"사람들에게 먹는 일의 즐거움을 가르치는 것이 잘못된 일은 아니지요. 물론 늘 성과가 있었던 것은 아니지만요. 예를 들어 우리나라 최고 권력자의 경우처럼……." 브리야 사바랭은 두 사람만 알아들을 수 있도록 몸을 숙였다. "나폴레옹은 위장을 채우기 위해 먹는 사람입니다. 얼마나 창피한 일입니까. 그의 요리사로 일한다는 것은 거장에게는 형벌입니다."

"그래도 온 나라가 마렝고 영계를 맛있게 먹고 있지 않습니까. 오늘 카렘이 준비한 연회석에서도 빠지지 않았는데요."

"하지만 요리장 뒤낭이 그 음식을 어떻게 만들어냈는지 아십니까?" 브리야 사바랭은 이렇게 묻더니 곧 스스로 답을 주었다.

"1800년 10월 14일 오후 마렝고 전투는 패배한 것처럼 보였습니다. 나폴레옹은 퇴각 나팔을 불었지요. 그의 요리사 뒤낭은 제 목숨만 생각하고 짐을 꾸렸습니다. 그런데 요행히도 운이 따라주어 승리를 거두었습니다. 승리자 나폴레옹은 장군들과 음식을 들고 싶어했습니다. 뒤낭은 있던 재료들을 모조리 긁어모았고, 거기서 마렝고 영계가 탄생한 것입니다. 황제를 위해 요리하는 사람은 즉흥 예술가가 되어야 합니다."

"20일 동안 열두 번이나 사령부를 옮기는 장군한테 누가 음식 시중을 들 수 있답니까." 탈레랑이 한마디 던졌다.

"어쩌면 그 둘은 서로 연관이 있을지도 모르겠군요. 다른 장군들은 잘 먹고 나서 전투에는 집니다. 기동력이 떨어지니까요."

"우리의 식도락가를 모셔가도 괜찮을까요?"

높이 틀어올린 머리에서 머리핀과 보석 장식과 황금 빛이 번쩍거리는 안주인이 끼어들었다.

"오늘 저녁 음식은 어떠셨습니까, 브리야 드 사바랭?"

"요리를 아주 세심하게 고르셨습니다. 가짓수는 많지 않아도 정선된 음식이었습니다. 카렘이 준비했는데 어련하겠습니까? 포도주도 최고급이었어요. 처음에는 좀 독한 것 같았는데, 전체적으로는 그날의 목적지에 도착한 나그네와 같은 느낌이었습니다……."

탈레랑은 멀어져가는 두 사람의 이야기를 잠시 뒤에서 듣고는 흥미진진한 눈빛으로 고개를 끄덕이며 푸셰의 시선을 안주인의 의상 쪽으로 돌렸다.

속이 비치는 얇은 화학섬유로만 감싸인 멋진 몸매가 넓게 터진 덧옷을 통해 훤히 들여다보였다.

"저런 걸 두고 잘 입은 게 아니라 잘 벗었다고 하는 겁니다."

"우리 자신과 제국을 축하하는 방법이 멋지지 않습니까." 치안장관의 표정이 어두워졌다. "하지만 에스파냐에서 날아오는 패전 소식과 길거리에 자꾸만 늘어가는 불구자들 수가 분위기를 무겁게 하고 있습니다. 이런 때는 축제나 불꽃놀이를 열어도 장기적으로는 도움이 안 됩니다."

"너무 공공연하게 말씀하시는 것 아닙니까?" 탈레랑이 농담 반, 진담 반으로 물었다. "비밀 경찰의 총수라면 언어는 인간의 생각을 표현하려고 있는 것이 아니라 감추기 위해 존재한다는 것쯤은 아셔야 합니다."

"귀하를 믿기에 드리는 말씀입니다." 푸셰가 눈을 깜박거리며 말했다. "귀하도 귀하가 영국인과 벌인 협상의 결과가 어땠는지를 제게 말씀해주실 수 있지 않을까요……."

"당신이 그 얘기를 못 들었다면 이상한 일이겠지요, 푸셰." 외무장관은 표정 하나 변하지 않고 대답했다. "당신도 알다시피 나는 오직 프랑스에만 충성을 바칩니다."

푸셰는 고개를 끄덕이고 잔을 치켜들었다.

"통치자가 누구이든 간에, 프랑스를 위하여……."

탈레랑과 푸셰는 이후에도 계속 프랑스를 위해 봉사했으나 두 번에 걸쳐 군주가 바뀌었다. 그들은 나폴레옹이 퇴위하고 엘바 섬으로 유배된 뒤 루이 18세를 섬겼고, 이후 나폴레옹이 귀환하여 100일 천하를 이루자 다시 그를 모셨다. 보나파르트가 완전히 패배한 뒤 두 사람은 루이 18세의 내각에서 새로 자리를 잡았다.

열두 귀족을 위한 요리

§ **사슴고기 스튜** §

◉ 준비시간 : 20분+3일 | 요리시간 : 90분
◉ 재료(4인분)
적포도주 500ml · 물 200ml · 월계수잎 1장 · 후추알 6개 · 두송 열매 6개 · 생강 1찻술 · 베이컨을 섞은 사슴고기 800g · 소금과 후추 · 볶음용 버터 2술 · 양파 2개 · 정어리살 2토막 · 옥수수 전분 2찻술 · 풍조목 1술 · 오이 피클 1개 · 포트와인 2술 · 레몬즙 1찻술

| **요 · 리 · 법** |

적포도주와 물에 월계수잎, 후추알, 두송 열매, 생강을 넣고 15분간 끓였다가 식힌 뒤 베이컨을 섞은 사슴고기를 담가 3일 동안 냉장고에 넣어둔다. 고기의 물기를 잘 닦고 조각으로 잘라 소금과 후추를 뿌리고 버터에 강한 불로 볶는다. 다진 양파도 함께 넣어 잠깐 동안 볶다가 사슴고기를 담가두었던 소스 500ml를 붓는다. 뚜껑을 덮고 약한 불에서 60분 동안 익힌다. 경우에 따라 소스를 더 부어준다. 고기가 충분히 익으면 프라이팬에서 꺼내어 따뜻하게 놓아둔다. 곱게 다진 정어리살과 옥수수 전분을 소스에 넣고 10분간 뭉근하게 끓인다. 소스를 체에 밭쳐 고기 위에 끼얹고 풍조목과 작게 자른 오이 피클을 넣은 뒤 소금, 후추, 포트와인, 레몬즙을 넣어 맛을 낸다. 한번 더 끓

였다가 10분간 약한 불에서 익힌다. 남독식 마카로니, 밤, 적채를 곁들여 먹으면 좋다.

---

§ 마렝고 영계 §

◉ 준비시간 : 20분 | 요리시간 : 40분

◉ 재료(4인분)

영계 토막낸 것 1.5kg · 소금과 후추 · 올리브유 2술 · 마늘 2쪽 · 작은 양송이 버섯 250g · 파슬리 가지 2개 · 월계수잎 1장 · 백리향 가지 1개 · 코냑 50ml · 떫은 백포도주 200ml · 닭고기 육수 300ml · 토마토 3개 · 올리브유 1술 · 옥수수 전분 2찻술 · 설탕 1/2찻술

| 요 · 리 · 법 |

토막낸 닭고기는 소금과 후추를 뿌린다. 프라이팬에 올리브유를 넣어 강한 불로 닭고기를 볶는다. 프라이팬에서 닭고기를 꺼내어 따뜻하게 놓아둔다. 앞의 올리브유에 마늘과 양송이를 전부 넣어 볶다가 토막낸 닭고기, 파슬리 가지, 월계수잎, 백리향 가지를 함께 넣어준다. 프라이팬에 코냑을 넣어 데우다가 불을 붙이고 이 불로 닭고기를 익힌다. 백포도주와 닭고기 육수를 붓고 뚜껑을 덮어 30분간 약한 불에서 뭉근하게 졸인다. 껍질을 벗겨 작게 자른 토마토를 뜨거운 올리브유에 넣고 10분간 익힌다. 닭고기와 양송이를 접시에 담는다. 소스를 체에 밭쳐 토마토에 섞고 약한 불로 데운 뒤 옥수수 전분을 넣고 되직하게 만들어 소금, 후추, 설탕으로 맛을 내고 닭고기 위에 얹는다.

§ 사과 푸딩 §

◉ 준비시간 : 60분 + 60분 | 요리시간 : 40분

◉ 재료(4인분)

이스트 40g · 설탕 1술 · 우유 300ml · 달걀 3개 · 버터 250g · 소금 1~2g · 밀가루 500g · 사과 2kg · 설탕 50g · 버터 50g · 계피 1/2찻술 · 레몬(가공하지 않은 것) 1개 · 살구잼 50g · 바닐라 아이스크림

| 요 · 리 · 법 |

이스트에 설탕을 넣어 액상으로 만들고 따뜻한 우유, 휘저은 달걀, 부드러운 버터, 소금과 한데 섞어 밀가루에 붓는다. 기포가 생길 때까지 반죽을 개고 물기 있는 행주로 덮어 따뜻한 곳에 60분간 놓아두어 부풀게 한다. 사각형 틀이나 케이크틀에 반죽을 넣고 미리 가열한 오븐에서 200도로 40분 가량 구어 브리오슈를 만든다. 사과는 껍질을 벗기고 씨를 빼내어 얇고 납작하게 썬 뒤 설탕과 버터 50g을 넣고 약한 불에서 20분 동안 끓인다. 잠시 식혔다가 계피, 으깬 레몬 껍질, 살구잼과 혼합한다. 브리오슈를 1cm 두께의 네모난 조각으로 잘라 겉껍질은 벗겨내고 조각 몇 개로 하트 모양을 뜬다. 남은 브리오슈 조각은 길쭉하게 자른다. 케이크틀에 버터를 바르고 바닥에는 하트 모양의 브리오슈를, 사방에는 길쭉하게 자른 브리오슈를 채워 넣는다. 그 위에 사과잼을 펴얹고 길쭉한 나머지 브리오슈로 덮은 뒤 미리 가열한 오븐에서 200도로 40분간 굽는다. 사과 푸딩을 오븐에서 꺼내어 잠시 식힌 뒤 케이크 접시에 담고 뜨거울 때 바닐라 아이스크림과 함께 상에 차린다. 직접 구운 브리오슈가 없으면 뢰펠 과자를 사용해도 좋다.

§ 탈레랑 달팽이 요리 §

◉ 준비시간 : 15분+2시간 | 요리시간 : 10분

◉ 재료(4인분)

전호 가지 1개 · 파슬리 가지 1개 · 로즈메리 가지 1개 · 마늘 1쪽 · 셜롯 1개 · 버터 100g · 쇠고기 육수 100ml · 레몬즙 1찻술 · 칠리 가루 1~2g · 흰색 후추 1~2g · 소금 · 달팽이(껍데기와 함께) 24개 · 토스트빵

| 요 · 리 · 법 |

향초, 마늘, 셜롯을 아주 잘게 다져 버터에 볶는다. 쇠고기 육수를 붓고 레몬즙, 칠리 가루, 흰색 후추, 소금으로 맛을 낸 뒤 5분간 약한 불로 끓이고 냉장고에 넣어 굳힌다. 달팽이집마다 굳은 향초버터를 넣고 달팽이를 넣은 뒤 다시 향초버터로 끝막음한다. 가능하면 달팽이 전용 팬에 달팽이를 넣고 오븐에서 200도로 10분간 가열한다. 길게 자른 토스트빵과 함께 상에 차린다.

세계 식도락의 중심지, 파리

문학에서 미술을 거쳐 의상에 이르기까지 나폴레옹이 온갖 문화 방면에 흥미를 보였어도 그가 관심을 가지지 않은 것이 딱 하나 있었다. 바로 요리였다. 그에게 식사는 이 세상에서 가장 하찮은 일이었다. 배가 고프면 그는 아무것이나 먹었기 때문에, 장기적으로는 그의 무쇠 같은 군인의 위장도 망가졌다. 그리고 이런 행동은, 몇몇 역사가들이 말한 대로 훗날 큰 화를 자초하고 말았다. 그의 마지막 싸움인 워털루 전투에서 나폴레옹은 위경련으로 고통받았고 이것은 그의 패배에도 한몫했다…….

프랑스의 엘리트들은 이런 면에서는 나폴레옹을 따라하지 않았다. 오히려 황후 조제핀, 탈레랑, 캉바세레스 같은 사람들은 큰 연회를 자주 열었고, 그때마다 제국 내의 최고 요리사들을 임시로 고용했다. 그리고 이 '요리장'들은 자신들의 요리법으로 유럽의 요리를 정복함으로써 나폴레옹이 전쟁터에서 이루지 못한 세계 정복의 위업을 달성했다.

이들 중 가장 유명했던 앙투안 마리아 카렘은 열일곱이라는 약관의 나이에 이미 파리의 한 유명 음식점에서 파이를 전문으로 만드는 요리장이 되었다. 하지만 그는 원래 장식에 재주가 있었고, 그의 신조는 '모든 것이 서로 어울려야 한다' 는 것이었다. 식탁보, 식기, 음식은 색깔이 서로 조화를 이루어야 하고, 손님을 초대하는 동기도 장식에 있어야 한다고 말했다. 이를 위해 그는 반죽과 설탕과 마르치판을 재료로 하여 분위기에 맞는 인물, 건축물, 궁전 모형들을 만들었다. 훗날 카렘은 탈레랑의 요리사가 되었고, 세계적으로 유명해진 요리책의 저술에 전념하기 전까지는 런던, 페테르부르크와 빈 궁전에서도 요리사로 일했다.

그런데 세련된 요리에 대한 열정이 상류사회뿐만 아니라 시민계급의 중산층에서도 형성되었다는 점이 중요하다. 여기에는 1800년부터 파리에서 우후죽순처럼 생겨난 수많은 음식점들이 큰 역할을 했다. 19세기에 프랑스 사람들은 밖에서 식사를 했다. 훌륭한 요리는 궁정과 시민들의 주택을 벗어나 음식점으로 자리를 옮겼다. 그런데 묘하게도 프랑스, 특히 파리가 오랫동안 세계의 식도락 중심지가 된 데에는 나폴레옹의 패배도 일조를 했다.

"영국인, 독일인, 스키타이인들이 프랑스로 쳐들어왔을 때는 그들의 왕성한 식욕과 엄청난 크기의 위장도 같이 들어왔다. 그들은 공식적인 음식 접대에 만족하지 않고…… 더 고급스런 식사를 원했고, 파리는 곧 하나밖에 없는 음식점으로 변했다……."

프랑스 최초의 요리평론가인 장 앙텔므 브리아 드 사바랭이 한 말이다. 그가 지은 《미각의 생리학》을 비롯하여 기타 식도락가들이 쓴 저술의 매력은—독일에서는 《요리의 정신》의 저자 카를 프리드리히 폰 루모르가 최초의 요리 평론가일 것이다—관찰과 일화, 요리법과 예법들을 박식하고 해학적으로 버무려 세련되고 재치 있는 언어로 표현했다는 데에 있다.

24. 부다페스트에서 대관식이 열리다

"그리고 사람들이 북을 울리기 시작하자 아빠와 엄마가 들어오셨다. 엄마는 왕좌로 올라가시고 아빠는 제단으로 가서 무릎을 꿇으시니 긴 글의 라틴어가 낭독되었다……. 언드라시와 대주교가 아빠의 머리에 왕관을 씌웠다."

— 여덟 살 난 황태자 루돌프가 오스트리아의 프란츠 요제프와 엘리자베트가 헝가리 왕과 왕비로 왕관을 받아 쓰는 장면을 묘사한 글

1867년 6월 21일, 엘리자베트는 새벽 네 시에 게르하르두스베르크에서 난 21발의 대포 소리 때문에 잠에서 깼다. 그녀는 부다 성의 의상실에서 몇 시간 전부터 궁녀들에게 둘러싸여 있었다. 백색으로 물결치는 긴 옷자락의 의상에 주름을 더 촘촘히 잡으라고 그녀는 벌써 세 번이나 재단사에게 지시했다. "이건 내 결혼식 예복이었는데." 미용사가 긴 머리를 빗질해주는 동안 엘리자베트는 생각했다. "오스트리아, 그건 강제 결혼이었고, 헝가리는 연애 결혼이었지."

시시는 아직 완전히 복구되지 않은 성의 오른편 건물을 건너다보았다.

1848년의 혁명 때 포위당하면서 발생한 화재의 흔적이 성벽에 그대로 남아 있었다. "성 전체를 온전히 새로 복구할 거야. 지난 상처는 말끔히 치유돼야 하잖아, 이다." 그녀는 가장 친한 궁녀에게 헝가리어로 말했다. 시어머니 조피가 딸려보낸 빈의 궁녀들 몇 명이 움찔하는 모습에 그녀는 내심 즐거웠다. 이들은 헝가리 말을 알아듣지 못했던 것이다.

"얘야, 너도 보헤미아 말을 배워야 한다." 프란츠 요제프와 결혼식을 올리기 전 대공비 조피는 엘리자베트에게 이렇게 명령했다. 빈에서는 보헤미아의 귀족 가문들이 세력을 떨치고 있었기 때문이다. 프라하대학교는 오스트리아에서 최고의 일류 대학으로 인정받았다. 반면에 헝가리 사람들은 천민으로 치부되었다. 1848년에 헝가리 귀족들까지 합스부르크가에 반항한 이후로는 그럴 수밖에 없었을 것이다. "나도 이 오만한 궁정 사람들한테 오랫동안 천민처럼 대접받았어." 황후는 옛일을 회상했다. "하지만 나는 굴복하지 않았어. 보헤미아어로는 열까지만 셀 줄 알지만 헝가리어는 완벽하게 구사하거든, 거의 완벽하게!"

젊은 여인이 엘리자베트에게 과자가 담긴 은대접을 건넸다. "가재살 과자입니다." 여인이 말했다. "뭘 좀 드셔야지, 안 그러면 교회에서 쓰러지십니다, 황후 마마." 시시는 이다 페렌시를 다정하게 바라보았다. 그 옛날 언젠가 자신이 요구한 헝가리 궁녀들 후보 명단에 그녀의 이름이 비뚤비뚤한 글씨체로 모르는 사람에 의해 덧붙여져 있었다. 사정을 물어본 시시는 마찬가지로 놀란 시종장에게서 그녀가 신분이 낮은 지방 귀족이라는 말을 전해 들었다. 주변의 만류에도 불구하고 시시는 이 '신분에 어울리지 않는 인물'을 불렀고 첫눈에 그녀에게 반했다. 그러나 궁정 예법에서는 그녀를 '궁녀'로 채용하지 못하도록 했기 때문에 이다 페렌시는 '황후의 강의자' 신분으로 고용되었다. "어느새 내 주위에는 헝가리 여자들만 있네." 시시는 혼자서 중얼거렸다. "내 시중을 들 사람이라면 이 나라 말을 배워야 해. 내가 헝가리 왕비가 되면 더욱 그렇고 말고."

몇 시간 후 일곱 시가 되자 엘리자베트는 황금 마차에 올라탔다. 젊은 궁녀들이 그녀의 옷자락이 땅바닥에 닿지 않도록 보살폈다. 성벽에서 팡파르가 울려퍼지고, 대관 행렬의 선두에서는 모두 헝가리 명문 귀족들로 구성된 열한 명의 기수가 움직이기 시작했다. 마차 앞에서는 헝가리 군복을 입은 황제 프란츠 요제프가 왕관과 왕홀 등 제국의 상징물이 놓인 붉은 우단 상자를 든 '방기 기사들'의 호위를 받으며 말을 몰았다. 마차 옆에는 슈테판 기사단의 대형 십자가가 그려진 현란한 기사 제복을 입고 손에는 슈테판의 관을 든 헝가리 총리 줄러 언드라시 백작이 있었다.

"줄러, 참 대단한 사람이야." 시시는 1866년 1월 호프부르크 궁의 접견실에서 그를 처음으로 만났던 날을 떠올렸다. 그때 그녀는 헝가리 의회 사절단 중에 금색 몰이 달린 상의를 입고 어깨에는 호랑이 가죽을 걸치고 그 위에 다시 보석으로 빛나는 외투를 입은, 키가 크고 날렵하게 생긴 남자를 보았다. 시시는 이 사람이 궐석 재판에서 남편에 의해 사형 선고를 받았다가 1857년 다시 사면된 귀족 출신의 모반자인 그 유명한 언드라시라는 것을 금방 알았다. 이 훤칠하게 잘생긴 남자는 황제 앞에서 더도 덜도 아닌 옛 헌법의 회복을 요구하면서, 헝가리는 독립 왕국이 되어야 하고 부다페스트는 제2의 수도가 되어야 한다고 주장했다.

시시는, 남편이 파렴치하게 느낀 이 요구 때문에 분노로 얼굴이 창백해지는 것을 보고 자신이 직접 개입하리라고 마음먹었다. 프란츠 요제프는 그녀가 접견시에 헝가리 민속 의상을 입고 나타난 것에 이미 화가 나 있었다. 그녀는 수가 놓인 우단 조끼와 흰색 치마에 레이스가 달린 앞치마를 덧입고 작은 모자 위에는 보석띠를 두르고 나타나 흠 잡을 데 없는 헝가리어로 이

〈헝가리 대관복을 입은 엘리자베트〉, 1867년, 오스트리아 국립도서관, 빈.

렇게 말했다. "우리는 경의 제안을 호의적으로 검토하여 몇 주 내에 부다페스트로 직접 경에게 통보할 것입니다."

프란츠 요제프는 나중에 아내에게 이 독단적인 행동을 질책했지만 그녀는 꿈쩍도 하지 않았다. 시시는 오히려 저녁 식사 때 언드라시와 만났고 평소의 습관과는 달리 식사 때도 마음껏 음식을 먹었다. 마리아 테레지아 같은 귀부인들처럼 살이 찌고 싶지 않아 무척이나 먹기 싫어했던 빈 궁정의 고급 요리가 아니라, 굴라시와 고추감자 같은 헝가리 음식이 나왔기 때문일 것이다. 이후 그녀는 남편에게 언드라시가 정직한 신사라고 편지에 적어보냈다. "그 사람은 지성과 영향력 등 자신이 가지고 있는 것들을 당신에게 헌납할 것입니다. 마지막으로 우리 아들 루돌프의 이름으로 간청하니, 결정적인 기회를 놓치지 마십시오." 프란츠 요제프는 아내에게 굴복했다.

마차가 성당 앞에서 멈추고 시종이 문을 열자 시시는 조심스럽게 밖으로 나왔다. 하얀 옷을 입은 소녀들이 그녀의 옷자락을 들어주었고, 프란츠 요제프는 그녀에게 팔짱을 끼게 했다. 종이 울리기 시작하고 군중들이 환호하는 가운데 황제 부부는 붉은 양탄자 위를 걸어 제단까지 갔다. 제단에는 이들이 앉을 고딕식 의자가 두 개 놓여 있었다. 사제가 라틴어로 예배를 보는 동안 엘리자베트의 상념은 다시 다른 곳을 맴돌았다.

이제 저들은 나를 조심스럽게 대할 거야. 나는 더 이상 바이에른에서 온 작은 계집애가 아니거든. 저들에게 당당하게 보여주었잖아. 시시는 옆에 있는 남편 프란츠 요제프를 쳐다보았다. 프란츠 역시 내가 자기 뜻대로 부리는 시녀가 아니라는 걸 알았을 거야. 시시는 자신감에 넘쳐 생각했다. 나는 남편의 외도를 받아들이지 않았어. 그래서 처음에는 침실을 멀리했고 다음에는 빈에서도 떠나 있었지. 하지만 지금 저들은 나를 필요로 해. 헝가리까지 잃는 것을 막을 수 있는 유일한 사람이 바로 나이기 때문이지. 처음에는 이탈리아에서 전쟁을 했고, 다음에는 프로이센과 전쟁을 치렀어. 참담했던 쾨니히그레츠 전투 후 나는 아이들과 함께 부다페스트로 도망쳤어. 그때 프란츠 요제프가 헝가리와 대타협의 길을 찾아야 한다는 것이 분명해졌지. 그리고 내가 그 타협을 중재했고…….

대주교가 국왕 부부에게 일어나기를 청했다. 다시 종이 울리고 언드라시 백작이 앞으로 나와 황제에게 헝가리의 슈테판 왕관을 머리에 얹어주었다.

이어서 그는 엘리자베트가 쓸 보석 왕관을 붉은 우단 방석에서 집어 프란츠 요제프에게 건넸고, 프란츠는 그 왕관을 아내에게 씌워주었다. 이 순간 시시는 행복과 감사의 마음으로 충만했다. 그녀는 정치적인 임무를 맡게 되었고, 어쩌면 남편에게도 다시 아내 역할을 할 수 있을 것 같았다. 대주교의 축복이 끝나고 두 사람이 교회를 나서자 화려하고 환상적인 볼거리가 펼쳐졌다. 햇빛을 받아 번쩍거리는 장식들이 온몸에 주렁주렁 달린 화려한 제복에 기사 무장을 한 헝가리의 모든 귀족들이 말에 올라탔다. 그들은 헝가리의 새 국왕 부부를 수행하며 시내를 따라 개선 행진을 했다. 시시는 승마에 익숙하지 않은 몇몇 주교와 추기경들이 말에서 떨어지지 않게 단단히 묶여 있는 것을 보고는 재미있어했다.

앞으로는 승마를 열심히 해야겠어. 시시는 생각했다. 헝가리는 그녀에게 대관식 기념으로 괴될뢰 성을 선물했다. 시시는 그곳에서 말을 키우고 장애물 경마 코스를 만들 생각이었다. 금으로 그녀의 이름을 새겨넣은 여성용 권총을 선물한 언드라시가 동행해줄 수도 있을 것이다. 그 사람은 나의 가장 절친한 친구야, 하고 시시는 생각했다. 아무리 궁정의 시기자들이 또다시 험담을 해도 말이야. 내가 이 우정을 사랑으로 망칠 생각이 없다는 것을 그들은 생각도 하지 못해…….

황제 프란츠 요제프는 감정적으로는 언드라시 백작을 아내의 총애를 놓고 겨루는 연적으로 느꼈지만 그를 외무장관에 임명했다. 엘리자베트는 한동안 남편과 다시 가깝게 지냈고, 거기에서 '하나밖에 없는' 딸, 다시 말해 그녀의 뜻대로 키운 유일한 혈육인 마리 발레리가 태어났다. 출산할 때 그녀가 부다페스트로 간 사건은 빈에서 일대 파문을 일으켰다. 다민족 국가 오스트리아는 황제와 왕의 이원 군주국이 되어 옛 합스부르크 제국의 마지막 통치체제가 시작되었다.

소식가 시시를 위한 요깃거리

§ **황제 케이크** §

◉ 준비시간 : 15분+30분 | 요리시간 : 20분

◉ 재료(4인분)

건포도 50g · 럼주 4술 · 달걀노른자 4개 · 설탕 50g · 소금 · 우유 1/2리터 · 바닐라 설탕 1찻술 · 밀가루 150g · 달걀흰자 5개 · 버터 4술 · 슈거파우더 · 자두 또는 설탕에 절인 살구

| 요 · 리 · 법 |

건포도는 30분 동안 럼주에 담가놓았다가 조금 눌러서 종이행주로 물기를 닦는다. 달걀노른자, 설탕, 소량의 소금을 한데 섞어서 연한 노란색 크림이 만들어질 때까지 휘젓는다. 여기에 우유, 바닐라 설탕, 밀가루를 차례차례 넣어서 섞고 앞서 준비한 건포도를 넣은 뒤 휘저어 딱딱해진 달걀흰자를 붓는다. 큰 프라이팬에 버터 1술을 넣어 뜨겁게 달구고 반죽의 절반 분량을 넣어 5분 동안 약한 불에서 익힌다. 또 다른 프라이팬에도 버터 1술을 넣어 달군 뒤, 앞의 프라이팬에서 만든 팬케이크를 쏟아붓는다. 남은 반죽도 똑같은 방식으로 한다. 완성된 황제 팬케이크를 포크 2개를 이용해 조각으로 잘라 접시에 담는다. 슈거파우더를 뿌리고 설탕에 절인 살구와 함께 따뜻한 채로 상에 낸다.

§ 가재살을 넣은 과자 §

◉ 준비시간 : 20분+1시간 | 요리시간 : 20분

◉ 재료(4인분)

바닷가재살 삶은 것 200g · 적색 버터 40g · 밀가루 200g · 버터 25g · 우유 50ml · 달걀 1개 · 이스트 10g · 소금 · 생크림 50ml

| 요 · 리 · 법 |

가재살을 곱게 다져 적색 버터를 섞는다. 밀가루, 액상 버터, 미지근한 우유, 달걀노른자, 소량의 우유에 녹인 이스트, 소량의 소금을 혼합하여 반죽을 만든다. 물기 있는 행주를 덮어 따뜻한 곳에 45분 가량 놓아두어 부풀어오르게 한다. 반죽을 얇게 밀어 기다랗게 자르고, 그 위에 가재살을 손가락 두께만큼 펴바른 뒤 반죽을 다시 돌돌 만다. 기름을 바른 케이크틀에 15분간 넣어두어 다시 한 번 부풀게 한 다음, 데운 생크림을 바르고 미리 가열한 오븐에서 180도로 20분 동안 구워낸다.

---

§ 황제 굴라시 §

◉ 준비시간 : 5분 | 요리시간 : 60분

◉ 재료(4인분)

지방이 많은 주사위 모양의 베이컨 100g · 양파 4개 · 송아지 양지 800g · 얇게 저민 레몬 4조각 · 풍조목 1찻술 · 소금과 후추 · 쇠고기 육수 200ml · 저지방 발효 생크림 200ml · 옥수수 전분 1찻술 · 설탕 1~2g · 레몬즙

| 요 · 리 · 법 |

프라이팬에 주사위 모양의 베이컨을 넣고 녹인 뒤 다진 양파를 넣어 투명해지게 한다. 베이컨과 양파를 꺼내어 다른 그릇에 담아둔다. 송아지 양지를 앞의 남은 기름에 넣어 강한 불에 볶은 다음 얇게 저민 레몬과 풍조목을 넣고 소금과 후추로 양념한 뒤 뚜껑을 덮어 5분간 익힌다. 레몬을 다시 꺼내고 뜨거운 쇠고기 육수를 부은 뒤 주사위 모양의 베이컨과 양파를 다시 넣고 45분 동안 삶는다. 저지방 발효 생크림과 옥수수 전분을 혼합하여 휘젓고 고기에 넣어서 소스를 되직하게 만든다. 소금, 후추, 소량의 설탕, 레몬즙을 넣어 맛을 낸다.

---

§ 고추감자 §

◉ 준비시간 : 30분 | 요리시간 : 30분

◉ 재료(4인분)

감자 1kg · 토마토 1개 · 풋고추 1개 · 양파 1개 · 마늘 2쪽 · 끓여서 졸인 버터 1술 · 고춧가루 2술 · 닭고기 육수 400ml · 캐러웨이 1/2찻술 · 소금과 후추

| 요 · 리 · 법 |

감자는 껍질째 10분간 삶은 뒤 식혀서 껍질을 벗기고 얇고 납작하게 썬다. 토마토는 껍질을 벗기고 작은 주사위 꼴로 썬다. 고추도 씨를 빼고 작게 썬다. 감자를 찜냄비에 켜켜이 넣은 뒤 토마토 썬 것과 고추로 덮는다. 다진 양파와 다진 마늘을 졸인 버터에 넣고 옅은 갈색이 되도록 볶는다. 불에서 내

려 고춧가루를 뿌리고 닭고기 육수를 부은 뒤 캐러웨이, 소금, 후추로 맛을 내고 다시 한 번 약한 불로 끓인다. 다 끓으면 감자에 붓고 뚜껑을 덮어 30분 동안 뭉근한 불에서 익힌다.

---

§ 이논드를 넣은 호박 요리 §

◉ 준비시간 : 15분+30분 | 요리시간 : 15분

◉ 재료(4인분)

외호박 800g · 볶음용 버터 2술 · 저지방 발효 생크림 1/4리터 · 옥수수 전분 2찻술 · 설탕 1/2찻술 · 식초 1/2술 · 이논드 1술 · 소금과 후추

| 요 · 리 · 법 |

외호박은 길쭉하게 자르거나 얇고 납작하게 썰어서 소금을 뿌려 30분 동안 놓아둔 뒤 종이행주로 물기를 닦아낸다. 뜨거운 버터에 외호박을 넣고 10분간 볶는다. 발효 생크림과 소량의 물에 옥수수 전분을 넣어 잘 섞은 뒤 호박에 끼얹고 다시 한 번 끓인다. 설탕, 식초, 다진 이논드로 맛을 내고 소금과 후추를 뿌린다.

오스트리아-헝가리 제국의 요리

안락하고 풍요로웠던 빈의 음식문화는 1814년의 빈 회의와 함께 막을 내렸다. 황제와 각국 왕들과 기타 수많은 권력가들이 빈에 체류했고, 이들과 함께 온 10만 명 이상의 외국인들은 멋진 음식을 대접받고 싶어했다.

고위직 외교관과 관리들은 무도회나 오찬 및 만찬이 없을 때는 사방에서 첩자들의 염탐에 노출된 채 '엘리자베트 호텔' 이나 미하엘 광장에 있는 '추커카지노' 에서 만나 저녁을 먹었다. 물론 각국 정상들은 재상 메테르니히의 저택과 프랑스 외무장관 탈레랑의 처소에서 만났다. 더욱이 프랑스 관에서는 탈레랑의 조카며느리인 디노 공작부인의 미모와 파리의 최고 유명 요리사인 앙투안 마리아 카렘이라는 이중의 유혹이 기다리고 있었다. 차르 알렉산더는 카렘을 자신의 요리사로 데려가려 했으나 뜻을 이루지 못했다. 재상 메테르니히는 날마다 새로운 요리를 창안해야 했던 프란츠 자허에게로 유인했는데, 그 결과 나온 것이 유명한 '자허 토르테' 였다.

오스트리아 귀족과 시민들은 인접한 나라들로부터도 요리에서 영향을 받았다. 우선 고기, 생크림을 넣은 소스, '크네드릴키' 라는 경단이 특징인 보헤미아와 모라비아식 요리가 있었고, 달콤한 케이크 종류인 노케를, 슈마른, 슈트루델 외에도 골라체와 달켄이라는 이국적인 이름의 새로운 빵들이 등장했다.

이후 제위에 오른 프란츠 요제프 1세는 검소한 군주였다. 그의 아내 엘리자베트는 큰 연회를 여는 것을 좋아했지만 음식을 별로 즐기지 않아 체중이 감소하는 경향을 보였다. 합스부르크 황실은 일 년에 두 번 '궁정 무도회'를 열어 화려함을 과시했다. 그럴 때면 대규모 냉육 뷔페가 차려졌고, 무도회가 끝나면 장교들은 '궁정 무도회의 사탕'을 주머니에 채워 넣어 나중에 친구나 친지, 또는 연인에게 선물할 수 있었다.

황태자 루돌프가 자살하고 아내가 피살된 후 황제 프란츠 요제프는 노쇠한 합스부르크 제국의 상징으로서 여러 지방을 여행했다. 한 일화에 따르면 어느 날 그는 산책 중에 알프스 한 목장의 작은 오두막에서 휴식을 취하고 있었다. 그곳에 살던 '치즈 만드는 사람들'(Kaser, 카저)은 황제에게 팬케이크를 만들어 대접했다. 케이크 맛이 좋았던 까닭에 프란츠 요제프는 기분이 좋아져 이렇게 말했다.

"이 '카저 케이크'를 '카이저(Kaiser, 황제) 케이크'라고 불러도 손색이 없겠구나."

황제는 헝가리 왕이 된 뒤 헝가리 음식도 즐겨 먹었다. 부다페스트에서 빈으로 여행 도중 그의 헝가리 요리사는 황제가 아직 헝가리 땅을 벗어나지 않았을 때 매운 맛의 고추 닭고기를 준비했다. 닭고기 맛은 훌륭했지만 얼마 지나지 않아 황제는 속이 불편해졌다. 이에 사람들은 기차를 다시 천천히 후진시켜 헝가리 영토로 되돌아오게 했다. 그러자 곧 상태가 나아진 프란츠 요제프는 이렇게 말했다.

"고추 닭고기는 헝가리 왕에게는 최고의 음식이지만 오스트리아 황제에게는 조금 맵구나."

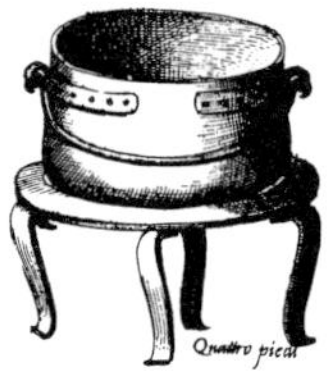

25. 비스마르크에 대해 들려주겠소

"이 시대의 중대한 문제들은 회담이나 동맹이나 다수결에 따라 결정되는 것이 아니다. 바로 이것이 1848년과 1849년의 실수였다. 오로지 철과 피로써 결정되는 투쟁, 그런 엄숙한 투쟁을 피할 수 없다."

— 프로이센 총리에 임명된 직후 오토 폰 비스마르크가 1862년 9월 30일에 한 연설 중에서

"내 몸 속에는 아직도 지나치게 낭만적인 구석이 있다."

— 오토 폰 비스마르크

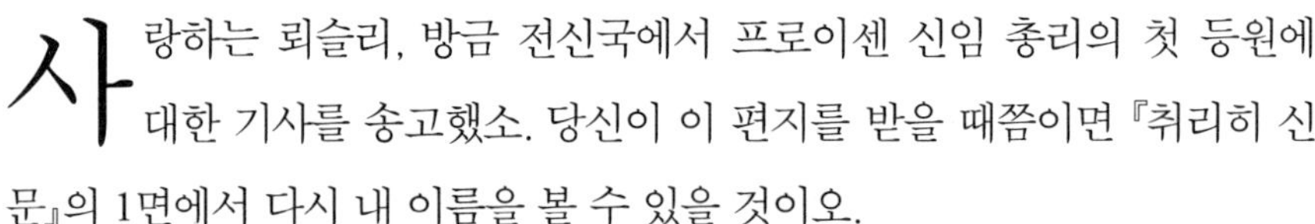

사랑하는 뢰슬리, 방금 전신국에서 프로이센 신임 총리의 첫 등원에 대한 기사를 송고했소. 당신이 이 편지를 받을 때쯤이면 『취리히 신문』의 1면에서 다시 내 이름을 볼 수 있을 것이오.

모든 특파원에게는 너무나 긴장되는 이 시기에 나는 동료의 귀띔으로 휴식의 오아시스를 발견하였소. 몇 달 전 포도주상 베르톨트 켐핀스키가 맛좋은 음식과 술을 즐기며 시간을 보낼 수 있는 음식점을 연 것이오.

지금 내 앞에는 베를린 사람들의 최신 유행 음료가 된 '비스마르크'가 놓여 있소. 1리터들이 병에—이런 병은 뮌헨에서만 보았지만—흑맥주와 샴페인이 반반씩 섞여 있는 것인데, 무척 상쾌하다오. 물론 적당히 마셨을 때 그렇다는 말이오. 이름이 왜 비스마르크냐고? 들리는 바에 따르면, 베를린의 그 새 권력자가 개발하여 즐겨 마셨기 때문이라고 하오.

어쨌든 그가 먹고 마시는 데는 무절제하다는 소문이 있으니까. 하지만 요즘에는 이런 말을 하는 사람은 아무도 없고 그가 일대 파란을 일으키며 새 총리가 되었다고 수군거리고 있소.

"우리 시대의 중차대한 문제들은 회담과 다수결이 아니라 철과 피로써 결정된다."

어제 저녁 그는 프로이센 의회의 예산위원회에서 이렇게 선언함으로써 많은 이들이 예상했던 그대로 등장하였소.

오토 폰 비스마르크가 정부의 수장으로 처음 등원하여 독일의 통일은 회담과 결의만으로 이룩될 수 없다고 한 것이 전혀 틀린 말은 아니라는 것을 그의 동지와 적들은 인식하지 못하고 있소.

포메른 출신의 토지 귀족인 그는 정세를 양극화했고, 사람들은 모두 그의 연설 내용을 당면한 국내 정치에 빗대어 말하고 있소. 이 모든 이야기는 취리히 신문에 실린 내 기사에서 당신도 벌써 읽었을 것이오…….

이런 정치 현실에 걸맞게 켐핀스키 음식점에서는 오늘 첫 코스로 '비스마르크 청어'를 내놓았소. 향신료와 양파를 듬뿍 넣어 소금에 절인 청어에 오이와 시큼한 소스를 곁들여 먹는 것이라오. 향토적인 맛과 자극적인 맛의 배합이 비스마르크와 어울렸기 때문에 아마 요리사는 그런 이름을 붙였을 게요.

에른스트 헨젤러, 〈비스마르크와 함께하는 조찬〉, 1894년, 유화, 프로이센 문화재국 회화 자료실.

그런데 이 식당의 차림표에서도 그렇고 마부부터 고위 관리에 이르기까지 베를린 사람들과의 대화에서도 그렇고, 내가 늘 그의 이름을 듣게 된다는 것은 그가 만인에게 관심의 대상이 되었다는 것을 말하오.

지난 몇 달에 걸쳐 나는 친구, 지인, 부하 직원들, 그리고 비스마르크를 비난하는 그의 정적들과 대화를 나누며 그에 대해 많은 것을 알아내었소. 게다가 두 번씩이나 비스마르크와 직접 인터뷰도 할 수 있었소. 우리나라 정세와 헌법 문제에 그가 관심을 가지고 있기 때문이오.

술을 한두 잔 마신 뒤 그는 자신의 지난날에 대해서도 몇 가지 이야기를 들려주었소. 물론 그것을 신문에 실을 수는 없었소. 하지만 사랑하는 당신에게는 이 비스마르크라는 사람이 대체 어떤 사람인가에 대해 몇 가지 이야기를 해주리다.

비스마르크는 프로이센의 토지 귀족 출신으로, 조상의 계보가 오백 년 이상 거슬러 올라가는 사람들 중의 한 명이오. 1815년 4월 1일, 마르크 브란덴부르크에 있는 아버지의 영지 쇤하우젠에서 출생한 그는 일 년 뒤 부모를 따라 힌터포메른의 크니프호프로 이사했소. 그의 가족이 그곳에 있는 대규모 토지를 상속했기 때문이오.

비스마르크가 사랑한 아버지는 체질적으로 지주였고 그 이상은 바라지 않는 사람이었소. 그러나 고위 관리의 딸로 교양이 높고 야심만만했던 그의 어머니는 남편의 이런 태도를 늘 못마땅히 여겼을 것이오.

아들은 부모의 이런 상반된 성격을 그대로 물려받았소. 고요한 자연과 시골의 평화를 갈망하는 정서는 유약하다고 할 수 있는 아버지와 닮아 있었소. 그는 강인하고 차갑게 느껴진 어머니보다는 아버지를 사랑했소. 가족의 중요한 문제들을 결정했던 어머니에게는 그 미모와 냉철한 지성 때문에 존경을 바쳤소. 하지만 그 역시 어머니처럼 평온한 전원생활에서 벗어나려는 불타는 야망에 휘둘리고 있었소.

베를린 기숙학교 학생 시절, 그는 향수에 젖어 도시 바깥의 들판을 동경했소. 학교생활 처음 몇 년은 그럭저럭 보냈고, 고등학교에 올라가서는 조금 상황이 나아졌소. 그는 좋은 성적은 아니었지만 학업을 마쳤고, 흥미는 없었으나 공직생활에 꼭 필요했던 법학을 공부할 때도 그리 두각을 나타내지 못했소.

반면에 대학생활은 달랐소. 그는 신분이 높은 유력한 사람들과 사귀면서 금방 인맥을 쌓았소. 대학 친구들에게 '촌놈'이라고 불린 그에게 펜싱과 술은 처음으로 열정을 발산할 수 있는 진정한 삶이었소.

이제 그는 결투 때마다 물리치기 힘든 무적의 '불사신 아킬레우스'가 되었을 뿐만 아니라, 체계적이지는 않지만 괴테와 하이네, 셰익스피어와 바이런을 읽는 학생이 되었다오. 그는 방탕아, 기사, 바람둥이였소.

비스마르크는 1835년과 1836년에 법학 공부를 마치고 국가시험에 합격했소. 거기에 필요한 지식은 시험 준비를 시키는 과외교사에게 배웠소. 그러나 그는 이어진 사법 연수생 생활—아헨과 포츠담에서 시작한—을 견뎌내지 못하고 육체적으로는 무절제한 술로, 재정적으로는 도박빚으로 자신을 망치고 말았소.

그가 불명예 퇴직을 면할 수 있었던 것은 일찌감치 군에 입대하여 병역을 마친 덕분이었소. 제대하고 사회로 돌아온 비스마르크에게는 '구태의연함과 고루함' 으로 통칭되는 관료주의에 대한 깊은 혐오감밖에 남아 있지 않았소.

결국 아버지는 그에게 포메른에 있는 땅을 경작해보라고 제안했소. 비스마르크는 1839년—어머니는 나이 쉰에 암으로 사망한 뒤였소—24세의 나이에 '배우지 못한 도회지 아이의 무식함' 으로 토지 경작을 시작했소. 그리고 제법 쓸 만하게 일을 해냈소.

지금 켐핀스키 음식점에서 내오는 푸짐한 홀슈타인 커틀릿을 비스마르크는 시골생활만큼이나 좋아하였소. 그러나 그는 그곳 생활에 만족하지 못하고 자꾸만 밖으로 뛰쳐나갔다오.

악의적인 정적들이 크니프호프에서 '크나이프호프' 로 바꿔 부른 영지에서 '그가 미쳐 날뛰었다' 고 훗날 사람들이 얘기한 일화가 사실인지는 알 수 없소. 야심의 지배를 받은 그의 재능으로 볼 때 비스마르크는 토지 경작인이나 시골 방위장교, 게딱지만한 왕국의 주인으로 만족할 사람이 아니었소.

그래도 그는 그 전원생활에서 힘을 얻었소. 주변에 있던 귀족들은 그가 프로이센의 국가 체제를 좀먹는다고 생각한 자유주의와 의회주의, 독일 통일에 대한 열망 같은 시대적 유행에는 아직 물들지 않은 사람들이었소. 포메른에서는 국왕과 조국 프로이센에 대한 믿음이 조상들의 신에 대한 믿음만큼이나 제 목소리를 내고 있었다오.

오토 폰 비스마르크는 경건한 척 신앙심을 과장하는 사람은 아니었으나 믿음이 있는 사람이었고, 신약성서보다는 구약의 하느님을 더 가깝게 느꼈소. 훗날 그는 이렇게 말했소

"우리는 하느님이 세계의 역사 속으로 걸어오시는 것을 볼 수 있도록 준비해야 한다. 그리고 하느님께 달려들어 그의 외투 자락에 매달려야 한다……."

그에게 힘을 준 두번째 원천은 1847년에 결혼한 아내 요한나였소. 그녀는 정신적으로 남편보다 열등했던 것 같소. 그러나 비스마르크도 당시 대도시에서 흔히 볼 수 있는 정치에 관심 있는 여자는 결코 바라지 않았소.

요한나는—초기의 연애 시절을 제외하면—비스마르크에게 열렬한 사랑은 아니었소. 때문에 그는—본인이 어느 순간 경솔하게 말했듯이— '나를 엄청난 죄악으로 끌고갈 뻔한 무자비한 정욕' 에 저항하지 못했소.

요 근래에도 그는 러시아 외교관의 젊은 아내와 염문을 뿌렸다오. 그러나 요한나는 남편에게 무한한 애정과 사랑을 베풀었소. 남편에게 충실하고 너그러웠던 그녀는 온갖 비난에 맞서 비스마르크를 맹렬히 변호했소.

감자부침을 곁들인 홀슈타인 커틀릿을 먹고 나니 퓌르스트 퓌클러 아이스크림이 나오는구려. 이제는 시골생활의 넉넉함을 잃어버린 비스마르크의 현재 이력에 어울리는 마지막 코스라오.

1848년의 혁명은 사회생활이 벌써 끝장난 것처럼 보였던 서른두 살의 비스마르크가 직업 정치가로 성공할 수 있는 발판을 마련해주었소.

시작은 보잘것없었소. 그는 프로이센 의회에서 토지 귀족 출신의 골수

보수주의자라는 평판을 얻었소. 그는 혁명을 타파하면서 국왕의 머뭇거리는 태도까지 비난했지만, 왕에 대한 자신의 무조건적인 충성심을 끝없이 강조했소.

그 대가로 왕은 그를 프랑크푸르트에서 재개된 독일 연방의회의 대표로 임명했소. 비스마르크는 그의 추진력과 명료한 언어로 금세 독일 직업 외교관들의 적이 되었소. 이들은 있는 힘을 다해 그를 중상하려고 했소.

그러나 왕은 그의 직선적이고 솔직한 태도와 보수적이고 전통을 중시하는 사고를 높이 쳤소. 물론 그의 유연하고 비관습적인 행동 때문에 이따금 가슴을 쓸어내리기도 했지만 말이오.

비스마르크는 행동만 했다 하면 다시 소생하였소. 때문에 그에게 기회를 준 것은 언제나 위기였소. 그럴 때면 그는 최상의 컨디션이 되었소.

반면에 기다림의 시간에는 깊은 좌절로 고통받았소. 그 대표적인 사례가 지금 그의 총리 입각이라오. 얼마 전 왕은 군제 개편 문제로 의회와 충돌했소. 그때 러시아 대사로 있던 비스마르크가 베를린으로 소환되었소. 모두 그가 새 총리가 될 거라고 예측했고 그도 그런 기대를 품었다오.

하지만 국왕 빌헬름은 왕비 아우구스타의 교사로 결단을 못 내리고 있었소. 가만히 있을 수 없었던 비스마르크는 왕을 몰아세우고 협박했소. 왕은 그를 파리 대사로 임명했소. 승진이었지만, 바라던 자리는 아니었소.

비스마르크는 파리가 정거장에 불과하다고 믿고 날마다 베를린으로 불려가기를 기다렸소. 그러나 귀국하라는 소식은 오지 않았고, 의기소침해진 비스마르크는 정사 사건에 빠져들었소.

그러다가 마침내 일주일 전, 최종 전보가 날아들었고 이틀 후 국왕과의 결정적인 면담이 있었소. 비스마르크는 '백지 위임'을 받고 다시 물 만난 고기가 되었소.

사랑하는 뢰슬리, 이 비스마르크라는 사람이 누구인지 내가 당신한테 제대로 쓴 것 같소? 어쩌면 지나치게 비스마르크 개인과 그의 됨됨이에 대해서만 썼지, 정치가로서의 비스마르크와 그의 정치적 식견에 대해서는 별로 얘기를 못한 것 같소.

그러나 그를 우리 신문기자를 포함한 모든 이들에게 흥미로운 인물로 만들어주는 것은 그의 정치적 견해가 아니라 그의 사고방식과 행동방식이라고 나는 생각하오.

성탄절에는 당신과 우리 아이들을 다시 품에 안을 수 있을 거라는 희망을 갖고 당신을 마음속으로 포옹하오.

당신의 우르스로부터

비스마르크는 덴마크, 오스트리아, 프랑스와 각각 전쟁을 치르며 프로이센이 주도하는 독일제국을 이룩하였다. 그는 총리직에 오를 때까지 모순된 인품과 활동을 보였지만, 이후 정부 수장으로서 펼친 효율적이고 성공적인 정책들도 역설로 가득하다. 비스마르크는 자신이 사랑한 프로이센이 군사적으로 승리를 거두게 했으면서도, 그 승리를 이용하여 결국 독일제국의 성립과 더불어 프로이센을 정치적으로 미미한 존재로 만들어버렸다. 그는 '적색 반동주의자'로서 혁명을 타파한 뒤 스스로 '위로부터의 혁명'을 구축한 건축가가 되었다. 또 '백색 혁명가'로서 의회와 의원들을 경멸한 그였지만, 제국의회를 설립하여 일반 선거에 바탕을 둔 독일 최초의 민주 기구를 만들었다. 또한 노동자 계급과의 처절한 싸움을 통해 사회주의 국가가 탄생하였다. 비스마르크처럼 전쟁을 정치의 수단으로 이용하는 동시에—악몽에 시달리면서도—온갖 수단을 동원하여 평화를 유지한 사람은 거의 없을 것이다.

베를린 최고 식당의 대표 메뉴

§ 비스마르크 §

◉ 재료(4인분)

흑맥주 500ml · 떫은 샴페인 500ml

| 요 · 리 · 법 |

커다란 유리 병에 먼저 흑맥주를 따른 뒤 떫은 맛이 나는 샴페인을 조심해서 붓는다.

---

§ 감자부침 §

◉ 준비시간 : 20분 | 요리시간 : 15분

◉ 재료(4인분)

감자 800g · 소금과 후추 · 달걀 2개 · 양파 1개 · 마요라나 2술 · 끓여서 졸인 버터 3술

| 요 · 리 · 법 |

감자는 껍질을 벗겨 강판에 곱게 갈고 소금과 흰 후추를 뿌린 뒤 뚜껑을 덮

어 10분 동안 놓아둔다. 달걀은 잘 휘저어놓고 양파는 곱게 다진다. 감자를 잘 눌러준 뒤 달걀, 양파, 마요라나를 넣어 섞는다. 미리 끓여서 졸여둔 버터를 넣고 뜨겁게 달군 뒤 준비한 다진 감자 재료를 작고 둥그런 모양으로 부친다.

---

§ 비스마르크 청어 §

◉ 준비시간 : 15분+12시간 | 요리시간 : 5분
◉ 재료(4인분)
청어살 8토막 · 소금 · 양파 2개 · 월계수잎 2장 · 두송 열매 8개 · 검은 후추알 12개 · 떫은 백포도주 200ml · 백포도주 식초 200ml · 물 300ml · 이논드 2술 · 오이 피클 4개 · 사과 1개 · 발효 생크림 200ml

| 요 · 리 · 법 |

청어살은 소금을 뿌려서 12시간 동안 냉장고에 넣어둔다. 이를 꺼내어 잘 씻어서 물기를 뺀 뒤 냄비에 켜켜이 담는다. 고리 모양으로 썬 양파, 월계수잎, 두송 열매, 검은 후추알을 청어 위에 뿌린다. 떫은 맛이 나는 백포도주와 백포도주 식초, 물을 한데 넣고 따로 끓인다. 소량의 소금으로 간을 한 뒤 이것을 청어살이 담긴 냄비에 붓고 뚜껑을 덮어 잠시 끓인다. 이논드는 잘게 다져놓는다. 다 끓이고 나면 다진 이논드를 곁들여 상에 차려낸다. 이때 따뜻하거나 찬 상태로 오이 피클, 작게 썬 사과 조각, 발효 생크림과 함께 내어놓는다.

§ 홀슈타인 커틀릿 §

◉ 준비시간 : 10분 | 요리시간 : 10분

◉ 재료(4인분)

송아지 안심 4장(약 150g) · 소금과 흰색 후추 · 밀가루 1술 · 달걀노른자 2개 · 빵가루 6술 · 구이용 버터 4술 · 달걀 4개 · 고춧가루 1~2g · 소금과 후추 · 안초비 살 4토막 · 풍조목 열매 4개 · 철갑상어알 1술 · 작은 오이 절임 8개

| 요 · 리 · 법 |

송아지 안심은 소금과 후추로 간을 한다. 고기에 밀가루, 휘저은 달걀노른자, 빵가루를 묻혀 뜨거운 버터에 천천히 갈색이 되도록 굽는다. 달걀을 프라이로 부치고 소금, 후추, 고춧가루를 뿌려 커틀릿 위에 얹는다. 안초비는 풍조목 열매에 하나씩 말아 커틀릿 위에 얹는다. 철갑상어알과 오이 절임으로 장식한다.

---

§ 퀴르스트 퓌클러 아이스크림 §

◉ 준비시간 : 20분+60분 | 냉동시간 : 8시간

◉ 재료(4인분)

생크림 3/4리터 · 슈거파우더 150g · 딸기 200g · 아몬드 과자 100g · 마라스키노(버찌 리큐어) 2술 · 쓴맛의 초콜릿 80g · 물 1술 · 버찌 2술 · 생크림 100ml · 바닐라 설탕 1찻술

| 요 · 리 · 법 |

생크림을 빽빽해질 때까지 휘젓는다. 여기에 슈거파우더를 넣은 뒤 3등분하

여 세 가지 맛의 아이스크림을 만드는 데 사용한다. 먼저 딸기를 믹서에 갈아 생크림에 넣고 아이스크림틀이나 위가 뾰족한 케이크틀에 넣어 적어도 30분 이상 냉동실에 두고 얼린다. 아몬드를 잘게 부수고 마라스키노를 넣어 향을 낸 뒤 생크림에 넣어 섞는다. 이를 딸기 아이스크림 위에 펴얹어 마찬가지로 30분 동안 얼린다. 초콜릿은 물과 섞어 데우고 버찌를 넣어 향을 낸다. 초콜릿을 조금 식힌 다음 생크림에 넣는다. 냉동실에 넣어두었던 앞의 아이스크림 맨 위에 초콜릿 생크림을 얹어서 냉동실에 넣는데, 이때는 최소한 8시간 동안 얼려두도록 한다. 상에 차리기 전에 아이스크림틀을 뜨거운 물에 잠깐 담갔다 꺼내면 내용물을 접시에 깔끔하게 담을 수 있다. 별도의 생크림에 바닐라 설탕을 뿌려 향을 낸 뒤 세 가지 맛 아이스크림을 장식하는 데 사용한다.

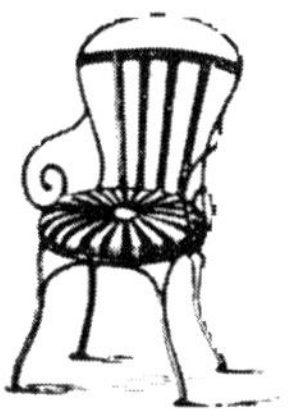

19세기 베를린의 외식 장소

"나는 여기서 식사할 때는 거창하게 먹는다. 이곳에는 유럽의 모든 요리가 망라해 있다. 고급 빈 레스토랑에 가면 오스트리아 음식을 먹을 수 있고, 프랑스 요리, 러시아 요리, 슐레지엔 요리, 함부르크 요리, 베를린 요리도 있다. 게다가 값도 뮌헨보다 훨씬 싸다. 내가 사는 곳 근처의 슐레지엔 음식점에서는 1마르크를 내면 수프, 생선, 스테이크, 케이크를 먹을 수 있다. 크르치보네크 식당에서 내오는 케이크는 빈의 일류 호텔 것만큼이나 맛이 좋다. 지저분하게 나오는 뮌헨의 초라한 음식 대신, 적당한 돈을 내고 훌륭한 음식을 먹을 수 있다는 것은 총각의 형편에서 반가운 일이다."

이렇게 베를린의 레스토랑에 대해 열변을 토한 성미 까다로운 사람은 바이에른 출신의 루트비히 토마였다. 그의 이야기는 맞는 말이다. 적어도 1871년부터 제국의 수도 베를린에서는 훌륭한 식사를 할 수 있었다.

아주 간단히 '아래부터' 시작하자. 베를린에는 곳곳마다 저녁때 사람들이 만나는 선술집이 있었다. 버터 바른 빵이나 따뜻한 수프 한 접시 정도는 먹을 수 있는 곳이었다. 그러나 손님들은 대부분 식사를 하지 않았고, 하더라도 음식을 싸가지고 와서 먹었다. 술집 주인도 이를 눈감아주었다. 그는 맥주와 화주를 팔아 돈을 벌었기 때문이다.

19세기 말에는 낮은 가격대의 음식을 제공한 최초의 식당 '아싱거'가 문을 열었다. 바이에른 사람인 카를 아싱거와 아우구스트 아싱거는 식당 내의 '맥주샘'에서 베이컨이 들어간 완두죽이나 각종 소시지 같은 저렴하고 맛좋은 음식을 팔았다. 빵은 무료로 먹을 수 있었기 때문에 배고픈 사람, 대학생, 가난한 문필가와 노동자들이 모여들었다.

또 다른 유명한 이름으로는 '켐핀스키'가 있다. 포도주상 베르톨트 켐핀스키는 1862년에 첫 식당을 개업했고, 후일에는 좀더 큰 레스토랑을 운터덴 린덴 가에 두번째로 열었다. 그곳에 있는 '황제홀'에서는 정치가와 기업가들이 와서 식사를 했다. 세련된 시민층 사람들은 '그랜드호텔 드 롬'이나 '브리스톨'에 있는 레스토랑을 찾았고, 부유한 상인들은 '리소스'에서, 유명 예술가와 배우, 오페라 가수들은 '웨스트민스터'에서 음식을 먹었다. 장교들은 파리 광장의 옛 프랭엘 팔레 자리에 있는 '장교 카지노'에서 식사했다. 식도락의 절정은 1907년에 문을 연 '아들론 호텔'이었다. 그곳 프랑스 레스토랑에서는 프랑스인 종업원들이 시중을 들었다. 이곳에는 황제 빌헬름 2세도 자주 들렀기 때문에 호텔 소유주 로렌츠 아들론은—'왕들의 호텔리어'인 세자르 리츠에 빗대어—자신을 아주 겸손하게 '황제의 호텔리어'라고 불렀다.

'아들론 호텔'에서는 변함없이 프랑스 요리가 주를 이뤘지만 황제의 요청에 따라 최소한 음식 차림표만은 독일어로 적었다. 이와 동시에 궁정에서는 책과 잡지를 통해 여러 가지 왕실 음식의 요리법을 독일인들의 구미에 맞게 소개하려고 노력하였다. 그러나 이런 노력들도 헨리에테 다비디스라는 여성의 인기와 현실적인 영향력에는 훨씬 미치지 못했다.

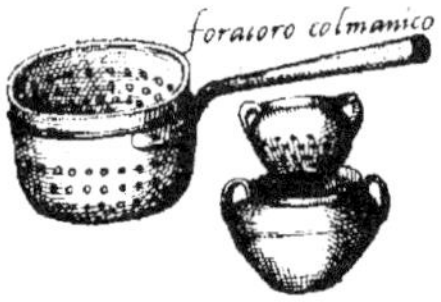

26. 여성들이여, 부엌으로

(헨리에테 다비디스의 강연)

"'요리책이 또 한 권 늘어났군.'—이 책의 광고를 본 많은 사람들이 이렇게 말할 것이다. 요리책은 이미 수없이 많이 나와 있고, 훌륭한 책들도 많다. 그러나 현실적인 주부와 요리를 즐기는 여성이라면, 대부분의 요리책에 소개된 요리법들이 응용하기 힘들고 때론 너무 사치스럽고 낯선 내용들이라는 점에 동의할 것이다. 그런 것들은 소수의 요리에만 어울릴 뿐 아니라, 요리 초보자들에게 꼭 필요한 설명도 없어서 능숙한 요리사의 손을 거쳐야 성공하는 경우가 많다……. 이 책이 노련한 주부들의 호평을 받고 새내기 주부들에게 유익하게 이용되기를 바란다. 1844년 11월, 슈프록회벨에서 저자."

—《일상요리와 고급요리를 위한 실용적인 요리책》 초판에 담긴 저자 헨리에테 다비디스의 서문 중에서

존경하는 여성 여러분, 우선 이 아름다운 도시에서 여러분을 모시고 강연할 수 있게 된 것을 기쁘게 생각합니다. 제 강연에 이렇게 많은 분들이 참석해주신 것은, 이처럼 좋은 시기에도—영광된 우리 독일제국의 선포를 경축한 지 이제 며칠밖에 지나지 않았습니다—여러분께서 건강한 식생활의 필요성과 충만한 가정생활의 필요성을 인식하고 있는 증거라고 생각합니다. 요즘 같은 행복한 때야말로 독일 여성들은 부엌과 가정에서 남편을 내조해야 할 것입니다.

젊은 여성들은 흔히 결혼생활을 너무나 간단하게 생각하고 있습니다. 저는 저에게 와서 가사 수업을 받는 처녀들이 성공적인 결혼생활을 위해서는 남편에 대한 사랑과 온순함과 복종만으로 충분하다고 믿는 것을 많이 보아 왔습니다.

그러나 잘 알다시피 남편의 사랑은 아내의 요리 솜씨에 달려 있습니다. 만일 음식을 두 번씩이나 태우고, 수프를 짜게 만들고, 스테이크 맛이 밋밋하다면, 제아무리 고혹적인 미소를 지어보여도 엄격한 남편에게는 통하지 않을 것입니다.

마찬가지로 예비 신부들은 빠듯한 예산으로 살림하는 법을 배워야 한다는 사실을 과소평가하고 있습니다. 저는 미숙한 젊은 새댁이 남편에게 특별한 기쁨을 주기 위해 특별한 요리를 만들어주려고 하는 것을 자주 보았습니다. 요리를 훌륭하게 만들어 일이 성공하더라도, 그 새댁은 대개 주어진 돈이 허락하는 이상의 비싼 재료를 사용하는 경우가 많습니다. 그로 인한 부작용과 타격은 월말에 돌아옵니다.

신혼생활에서 빠지기 쉬운 함정은 이밖에도 많이 있고, 아마 여기에 참석하신 여성들도 잘 알고 계실 것입니다. 그러나 저는 긍정적인 면을 이야기하고 싶습니다.

먼저 요리의 입문으로 세심하고 성공적인 주부와 아내가 지켜야 할 몇 가지 원칙을 말씀드리겠습니다.

맛이 좋은 훌륭한 음식을 만들기 위한 첫째 원칙은 청결입니다. 이 원칙은 새댁 때부터 습관을 들여야 하며, 오랜 결혼생활을 하다 보면 어느새 좋은 습관으로 자리잡을 것입니다. 청결은 손을 깨끗이 하는 것에서부터 시작합니다. 채소를 씻거나 야채 수프에 들어갈 향초를 다듬기 전에 우선 손을 닦아야 합니다. 채소도 다른 재료와 마찬가지로 깨끗하게 씻고 다듬어야 합니다. 뿐만 아니라 조리대와 식탁을 비롯해 부엌 전체와 모든 도구도 반짝반짝 윤이 나도록 깨끗해야 합니다.

덧붙여 또 한 가지 유익한 조언을 드리겠습니다. 현실적인 주부라면 식사 후에 모든 식기와 부엌 용구 및 부엌 전체를 다시 최상의 상태로 만들어 놓아야 하고, 재사용할 수 있는 음식 재료들은 그 즉시 잘 보관해두어야 합니다. 그렇지 않으면 그 재료들은 영영 못쓰게 되어버립니다.

그런데 젊은 새댁들 중에는 맛있게 식사를 마친 후 남편 품으로 달려들고 다음날 아침 부엌에서는 말 그대로 파편 더미 앞에 서 있는 사람들이 많습니다. 이럴 경우 현명한 주부는 남편을 부드럽게 설득하여 교육시켜야 할 것입니다……. (웃음)

둘째 원칙은, 이미 앞에서 예를 들어 말씀드린 대로 절약입니다. 설탕, 버터, 양념의 남용은 음식 맛을 좋게 하는 것이 아니라 오히려 훌륭한 요리까지 망칩니다. 마데이라 소스에 넣은 햄과 같은 고급요리에서도 마데이라를 너무 많이 쓰면 결코 좋은 음식이 나오지 않으며, 후추도 잘못된 양을 사용하면 음식을 아주 못쓰게 만듭니다. 음식 맛은 나빠지면서 돈은 더 들어가는 셈입니다. 절약한다는 것은 모든 식자재를 철저히 재사용하는 것도 의미합니다. 이런 재료들은 다른 형태로 응용하면 다시 좋은 요리를 만들어낼 수 있습니다.

셋째 원칙은 음식을 정확한 시간에 올바른 조리 용기에 담아 불에 올리는 것을 말합니다. 예를 들어 꽃상추는 정해진 시간 동안만 볶아야지 안 그러면 톡 쏘는 맛이 없어지든가 질겨집니다. 현대적인 돌출형 화덕이 없는 분들은 꽃상추를 너무 불 속 깊숙이 넣어 요리해도 안 됩니다. 좋지 않은 뒷맛이 남거나 아래쪽이 타기 때문입니다.

또 불의 양을 적절히 조절하는 것도 무시 못할 기술입니다. 음식은 골고루 익어야지 너무 센 불에서 익거나 설익거나 아예 날것이 되어서는 안 됩니다. 뿐만 아니라 냄비의 크기는 음식의 분량과 비율이 맞아야 하는데, 이는 고기의 경우 특히 중요합니다.

넷째 원칙은—여기에서부터 요리의 고급 기술이 시작됩니다—요리를 시작하기 전에 올바른 계획을 세우는 것입니다. 우선 필요한 재료들을 모두 가져와 조용히 생각하면서 재료를 다듬습니다.

특히 주의할 것은, 음식을 완성하여 차리기 직전에 일이 쌓여 세련된 상차림에 신경 쓸 겨를이 없으면 안 된다는 것입니다. 접시에 담긴 켄치히 롤케이크가 폭발한 흰 소시지처럼 보인다면 아무리 좋은 반죽과 최상의 자두잼을 사용한들 무슨 소용이겠습니까……. (웃음)

많은 주부들이 가장 어려워하는 문제에 대해 한마디 더 하겠습니다. 바로 양념입니다. 원칙적으로 양념은 식구들 입맛에 맞는 대로 사용해도 좋습니다. 훌륭한 주부는 세월이 흐르면서 차츰 이에 대한 감각을 발달시키고 또 남편 말에도 귀를 기울입니다. 단, 후추는 조금씩 넣어야 합니다. 과도하게 사용하면 건강에 매우 좋지 않기 때문입니다. 이 문제에서는 남의 요리법에도 너무 영향을 받지 말아야 하고, 오로지 모든 음식에는 적당량의 양념을 쓴다는 것, 지나친 양념은 음식 본연의 성질과 섬세한 맛을 빼앗는다는 기본 원칙에 따르기만 하면 됩니다.

여러분 중에는 오늘 제가 강연하는 모습을 보면서 제 나이가 일흔이 넘었다는 사실을 믿지 않으실 분이 많을 겁니다. 저는 1800년에 개신교 목사의 열세 명의 자식 중 열째로 태어났습니다. 우리집에서는 아궁이의 불이 꺼지는 날이 없었습니다. 우리집 화덕은 저의 첫번째 중요한 실습장이자 실험실이었습니다.

저는 많은 경험을 쌓고 여러 요리법들을 익힌 뒤 슈프록회벨의 여학교에 들어갔고 훗날에는 이 학교를 경영하게 되었습니다. 제가 이렇게 건강하고 활기찬 모습으로 여러분 앞에 서 있는 것은 주님의 은혜와 더불어 건강한 식생활과 술이라는 악마를 멀리한 덕분입니다. 이른바 현대적이라는 여성들이 만들어낸 남성 교육이란 말을 놓고 볼 때, 그 교육을 실시해야 할 분야가 있다면 그것은 바로 건강한 식생활과 금주일 것입니다.

마지막으로 제 요리책에 대해 다시 한 번 언급할까 합니다. 그 이유는, 제가 비록 4년 동안이나 이 책을 받아줄 용기가 있는 출판인을 찾아다녔다고는 하지만, 여전히 이 책의 성공에 조바심을 내기 때문이 아닙니다. 그것은 불운했던 혁명 전의 일이고, 우리의 조국 독일을 통일시킨 영광스런 전쟁 이전의 일이었습니다.

오늘날 저의 요리책은 북해 연안에서 추크슈피체에 이르는 지역에서 판매되고 있으며 그간 20쇄를 찍었습니다. 이 책은 어떤 계층에 속해 있든 간에 가문의 자랑거리가 되고 싶은 모든 여성들에게 도움이 될 것입니다.

제가 직접 시험해보고 제 손으로 끊임없이 개선한 이 책 속의 요리법들을 쓰면서 저는 낯설고 비용이 많이 드는 부분은 제외시켰습니다. 그리고 최대한의 절약을 중시하여 분량을 나타내는 모든 수치도 여기에 맞춰 계산했습니다.

저의 모든 요리책을 열거하는 것은 겸손의 미덕이 허락하지 않고 또 여러분의 시간을 끄는 일이므로 그 중 한 가지만 더 말씀드리겠습니다. 《꼬마

요리사》라는 작은 책은 여러분 중 가장 나이 어린 사람들에게 장차 주부의 할 일을 준비하도록 가벼운 마음으로 쓴 책입니다.

저는 대부분의 요리책들처럼 숙련된 주부만을 독자층으로 삼지 않으려고 했기 때문에, 꼭 아이들이 아니더라도 젊은 새내기 주부들에게 필요한 요리법을 알려주어 이들이 신혼생활에서 남편과 온 가족의 칭찬을 들을 수 있도록 노력했습니다. 독일 여성들이 있어야 할 자리는 부엌입니다.

우리 여성들은 이곳에서 우리 온 민족의 건강과 행복을 위해 승리를 쟁취해야 합니다.

(길게 이어지는 박수)

헨리에테 다비디스는 전 국민의 사랑을 받는 요리선생으로 살다가 1876년에 세상을 떠났다. 요리책에서 'man nehme'로 시작하는 그녀의 말투는 유행어가 되었다. '다비디스'라는 이름으로 알려지고 이후 두 명의 여성 요리사가 집필을 계속한 헨리에테의 《일상요리와 고급요리를 위한 실용적인 요리책》은 제1차 세계대전이 일어날 때까지 총 48쇄가 발간되었다.

알뜰 주부를 위한 간단 요리

§ 마데이라 소스에 넣은 햄 §

◉ 준비시간 : 5분 | 요리시간 : 40분

◉ 재료(4인분)

버터 2술 · 밀가루 2술 · 쇠고기 육수 1/2리터 · 얇고 납작하게 썬 레몬 2장 · 포도 식초 1술 · 양송이 버섯 100g · 칠리 가루 1~2g · 마데이라 포도주 200ml · 햄(훈제하여 삶은 것 덩어리째) 600g · 쌀 250g · 마데이라 포도주 1술 · 생크림 2술 · 달걀노른자 1개 · 파르마산 치즈 50g

| 요 · 리 · 법 |

뜨거운 버터에 밀가루를 넣어 갈색이 되도록 볶는다. 여기에 뜨거운 쇠고기 육수를 붓고 납작하게 썬 레몬과 포도 식초를 넣어 맛을 낸 뒤 가끔씩 저어 주면서 끓인다. 30분 동안 끓이고 나서 레몬을 건져낸다. 납작하게 저민 양송이 버섯과 칠리 가루, 마데이라 포도주를 함께 소스에 넣고 5분 정도 약하게 끓인다. 덩어리 햄을 5mm 두께로 썰어 소스에 넣고 데운다. 쌀은 소금물에 넣고 15분간 끓여 익힌 뒤 물을 따라버리고 소량의 마데이라, 생크림, 달걀노른자, 파르마산 치즈 간 것을 넣는다. 밥이 완성되면 접시에 고리 모양이 되도록 보기 좋게 담는다. 앞서 소스에 넣어두었던 햄을 그 가운데에 담으면 요리가 완성된다.

§ 러시아식 자우어크라우트 수프 §

◉ 준비시간 : 10분 | 요리시간 : 45분

◉ 재료(4인분)

밀가루 1술 · 버터 2술 · 쇠고기 육수 1리터 · 자우어크라우트 250g · 수프용 쇠고기 삶은 것 100g · 달걀노른자 2개 · 소금과 후추

| 요 · 리 · 법 |

밀가루를 뜨거운 버터에 넣고 옅은 갈색이 되도록 살짝 볶은 다음 뜨거운 쇠고기 육수를 붓고 거품기로 젓는다. 꼭 짜서 다진 자우어크라우트를 넣고 40분 동안 끓인다. 다 끓기 직전에 잘게 썬 수프용 쇠고기를 넣어 섞는다. 냄비를 불에서 내리고 휘저은 달걀노른자를 넣고 다시 한 번 (끓이지 말고) 데운다. 수프에 소금과 후추로 간을 한다.

---

§ 꽃상추 볶음 §

◉ 준비시간 : 10분 | 요리시간 : 30분

◉ 재료(4인분)

꽃상추 2개 · 버터 2술 · 야채 국물 1/2리터 · 육두구 1~2g · 레몬즙 2찻술 · 빵가루 2술 · 소금과 후추

| 요 · 리 · 법 |

꽃상추 잎을 5cm 크기로 자른다. 버터를 데워 상추 잎을 넣고 잠깐 볶는다.

야채 국물, 육두구, 레몬즙, 빵가루를 넣고 뚜껑을 닫아 30분간 약한 불에서 가열한다. 국물을 따라버리고 소금과 후추로 맛을 낸다.

다른 나라에서는 치커리나 브뤼셀러도 꽃상추라는 이름으로 시장에 나와 있다. 우리가 이용한 것은 잎이 크고 곱슬곱슬 주름이 진 꽃상추이다.

---

§ 켄치히 롤케이크 §

◉ 준비시간 : 30분 | 요리시간 : 20분

◉ 재료(4인분)

달걀 7개 · 설탕 120g · 밀가루 100g · 버터 1찻술 · 자두잼 400g · 슈거파우더

| 요 · 리 · 법 |

달걀노른자에 설탕을 넣고 옅은 노란색이 될 때까지 거품을 내며 젓는다. 천천히 밀가루를 섞어주고 뻣뻣하게 휘저은 달걀흰자도 넣는다. 사각형 케이크틀에 베이킹 페이퍼를 깔거나 버터를 바른 뒤 그 위에 반죽을 펴얹고 미리 가열한 오븐에서 180도로 20분 동안 굽는다. 케이크가 아직 따뜻할 때 자두잼을 바르고 돌돌 만다. 완전히 식혀서 슈거파우더를 뿌린다.

전업주부의 시대가 열리다

1784년에 익명으로 출간된 요리책《요리와 살림을 손수 하려는 젊은 여성을 위한 강의》는 베스트셀러가 되지 못했다. 당시 독일에서 요리하는 주부가 매우 드물었기 때문이다. 하류층과 중류층 여성들은 일을 하거나 적어도 맞벌이를 해야 했다. 조금 규모가 큰 공장과 농가, 그리고 형편이 좋은 사람들은 주방에서 일할 종업원이나 하녀를 고용했다.

19세기가 되면서 경제 사정은 달라졌다. 점차 늘어가는 중류층의 주부들은 (하인 한 명을 고용한) 전업주부라는 '사치'를 부릴 수 있게 되었다. 많은 여성들이 어머니, 교육자, 주부라는—지금은 이단처럼 들리는—세 역할을 짊어진 여성의 존재를 이중 부담의 종말로 여기고 여기에 호감을 가졌다. 때문에 슈프록회벨에 있는 헨리에테 다비디스의 여학생 가사학교와 같은 곳에 딸들을 보낸 계층은 보수적인 가정이 아니라 현대적인 가정이었다. 독일에서 여학생 교육을 담당할 통일된 학제가 만들어진 것은 20세기 직전이었다.

8년에 걸쳐 요리책을 집필한 헨리에테 다비디스는 많은 고생 끝에 출판인을 만났고 1844년에 첫 판이 나왔다. 그 후 책은 쇄를 거듭하여 그녀가 사망한 1876년까지 20쇄를 찍었다. 책의 성공은 출판 시기가 적절했다는 것,

즉 유행을 탄 덕분이었다. 더불어 아직 경험이 많지 않은 주부들을 주요 독차층으로 삼는 동시에 숙련된 주부에게도 몇 가지 '구미에 맞는 것' 들을 제공했기 때문이다. 나머지 여성 독자들은 책에 나온 정확한 설명에 따라 요리의 고공비행을 할 수 있다는 희망을 가졌다. 특히 이 요리책은 제목에서 약속한 것을 그대로 지킨 '실용적인 요리책' 이었다. 저자는 모든 요리법을 시험해보고, 취급법마다 설명을 붙이고, 새 판이 나올 때마다 오류를 수정하고 요리법을 현대화했다. '다비디스' 와 그녀의 'man nehme' 라는 말투는 유행어가 되었다.

헨리에테 다비디스가 사망한 후에는 루이제 로젠도르프와 루이제 홀레가 잇따라 집필을 계속했다. 그에 따라 32쇄(1891년)는 '다비디스 · 홀레' 라는 두 명의 이름으로 출간되었다. 제1차 세계대전이 일어났을 때는 48쇄에 이르렀다. 그 후 시대 상황에 맞게 '순무 푸딩' 이나 '전시(戰時) 감자 경단' 등의 요리법을 담은 《전시 요리책》도 발간되었는데, 1918년까지 7쇄를 거듭했다.

전쟁이 끝나자 다비디스라는 이름으로 특유의 붉은색 장정을 한 수많은 요리책이 출간되었고, 특히 저작권이 소멸된 후에는 여러 쇄를 찍어냈다. '다비디스' 라는 이름이 하나의 상표가 된 것이다.

27. 파리는 빛나고 있다

"단 한 시즌을 위해 그러한 부지를 멋진 공원으로 탈바꿈시키고 세상의 온갖 비싼 물품들로 뒤덮다시피 하려면 당연히 프랑스인의 에너지, 프랑스의 부, 그리고 파리라는 도시의 흡인력이 필요하다. 파리가 지닌 매력으로 보건대, 이를 구경하러 몰려들 수많은 외국인 인파가 그 막대한 비용을 상쇄할 것으로 예상되었다."

— 광업 · 제련 · 공업 전문지 『베르크가이스트』 제31호(1868년)의 부록에 실린, 퓌르스텐발데에서 근무하는 프로이센 관리 시보 F. F. 폰 뒤커의 보고서 중에서

"배가 고픈 사람에게 첫번째 식욕은 식욕 충족을 위해 제공되는 음식에 아무 요구도 하지 않을 만큼 대단히 강렬한 느낌으로 다가온다. 두번째 식욕은 원래 허기가 없더라도 식탁으로 가서 매우 구미가 당기는 음식을 맛볼 때 생긴다. 마지막으로 세번째 식욕은 이제 막 일행이 일어서려고 할 때 요리의 마지막에 나오는 멋진 음식을 보고 일어난다."

— 알렉상드르 뒤마

비앵브뉘, 웰컴, 빌코멘! 최고의 쇼, 기술이 만든 기적, 현대 세계로 가는 관문에 오신 것을 환영합니다. 독일분들이시죠? 저는 여러분을 모시고 세계박람회와 전세계에서 가장 아름답고 현대적인 도시 파리를 안내할 여러분의 '가이드' 장입니다. 마차를 타고 싶으세요? 아니지요, 물론 아닐 겁니다. 우리는 증기기관 버스를 타고 갑니다. 우리는 중세에 사는 사람들이 아니니까요…….

창밖으로 새로운 파리를 내다보십시오. 하우스만 남작은 별의 방사선처럼 원형 광장 한곳으로 모이는 기다란 일직선 대로들을 만들었습니다. 이 대로들이 있음으로써 우리의 위대한 건축물들이 제 가치를 발하는 겁니다. 이곳은 오페라 하우스입니다. 그리고 앞쪽을 보시면 개선문이 있습니다. 뭐라구요? 하우스만이 이 널찍한 거리를 조성한 이유가 혁명이 일어날 경우 군대가 마음놓고 사격하기 위해서라구요? 손님은—실례의 말씀이지만—지나치게 프로이센식으로 생각하시는군요.

그리고 혁명이라니요? 어림없습니다. 우리는 모두 우리나라에 긍지를 갖고 있으며, 우리가 발전의 첨단에 서 있음을 세계에 과시하는 이 도시가 자랑스럽습니다.

아, 샹 드 마르스 공원에 도착했습니다. 잠깐 박람회장에 대해 말씀드리겠습니다. 중앙에는 너비 110미터, 길이 348미터의 사각형과 직경 192미터의 반원형 건물 두 개로 구성된 타원형 전시관이 자리잡고 있습니다. 뭐, 저는 숫자로 여러분을 지루하게 만들 생각은 없습니다. 많은 사람들이 철골과 유리로 된 이 거대한 건축물을 지루하게 생각합니다. 여러분은 어떻게 생각하십니까? 맞습니다. 빅토르 위고는 이 박람회장에 고품격의 가치를 주어야 할 정신, 즉 '에스프리'가 없다고 말했습니다. 정면부와 박공도 없이 오직 그 목적에만 봉사하는 건물에 친숙해지기란 어렵지요. 객관성, 엄격한 논리,

효율성, 이것이 새 시대의 특징입니다. 그러나 이 합리적이고 효율적인 건축물에는 의미 깊은 내적 상징성이 숨어 있습니다. 이제 남관과 북관으로 조성된 양쪽의 반원형 전시관을 포함하여 이곳 박람회장을 일주해보겠습니다. 글자 그대로 세계를 돌아보는 것입니다. 모든 국가들이 참여했습니다. 적국들도 나란히 붙어 있고요.

이 세계박람회는 국력만 과시하지 않고 구식과 신식의 물품 제작방식과 문화상품들도 보여줍니다. 이곳에는 당구공에서부터 게임 카드와 바구니, 포마드에 이르기까지 여러 장식품과 일상용품들을 여러분의 눈앞에서 능숙하고 빠르게 만들어 파는 수많은 전시 판매대가 있습니다. 또 조형미술로 말할 것 같으면, 유럽과 여러 나라에서 명성과 이름을 얻은 모든 것들이 전시되어 있습니다. 아직 이름이 알려지지 않은 예술가들도 주목을 끌기 위해 노력하고 있습니다.

자, 이제는 전시회장 안을 둘러보겠습니다. 전시장은 모두—물론 저녁이 되면—가스 램프로 불을 밝힙니다. 전혀 새롭다고는 할 수 없지만, 이곳에서 여러분은 집 안팎에서 각종 용도로 사용되는 가스 램프들을 보실 수 있습니다. 저 건너편에 있는 것은 앞쪽에서 토끼털을 집어넣으면 맞은편에서 펠트 모자가 나오는 기계입니다. 그리고 저것은 새로 개발된 베서머식 제강법으로 만든 철근 콘크리트 상자입니다. 참, 여러분은 크루프사가 제조한 무게 50톤의 대포에 흥미가 있으시겠군요. 실로 기술이 일구어낸 기적이지요. 하지만 보기 흉한 괴물이기도 합니다. 자, 이제는 기차와 거대한 선박용 모터와 같은 멋진 공업품이 있는 프랑스관으로 가겠습니다. 제가 특히 좋아하는 곳은 '기계 갤러리' 입니다. 저를 따라 이 상자 안으로 들어오세요. 겁내지 마십시오. 우리는 이 승강기를 타고 박람회장 꼭대기로 올라갑니다. 이른바 수력 승강기라고 하는 것이지요. 탑승 곤돌라는 바로 밑에 달린 수력 실린더에 의해 작동됩니다. 이런 승강기는 과거의 곤돌라보다 훨씬 안전합니다. 우리는 이미 호텔과 백화점 소유주들로부터 수없이 많은 설문조사를 받았습니다.

이곳 위에서 우리는 박람회장을 에워싸고 있는 공원도 내려다볼 수 있습니다. 저곳에도 전시장들이 있습니다. 저 아래쪽에서는 특허 받은 미국산 흔들의자에 앉아보려고 사람들이 줄을 서 있군요. 5분만 앉아 있으면 오랫동안 전시장을 다니느라고 생긴 피로가 말끔히 달아납니다. 바로 옆에 있는 것은 25분 내에 구두를 만들어 파는 곳입니다. 기계가 사이즈별로 모든 부품을 완성해놓으면 제화공이 그 자리에서 끝마무리를 합니다. 기계가 모든 것을 다 할 수는 없으니까요. 저쪽은 여러분이 꼭 보셔야 할 러시아관입니다. 온통 비잔틴 양식의 장식품들로 꾸며졌습니다. 오스트리아인들은 많은 예술품을 출품하지만, 그로 인해 공간도 많이 차지하지요. 요한 슈트라우스는 이곳에서 자신이 작곡한 왈츠 〈아름답고 푸른 도나우강〉을 직접 지휘까지 했다니깐요. 중국과 일본관에는 공예 소품을 선보이는 전시대가 많습니다. 사실상 소매점이라고 할 수 있지요. 미국인들은 갖가지 수많은 기계를 출품했지만 아름다움과 질서에는 별로 신경을 쓰지 않습니다. 각 나라의 정신은 전시 방식에서도 드러나지요…….

제가 알기로 여러분께서는 특히 음식에 관심이 많습니다. 그렇다면 바깥쪽으로 빙 둘러 서 있는 식품 갤러리를 보셔야 합니다. 거기에는 젊은 남녀가 각국 민속 의상을 입고 손님을 접대하는 레스토랑도 있습니다. 제가 아는 관람객 중에는 영국 식당에 가서 아침을 먹고, 러시아 식당에서는 차를 마시고, 마지막으로 오스트리아 식당에 들러 맥주와 햇포도주를 마시는 분들이 있습니다. 네, 그야말로 우리는 지금 만국 레스토랑에 와 있는 것입니다. 그런데 여러분은 시내에서 프랑스식으로 맛있는 음식을 드시고 싶다구요? 그렇습니다. 프랑스 음식은 역시 세계 최고의 요리입니다.

지금 우리는 박람회장 공원을 지나 시내로 데려다줄 증기 보트를 타러 갑니다. 오른쪽을 보시면 기둥과 반원형 아치를 주철 철골조로 만든 주택, 이른바 조립식 주택이 있습니다. 바닥은 속이 빈 벽돌로 채워졌습니다. 당연히 지갑이 얇은 사람들을 위한 것으로, 가격이 3,000프랑이라고 합니다. 저는 중국 찻집, 인도 사원, 튀니지 커피집 같은 건물들이 더 아름답게 생각됩니다. 또 무어식 정자도 빼놓을 수 없습니다. 베를린의 건축가 디비치가 건축한 것으로 벌써 구매자가 나타났습니다. 들리는 바에 따르면 바이에른의 국왕 루트비히가 얼마를 주고라도 이 정자를 살 생각이라고 하네요.

이곳에는 80명이 넘는 각국 군주들이 와 있습니다. 교황과 빅토리아 여왕만 초청을 거절했지요. 영국 여왕은 자신의 남편 앨버트가 런던에서 개최한 것보다 더 멋진 우리 박람회 모습을 보고 싶지 않아 거절했을 겁니다. 그 대신 여러분은 이곳에서 러시아의 차르 알렉산더, 이집트의 섭정총독, 일본 천황의 동생을 보실 수 있습니다. 한번 더 몸을 돌려 기억에 남을 만한 박람회장과 거대한 공원을 바라보십시오.

자, 그럼 다시—우리 시대의 한 유명인이 말했듯이, '많이 배우고 많은 것에 긍지를 느끼고, 여러 면에서 안내를 받고 모든 면에 기운을 얻었으니'—파리 이야기를 하겠습니다.

여러분은 훌륭한 식사를 하고 싶고 그에 필요한 돈도 충분히 갖고 계시다구요. 혹 많은 돈을 쓰실 의향이 있으시다면 저는 여러분께 이곳 마리보가에 있는 '카페 앙글레'를 권해드립니다. 그곳에서는 일 년에 8만 프랑어치의 궐련이 팔리고 있으며, 조리사는 황제의 장관 보수보다 많은 2만 5,000프랑을 받고 있습니다. 며칠 전에는 이곳에서 차르 알렉산더 2세, 러시아 황태자, 그리고 여러분의 국왕이신 빌헬름 1세가 식사를 했습니다. 비스마르크 백작도 오셨는데, 걸어서 왔더군요. 그런데 사람들이 그를 보고 이렇게 외쳤습니다. "비스마르크 만세!" 비스마르크 본인에게는 낯 뜨거운 일인지라 그는 국왕과 차르에게 외교적으로 이렇게 말했습니다. 자신은 "비스마르크가 왔네"라는 말을 들었을 뿐이라고. 하지만 여러분이 이곳에서 식사를 하실 생각이 있어도 세계박람회 기간에는 모든 좌석이 이미 다 예약되어 있습니다.

별도의 사례비를 주신다면 제가 여러분께 '레스토랑 파스칼'에 자리를 마련해드릴 수 있습니다. 그 유명한 '위대(胃大)한 자들의 클럽'이 매주 토요일 저녁 6시에 모여 다음날 정오까지 쉬지 않고 음식을 먹는 곳입니다. 자, 이쪽으로 오셔서 외투를 벗으십시오. 여러분은 꼭 테린 메종을 드셔보셔야 합니다. 각종 고기와 내장으로 만든 음식인데, 약간 브랜디 맛이 납니다. 그야말로 거창한 요리, 그랑 퀴진이지요.

또 알렉상드르 뒤마의 요리법을 따른 새우 수프도 맛보셔야 합니다. 《삼총사》와 《몽테 크리스토 백작》의 아버지 뒤마도 이곳에 가끔 왔었습니다. 지금은 브르타뉴의 작은 시골에서 요리 사전을 쓰고 있지만요. '황후식 구이' 만드는 법도 그가 창안한 것입니다. 올리브에서 씨를 빼고 그 안에 안초비를 채워 넣습니다. 그리고 올리브를 종달새 안에, 종달새는 메추라기 안에, 메추라기는 자고 안에 넣습니다. 자고는 다시 꿩 안에, 꿩은 칠면조 속에 숨기고, 칠면조는 새끼돼지 속으로 들어갑니다. 새끼돼지를 구워 속속들이 익혀 내놓으면 그것이 바로 요리의 최고봉입니다. 이때 진정한 미식가는 올리브와 안초비만 먹습니다. 이런 걸 드시려면 사전에 주문하셔야 하고, 아무리 작은 것이라도 가격은 500프랑입니다.

차라리 송로버섯을 넣은 거위간을 드신 후 시금치를 넣은 송아지 리조토를 드시는 게 좋을 것 같군요.

자, 이제 여러분의 첫번째 식욕을 채우셨을 겁니다. 뒤마의 이 명언을 여러분도 당연히 아시겠지요. 저 구석에 있는 둥근 테이블을 잘 살펴보십시오. 뚱뚱한 저 사람이 웨일스 왕자입니다. 모친이 돌아가시면 언젠가는 왕이 되겠지요. 하지만 저분은 늘 이곳 파리에서 살면서 항상 먹고 지냅니다. 그의 유머는 대단히 영국적이에요. 최근에는 조리장이 그에게 요리가 마음에 드는지를 물었습니다. 에드워드 왕자는 미소를 지으며 이렇게 말했지요.

"포도주가 아주 훌륭하오."

조리장의 얼굴이 돌처럼 굳어지자 영국 왕자는 고개를 흔들며 설명했습니다.

"이보다 더한 찬사를 나는 그대에게 하지 못하겠네. 내가 알기로는 포도주가 훌륭해야만 요리도 완벽한 것일세. 음식이 최고 경지에 이르지 못했다면 아무리 좋은 포도주라도 보잘것없고 맛없는 법이지."

이곳 파리보다 더 멋진 식사를 할 수 있는 곳은 세계 어디에도 없습니다. 이건 현대가 되어도 변하지 않습니다. 아, 저기 후식 뷔페가 보이는군요. 세번째 식욕이 생깁니까? 그렇다면 마무리로 '무스 오 쇼콜라'를 권해드립니다.

세계박람회는 제정 프랑스가 마지막으로 보여준 장대한 볼거리였다. 많은 이들이 비웃었던 크루프사의 대포는 4년 뒤 파리에 포격을 가했다. 바이에른 왕 루트비히 2세는 1876년 1만 굴덴을 내고 무어식 정자를 사들여 린더호프의 정원에 세우게 했다. 프랑스는 변함없이 세계의 식도락 중심지 역할을 했다.

세계박람회 메뉴

§ 테린 메종 §

◉ 준비시간 : 45분 | 요리시간 : 120분+8시간(냉각 시간)

◉ 재료(8인분)

돼지고기 생베이컨 300g · 돼지고기 500g · 송아지 간 500g · 송아지고기 200g · 셜롯 1개 · 마늘 1쪽 · 버터 5술 · 닭간 150g · 브랜디 50ml · 생크림 2술 · 레몬즙 1찻술 · 밀가루 2술 · 달걀 1개 · 정향가루 1~2g · 주사위 모양의 햄 삶은 것 120g · 소금 1술 · 후추 1/2찻술 · 납작하고 얇게 썬 베이컨 200g · 월계수잎 1장

| 요 · 리 · 법 |

정육점에서 고기를 곱게 갈아 사온다. 셜롯과 마늘을 곱게 다져 버터 3술에 넣고 볶은 뒤 고기와 잘 섞는다. 닭간을 버터 2술에 넣고 4분간 볶은 다음 프라이팬에서 꺼낸다. 프라이팬에 남아 있는 즙에 브랜디를 넣고 끓여 2술로 줄어들 때까지 졸인 뒤 고기에 붓는다. 고기에 생크림, 레몬즙, 밀가루, 달걀, 정향가루, 주사위 모양의 햄, 소금, 후추를 넣어 섞고 잘 반죽한다. 테린 용기에 베이컨을 깔고 고기의 절반 분량을 넣어 세게 눌러준 다음 그 위에 잘게 썬 닭간을 펴얹고 남은 고기를 다시 그 위에 얹는다. 잘 눌러서 다시 베이컨으로 덮고 월계수잎을 얹는다. 은박지로 틈새를 메우고 뚜껑을 덮는다. 테린 용기를 우묵한 팬에 넣고 용기의 절반 높이까지 끓는 물을 채워 미리 가열한

오븐에서 180도로 2시간 가량 익힌다. 오븐에서 테린을 꺼내고 뚜껑을 벗긴다. 무게가 최소한 2kg 나가는 물건을 고기 위에 얹어놓고 테린을 식힌다. 물건을 계속 올려놓은 채 냉장고에 넣어 굳힌다.

---

§ 시금치를 곁들인 송아지고기 리조토 §

〔클로드 모네(1840~1926)가 창안한 것으로 알려져 있음〕

◉ 준비시간 : 20분 | 요리시간 : 20분

◉ 재료(4인분)

양파 1개 · 셀러리 줄기 1/4개 · 당근 1/2개 · 버터 1술 · 떫은 백포도주 100ml · 송아지 커틀릿 250g · 볶음용 버터 1술 · 시금치 1kg · 버터 1술 · 해바라기씨 기름 1술 · 안초비 페이스트 1/2찻술 · 마늘 1쪽 · 양파 1개 · 버터 50g · 리조토용 쌀 300g · 떫은 백포도주 100ml · 야채 국물 1리터

| 요 · 리 · 법 |

잘게 다진 야채를 버터에 천천히 볶은 뒤 포도주를 붓고 뚜껑을 덮어 10분간 삶는다. 송아지고기를 잘게 채썰어 버터에 볶은 뒤 여기에 넣는다. 시금치는 넉넉한 소금물에 넣고 5분 동안 삶는다. 버터, 기름, 안초비 페이스트, 다진 마늘을 섞어 데우고 물기 뺀 시금치를 넣어 다시 한 번 끓인다. 양파를 다져 버터에 볶고 쌀을 넣어 쌀알이 유리빛이 될 때까지 저어준다. 포도주를 붓고 졸이다가 뜨거운 채소 국물의 절반을 부은 뒤 15분 동안 끓인다. 계속 저으면서 가끔 국물을 더 부어준다. 완성된 리조토를 고기와 섞어 접시에 화환 모양으로 담고 시금치를 가운데에 놓는다. 일반 쌀을 이용해도 좋다.

§ 에스칼로프 드 푸아그라 페리구 §

(송로버섯을 넣은 거위간)

◉ 준비시간 : 10분 | 요리시간 : 5분

◉ 재료(4인분)

거위간 200g · 소금과 후추 · 달걀 1개 · 송로버섯 10g · 버터 1술 · 마데이라 소스

| 요 · 리 · 법 |

거위간 날 것을 얇고 납작하게 썰어 소금과 후추로 간을 하고 휘저은 달걀에 담근 뒤 곱게 다진 송로버섯에 굴려 잘 눌러준다. 버터에 잠깐 볶은 뒤 마데이라 소스와 함께 상에 차린다.

---

§ 뒤마식 새우 수프 §

〔알렉상드르 뒤마(1802~1870)가 창안했다고 함〕

◉ 준비시간 : 20분 | 요리시간 : 50분

◉ 재료(4인분)

토마토 800g · 양파 500g · 올리브유 2술 · 야채 국물 1리터 · 설탕 1/2찻술 · 소금과 후추 · 껍질을 까지 않은 새우 1kg · 떫은 백포도주 200ml · 물 300ml · 소금과 칠리 가루 · 생크림 200ml

| 요 · 리 · 법 |

껍질을 벗기고 핵을 빼내어 주사위 모양으로 썬 토마토와 얇고 납작하게 저

민 양파를 찜냄비에 넣고 올리브유를 두른 뒤 뚜껑을 덮어 45분 동안 천천히 익힌다. 다 익으면 믹서에 넣어 갈고 야채 국물을 부어 다시 끓여서 설탕, 소금, 후추로 양념을 한다. 새우를 백포도주와 물 섞은 것에 넣고 5분간 삶아 소금과 칠리 가루로 양념한 뒤 소스에서 건져내어 껍질을 벗긴다. 새우를 다시 소스에 넣고 5분 동안 약한 불에서 뭉근하게 익힌다. 새우의 물기를 빼서 수프에 넣고 한 숟가락 분량의 생크림으로 장식하여 내놓는다.

---

§ 무스 오 쇼콜라 §

◉ 요리시간 : 25분+4시간
◉ 재료(4인분)
달걀노른자 4개 · 슈거파우더 80g · 브랜디 2술 · 초콜릿 약간 쓴 것 200g · 쓴맛의 커피 3술 · 버터 100g · 달걀흰자 4개 · 생크림 1/4리터

| 요 · 리 · 법 |

중탕기나 내열 교반기에 달걀노른자와 슈거파우더를 혼합해 넣고 거품이 나도록 젓는다. 여기에 브랜디를 넣고 끓는 물에 중탕하며 내용물이 뜨거워질 때까지 휘젓는다. 다시 찬물에 담가 또 한 번 몇 분 동안 휘젓고 잠시 식게 놔둔다. 초콜릿과 커피를 프라이팬에 넣어 녹이고 버터를 조금씩 떠넣은 뒤 달걀 크림에 넣어 잘 섞는다. 달걀흰자를 딱딱해지도록 휘저어 식혀 놓은 초콜릿 혼합물에 붓는다. 냉장고에 4시간 이상 넣어두어 굳히고 거품 낸 생크림과 함께 낸다.

고급스럽고 세련되게 그리고 양은 적게

1867년 세계박람회가 열리고 3년 후 독일군에 포위된 파리 시민들은 배를 곯았다. 어느 미식가들의 레스토랑에서는 분노와 저항이 뒤섞인 가운데 '포타주 비스마르크'라는 이름의 매운 수프로 시작되는 '파리 사람들의 저녁 식사'를 제공했다(고 한다). '라 알라 크라포딘'(뼈를 발라내고 구운 쥐고기), '콩소메 드 티르 드 피아크르'(마차 끄는 말의 가죽끈을 고아낸 맑은 수프), '슈발 알라 모드'(유행하는 말고기)가 잇따라 나왔고, 마지막에는 불로뉴 숲 동물원의 짐승들까지 메뉴 이름으로 올라 '코끼리 안심', '영국식 낙타고기구이', '화약을 묻힌 곰 뒷다리 요리'가 나왔으며, 후식은 '크루프사의 아이스봄베'였다.

메스에 있던 프랑스 라인군 사령부의 요리장 오귀스트 에스코피에도 상상력을 발휘했다. 약속된 군량은 공급되지 않았고, 그는 겨우 집토끼 몇 마리를 얻어올 수 있었다. 그러나 그는 이를 전화위복으로 삼아 토끼들을 토막내어 각각 비계에 노릇노릇 굽고 코냑과 백포도주를 부어 고기 전체를 20분 만에 삶아내었다. 음식을 먹은 장교들은 이 (술을 먹은) 토끼 요리에 도취했다. 2년 뒤 에스코피에는 파리로 돌아가 프랑스의 수도를 다시 식도락의 최고봉에 올려놓았다.

혁명과 제1제정을 거치면서 공공 레스토랑들은 거장 요리사들의 활동

무대가 되었다. 브리야 사바랭 같은 식도락 담론가와 발자크나 뒤마 같은 작가들이 이 미식의 신전을 유명하게 만들었고, 나폴레옹 3세도 정기적으로 레스토랑에 나타나 식사를 했다.

그런데 이때 이룩된 가장 핵심적인 발전은 사실 형식과 관련한 것이었다. 요리장 위르뱅 뒤부아는 '러시아식' 상차림을 프랑스에 유행시켰다. 음식을 코스별로 나누어 하나씩 차례로 내오는 방식을 택한 것이다. 이로써—음식마다 적당한 온도와 지속성이 유지되고 적절한 향미와 장식이 갖추어져야 한다는—카렘의 요구사항이 한꺼번에 대규모로 상차림을 할 때보다 훌륭하게 실행될 수 있었다.

그러나 뒤부아는 음식이 아닌 것과 식사에 꼭 필요한 도구가 아닌 것은 식탁에서 추방하자고 제안한 프로스페 몽타뉴처럼 지나친 단순성은 추구하지 않았다. 그래도 어쨌든 이제는 '세련된 단순함'이 요리의 원칙으로 올라섰다. 양은 적게, 그러나 고급스럽고 세련되게 차리는 것이 그랑 퀴진의 대명사가 되었다.

제2제정의 종식은 위대한 프랑스 고전 요리의 시대가 시작되었음을 보여주었다. 그 완성자이며 대표자가 오귀스트 에스코피에다. 그가 변함없이 추구하려고 했던 목표는 '완벽'이었고, 그것은 주방에서의 뚜렷한 분업에서부터 시작되었다. 상차림 순서는 다양해야 했지만 동시에 서로 조화를 이루어야 했다. 고급스럽고 세련된 미식이 우아한 상차림과 접목된 것이다.

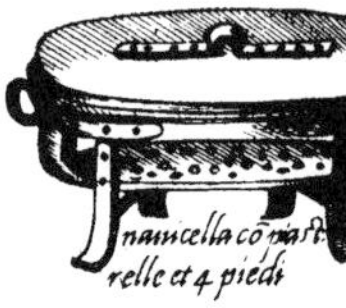

28. 동화나라 요리사와의 인터뷰

"별빛이 환한 어느 멋진 겨울밤이었다. 왕은 페른슈타인으로 갈 때는 늘 이런 밤을 택했다. 황금 썰매마차를 타고 갔기 때문이다. 썰매는 네 필의 말이 끌었다. 안장이 놓인 말에는 두 명의 기병 시종이 타고 있었다. 이들은 선두 기병과 똑같이 하얗게 땋아내린 머리에 목을 바깥으로 젖힌 장화를 신고 썰매 모자를 썼다. 옷은 파란색이나 붉은 우단으로 된 무거운 로코코 의상을 입었다. 백마가 마차를 끌 때는 모든 장식이 파란색이었고, 왕이 흑마를 준비하라고 명령하면 붉은 장식을 택했다. 번개 같은 속도로 밤길을 떠나는 마차의 행렬은 동화 속의 그림과도 같았다. 그 모습을 본 사람에게는 영원히 잊혀지지 않을 천상의 모습이었다."

— 루트비히 2세의 궁정 요리사 시절에 관해 기록한 테오도르 히에르나이스의 회고록 중에서

"맛있는데." 우르스 리클린은 북부 칸톤 출신 사람들이 말하듯이 이렇게 생각했다. 형용하기 힘든 '향내'가 나는군. 그 향내는 고급

식품점 별실의 진열대에 있는 통조림과 상자 어디에선가 나오고 있었다. 『취리히 신문』 편집장의 코로 스며드는 것은 코코아일까, 아니면 고수일까, 그것도 아니면 코냑 향기일까? 방 한가운데의 커다란 책상 뒤쪽에는 구레나룻을 기른 키가 작고 살이 찐 남자가 조용히 앉아 있었다.

"내가 선생하고 얘기를 해도 되는지 모르겠군요." 테오도르 히에르나이스는 두 손을 비볐다. "나는 궁정 납품업자인데, 이러다가 관리의 오해라도 사면 어쩝니까?"

"하지만 귀하도 루트비히 2세의 20주기에 더 이상 허튼 기사가 신문에 나지 않기를 바라지 않습니까? 우리나라 사람들은 그사이 '동화나라의 왕'이라고 불리는 이 군주에 대해 진실을 알고 싶어합니다. 우리나라 스위스에도 자주 왔었거든요."

"편집장 양반, 나도 당신이 『가르텐라우베』의 얼치기 기자나 『짐플』의 고약한 야유꾼 같은 사람이 아니란 걸 압니다만……."

"저는 퓌르스트 폰 뷜로의 비서실에서 써준 추천서까지 가지고 있습니다. 제국 총리실 말입니다."

리클린이 그의 말을 끊었다.

"프로이센의 추천장은 이곳 바이에른에서는 별 값어치가 없어요." 히에르나이스는 투덜거렸지만 이내 친절하게 말했다. "좋습니다. 취리히에서 일부러 오셨으니까. 나도 스위스 사람 몇 명을 새 고객으로 얻을지 모르지요."

우르스 리클린은 종이 몇 장을 가지런히 놓고 항상 뾰족하게 깎여 있는 뉘른베르크산 연필을 작은 통에서 꺼냈다.

"그러니까 모든 게 1882년에 시작되었지요, 히에르나이스 씨. 그때 귀하는 주방 보조로 고용되었구요."

"궁정 주방 실습생이었습니다. 나 같은 젊은이한테는 당연히 좋은 기회였지요. 바이에른에서는 로텐회퍼 옆에서 일하는 것보다 더 많이 배울 수 있는 곳이 없었으니까요. 내 말이 너무 빠른가요?"

우르스 리클린은 웃음을 띠었다. "저는 전부 속기로 받아적습니다. 요한 로텐회퍼는 이미 루트비히의 부왕 막시밀리안 밑에서 궁정 요리사로 일했습니다. 두 군왕의 식사 유형은 어떻게 다르던가요?"

히에르나이스는 잠시 생각에 잠겼다. "막시밀리안은 정오와 저녁 때 규칙적으로 식사했습니다. 상당히 검소했어요. 반면에 루트비히는 항상 좋은 음식만 들었습니다. 하지만 우리는 언제라도 식사 시간에 대비하여 늘 준비하고 있어야 했습니다."

"루트비히의 식사는 훌륭했나요? 막시밀리안보다 더 나았습니까?"

"그렇게 되도록 하려고 우리는 노력했습니다." 테오도르 히에르나이스는 자부심을 드러내며 말했다. "왕은 태양왕 루이 14세의 대단한 숭배자였습니다. 그래서 우리도 프랑스식으로 요리해야 할 적이 많았어요. 막시밀리안이 먹었던 석쇠에 구운 생선 꼬치구이 대신에 루트비히는 샴페인 소스를 뿌린 곤들매기를 먹었습니다."

"왕이 대개 밤에만 깨어 있었다는 말이 사실입니까?" 리클린이 물었다.

"그분은 저녁 6시에서 7시 사이에 아침을 먹었습니다. 점심은 새벽 1시에서 2시 사이였고, 저녁식사는 아침 6시에서 7시 사이에 차렸습니다. 그래서 왕은 아침 8시 무렵에 잠자리에 들었습니다."

"하지만 뮌헨에서 관리들도 오고, 정부 각료도 오고, 국빈들도 있었을 텐데요."

"관료들이 스스로 적응해야지 안 그러면 왕을 면담할 수 없었어요. 전하는 거기에 신경 쓰지 않았습니다. 왕은 이들을 아예 접견하지 않는 것을 제일 좋아했어요. 그래서 자신의 의사를 쪽지에 적거나 시종을 시켜 전달하게 했습니다." 히에르나이스는 이야기를 하고 머리를 긁적였다. "물론 각료들과 식사를 해야 할 경우가 있었지만, 그럴 때는 항상 못마땅한 얼굴이었습니다. 그래서 왕은 그들을 놀려주었어요. 왕은 식사 속도가 아주 빠른 사람이었고, 또 왕이니까 각각의 코스도 당연히 제일 먼저 받았습니다. 왕이 식사를 마치면 다른 손님들도 식사용구를 손에서 놓아야 했어요. 그러니까 정부 각료들은 음식을 거의 한 입도 못 먹은 거지요."

"하지만 국빈들의 경우엔 그렇게 못할 텐데요?"

"적어도 내가 일할 때는 그랬습니다. 나는 1882년부터 일했는데, 그때 왕은 사람들을 별로 많이 만나지 않았습니다." 히에르나이스가 기억을 더듬었다. "혹 접견하더라도 소규모 인원을 더 좋아했습니다. 오스트리아 황후이자 사촌 누이인 시시와 둘이서, 또는 예술가 친구 중의 한 명과 함께 먹는 것을 좋아했어요. 정말 대단하게 음식을 차린 것은 게오르크 축제 때뿐이었습니다. 왕은 이 기사단 단장이었어요. 축제가 열리면 모든 기사들이 무거운 우단으로 된 담청색 기사 망토를 입고 이날을 위해 특별히 꾸며진 왕궁의 홀이나 린더호프로 왔습니다. 모든 것이 양초 불빛에 잠기고, 벽에는 월계관과 상록수 화관에 바이에른의 문장이 새겨진 방패가 걸려 있고, 천개 밑에는 왕이 앉아 있었지요. 정말 장관이었어요. 왕도 좋아했고……."

리클린은 히에르나이스의 말을 중단시키고 화제를 다른 곳으로 돌렸다.

"왕과 개인적으로 처음 이야기를 나눈 때가 언제입니까? 왕이 귀하를 알고 있었습니까?"

히에르나이스는 잠시 생각했다. "그건 참 말하기기 힘들군요. 로텐회퍼가 우리 신참들을 소개했을 때 왕은 책상에 앉아 거의 쳐다보지도 않았습니다. 하지만 우리가 일하는 곳에 들를 때는 모두에게 친절히 인사했습니다. 그러나 생각은 항상 다른 곳에 가 있는 것처럼 보였어요. 왕이 내게 처음으로 말을 붙인 것은—근무한 지 벌써 한 달이 됐을 때인데—린더호프 성에서였습니다. 나는 식단표를 항상 요술 식탁에 올려놓아야 했는데…….”

“요술 식탁이라니요?” 리클린이 물었다.

“아, 그게 뭔지 잘 모르실 겁니다. 왕은 사람들을 만나려고 하지 않았기 때문에, 린더호프 지하실에는 기계 장치로 감아올려 작은 식당으로 올려보내는 식탁이 있었습니다. 내가 식단표를 그 식탁에 올려놓고 있는데 왕이 내 뒤에 서서 묻는 겁니다. ‘필레 미뇽 드 보 아 랄마뉴’, 이게 무엇이냐?’ 그래서 송아지 등심 바로 아래에 있는 제일 부드러운 부위라고 말씀드렸죠. ‘그런데 왜 아 랄마뉴라고 하지?’ 왕이 다시 묻더군요. 독일의 상징색을 띤 송로버섯과 비계, 붉은 혀를 끼워넣은 것이라고 말씀드렸습니다. 왕은 고개를 끄덕이고는 ‘바이에른식’ 안심도 있느냐고 했어요. 바보 같은 나는 파란색은 요리의 색으로는 없다고 말했습니다. 그리고 로텐회퍼한테 호되게 욕을 먹었지요.”

히에르나이스는 뒤쪽으로 손을 뻗더니 리클린에게 유리병을 하나 보여주었다. “이것이 설탕에 절인 제비꽃입니다. 이걸로 수많은 요리들을 예쁘게 장식했어요. 푸른빛이 나는 실제 꽃으로도 장식했구요. 루트비히는 음식을 혀가 아니라 눈으로 먹었습니다.”

“무슨 뜻이지요?”

“모든 후식은 기가 막히게 모양이 좋아야 했습니다. 왕은 우리가 만든 백조 크림과자가 백조처럼 생기지 않았다고 여러 번이나 책망했습니다. 그리고 그걸 얼마나 빨리 먹어치우던지요. 또 최고의 품종을 재배하는 로마에서 특별히 공작을 들여왔습니다. 왕은 공작을 좋아했지요. 하지만……. ” 히에르나이스는 헛기침을 했다. “……우리에게는 왕의 요구 사항이 늘 엄청난 노동이었어요. 우선 그 화려한 깃털을 조심해서 제거한 뒤 공작 몸 속에 송로버섯을 넣고, 버섯 향미가 고기 전체에 완전히 스며들 때까지 며칠 동안 지하실에 매달아 놓아야 합니다. 요리를 만드는 날에는 송로버섯을 꺼내어 다진 고기와 섞고 다시 채워넣습니다. 본격적인 작업은 공작이 구워지고 난 다음에 시작됩니다. 빵 반죽으로 만든 받침대에 공작을 올려놓고 그 위에 다시 깃털을 정교하게 접어 장식한 뒤 요리 전체를 식당으로 가져갑니다. 그리고 왕이 와서 자비롭게 고개를 끄덕일 때까지 우리는 은쟁반을 들고 열두 명이 서서 기다려야 합니다."

"그러니까 루트비히는 프랑스 요리를 좋아했군요. 바이에른 음식은 좋아했습니까?"

"루트비히는 우리 지방의 실속 있는 요리를 싫어한 적이 한 번도 없습니다. 단 겉모습이 보기 좋아야 했습니다. 왕은 영양가 많은 쇠꼬리찜도 좋아했고, 꿩 가슴고기를 먹을 때는 자우어크라우트를 요구했습니다. 그리고 아주 정신 없이 먹었습니다. 그분은 젊은 시절에 아주 미남이었다고 합니다. 내가 왕을 처음 봤을 때는……." 히에르나이스는 잠시 머뭇거렸다. "그냥 체격만 당당했습니다. 그래도 찬란한 광채를 내뿜는 분이었습니다. 눈빛은 산 속의 호수 같았구요……."

"산과 호수 얘기가 나와서 말인데요, 왕은 죽기 전 몇 년 동안 마차나 썰매를 타고 산으로 다니고 여러 성으로 돌아다녔습니다. 뮌헨에 있는 날이 거의 없었어요."

히에르나이스는 고개를 끄덕였다.

"그것 때문에 우리가 참 힘들었습니다. 늘 취사 수레를 끌고 왕을 따라다녔으니까요. 최소한 일곱 코스의 요리를 드셨는데, 수프, 파이, 생선이나 조개찜, 삶은 고기, 커틀릿, 구이, 후식을 들었고 커피도 늘 준비해야 했습니다. 어떤 때는 몸종이 와서 왕이 알프스 산장에서 식사를 하시고 싶어한다고 하면 다마스쿠스 식탁보, 은제 식기, 크리스털 촛대를 꺼내놓아야 합니다. 그리고 모든 게 다 구색이 맞아야 합니다. 린더호프에 있는 훈딩의 오두막에서는 당연히 꿀술만 마셨고, 티롤의 페른슈타인에서는 생선, 특히 곤들매기를 준비해야 했어요. 헤렌힘제에서는 요리가 전부 태양왕 식이었고, 푸른 동굴에서는……."

"히에르나이스 씨," 우르스 리클린이 말을 중단시켰다. "이십 년이 지난 지금 되돌아볼 때, 귀하가 묘사하는 것을 들어보면 왕이 약간 정신적으로 이상하지 않았나 하는 생각이 듭니다. 이 생각에 조심스럽게나마 동의하십니까?"

테오도르 히에르나이스의 입술이 얇아졌다.

"확실히 말씀드리지요. 전하는 그의 정적들이 주장하는 식으로 아프거나 정신이 이상하지는 않았습니다. 이미 말했듯이 신체적으로는 다부지고 튼튼한 남자였습니다. 우리가 힘들어했던 단 한 가지는 그분의 치아가 좋지 않았다는 것입니다. 젊었을 때 감초 과자와 단 과자를 너무 많이 먹은 탓이지요. 하지만 정신병이라?"

히에르나이스는 고개를 저었다.

"뭐, 약간 기이한 짓도 했지만 심각한 것은 아니었어요. 가끔 우리는 루이 14세와 퐁파두르 부인 또는 뒤바리 부인을 위해 4인분이나 6인분의 음식을 차려야 할 때가 있었어요. 왕은 이들과 프랑스어로 대화를 나누었습니다. 하지만 그런 일을 제외하면 왕은 자신의 할 일이 무엇인지 똑똑히 알고 있었어요. 이후 사람들이 그의 왕권을 빼앗고 베르크 성에 데려다 놓았다는 것도요. 그건 옳지 못한 일이었어요."

"감사합니다, 히에르나이스 씨. 많은 도움이 되었습니다."

우르스 리클린은 메모장을 정리하고 요리사의 얼굴을 정면으로 바라보왔다.

"한 가지 더 알고 싶은 게 있습니다. 물론 기사로는 쓰지 않겠습니다. 왕이 어떻게 죽었습니까? 공식 발표에 따르면, 왕은 자살을 하려 했고 정신과 의사 구덴 박사가 이를 말리려다 두 사람이 함께 익사한 걸로 되어 있는데요. 이 발표를 믿으십니까?"

테오도르 히에르나이스는 한숨을 쉬었다.

"그건 아무도 모르는 일입니다. 왕실 측근이나 프로이센 또는 장미 십자회원에 의한 암살 따위의 음모론은 말도 안 되는 얘기라고 생각합니다. 왕이 자살을 시도했다는 것도 나는 믿지 않습니다……."

"그렇다면요?"

"사고지요. 내가 생각하기로는 도망치려는 루트비히를 구덴 박사가 막으려고 했을 겁니다. 왕은 힘이 셌기 때문에 그가 저항을 하면서 의사가 뜻하지 않게 사망한 것이지요. 왕은 흥분했을 것이고, 숨이 끊어진 구덴을 본 그는 그 상황에서 심장이 멎었겠지요."

"비극의 연속이군요. 저도 그렇게 믿고 있습니다. 물론 취재하면서 아주 기상천외한 가설들을 들었지만요. 다시 한 번 감사드립니다. 그리고 언젠가 한번 회고록을 쓰십시오……."

테오도르 히에르나이스는 요리사와 고급 식료품상으로서 큰 성공을 거두었을 뿐만 아니라, 루트비히 2세의 궁에서 일하던 때를 기록한 글을 써서도 유명해졌다. 루트비히의 죽음은 오늘날까지 의문으로 남아 있다. 이에 관한 수많은 가설은 적어도 바이에른 사람에게는 아직도 관심의 대상이다. 세계 각지에서 수백만 명의 사람이 찾아오는 그의 여러 성과 더불어 이 '동화나라의 왕' 은 그의 나라 곳곳에서 변함없이 살아 숨쉬는 인물이기 때문이다.

루트비히 2세가 즐겼던 음식들

§ 바닐라 아이스크림으로 만든 백조 크림과자와 딸기를 넣은 크렘 바바루아 §

◉ 준비시간 : 60분 | 요리시간 : 60분+12시간

◉ 재료(4인분)

달걀흰자 1개 · 설탕 50g · 딸기 500g · 설탕 100g · 오렌지술 50ml · 크렘 드 카시스(리큐어) 2찻술 · 후추 1~2g · 레몬즙 1/2찻술 · 젤라틴 2장 · 우유 500ml · 소금 1~2g · 바닐라 열매 1개 · 달걀노른자 4개 · 설탕 100g · 젤라틴 8장 · 생크림 250ml · 바닐라 아이스크림

| 요 · 리 · 법 |

달걀흰자를 딱딱해질 때까지 휘젓고 설탕을 천천히 조심해서 섞는다. 케이크 장식용 튜브에 넣어 베이킹 페이퍼에 백조 날개 8개와 목 4개를 그린다. 오븐에 넣고 문을 완전히 닫지 않은 상태로 70도의 온도에서 60분간 굽는다. 딸기를 씻어 각각 4등분하고 설탕을 뿌려 60분 동안 스며들게 한다. 딸기를 믹서에 간 뒤 체에 넣고 문지른다. 오렌지술, 크렘 드 카시스, 후추, 레몬즙을 넣어 향미를 낸다. 딸기를 불에 올려 계속 저으면서 데우다가 물에 불려 물기를 짜낸 젤라틴을 넣고 녹인다. 딸기즙을 식히면서 표면에 막이 생

기지 않게 가끔 저어준다. 우유에 소금과 얇게 썬 바닐라 열매를 넣고 끓인다. 달걀노른자를 거품이 나도록 휘젓고 설탕을 조금씩 천천히 넣는다. 계속 저으면서 체로 걸러낸 뜨거운 바닐라 우유를 부은 뒤 불려서 물기를 짠 젤라틴을 넣고 녹인 다음 다시 한 번 데운다. 그릇째 찬물에 담가 크림이 식을 때까지 계속 젓는다. 생크림을 딱딱해지도록 저어 위의 크림 속에 넣는다. 이 중 3분의 1 분량을 다른 용기에 담고 딸기즙 4술을 섞는다. 케이크 장식용 튜브에 넣어 바닐라 크림 중앙에 짜서 얹는다. 냉장고에 12시간 동안 넣어 굳힌 뒤 쟁반에 쏟아붓고 남은 딸기 크림을 주위에 바른다. 바닐라 아이스크림 한 덩어리, 날개 2개, 목 1개로 각각 네 마리의 백조를 만들고 바닐라 우유로 만든 크렘 바바루아와 함께 상에 차린다.

---

§ 샴페인 소스를 얹은 곤들매기 §

◉ 준비시간 : 15분 | 요리시간 : 20분

◉ 재료(4인분)

당근 1개 · 대파(흰 부분만) 100g · 셀러리 줄기 50g · 셜롯 2개 · 생선 자투리 300g 또는 생선즙 200ml · 버터 50g · 뉘이 프라트(떫은 약초주) 50ml · 샴페인 250ml · 물 200ml · 소금과 흰색 후추 · 고지방 생크림 250ml · 레몬즙 1찻술 · 칠리 가루 1~2g · 옥수수 전분 2찻술 · 곤들매기(1마리당 200g) 4마리 · 레몬즙 1술 · 소금과 흰색 후추 · 버터 50g · 파슬리 1다발

| 요 · 리 · 법 |

씻어서 다듬은 야채들을 작은 크기로 잘라 생선 자투리와 함께 버터에 볶는

다. 뉘이 프라트를 붓고, 샴페인, 물, 향신료를 넣어 20분간 약한 불에서 끓인다. 내용물을 체로 걸러내고 생크림을 넣어 다시 끓인 뒤 레몬즙, 칠리 가루, 소금으로 양념을 하고 옥수수 전분을 넣어 걸쭉하게 만든다. 손질한 생선에 레몬즙을 떨어뜨리고 소금과 후추로 양념한 뒤 프라이팬에 넣어 뜨거운 버터에 노릇노릇하게 굽는다. 접시에 생선을 담고 소스를 얹은 뒤 다진 파슬리를 뿌린다. 루트비히 2세는 시금치와 올감자를 곁들여 먹었다.

---

§ 꿩 가슴고기와 자우어크라우트 §

◉ 준비시간 : 5분 | 요리시간 : 15분

◉ 재료(4인분)

꿩 가슴고기 4쪽 · 소금과 후추 · 버터 2술 · 적포도주 200ml · 가금류를 끓여낸 즙 250ml · 주사위 꼴로 썬 베이컨 100g · 버터 1술 · 토스트빵 2장 · 포도 250g · 자우어크라우트(미리 삶은 것) 500g · 파슬리 가지 1개

| 요 · 리 · 법 |

꿩 가슴고기는 소금과 후추로 간을 하고 버터에 양쪽 면을 4분 동안 조심해서 굽는다. 프라이팬에서 꺼내어 뚜껑을 덮고 따뜻하게 놓아둔다. 프라이팬에 남아 있는 즙에 적포도주, 가금류 끓인 즙을 부어 센 불에서 졸이고 소금과 후추로 양념한다. 주사위 모양의 베이컨을 버터에 볶다가 토스트빵을 주사위 꼴로 썰어 넣어 노릇노릇하게 굽는다. 마지막으로 포도알을 넣고 잠깐 동안 데운다. 꿩 가슴고기를 얇고 납작하게 저며 미리 삶아놓은 뜨거운 자우

어크라우트 위에 얹는다. 소스를 붓고 주사위 꼴의 베이컨, 빵조각, 포도로 장식하고 다진 파슬리를 뿌린다.

---

§ 쇠꼬리찜 §

◉ 준비시간 : 30분 | 요리시간 : 180분

◉ 재료(4인분)

양파 4개 · 당근 3개 · 회향 줄기 1개 · 셀러리 줄기 2개 · 쇠꼬리 1kg · 소금과 후추 · 밀가루 2술 · 엉겅퀴 기름 4술 · 설탕 1찻술 · 강한 맛의 적포도주 300ml · 마요라나 가지 1개 · 월계수잎 2장 · 쇠고기 육수 300ml

| 요 · 리 · 법 |

양파는 4등분하고 당근은 주사위 꼴로 썬다. 회향 줄기와 셀러리는 납작하고 얇게 썬다. 정육점에서 토막 내어온 쇠꼬리는 소금과 후추를 뿌리고 밀가루를 묻힌다. 쇠꼬리를 센 불에서 기름에 볶아 옆으로 밀어놓는다. 양파와 당근도 똑같이 볶으면서 설탕을 뿌려주어 캐러멜이 되도록 한다. 여기에 회향, 셀러리, 쇠꼬리를 넣고 잠깐 익힌 뒤 적포도주를 붓는다. 마요라나와 월계수잎을 넣어 양념하고 천천히 쇠고기 육수를 부어준다. 뚜껑을 덮고 약한 불에서 3시간 가량 고아낸다. 마요라나 가지와 월계수잎을 건져내고 소금과 후추로 맛을 낸다. 빵가루로 만든 경단과 함께 먹으면 좋다.

지방 요리의 르네상스

Crinello

독일의 여러 지방과 마찬가지로 전통적인 바이에른의 요리도 독창적인 면은 거의 없지만 영양이 풍부하고 경제적이고 간소했다. 음식 재료로는 바이에른에서 사계절 생산되는 것을 이용했다. 그러나 궁정 요리는 이와 전혀 달라서 프랑스의 영향을 받은 음식이 지배적이었다. 그 둘 사이에 중간층이나 하층 귀족의 요리와 도시 상류층의 요리가 있었는데, 이는 흔히 양쪽의 요리가 매력적으로 혼합된 형태였다.

전통적인 바이에른 사람들의 경우 본격적인 식사문화는 정찬 때가 아니라 '가장 즐거운 시간' 인 간식 때에 시작되었다. 19세기부터는 일종의 간식 계획표까지 정해졌다. 아침 8시에서 9시 사이에는 바삭바삭한 껍질이 붙은 간(肝)소시지와 캐러웨이를 넣은 호밀빵 '레미셰' 를 먹었다. 10시부터는 흰 소시지를 먹는 시간이었다. 바이에른 사람들은 이 소시지를 새콤달콤한 겨자에 찍어 '빨아먹었고', 점잖은 사람들은 몇 번의 능숙한 칼질로 껍질을 벗겨 먹었다. 흰 소시지는 당연히 방금 만든 것이어야 했고, '12시에 치는 종소리를 들으면 안 되었다.'[21] 사람들은 이 소시지를 도수가 약한 맥주나 흰 맥주로 '씻어 내려보냈고', 서양고추냉이에 찍어 먹는 삶은 고기와 새콤한

21) 흰 소시지는 정육업자에게 방금 만든 것을 사와 정오가 되기 전에 먹어야 한다는 의미로, 냉장 시설이 없던 때의 관습이었다.

송아지 간도 역시 맥주와 함께 먹었다. 간식 시간은 오후에도 있었는데, 그때는 머릿고기로 속을 채운 소시지와 무와 브레젤(8자 모양의 빵), 그리고 맥주 한 조끼도 빠질 수 없었다. 여름이 되면 온 가족이 야외 맥주집에서 만났다. 어머니는 식탁보와 먹을거리를 가져왔고 보리 음료만 술집에서 사다 먹었다.

이런 여가 문화와 맥주집 문화는 18세기 초부터 존재했다. 과거에 국왕 막시밀리안이나 재위 초기의 루트비히 2세가 그랬듯이, 요즈음도 상류층 인사들은 그사이 관광객들의 축제가 된 옥토버페스트를 비롯해 각종 축제가 열리면 함께 만나고 있다.

지방 요리와 궁정 및 국제적 요리의 융합은 제한적이었다. 루트비히 2세는 대부분 한 가지 요리만 택해서 식사를 했다. 예컨대 샴페인 소스를 넣은 가재만 먹든가 아니면 '돼지 피로 만든 소시지 구이'를 먹든가 하는 식이었다. 그래도 궁정 요리사 요한 로텐회퍼는 세계적으로 유명해진 자신의 요리책에 맥주를 넣은 냉수프를 소개했고, 테오도르 히에르나이스와 더불어 지역 요리가 고급화할 수 있다는 것을 증명했다.

이런 경우를 제외하면 지역 요리는 늘 그렇듯이 영양은 많지만 변화가 적고 별로 매력적이지 못했다. 그러다가 20세기 말에 오면서 바이에른을 포함한 다른 지역에서도 변화가 시작되었다. 토착민 음식점 주인들은 외국인이 경영하는 식당과 경쟁을 해야 했으며, 다른 한편으로는 자신이 사는 지역에 대한 성찰이 지방 요리의 르네상스를 가져왔다. 결국 최고의 음식은 할머니의 요리책에서 나왔고, 테오도르 히에르나이스나 요한 로텐회퍼의 요리법도 다시 인정을 받았다.

29. 유럽에 드리운 그림자

"가장 심각한 것은 현재 벌어지고 있는 전쟁이 아니라, 우리가 진입한 전쟁의 시대이다. 새로운 정신은 바로 이 시대에 대비해야 한다…….
당신의 가산을 정리하라. 이것이 우리가 중유럽에서 할 수 있는 가장 현명한 일이다. 그러면 모든 것이 이전과 달라질 것이다."

— 1870년, 스위스의 사상가이자 인문주의자인 야코프 부르크하르트

"독일 사람이 한 이웃에게는 땅을 양보하고 다른 이웃에게는 바다를 양보하면서 자신에게는 순수한 원칙만이 군림하는 하늘을 남겨두는 시대는 지나갔다. 우리는 그 누구도 음지에 세울 생각이 없다. 다만 양지바른 곳의 우리 지분을 요구하는 것이다."

— 1897년, 당시 장관을 지내고 훗날 제국 총리가 된 베른하르트 폰 뷜로

저녁해가 취리히 호에 반사되고 있었다. 호텔 '연방'의 레스토랑에 늙수그레한 남자가 앉아 팡당 포도주를 조금씩 홀짝거리고 있다. 한 젊은이가 다가오자 늙은 남자는 일어나 악수를 하며 인사했다. "베를린으로 떠나시기에 앞서 만나게 돼 반갑소이다, 바이그너 씨!" 상대방은 대충 몸을 굽혀 인사한 뒤 대답했다. "『취리히 신문』의 '거물급 원로'와 이야기도 못 나누고 특파원으로 부임해 갔다면 제 자신을 용서하지 못했을 겁니다. 귀하도 저널리스트 생활을 독일의 수도에서 시작하지 않으셨습니까, 리클린 씨."

"우리 직업 세계에서 통용되는 아부를 벌써부터 잘 구사하는구려, 젊은이." 리클린은 중얼거리듯 말했다. "우선 뭣 좀 시킵시다. 종업원, 여기 차림표 두 개 갖다주시오."

이틀 전인 1909년 7월 16일, 독일제국의 총리 베른하르트 뷜로 후작이 해임되었다. 젊은 저널리스트가 다짜고짜 "빌헬름 황제가 왜 뷜로를 실각시켰습니까?" 하고 물은 것도 놀랄 일은 아니었다.

"제국의회의 투표에서 패배한 때문이지요." 나이 든 저널리스트는 몸을 뒤로 기대었다. "그런데 당신의 질문에 벌써 오류가 있어요. 독일에서 누가 총리를 '실각' 시킵니까? 황제요? 물론 황제가 해임안에 서명은 하지요. 하지만 제국의회도 있고, 황실 측근, 군부, 외교 사절도 있고, 또 동맹도 빼놓을 수 없습니다. 그리고……." 리클린은 의도적으로 말을 중단했다. "……우리 같은 언론, 여론도 있어요. 그러니까 배를 젓는 사공이 너무 많아요."

"사공이 많으면 배가 산으로 가지요."

우르스 리클린은 웃었다. "하지만 이 레스토랑은 그렇지 않아요. 시키신 연어 필레를 빨리 드세요. 안 그러면 식습니다. 다시 독일 얘기를 하자면, 비스마르크 같은 거장 요리사만이 '위장병'을 최소화하는 방도를 알고 있었습니다. 농담은 그만둡시다, 바이그너 씨. 독일제국과 같은 커다란 강대국이 실질적으로 한 사람, 즉 오토 폰 비스마르크만을 위한 헌법을 가지고 있다는 것이 비극입니다. 위대한 인물들은 대개 후계자나 자신의 다음 시대의 문제에서 실패를 합니다." 리클린은 우울한 심정으로 나머지 생선을 먹었다.

"그러면 독일 헌법의 결정적인 단점이 어디에 있다고 보십니까? 우리 스위스 헌법에도 잘못된 점은 있지 않습니까." 젊은 저널리스트가 물었다.

"하지만 스위스 헌법은 정당과 여러 언어적 문화 사이의 주된 타협점을 드러내고 있습니다. 그리고 무엇보다 통일과 자주성에 대한 의지로 지탱되고 있지요. 독일 헌법과 관련해서는, 탈레랑이 언젠가 말했듯이, 헌법은 될 수 있으면 짧고 모호해야 한다는 말이 들어맞을 것 같군요. 이 말을 기억해두시오. 논평을 쓸 때 깊은 인상을 남길 테니까. 정말이지 독일 헌법은 여기 이 뢰첸탈 렌즈콩 수프처럼 어둡고 모호해요. 나라에서 누가 권력을 쥐고 있는지 여러 측면에서 명확하게 규정해놓지 않았으니까 말이오. 독일에서 사실상의 주권자는 국민이 아닙니다……." 리클린은 조롱하듯이 미소를 지었다. "그런 면에서 독일 헌법은 명확하다고 할 수 있지요. 그런데 주권은 '연합 정부', 즉 주정부에 있어요. 이는 실질적으로 프로이센의 우위를 의미합니다. 분쟁이 생길 경우나 비상 사태에는 모든 권력이 최고 군통수권자인 프로이센 군주에게 있기 때문이지요."

"그러니까 황제가 권력의 중심이로군요." 바이그너가 한마디 했다. 리클린은 렌즈콩 수프를 저었다.

"권력의 중심 중 하나입니다. 황제는 군과 외교 정책을 관할하고, 관리를 임명하고, 무엇보다 총리를 임명합니다. 그 밖에 제국의회도 있고, 설상가상으로 '책임을 지는' 제국정부가 제국의회와 맞서고 있어요. 제국정부는 실질적으로 총리 한 사람만으로 구성되어 있습니다. 장관들은 모두 그의 지시에 묶여 있는 관리들입니다. 비스마르크에게는 이 총리 역할이 말하자면 맞춤이었던 셈이지요……."

"저는 '피와 철'로 제국을 만든 이 '철혈 재상'이 왠지 기분이 나쁩니다."

“피와 철이라는 닳아빠진 표현 이상의 것을 생각해야 하오, 젊은이.” 리클린은 흥분해서 말했다. “비스마르크는 국내 정적들과는 사생결단으로 싸웠습니다. 그런 불안정한 내정은 평화를 조성하려는 외교 정책과는 대조적이었어요. ‘독일은 지금보다 몸집을 줄여야 한다’ 고 그는 우리 저널리스트들에게 자주 말했소이다…….”

“그러면 알자스-로렌 합병은 뭐지요? 또 독일 식민지 지배권 요구는요?” 바이그너가 이의를 달았다.

“비스마르크는 자신이 알자스-로렌 문제에서 군부에 항복한 것을 스스로 용서하지 않았어요. 그리고 식민지 정책?” 우르스 리클린은 미소지었다. “그거야말로 전형적인 비스마르크 방식이오. 독일 식민지는 그가 유럽 외교 무대에서 항상 희생시킬 각오가 되어 있는 담보물이었어요. 전체적으로 그의 정책은 제국주의의 권력 다툼에서 독일제국을 제외시키고 콩고 회의에서 보듯이 ‘성실한 중개인’ 으로 등장하는 것이었소. 단 한 가지 그가 이루지 못한 게 있다면, 프랑스의 관심을 유럽에서 아프리카로 돌려놓지 못한 점이오. 그로 인해 결국 알자스-로렌 문제에서 큰코를 다치고 말았지요. 무엇보다 비스마르크는 독일의 지리적인 상황을 바꿀 수 없었습니다. 유럽 한복판에는 경제적으로나 군사적인 면에서 거인이 버티고 있고, 모두 이 거인 앞에서—비스마르크가 원했든 원하지 않았든 간에— 두려움을 느꼈고 현재도 느끼고 있소.”

여종업원이 티치노식 송아지 무릎고기를 가져왔다. 두 사람은 말없이 엄숙하게 티치노 요리를 먹었다. 이윽고 펠릭스 바이그너가 다시 이야기의 실마리를 잡았다.

“귀하는 비스마르크를 온건한 총리로 묘사하고 있습니다. 그러나 그는 끊임없이 전쟁에 대해 이야기한 사람인데요.”

"내 말을 제대로 이해해야 합니다. 오토 폰 비스마르크는 온건한 사람이 아니었어요. 그 반대입니다. 하지만 그의 폭력적인 본성은 국내 정치에서 더 많이 드러났습니다. 그가 끊임없이 전쟁을 언급한 것은 바로 그 때문이에요. '임박한 전쟁' 이라는 위협을 통해 제국의회 안에서 자신의 국내 정책을 관철시키려고 한 것입니다……."

"제가 많은 관심을 두고 있는 이야기가 나오는군요."

나이 든 저널리스트의 비스마르크 숭배에 경고를 당한 펠릭스 바이그너는 화제를 다른 방향으로 돌렸다.

"제국의회는 대체 얼마나 힘이 있는 겁니까?"

"원칙적으로는 거의 없어요. 하지만 의회는 여론의 시장입니다. 다수의 국민 여론에 반대하고서는 오늘날 아무도 국민을 다스리지 못합니다."

"대외정책에서도 그렇습니까?" 펠릭스 바이그너가 물었다.

"그건 원래 군주와 총리의 고유 영역입니다. 그러나 비스마르크 같은 강력한 정치가만이 한동안 제국의회를 무시했지요. 나중에는 의회에서도 식민지, 강력한 함대, 독일의 더 큰 국제적 위상에 대한 요구의 목소리가 커졌어요. 여론이 정부를 압박한 겁니다."

"황제까지 압박했습니다." 젊은 저널리스트가 덧붙였다.

"물론이오." 리클린은 고개를 끄덕였다.

"특히 빌헬름 2세처럼 국민의 환호에 목말라하는 군주라면 더 그렇습니다. 그런데 당신은 사태의 일면만 분석하는 오류를 범하면 안 됩니다. 독일제국을 마치 프로이센식으로 통솔되는 경직된 국민국가로 생각해서는 안 돼요. 그런 것은 선전에만 있습니다. 그런 건 우리나라를 '단일 형제들의 국민' 으로 미화하는 것과 똑같이 잘못된 것입니다. 지금 우리가 취리히에서 베른식 뢰슈티를 먹고 있지만, 베른 사람과 취리히 사람은 독일의 바이에른 사람과 프로이센 사람만큼이나 원수지간이에요. 작게는 스위스도 그렇지만, 독일 역시 경제적인 세력 집단과 정당, 경쟁 관계에 있는 군부 관료주의와 민간 관료주의로 분열되어 있습니다. 그리고 저마다 자신의 이익을 관철하려고 하지요. 의회는 이 목적을 이루는 데 적합한 중개소입니다. 또 우리 저널리스트들도 이용당하고 있어요. 앞으로 베를린에 가서 이런저런 사람이 초대하는 이른바 '막후 대화'에 가보면 아마 알게 될 겁니다. 물론 다른 차원의 문제도 있어요. 가령 황실 말입니다. 그곳에서는 '황제에게 누가 영향력을 행사하는가?' 따위의 게임이 있어요. 황제는 거꾸로 군부와 여론, 관료, 제국의회를 고려해야 하구요……."

우르스 리클린은 이마에 난 땀을 닦았다. 펠릭스 바이그너는 이 틈을 이용해 리클린의 말을 중단시켰다.

"그렇다면 독일의 외교정책을 주도하는 사람은 누구입니까?"

나이 든 저널리스트는 글라른식 파이 한 조각을 입 안에서 녹이고는 어깨를 들썩였다.

"이 질문은 좀더 폭넓게 보아야 합니다. 독일을 결속시키는 것이 무엇입니까? 이 나라에는 지역 간에 해묵은 골만 있는 게 아니에요. 신교와 구교, 귀족과 시민이 대립해 있고, 최근에는 빈부의 격차도 점점 크게 느껴집니다. 이 모든 균열이 세계정책이라는 접착제와 민족주의로 메워지고 있어요. 세계정책은 어떤 이에게는 권력을, 어떤 이에게는 부를, 또 어떤 사람에게는 일자리를 마련해줘야 합니다."

리클린은 열을 내어 이야기했다.

"그래서 함대 건조 계획을 추진한 티르피츠 제독이 노동자들한테까지 인기가 있는 겁니다. 이 민족주의, 기술의 세계 패권국가 독일에 대한 자부심, '양지바른 곳'을 찾자는 이 외침, 이 모든 것들이 국민에게 먹혀들고 있어요. 하지만 곧 베를린에 가셔서 군국주의자와 세계 제패의 꿈을 꾸는 선동가들과 허물없이 얘기하다 보면, 그들이 모든 게 전쟁 없이 진행되기를 바라고 있음을 알게 될 겁니다. 나도 그게 저들의 진정이라고 믿습니다. 물론 독일인만이 유일하게 민족주의의 열광에 빠진 것은 아니지만…….”

펠릭스 바이그너는 헛기침을 했다. “리클린 씨를 대단히 존경합니다만, 귀하는 북쪽에 있는 우리의 이웃 독일의 대외정책을 너무 온건하게 평가하시는군요. 귀하는 국가 권력의 혼란상을 묘사하면서 그 체제의 대표 인물들을 밖으로 지나치게 과장하는 머뭇거리는 사람들로 표현하고 있습니다. 그러나 제가 보기에 그 이면에는 더 많은 시스템이 숨어 있습니다. 유럽 대륙 최고의 열강으로서 세계 패권을 쥐려는 계획적 시도 같은 것 말입니다.”

궐련에 불을 붙인 리클린은 연기를 한 모금 빨고 심각하게 고개를 저었다. “당신 말이 맞을 수도 있고 틀릴 수도 있어요. 나도 유럽에 감돌고 있는 전운을 느낍니다, 유감스럽지만! 또 세계 패권을 향한 독일제국의 열망을 내가 모르는 것도 아니에요. 솔직히 말하면, 단지 거기서 어떤 시스템을 발견할 수 없을 뿐이오. 나는 정치적 책임을 진 사람들이 전혀 원하지 않았던 전쟁에 독일인과 그밖의 유럽인들이 빠져들까봐 두려운 거요. 그 사이 동맹은 공고해지고 군부는 단련이 되어 계기만 있으면 거의 자동으로 일대 전쟁이 터질 겁니다. 민족적 자부심과 위신이 화해와 타협으로 가는 첫발을 내딛지 못하도록 만들기 때문이에요. 그렇게 되면 우리 모두에게 미래는 암울할 뿐입니다.”

1914년, 오랫동안 우려했던 유럽의 첫번째 내전이 일어났다. 유럽과 유럽 식민제국이 몰락하는 동시에 오랜 기간 고립되어 있던 미국이 약진을 했다. 세계 평화 구축을 위해 설립되었으나 실패한 국제연맹 본부가 있는 스위스는 이 전쟁에 개입하지 않았다.

취리히 호반에서 먹는 스위스 요리

§ 글라론식 파이 §

◉ 준비시간 : 40분+12시간 | 요리시간 : 50분

◉ 재료(4인분)

말린 서양자두 250g · 슈거파우더 1술 · 계피 1~2g · 버터 50g · 설탕 80g · 달걀 1개 · 달걀노른자 1개 · 레몬(즙과 껍질) 1/2개 · 곱게 간 아몬드 150g · 퍼프 페이스트 500g · 달걀흰자 1개

| 요 · 리 · 법 |

서양자두에 끓는 물을 붓고 뚜껑을 덮어 하룻밤 동안 놓아둔다. 물을 따라버리고 자두 씨를 뺀 다음 믹서에 넣고 곱게 갈아 슈거파우더와 계피를 섞어준다. 버터와 설탕을 혼합하여 거품이 나도록 젓고 달걀, 달걀노른자, 레몬즙, 레몬 껍질 간 것을 넣고 아몬드를 섞어준다. 종이에 지름 30cm의 원을 그려 잘라낸 뒤 반으로 접어 이파리 모양이 나도록 가장자리를 오린다. 각 잎의 크기가 파이의 크기가 된다. 퍼프 페이스트의 절반 분량을 편평하게 민 뒤 이파리 모형을 이용해 떠낸다. 떠낸 퍼프 페이스트를 케이크틀에 담고 자두 간 것과 달걀 반죽을 반반씩 덮는다. 파이 사방으로 달걀흰자를 바를 수 있도록 2cm의 여백을 남긴다. 나머지 퍼프 페이스트도 똑같이 펴서 이파리 모형으로 떠낸다. 중앙에 작은 구멍을 내고 칼로 이파리 곡선마다 안쪽에서 바

깥쪽으로 고르게 칼자국을 낸다. 이것을 뚜껑으로 삼아 앞의 퍼프 페이스트 위에 얹고 가장자리를 잘 눌러준다. 미리 가열한 오븐에서 200도로 50분간 굽는다. 파이를 식혀 슈거파우더를 뿌린다.

---

§ 오시 부키 알라 티치네제(티치노식 송아지 무릎 요리) §

◉ 준비시간 : 20분 | 요리시간 : 65분

◉ 재료(4인분)

송아지 무릎 자른 것 1kg · 소금과 후추 · 밀가루 2술 · 해바라기씨 기름 2술 · 양파 1개 · 마늘 1쪽 · 당근 2개 · 셀러리 줄기 1/2개 · 대파 줄기 1개 · 백포도주 200ml · 육수 500ml · 마요라나 가지 1개 · 백리향 가지 1개 · 로즈메리 가지 1개 · 토마토 간 것 2술 · 파슬리 1다발 · 레몬 껍질 1찻술

| 요 · 리 · 법 |

송아지 무릎고기에 소금과 후추로 간을 하고 밀가루를 뿌린다. 찜냄비에 기름을 뜨겁게 달구어 송아지 무릎고기를 넣고 지진다. 양파와 마늘을 다지고 야채는 잘게 썰어 잠깐 동안 함께 볶는다. 여기에 백포도주와 육수를 붓고 향초와 토마토 간 것을 넣은 뒤 뚜껑을 덮고 미리 가열한 오븐에서 180도로 60분간 곤다. 향초 가지들을 꺼내고 고기는 따뜻한 상태로 놓아두고 소스는 믹서에 넣어 곱게 간다. 소스를 다시 한 번 끓이고 다진 파슬리와 곱게 다진 레몬 껍질로 맛을 내고 소금과 후추로 간을 하여 송아지 무릎고기 요리에 끼얹는다.

§ 페시 소스로 맛을 낸 연어 필레 §

◉ 준비시간 : 5분 | 요리시간 : 20분

◉ 재료(4인분)

버터 1술 · 밀가루 1술 · 야채 국물 100ml · 페시(떫은 백포도주) 300ml · 연어 8토막 · 소금과 후추 · 밀가루 2술 · 버터 4술 · 달걀노른자 1개 · 생크림 100ml

| 요 · 리 · 법 |

버터를 데우다가 밀가루를 넣고 색이 변하지 않게 볶는다. 야채 국물과 백포도주를 붓고 계속 저어주면서 10분간 약한 불로 끓인다. 연어는 소금과 후추로 양념하고 밀가루를 뿌려 버터에 넣고 노릇노릇하게 지진다. 달걀노른자에 생크림을 넣어 휘젓다가 소량의 소스를 넣어 잘 섞은 뒤 나머지 소스에 붓고 다시 한 번 데운다. 소스를 완성된 연어 필레에 끼얹어 낸다. 찐 감자와 먹으면 어울린다.

---

§ 베른식 뢰슈티 §

◉ 준비시간 : 10분+48시간 | 요리시간 : 20분

◉ 재료(4인분)

감자 1kg · 소금 1찻술 · 주사위 모양의 베이컨 100g · 졸인 버터 2술 · 라드 2술

| 요 · 리 · 법 |

요리를 하기 48시간 전에 감자를 껍질째 너무 무르지 않게 삶아놓는다. 감자

를 뢰슈티용 강판에 작은 크기로 갈아 소금과 베이컨을 넣는다. 프라이팬에 라드를 넣어 달군 뒤 감자를 넣고 바삭하게 지진다. 여러 번 조심해서 뒤집고 필요시에는 라드를 더 넣는다. 완성되기 5분 전에 감자를 한곳으로 모으고 잘 눌러준 다음 접시로 덮어 씌운다. 바삭한 면이 위로 오도록 뢰슈티를 접시에 쏟아붓는다.

---

§ 뢰첸탈 렌즈콩 수프 §

◉ 준비시간 : 15분 | 요리시간 : 70분

◉ 재료(4인분)

대파 줄기 1개 · 양파 1개 · 라드 1술 · 물 2리터 · 갈색 렌즈콩 200g · 훈제 돼지갈비 400g · 감자 400g · 백리향 가지 1개 · 세이보리 가지 1개 · 팡당(떫은 백포도주) 100ml · 파슬리 1다발 · 소금과 후추

| 요 · 리 · 법 |

대파는 작은 고리 형태로 썰고 양파는 다져서 한데 섞어 뜨거운 라드에 넣고 볶는다. 물을 붓고 렌즈콩, 돼지갈비, 작게 썬 감자, 향초 가지들과 함께 끓인 다음 60분간 약한 불로 가열한다. 향초들을 제거하고 돼지갈비를 꺼내어 먹기 좋은 크기로 썬다. 수프를 믹서에 넣고 간 뒤 팡당 포도주와 다진 파슬리로 향을 낸다. 고기를 넣어주고 소금과 후추로 맛을 낸 뒤 다시 한 번 끓인다. 영양이 풍부한 호밀빵과 함께 차리면 좋다.

지방색과 국제성의 훌륭한 결합

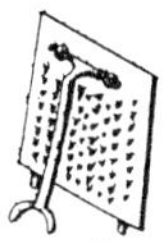
gratta cassio

최근 스위스에서 가장 유명했던 요리책의 제목인 《진정한 스위스 요리》라는 것은 사실 허구에 지나지 않는다. 스위스 연방은 그간 26개로 늘어난 칸톤의 결합체인 의지국가이고, 약간 과장스레 말해 '편협한 지방색'이 지배하는 곳이다. 칸톤마다 각기 자랑스럽게 여기는 한 개나 그 이상의 언어를 사용하고 있듯이, 음식에서도 하나나 그 이상의 '민족 요리'가 존재한다.

그러나 연방에 속해 있다는 공동의 정체성 덕분에 이들 음식의 전부는 아니더라도 많은 부분이 쉽게 상호 교류를 하고 있다. 취리히 사람들과 베른 사람들이 서로 전혀 다른 기질을 가지고 있다고 스스로 인정하지만, 이들은 '취리히식 송아지고기 스튜'와 '베른식 뢰슈티'를 즐겨 먹는다. 베른식 뢰슈티는 '뢰슈티 지역'을 벗어난 곳, 즉 프랑스어를 쓰는 스위스 지방에서도 즐겨 먹으며, 프랑스어 사용 지역은 다시 베른을 비롯해 독일어 사용 지역 전체에서 손꼽히는 식도락의 전형으로 알려져 있다. 그라우뷘덴과 티치노 요리 역시 독일어와 프랑스어를 사용하는 지역에서 주목받고 있다. 이는 스위스가 19세기에 이미 관광국가가 되어 수준 높은 요리를 선보인 것과 관련이 있다. 당시 외국이 아닌 이웃 칸톤에서 채용된 식당 종업원들은 자기 고장의 요리법을 가져와 최소한 음식에서 칸톤 상호간의 교류를 증가시켰다.

일찌감치 시작된 관광 사업은 음식 분야에서 '칸톤의 지방색'과 '국제성'이 결합하여 '그랑 퀴진'으로 방향을 잡게 된 원인이 되기도 했다. 그 전에 국제주의는 스위스 용병의 '수출'을 통해 진행되었다. 그리고 살아남은 장교와 휘하의 병사들은 세계 도처에서—주로 프랑스와 이탈리아에서—음식맛을 들여왔다. 용병제의 쇠퇴와 더불어 호텔, 레스토랑, 은행이 주요 수입원이 되었을 때는 최소한 음식 분야에서 이미 훌륭한 기반이 조성되어 있었다. 손님들에게는 질적으로 수준 높은 국제적인 요리가 몇몇 지역적인 명물 요리와 함께 제공되었다. 특별히 언급할 만한 것으로는 라클레테와 퐁뒤 같은 치즈 요리인데, 아이스크림과 버터가 곁들여진 그 원형은 이미 브리야 사바랭이 인정한 바 있다.

이렇게 해서 한동안 돈을 지불하는 손님들은 많은 비용을 지불하면 고품격의 요리와 일류 대접을 받을 수 있었다.

최근 들어 새로운 변화가 일어났다. 물론 스위스 표준 요리는 변하지 않았지만 다른 요리들이 약진을 시작했다…….

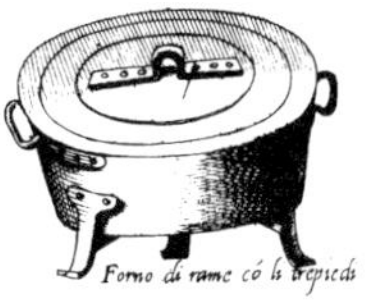

30. 국제 원주민 회의

"모든 인간은 의식주와 의료, 필수적인 사회보장제도를 포함하여 자신과 가족의 건강과 안녕을 보장하는 생활수준을 누릴 권리를 갖는다……."

— 국제연합 인권선언문 25조 중에서

제네바의 외교가 한복판에 있는 국제 광장. 드 라 페 거리에 둘러싸인 이곳에 육중한 대형 건축물이 서 있다. 면적이 2만 5,000제곱미터로, 유럽에서는 베르사유 궁전 다음으로 큰 복합 건물이다. 장대하고 각이 진 이 '팔레 데 나시옹'에서는 설립자의 뜻에 따라 언젠가는 세계정부 회의가 열릴 예정이었다. 그러나 국제연맹은 실패작으로 끝났고, 이후 이 건물은 성공과 환멸을 교묘하게 헤쳐온 두번째 국제기구의 주요 지부로 이용되고 있다. '위협 받는 식량의 보호를 위한 국제회의'가 열리는 2005년 4월 25일도—이 날짜는 프랑스 대표단의 요청으로 정해진 것이다—그러했다.

의장이 세번째로 종을 울리자 마지막 참석자들이 유럽산 대리석 기둥과 핀란드산 화강암을 지나 회의장 안으로 서둘러 들어왔다. 참석자들이 금색과 흑갈색으로 그려진 벽화들 사이에 자리를 잡는 동안, 길고 화려한 의상을 입은 젊은 여성들이 검은 잼을 바른 둥글납작한 빵을 나무 쟁반에 담아 나누어 주었다. 참석자들이 빵을 입으로 가져가는 사이에 에티오피아 대표가 발언을 시작했다.

"존경하는 각국 대표 여러분, 제가 첫 순서로 발언권을 얻었습니다. 추첨으로 결정된 것이지만, 이는 멋지고 적절한 우연이라고 생각합니다. 인간은 아프리카, 특히 제가 대표하는 지역에서 직립보행을 배웠고 사바나 초원 위로 시선을 들어 새로운 지평선을 바라보았습니다. 인류의 요람인 이곳이 오늘날 지구상의 다른 곳에는 별로 알려져 있지 않습니다. 대부분 사람들의 눈에 이곳은 자연 그대로의 아름다움을 간직한 땅이지만, 그외에는 굶주림과 질병, 내전으로 고통 받는 곳입니다.

마찬가지로 매우 다채로운 아프리카 음식에 대해서도—그것이 빈민들의 음식이라는 선입견을 제외하면—거의 알려진 것이 없습니다. 동아프리카만 놓고 보더라도 그곳에는 사막과 열대 우림이 있고, 거대한 호수와 고원 뒤에는 눈으로 뒤덮인 산이 우뚝 솟아 있으며, 해안과 늪지가 있습니다. 이 같은 환경으로 말미암아 다양한 식량과 생활 조건이 존재했고 서로 다른 요리들도 생겨났습니다. 또한 이곳의 음식은 역사를 통해서도 영향을 받고 변해왔습니다. 이주, 거래, 정복, 식민화가 흔적을 남긴 것입니다. 로마인, 이집트인, 아라비아인, 인도인, 포르투갈인, 이탈리아인들이 이곳에서 살면서 음식을 만들었고, 오늘날 동아프리카의 음식으로 꼽히는 여러 요리들, 식량, 과일, 향신료들을 자국으로 가져감으로써 자신들의 요리에서 많은 자극을 받았습니다.

우리의 향토 음식이 제네바 미식의 신전에 있는 것처럼 고급스럽고 세련되지는 않았을지도 모릅니다. 그러나 아프리카 음식문화에는 다른 내세울 점이 있습니다. 우리는 함께 모여 음식을 먹고, 식사하는 것을 기쁘게 생각하며, 음식을 나누어 먹습니다. 식사는 즐겁고 자유로운 공동체를 만들어냅니다. 그럼으로써 양식은 영혼과 육체를 보살피는 약이 됩니다. 우리는 많은 백인들이 먹기 힘들어하는 매운 향신료가 몸에서 독소를 제거하고 새 에너지를 만들어낸다고 확신합니다. 제가 한 가지만 묻겠습니다. 햄버거가 약입니까?"

몇몇 대표들이 박수를 치거나 탁자를 손으로 두드리는 동안 핀란드 대표가 연단에 올라섰다.

"조직위원회를 대신하여 알려드립니다. 차후 예정된 식사는 음식을 진정으로 즐길 수 있기 위해 우리 모두 식당에 모여 함께 들게 됩니다. 우리의 음식인 사미족 연어 수프도 나올 것입니다. 라플란드 수프가 아니라 '사미족 수프'입니다. 우리 사미족을 우리가 입고 있는 옷의 일부로 표현하는 이 이름을 우리는 그다지 좋아하지 않습니다. 더욱이 라플란드는 핀란드의 한 지역을 지칭하는 말이지만 사미족은 스칸디나비아 반도의 다른 나라에도 살고 있습니다."

아프리카와 아시아에서 온 몇몇 대표들이 웃음을 터뜨렸다. 그들도 이 문제를 알고 있는 것이 분명했다.

"과거에 유럽에서 살았던 소수 민족들도 역시 어려움을 겪었고, 지난 백 년 동안 커다란 발전이 이룩되면서 현재도 겪고 있습니다. 핀란드도 이런 어려움을 겪었습니다. 직접적인 것은 아니더라도 우리는 스웨덴과 러시아의 지배를 받았습니다.

그 결과는 당연히 음식에서도 나타났습니다. 이 부분에서는 스웨덴과 러시아가 준 영향이 가장 견딜 만했다는 것도 말씀드립니다. 또한 우리 사미족의 요리도 그간 핀란드 전토에 걸쳐 지속적으로 영향을 주었는데, 이는 소수 민족의 요리가 국민적인 요리에 성공적으로 융화될 수 있음을 보여주는 사례입니다. 우리는 그동안 모든 관광객들에게 우리의 순록 스튜를 제공했습니다. 그러나 이 음식의 핵심은—여러분에게 비밀을 털어놓겠습니다—전통적으로 손으로 조리한 감자죽입니다. 봉지에서 꺼내어 만든 것이 아닙니다. 이렇게 사미족의 음식은 연어, 고라니치즈, 뇌조(雷鳥), 금빛의 호로딸기 같은 식량을 통해 핀란드 요리에서 중요한 자리를 차지했습니다.

저는 특히 우리 민족을 포함한 여러 민족들이 전통 요리의 지속적인 부흥을 꾀할 수 있는 요소에 대해 말씀드리겠습니다. 그것은 저보다 앞서 발언하신 연사께서도 언급한 건강입니다. 우리 정부는 심근경색과 혈액순환 장애의 위험도가 우리 민족에게서 낮게 나타난다는 사실을 상세한 연구를 통해 밝혀냈습니다. 이는 100퍼센트는 아닐지라도 음식과 관련이 있습니다. 수많은 생선, 전통적으로 소나무 껍질에서 채취하는 가루, 호밀로 만든 통밀 제품, 보리, 귀리가 건강을 증진시킨다는 것은 이미 입증된 사실입니다. 이에 우리는 우리의 젊은이들과 패스트푸드를 멀리하고 전통 요리를 가까이 하겠다는 협정까지 맺을 생각입니다. 냉장고의 음식으로 끼니를 속성 해결하는 개인적인 식사에 밀려 공동의 식사가 사라지는 이 시대에 쉽지 않은 일일 것입니다. 그래도 우리는 시도할 것입니다."

이어 오스트레일리아 원주민이 핀란드 연사의 말을 이어받았다.

"저는 전통 음식을 통한 건강 유지에 관한 언급이 대단히 합리적이라고 생각합니다. 저 역시 오스트레일리아 원주민이 전통적인 식생활을 한 경우 흉년에도 괴혈병과 각기병 같은 결핍성 질환에 걸리지 않았다는 말씀을 덧붙이겠습니다. 바로 그런 기아와의 전쟁, 일상의 양식을 얻기 위한 전쟁 속에서 우리는 자연과 하나가 되고 자연을 사랑해야 한다는 것을 알았습니다. 모든 동물과 식물들은 먼 옛날 우리 선조들의 상상 속 영혼에 의해 만들어진 것들입니다. 꿀개미 같은 양식들은 스스로 양식이 된 영혼이며, 모든 인간은 자신에게 지정된 특정한 식량과 음식을 가지고 있고 자신에게 알맞는 양식이 있습니다. 인간은 그것을 발견하여 거기에서 인생을 살아가는 규칙을 도출해야 합니다. 저는 유럽과 미국 대표단의 얼굴에 나타난 의혹의 표정을 읽을 수 있습니다. 그들은 이 모든 것을 신비주의, 미신으로 여깁니다. 그러나 자연과 하나가 되고 과거의 전통을 재발견하려는 노력 속에는 깊은 지혜가 담겨 있습니다.

이런 전통 속에는 서양의 합리주의까지 발견할 수 있었던 많은 경험이 숨어 있습니다. 우리 원주민들은 유럽인이 도래한 후 거의 사멸할 지경에 처했습니다. 백인들이 그들의 생활방식과 음식문화를 우리에게 강요하려고 했기 때문입니다. '열등한' 우리를 말살까지는 하지 않았던 사람들도 우리에게 밀가루, 설탕, 차를 '구호품'으로 주었고, 우리는 그로 인한 편식 때문에 질병에 걸렸습니다. 다시 우리의 전통 음식을 골고루 섭취하고 나서야 비로소 건강이 좋아졌습니다. 이후 퍼스와 시드니에 있는 대학들이 우리의 음식을 연구한 결과, 우리가 먹는 풀씨가 일반 곡물보다 영양가가 훨씬 높고, 우리가 먹는 야생 과일이 일반 사과나 배보다 단백질, 탄수화물, 몸에 좋은 지방을 더 많이 함유하고 있으며, 사막 오렌지에는 일반 감귤류보다 비타민 C와 기타 미량원소가 더 많다는 것을 밝혀냈습니다. 최근 우리는 이런 식품들을 재배하여 시장에 팔기로 했습니다. 이렇게 하여 부자는 못 되겠지만 우리 오스트레일리아 요리는 분명히 풍성해질 것입니다."

오스트레일리아 원주민 다음으로 체로키 인디언이 전통적인 추장의 복장으로 연단에 올랐다.

"제가 무슨 새로운 이야기를 할 게 있겠습니까? 백인이 들어오기 전에는 우리도 풍부하고 다양한 요리를 먹었다는 것을 말씀드릴까요? 아니면 우리가—젊었을 적에도—햄버거 체인점에 맞서 지구전을 하다가 결국 지고 말았다는 것을 말씀드릴까요? 저는 우리의 전래 동화 하나를 각색하여 모두에게 용기를 주고 싶습니다.

한 젊은이가 늘 자신과 다투며 살았던 부모님에게 화가 나 그들 곁을 떠났습니다. '왜 내게 이래라 저래라 하는 거야.' 그는 생각했습니다. '나는 내 길을 가겠어.' 그는 해의 나라를 향해 길을 떠났습니다. 부모는 너무 슬픈 나머지 해에게 자식을 보내달라고 간청했습니다. 그래서 해는 젊은이가 길거리에서 도너츠 판매대를 발견하게 만들었습니다. 젊은이는 그곳에 오래도록 머물며 도너츠를 먹다가 옆에서 같이 먹던 백인처럼 뚱뚱해졌습니다. 거울에 자신의 모습을 비춰본 그는 혐오감이 생겨 다시 길을 떠났습니다. 해는 그를 햄버거 레스토랑으로 데리고 갔습니다. 그사이 나이를 먹은 젊은이는 크고 작은 햄버거로 속을 채웠지만, 얼마 후 정신을 차리고 해의 나라를 찾아 다시 출발했습니다. 마지막으로 해는 그의 발 앞에 맛있는 냄새가 나는 무언가를 놓았습니다. 젊은이가 아직 먹어본 적이 없는 토피남부르(돼지감자)였습니다. 토피남부르를 먹은 그는 부모님을 생각하고 그리워하기 시작했습니다. 젊은이는 토피남부르를 가지고 부모님에게 돌아가 보여드린 후 다시 함께 살았습니다…….”

인디언은 몸을 굽혀 인사한 뒤 자리로 돌아갔다. 많은 대표자들이 체로키족 동화에 대해 깊이 생각하고 있는 동안 새하얀 사리를 입은 인도의 여성 대표가 마이크 앞에 섰다.

“나중에 함께 식사한 후 아이스크림으로 끝맺음을 하는 것처럼, 제가 마지막 연사로 말씀을 드리겠습니다. 제 앞의 연사들께서는 우리가 과거를 돌아보고 미래를 위해 전통 음식에서 배워야 한다는 말씀을 강조하셨습니다. 그러나 10억 이상의 인구가 사는 우리나라와 같은 대국의 대표로서 저는 맛있고 몸에 좋은 음식에 앞서 빈곤의 퇴치, 기아와 전쟁 및 질병과의 싸움이 우선이라고 말씀드리고 싶습니다.

저는 오늘 회의에 참석하면서 사방에 걸린 벽화들을 자꾸만 바라보았습니다. 한 에스파냐 화가가 그의 조국에서 끔찍한 내전이 일어나기 직전인 1936년에 그린 작품들입니다. 저 앞 창문 왼쪽에 그는 서서히 육체 노동의 짐에서 벗어나는 인간을 그려 기술의 발전을 묘사했습니다. 중앙에는 남북전쟁에서 노예제의 폐지를 주창한 에이브러햄 링컨이 그려져 있습니다. 이것은 사회적인 발전입니다. 벽 맞은편에는 학문의 발전을 보여주는 이집트의 한 장면이 묘사되어 있습니다. 대대적인 캠페인 덕분에 성공적으로 퇴치된 페스트의 종말을 보여줍니다. 그리고 맨 앞쪽에는 화가가 '희망'이라는 제목을 붙인 그림이 있습니다. 인간이 학문적, 사회적, 기술적 진보를 이룰 수 있다면 전쟁 · 기아 · 질병도 이 세계에서 추방할 수 있어야 한다고 그는 생각한 것입니다. 이런 노력을 할 때만이 우리는 옛것과 새것, 지역적인 것과 국제적인 것을 하나로 통합하여 공동의 음식문화, 그러나 개성을 지닌 긍정적인 의미의 세계화한 음식문화를 만드는 발판도 마련할 수 있습니다."

프랑스 대표단이 왜 4월 25일을 회의 개최일로 요청했는지를 묻는 독자가 있다면, 이날이 태양왕의 요리사였던 바텔의 기일이라는 것을 상기시켜드리겠다.

세계화한 토착 요리

§ 셀러리 소스를 얹은 캥거루 필레 §

(오스트레일리아 원주민)

◉ 준비시간 : 70분 | 요리시간 : 15분

◉ 재료(4인분)

캥거루 안심 600g · 후추 · 올리브유 4술 · 셀러리 줄기 3개 · 백리향 가지 1개 · 마늘 1쪽 · 소금과 후추 · 버터 2술 · 은박지

| 요 · 리 · 법 |

캥거루 안심에 후추를 문질러 바르고 올리브유에 60분간 담가둔다. 셀러리 줄기를 다듬어 얇고 납작하게 썰고 구이틀에 넣어 기름을 칠하고 다진 백리향, 빻은 마늘, 소금과 후추로 간을 한다. 은박지로 덮어 오븐에 넣고 220도로 60분 동안 익힌다. 다 익으면 셀러리와 버터를 한데 섞어 믹서에 넣고 간다. 캥거루 고기를 센 불에서 재빨리 구워내어 소금을 뿌린 뒤 오븐에 넣고 250도로 10분간 굽는다. 오븐에서 꺼내어 은박지를 벗기고 10분간 놓아둔다. 캥거루 고기를 부채꼴 모양으로 썰어 셀러리 소스와 함께 상에 차린다.

캥거루 안심은 대형 정육점에 주문하면 살 수 있다. 말고기와 비슷하기 때문에 말고기를 대신 써도 좋다.

§ 사미식 연어 수프 §

(유럽-라플란드)

◉ 준비시간 : 45분 | 요리시간 : 40분

◉ 재료(4인분)

감자 1kg · 셀러리 줄기 1/2개 · 대파 줄기(흰 부분) 1개 · 양파 1개 · 버터 1술 · 소금 2찻술 · 후추 · 연어 1kg · 생크림 1/4리터 · 이논드 1다발

| 요 · 리 · 법 |

감자는 35분 동안 삶아 껍질을 벗기고 얇고 납작하게 썰어놓는다. 야채는 먹기 좋은 크기로 썰고 양파는 다진다. 버터를 데우다가 양파와 야채를 넣고 잠깐 볶은 뒤 물 1리터를 붓고 소금과 후추로 간을 하여 20분간 끓인다. 연어는 내장을 빼고 비늘을 벗겨 8조각으로 자르고 가시째 수프에 넣어 10분 동안 끓인다. 생크림과 감자 썬 것을 넣고 다시 5분간 더 끓인다. 수프에 간을 하고 접시에 담은 뒤 다진 이논드를 뿌린다.

---

§ 렌즈콩 잼 §

(아프리카-에티오피아)

◉ 준비시간 : 10분+12시간 | 요리시간 : 30분+30분

◉ 재료(4인분)

붉은콩 200g · 야채 국물 300ml · 빨간 고추 1개 · 양파 1개 · 올리브유 4술 · 겨자 2찻술 · 레몬즙 2술 · 소금과 후추 · 납작한 빵 4개

| 요 · 리 · 법 |

콩은 밤새 탄산수에 담가 불린다. 물기를 뺀 콩을 야채 국물에 넣어 30분간 부드럽게 삶아 믹서에 간 뒤 식힌다. 빨간 고추는 씨를 빼고 아주 작은 주사위 꼴로 썰고 양파는 곱게 다진다. 올리브유, 겨자, 레몬즙을 혼합하여 소금과 후추로 양념을 하고 앞의 채소들과 함께 갈아놓은 콩에 섞는다. 최소한 30분 동안 냉장고에 넣어둔다. 납작한 빵과 함께 상에 차린다.

---

§ 사프란, 피스타치오, 망고를 넣은 아이스크림 — 쿨피 §

(아시아 - 인도)

◉ 준비시간 : 15분+12시간 | 요리시간 : 10분+12시간

◉ 재료(4인분)

사프란 20가닥 · 우유 4술 · 피스타치오 80g · 망고 1개 · 카르다몸 꼬투리 4개 · 설탕 150g · 무가당 연유 1리터 · 고지방 생크림 1/4리터 · 식용 금박지와 은박지

| 요 · 리 · 법 |

사프란 가닥에 뜨거운 우유 4술을 붓고 12시간 동안 불린다. 피스타치오를 곱게 갈고 망고 과육은 믹서에 간다. 카르다몸 꼬투리를 절구에 넣어 빻고 설탕, 무가당 연유, 고지방 생크림과 한데 섞어 10분간 끓인다. 이 혼합물을 3등분하여 각각 우유에 넣은 사프란, 피스타치오, 망고 간 것과 섞는다. 쿨피 용기에 따라붓고 12시간 이상 얼린다. 다 얼면 용기를 뜨거운 물에 잠깐 담갔다가 내용물을 접시에 담아 금박지와 은박지로 장식한다.

쿨피 용기는 기다란 원뿔형의 금속 용기인데, 이것 대신에 요구르트 잔을 써도 무방하다. 식용 금박지와 은박지는 대형 인도 식품점이나 제과점, 제과업자에게서 구할 수 있다. 금이나 은을 입힌 아몬드나 설탕 뿌린 과자를 써도 좋다.

---

§ 토피남부르 §

(미국-체로키 인디언)

◉ 준비시간 : 10분 | 요리시간 : 2분+6시간

◉ 재료(4인분)

토피남부르 800g · 야채 국물 1리터 · 꿀 5술 · 사과 식초 200ml · 겨자알 1/2찻술 · 이논드 씨 1/2찻술 · 이논드 다진 것 2술

| 요 · 리 · 법 |

솔로 토피남부르를 잘 닦아 납작하고 얇게 썰어 끓는 야채 국물에 2분간 데친다. 물을 따라버리고 토피남부르를 식힌다. 꿀을 사과 식초에 넣어 거품기로 녹인 뒤 겨자알, 이논드 씨, 다진 이논드를 넣고 토피남부르 위에 얹는다. 냉장고에 6시간 동안 넣어두어 맛이 배어들게 하고 가끔 뒤집어준 뒤 반찬으로 상에 낸다.

지구촌 요리의 명암

20세기는 요리의 세계를 지속적으로 바꾸어놓았다. 이는 무엇이 훌륭한 요리인가에 대한 판단이 결정적으로 달라졌다는 의미가 아니다. 수백 년에 걸쳐 각 대륙에서 발생한 전통적인 미각 개념은 그대로 남았지만, 바깥에서 몰려온 자극을 통해 전보다 훨씬 풍부해진 것이다. 새로운 식품, 새로운 조리법, 새로운 저장 방식이 세계를 정복하면서 이 세계는 점차 전(全) 지구적인 시장터가 되어가고 있다.

특히 제2차 세계대전 후부터 기술적인 조건과 경제적인 환경이 근본적으로 변화했다. 그에 따르는 비용을 전제로 했을 때, 이제는 모든 것을 언제 어디서나 구할 수 있게 되었다.

— 새로운 저장 방식과 경작 방법으로 특정 식품과 특정 계절과의 연관성이 점차 사라지는 추세이다.

— 개개인의 가정에 마련된 요리의 기반구조가 복잡하고 까다로운 음식의 조리도 가능하게 만들면서 이제는 더 이상 이런 음식들이 소수의 상류층과 고급 레스토랑의 전유물로 머무르지 않게 되었다.

— 도로, 철도, 수상 및 항공 교통 등 거미줄처럼 잘 짜여진 교통 체계로 사실상 모든 식품을 어디에서나 구할 수 있게 되었으며, 운송비는 상반된 주장에도 불구하고 적정 수준에 머무르고 있다.

— 기계화와 집약 농업 덕분에 식품이 저렴하게 생산될 뿐만 아니라, 수입 대비 식품 가격이 전체적으로 크게 내려갔다. 이는 특히 제1세계에서 볼 수 있는 현상이다. 이곳에서는 점점 많은 사람들이 과거에 비해 더 뛰어나고 사치스러운 음식을 섭취할 수 있게 되었다.

뿐만 아니라 19세기에 시작된 해외 이주의 물결이 20세기 후반까지 이어졌다. 음식의 측면에서 이는 특히 레스토랑 분야에서 혼합 현상이 발생했음을 의미한다. 1960년까지 독일의 대도시에서는 주로 프랑스 레스토랑과 간혹 러시아나 빈 레스토랑이 고급스럽고 비싼 음식점으로 알려져 있었다면, 이제는 이른바 '외국인 노동자'의 식당에 이어 이탈리아, 그리스, 에스파냐 레스토랑이 가세했다. 여기서 새로운 점은, 이런 레스토랑들이 가족 경영을 하면서 '일반' 음식점보다 값이 싸고 질적으로 우수한 음식을 제공했다는 사실이다. 초창기 손님은 주로 동향인이었지만 곧 독일인들도 즐겨 찾았다. 이에 토착민이 경영하는 많은 술집과 음식점은 문을 닫았고, 일부는 가격이나 품질 면에서 외국인 레스토랑과 경쟁을 벌일 수밖에 없었다.

그 결과 음식문화가 대폭 개방되었고, 이는 제2의 외국인 이주 물결에도 긍정적으로 작용했다. 이로써 중국인, 베트남인, 인도인, 그리고 그밖의 외국인들이 레스토랑 수를 늘려놓았다. 여기서 다시 중요한 사실은, 일부 계층이 드나들던 이런 레스토랑들이 이미 런던, 암스테르담, 파리 같은 도시에 식민화의 결과로 존재하고 있었지만, 이제는 해당 요리의 진면목을 발견한 사람들이 대규모로 확산되었다는 점이다. 이에 따라 그 요리를 집에서 직접 만들어보고 싶은 욕구가 발생했고, 해당 요리에 필요한 향신료와 식품의 가짓수도 점차 늘어났다.

그러나 이제 이야기할 두번째 추세는 긍정적인 결과만 낳지 않았다. 점점 많은 음식을 완성식품으로 살 수 있게 된 것인데, 물에 데워 먹는 통조림에 이어 냉동식품이 일반 가정의 부엌으로 진출했다. 특히 냉동식품은 계속적인 품질 향상으로 눈길을 끌고 있다. 이로써 한편으로는 많은 사람들이 지금까지 몰랐던 음식과 새로운 요리법을 접하고 먹어보게 되지만, 다른 한편으로는 직접 음식을 만들려는 동기가 사라지고 있다. 또 전자레인지 같은 기술적인 도구 때문에 재빨리 아무 음식이나 되는 대로 오븐에 밀어넣는 경향이 늘고 있다.

이런 현상은 새로운 사회 패턴과도 맞물려 있다. 빡빡하고 강도 높은 업무와 계획성 없이 잘못 짜인 여가 시간이 즐겁고 편안하게 식사할 틈을 주지 않는 것이다. 현대인은 적어도 하루에 한 끼는 시간에 쫓기며 급하게 음식을 먹으며, 20세기의 마지막 10년에는 패스트푸드가 인기를 끌었다. 맥도널드 같은 상업적 체인점으로 대표되는 이런 흐름은 제3세계의 빈곤 국가에 위험을 초래했고 현재도 나쁜 영향을 끼친다. 패스트푸드의 섭취가 흔히 신분의 상징으로까지 통하는 제3세계에서 비교적 값이 싼 이런 음식들은 이미 식민화로 크게 망가지고 파괴된 음식문화에 계속 해악을 끼치고 있다.

유럽에서는 이 같은 사태를 좀더 느긋하게 바라보아도 좋을 것 같다. 점심에는 햄버거와 감자 튀김으로 끼니를 때우고, 저녁에는 완성식품을 순식간에 먹어치운 뒤 땅콩을 먹으며 텔레비전 앞에 앉아 있는 그 젊은이와 어른들이 그래도 주말에는 중국 음식점에서 '베이징 오리고기'를 먹거나 친구들을 초대하여—직접 요리한—푸짐한 저녁식사를 즐긴다. 이는 무엇보다 텔레비전에 출연하여 다소 돈이 드는 음식의 조리를 라이프스타일로 만든 수많은 요리사들이 자극을 준 때문이다. 이렇게 하여 우리는 21세기의 초입에 더 많은 요리의 기회를 얻게 되었고, 국제화에 힘입어 새로운 것을 더 폭넓게 받아들이는 열린 마음도 갖게 되었다. 그리고 이 모든 것들은 우리 인간이 이 기회를 이용하리라는 것을 말해준다.

| 참고문헌 |

Albonico, Heidi und Gerold / Pichler, Max: Brotbackbuch, Zürich, 1982.

Albonico, Heidi und Gerold: Schweizer Tafelfreuden 1, Zürich 1972.

Albonico, Heidi und Gerold: Schweizer Tafelfreuden 2, Zürich 1974.

Albonico, Heidi und Gerold: Schweizer Tafelfreuden 3, Zürich 1976.

Athenaios von Naukratis: Das Gelehrtenmahl, Stuttgart 1998.

Bach, Sibylle: Die ländliche Küche Spaniens, München 1991.

Bauer, Hans: Tisch und Tafel in alten Zeiten, Leipzig 1967.

Berger, Noémi: Das koschere Kochbuch, Stuttgart 1995.

Beusen, Paul / Ebert-Schifferer, Sybille / Mai, Ekkehard (Hg.): L'art Gourmand. Stilleben für Auge, Kochkunst und Gourmets von Aertsen bis Van Gogh, Essen 1997.

Bremness, Lesley: Das groβe Buch der Kräuter, Aarau 1988.

Brennan, Georganne: Genieβer unterwegs. Frankreich, Rezepte und kulinarische Notizen, München 2002.

Carême, Antoine: L'art de la cuisine française au XIXe siècle, Paris 1994.

Cox, Beverly / Jacobs, Martin: Das Indianer-Kochbuch, München 1991.

Dalby, Andrew: Essen und Trinken im alten Griechenland, Stuttgart 1998.

Davidis, Henriette: Praktisches Kochbuch, Nachdruck München 1980.

Davidson, James N.: Courtesans and Fishcakes, London 1997; dt. u. d. T: Kurtisanen und Meeresfrüchte, Berlin 1999.

Ehlert, Trude: Das Kochbuch des Mittelalters. Rezepte aus alter Zeit, Zürich/München 1990.

Elsasser, Marie: Ausführliches Kochbuch für die einfache und feine jüdische Küche unter Berücksichtigung aller rituellen Vorschriften in 3759 Rezepten, Egling a. d. Paar 1921.

Frenkel-Bloch, Käthi: Mazzen und gefillte Fisch, Baden 1995.

Hagger, Conrad: Neues Saltzburgisches Koch-Buch, Nachdruck München 1976.

Hauschild, Reinhard: Das Buch vom Kochen und Essen, Herford 1975.

Heine, Peter: Kulinarische Studien. Untersuchungen zur Kochkunst im arabisch-islamischen Mittelalter, Wiesbaden 1988.

Hierneis, Theodor: Der König speist. Erinnerungen aus der Hofküche Ludwigs II., München 1953.

Horvath, Maria: Spanische Küche, München 1964.

Jenior, Winfried: Tapas, Kassel 1991.

Jeromin, Rolf: Raffinessen aus fremden Küchen, München 1980.

Kaltenbach, Marianne / Simeone, Remo: Italienische Küche, Niedernhausen i. Ts. 1996.

Kaltenbach, Marianne: Vegetarisch für Gourmets, Bern 1988.

Kaltenbach, Marianne: Meine Fischküche, München 1998.

Kaltenbach, Marianne: Ächti Schwizer Chuchi, Bern 1977.

Keenan, Ruth: Festliche Menüs aus 2000 Jahren, München 2001.

Lagunaoui, Brahim / Gohary, Magdi / Gohary, Christine: Arabisch kochen, Göttingen 1998.

Laurioux, Bruno: Tafelfreuden im Mittelalter. Kulturgeschichte des Essens und Trinkens in Bildern und Dokumenten, übers. aus dem Franz, von G. Krüger-Wirrer, Stuttgart 1992.

Lewandowski, Norbert / Schmid, Gregor / Wolf, Rudolf: Zu Gast bei König Ludwig II., Köln 1996.

Lindt, Marion: Spezialitäten aus Ostpreußen, Leer 1988.

Mari, Oskar: Herbst in der Küche, Aarau 1994.

Mennell, Stephen: Die Kultivierung des Appetits. Die Geschichte des Essens vom Mittelalter bis heute. Aus dem Engl. von R. v. Savigny, Frankfurt a. M. 1988.

Merkle, Heidrun: Tafelfreuden. Eine Geschichte des Genießens, Düsseldorf / Zürich 2001.

Mostar, Katinka: Das große Reader's Digest Kochbuch, Stuttgart 1970.

Moulin, Leo: Augenlust und Tafelfreuden, Antwerpen 1989.

Ndam, Thebe: Die Kunst der Afrikanischen Küche, Wien 1997.

Neuber, Wolf: Die k. u. k. Wiener Küche, Wien 1975.

Norman, Jill: Das große Buch der Gewürze, Aarau 1991.

Ohmer, Margarete: Gourmets von Cäsar bis Napoleon, Bergisch Gladbach 1980.

Omar, Sanaa / Schmalz-Gaulke, Vera: Ägyptisches Kochbuch, Münster 1996.

Paczensky, Gert von / Dünnebier, Anna: Kulturgeschichte des Essens und Trinkens, München 1997.

Paston-Williams, Sara: A book of historical recipes, 1995.

Peschke, Hans-Peter von / Feldmann, Werner: Kochen wie die alten Römer, Zürich 1995.

Peschke, Hans-Peter von / Feldmann, Werner: Das Kochbuch der Renaissance, Düsseldorf/ Zürich 1997.

Platina Cremonensis (Bartolomeo Sacchi da Platina): Von der Eerlichen zimlichen auch erlaubten Wolust des Leibs, aus dem Latein. übertr. von Stephanus Vigilius Pacimontanus, Augsburg 1542.

Radel, Jutta / Hug, Margrit: Höllisch gut. Himmlische Gerichte aus dem Alten und Neuen Testament, Frauenfeld 1994.

Redon, Odile / Sabban, Françoise / Serventi, Silvan: Kochkunst des Mittelalters, Wiesbaden 1991.

Rina, Valero, Israelische Küche, Tel-Aviv 1986.

Rippmann, Dorothee / Neumeister-Taroni, Brigitta: Gesellschaft und Ernährung um 1000, Vevey 2000.

Roden, Claudia: Die Küche des Vorderen Orients, München 1968.

Rontzier, Frantz de: Kunstbuch von mancherley Essen, Kommentar und Glossar von Manfred Lemmer, Faksimileausgabe nach einem Exemplar aus der Herzog-August-Bibliothek Wolfen-büttel 1598, Leipzig 1979.

Schoeller, Hannes W. A.: Jüdische Küche, München 1972.

Schraemli, Harry: Von Lucullus zu Escoffier, Bielefeld 1986.

Schuldirektion Bern: Berner Kochbuch, Bern 1961.

Seifert, Traudl / Sametschek, Ute: Die Kochkunst in zwei Jahrtausenden, München 1978.

Shedada, G. und H.: Die Küche des Arabischen Orients: Ägypten [o. O., o. J.]

Sillinger-Rindsfüsser, Marlies: Zu Gast im Reich der Zaren, Berlin 1991.

Simmen, René / Pichler, Max: Kochen und Essen im Freien, Zürich 1983.

Sofer, Zvi: Das Jüdische Kochbuch, Heidelberg 1979.

Stauffer, Hans-Ulrich: Afrikanisch kochen, Zürich 1995.

Süssenguth, Mario: Der kulinarische König. Essen und Trinken wie August der Starke, München 2002.

Tannahill, Ray: Kulturgeschichte des Essens, Wien 1973.

Tantuu, Anna-Maija / Venermo, Armi: Die finnische Küche, Helsinki 2001.

Uecker, Wolf: Das Püree in der Kniekehle der Geliebten, München 1989.

Ullmann, Stefan: Australisch kochen, Berlin 1995.

Van den Berg, Oona: Asien - Die Klassiker der fernöstlichen Küche, Köln 1999.

Verhoeven, Ursula: Grillen, Kochen, Backen, Brüssel 1984.

Wechsberg, Joseph: Die Küche im Wiener Kaiserreich, Reinbek bei Hamburg 1970.

Wiswe, Hans: Kulturgeschichte der Kochkunst, München 1970.

Wolf, Rudolf: Zu Gast bei König Ludwig II., Köln 1996.

Wolf Cohen, Elizabeth: Jüdische Küche, Köln 1995.

Wubneh-Mogessie, Ketsela: Ostafrikanisch kochen, Göttingen 1999.

Zedler, Johann Heinrich: Das Universal-Kochbuch des 18. Jahrhunderts, Lutteraler Händedruck 1992.

Zeitun, Naniman: Arabische Küche. Essen wie bei Mutter in Beirut, Hamburg 1994.

Zischka, Ulrike: Die Anständige Lust von Eßkultur und Tafelsitten, München 1994.

Arte della cucina. Libri di ricette testi sopra lo scalco il trinciante e i vini dal XIV al XIX secolo, a cura di Emilio Faccioli, Mailand 1966.

Die Küche in Frankreichs Provinzen, München 1970.

[Diverse Beiträge aus der Zeitschrift] G-Geschichte [vormals: Geschichte mit Pfiff], Nürnberg 1979-2003.

| 요리별 찾아보기 |